How to write a paper using a Generative AI

생성형 AI를 활용한

논문 작성법

구오 제드 · 송 이핑 · 조신 지음

김귀훈 · 임현교 옮김

도서출판 홍릉

高效写论文：AI辅助学术论文写作

郭泽德 宋义平 赵鑫 | 著

How to write a paper using a Generative AI

생성형 AI를 활용한

논문 작성법

인 쇄 : 2025년 6월 23일 초판 1쇄
발 행 : 2025년 6월 30일 초판 1쇄

역 자 : 김귀훈 · 임현교
표 지 : 이명진(LMJ: Lee, Myung Jin)

발행인 : 송 준
발행처 : 도서출판 홍릉

주 소 : 01093 서울시 강북구 인수봉로 50길 10
등 록 : 1976년 10월 21일 제5-66호

전 화 : 02-999-2274~5, 903-7037
팩 스 : 02-905-6729
e-mail : hongpub@hongpub.co.kr
http://www.hongpub.co.kr
ISBN : 979-11-5600-919-1(93000)

정 가 : 29,000원

낙장 및 파본은 구입처나 본사에서 교환하여 드립니다.

역자소개

김귀훈 한국교원대학교 인공지능융합교육전공 전공주임 교수

김귀훈 교수는 KAIST에서 학사, 석사, 박사학위를 취득했다. LG데이콤, 한국전자통신연구원(ETRI)에서 지식융합슈퍼브레인 자가학습엔진 등을 개발하였고 2020년부터 한국교원대학교 인공지능융합교육전공에서 대학생과 현직교사들에게 인공지능을 가르치는 역할을 하고 있다. 산학연 인공지능 커뮤니티인 AI프렌즈 부대표를 역임하고 있고, 한국컴퓨터정보학회, 한국컴퓨터교육학회, 한국통신학회에서 이사 역할을 수행하며 인공지능플랫폼, 지능형에지컴퓨팅, 산업형 강화학습, 인공지능융합교육에 관한 논문을 투고하며 연구 활동을 수행하고 있다. 교육정보원에서 원장으로 한국교원대학교 교육시스템을 총괄하고 있으며, 영재교육원에서 영재교육부장으로 다양한 정보AI 영재 꿈나무를 키우고 있고, SW/AI 새싹캠프 등을 통해 초중고 아이들에게 재밌는 AI, 따뜻한 AI를 전파하는 전도사 역할을 하고 있다. 주요 저서로는 2015 개정 교육 과정 교과서 인공지능 프로그래밍 기초(파이선), 2022 개정 교육 과정 교과서 정보, 인공지능기초, 데이터과학, 소프트웨어와 생활과 인공지능 교양서 및 전문 서적으로 꼬리에 꼬리는 무는 인공지능 이야기 with 파이썬, 인공지능I/II, 인공지능프로그래밍I/II, 인공지능융합교육프로젝트, python을 사용한 심층 강화 학습, 강화학습 개념 및 산업현장의 적용 사례 등이 있다.

임현교 한국기술정보연구원 박사후연구원

임현교 박사는 2022년에 한국기술교육대학교 창의융합공학협동과정의 ICT융합전공으로 박사학위를 취득했다. 2021년부터 한국교원대학교 교육대학원 인공지능융합교육전공에서 4차 산업혁명 시대에 접어들면서 미래사회에 필요한 역량을 학생들에게 가르칠 수 있는 교사양성을 위한 시간강사와 2022년부터 한국기술교육대학교에서 융합형 인재양성사업단에서 박사후연구원으로 재직 했으며, 현재는 한국과학기술정보연구원에서 양자 네트워크와 인공지능 융합으로 재직 중이다. 석사과정동안 모빌리티 관리분야를 연구했으며, 특히 소프트웨어 정의 네트워킹에서 분산 모빌리티 관리를 연구으며, 박사과정 동안에는 딥러닝과 강화학습을 네트워크 환경 및 IoT 디바이스에 적용하기 위한 융합연구를 수행했으며, 다수의 연구 논문 및 특허 실적을 보유하고 있다.

내용 요약

이 책은 학술 글쓰기의 핵심이 구조적 사고에 있다는 점을 바탕으로, AI를 활용한 학술 논문 작성 방법을 종합적으로 소개합니다. 책에서 제시하는 생성형 AI 활용 학술 논문 작성 과정은 다음과 같이 구성됩니다:

1. 주제 선정
2. 서문 및 참고 문헌 작성
3. 이론적 틀과 연구 방법론 설계
4. 연구 분석 프레임워크와 본문 구성
5. 결론 작성
6. 초고 다듬기
7. 제목과 초록 작성 및 제출

이 책은 다양한 글쓰기 목표와 전략에 맞춘 솔루션을 제공하며, 독자가 자신의 필요에 따라 선택할 수 있도록 구성되어 있습니다. 또한, 데이터 검색, 참고문헌 관리, 문장 다듬기 등 학술 글쓰기 과정에서 자주 마주하는 문제를 해결하는 데 유용한 AI 도구들을 안내합니다. 이를 통해 글쓰기 과정에서 시간과 노력을 절약할 수 있도록 돕습니다.

학생, 교사, 연구자, 그리고 학술 논문 작성에 관심이 있는 독자라면 이 책을 통해 생성형 AI 활용법을 깊이 이해하고, 논리적이고 체계적인 방식으로 글을 작성하며, 글쓰기 실력을 향상시킬 수 있습니다. 궁극적으로는 학문적 영향력을 강화하는 데 큰 도움을 줄 것입니다.

역자 서문

독자 여러분, '효율적인 논문 작성: 생성형 AI를 활용한 학술 논문 작성법'에 오신 것을 환영합니다. 이 책은 OpenAI의 ChatGPT와 같은 대규모 언어 모델(LLM)을 활용하여 학술 논문 작성 과정을 지원하는 방법을 소개합니다. 독자들은 인공지능(AI)을 통해 학술 논문의 품질과 효율성을 높이고, 기존의 어려움을 극복할 수 있도록 돕는 것이 이 책의 목표입니다. AI의 도움으로 학술 논문의 작성 과정이 더 쉽고 효과적인 과정이 될 것입니다.

인공지능은 강력한 데이터 처리 및 언어 생성 능력을 통해 세상을 변화시키고 있으며, 관련 학계에는 거대 언어 모델이라는 새로운 도구가 등장했습니다. 이 책은 독자들이 AI 도구를 학술적 논문 글쓰기에 효과적으로 결합하여 더 효율적이고 영향력 있게 과학을 전달할 수 있도록 돕는 것을 목표로 합니다.

하지만 학술 논문 작성의 핵심은 구조적 사고에 있습니다. 따라서 이 책은 AI 도구의 활용에만 초점을 맞춘 것이 아니라, 이러한 핵심 개념을 바탕으로 학술 논문 작성의 전체 과정을 다룹니다. 이 책에서는 논문의 주제 선정, 서론 및 참고문헌 작성, 이론적 틀과 연구 방법론 설계, 연구 분석 프레임워크와 본문 구성, 결론 작성, 초고 다듬기, 제목과 초록 작성 및 제출에 이르기까지 AI를 활용한 학술 글쓰기의 과정과 방법론을 체계적으로 소개합니다. 이를 통해 독자들은 논리적이고 체계적인 틀 안에서 효율적으로 학술 글쓰기를 수행하는 방법을 익힐 수 있을 것으로 기대합니다.

이 책은 학술 논문 작성 과정에서 겪는 어려움과 막힘을 극복할 수 있도록 다양한 솔루션을 제공합니다. 이러한 솔루션은 각기 다른 글쓰기 목표와 전략에 맞게 구성되어 있어, 독자가 자신의 필요에 따라 적합한 방법을 선택할 수 있도록 설계되었습니다. 또한, 데이터 쿼리, 참고문헌 관리, 문장 다듬기 등과 같은 문제를 해결하는 데 유용한 다양한 AI 도구를 소개합니다. 이를 통해 독자들은 학술 논문 작성 과정에서 시간과 에너지를 크게 절약할 수 있을 것입니다.

인공지능은 단순한 도구가 아니라 더 넓은 사고와 문제 해결을 위한 새로운 도구입니다. 이 책은 이러한 신념을 바탕으로 집필되었습니다. 인공지능의 강력한 기능과 학술 논문 작성에 대한 여러분의 이해와 열정이 결합된다면, 연구를 더욱 효과적이고 영향력 있게 만드는 새로운 학술 논문 작성 방식이 탄생할 것입니다.

학생, 교사, 연구자, 그리고 학술 논문 작성에 관심이 있는 독자라면 이 책을 통해 다음과 같은 내용을 확인할 수 있습니다.

이 책은 학술 논문 작성에서 AI를 활용하는 방법을 더 잘 이해하고, 글쓰기 능력을 향상시키며, 궁극적으로 학문적 영향력을 강화할 수 있는 새로운 기회를 열어 줄 것입니다.

또한, 책을 통해 새로운 관점을 얻고 마음을 여는 것은 물론, 학술 논문 작성의 즐거움을 발견하시길 기대합니다. 학술 논문 작성은 지식을 더 깊이 탐구하고 이해하기 위한 혁신적인 과정이자 여정이라고 믿습니다. AI를 활용한 학술 논문 작성의 여정에서 새로운 가능성을 발견하고 함께 새로운 장을 개척해 봅시다.

이 책을 읽는 데 시간을 투자해 주셔서 감사드립니다. 이 책이 여러분의 학문적 여정에 새로운 시각과 영감을 불어넣어 학술 논문 작성을 개선하고, 학업 목표를 이루는 데 도움이 되기를 바랍니다. 인공지능의 도움을 받아 더욱 효율적이고 깊이 있는 학술 논문 작성의 미래를 함께 만들어 갑시다.

목차

01

제1장

ChatGPT를 대표하는 대규모 언어 모델: 제품 응용에서 질문 로직까지

1.1 미래는 여기에 있습니다! 인공지능의 정의와 진화 과정

'인공지능'이라는 용어는 20세기 미국의 수학자 존 매카시가 처음 만든 단어입니다. 1950년대 중반에 제안된 이 개념은 1956년 다트머스 컨퍼런스에서 공식적으로 소개되었으며, 이 컨퍼런스는 인공지능(AI) 연구의 시초로 여겨집니다.

초기에 인공지능은 인간처럼 생각하고 행동할 수 있는 기계 시스템으로 정의되었습니다. 간단히 말해, 인공지능이란 알고리즘과 규칙을 사용해 인간의 지능적인 행동을 시뮬레이션하는 컴퓨터 시스템의 능력입니다.

AI를 제대로 이해하려면 그 기원을 추적하는 것뿐만 아니라 발전 과정을 살펴보는 것이 필요합니다. 사실, AI의 발전은 순탄한 여정이 아니었고, 여러 차례의 시행 착오을 겪어왔습니다. 현재도 AI가 완전히 성공했다고 말하기는 어렵습니다. 미래에 사람들이 역사를 되돌아보면, 지금 이 순간이 AI 발전의 평범한 한 지점에 불과했음을 깨닫게 될지도 모릅니다.

이 책은 AI에 대한 이해를 돕기 위해 AI 개발 과정을 5단계로 나누고[1], 각 단계에서 나타난 주요 기능과 성과를 소개합니다.

첫 번째 단계는 초기 개발기(1943년~1960년대 초)로, 인공지능의 개념이 제안되고 초기 탐색이 이루어진 시기입니다. 이 단계에서는 신경망, 튜링 테스트, 기계 학습, 전문가 시스템 등 중요한 이론과 방법이 등장하며, 인공지능이 유망한 학문으로 인식되기 시작했습니다. 대표적인 사건은 1956년 다트머스 컨퍼런스에서 '인공지능'이라는 용어가 공식적으로 사용되며, 인공지능이라는 학문 분야가 탄생한 것입니다.

1. a Haenlein, M., & Kaplan, A. (2019). A brief history of artificial intelligence : On the past, present, and future of artificial intelligence. California management review , 61(4), 5-14.

두 번째 단계는 반성적 발전기(1960년대 후반~1970년대 후반)로, 이 시기에는 AI 연구가 여러 한계와 도전에 직면했습니다. 인식 기계의 한계, 지식 표현의 복잡성, 계산 자원의 부족 등으로 인해 AI 개발은 침체기에 들어섰고, 자금과 인재도 부족해졌습니다. 특히 1973년 영국 정부가 발표한 라이트힐 보고서는 AI 연구에서 실질적인 진전이 없었다고 비판하며, 관련 프로젝트의 예산 삭감을 권고했습니다. 이러한 비판과 회의적인 분위기 속에서 AI 연구는 큰 어려움을 겪었습니다.

세 번째 단계는 응용 개발기(1980년대)로, 이 시기에는 AI의 실용적 응용이 본격적으로 이루어졌습니다. 전문가 시스템, 자연어 처리, 컴퓨터 비전 등 일부 특정 분야에서 성공적인 연구와 상용화가 이루어졌으며, 지식 공학이 주류로 자리 잡았습니다. 이 단계에서는 상업적 가치와 사회적 영향력을 지닌 연구 결과도 등장하며, AI에 대한 관심과 지지가 다시 높아졌습니다.

네 번째 단계는 꾸준한 발전기(1990년대~2010년)로, 이 시기에는 신경망, 의사결정 트리, 서포트 벡터 머신, 통합 학습 등 다양한 기술이 발전하며 AI가 점진적으로 성장했습니다. 데이터 마이닝, 패턴 인식, 로봇 공학 등 여러 분야에서 AI가 널리 활용되었지만, 획기적인 성과는 많지 않았습니다. 이 시기에는 AI가 인지 과학, 생물 정보학, 사회 과학 등 다양한 분야와 교차하고 융합되기 시작했습니다. 이러한 융합은 AI에 새로운 관점과 방법론을 제공했을 뿐만 아니라, 다른 분야에도 새로운 통찰력과 응용 가능성을 열어주었습니다.

다섯 번째 단계는 급성장기(2011년부터 현재)로, 이 시기에는 딥러닝, 빅데이터, 클라우드 컴퓨팅 등 기술의 발전으로 AI가 질적인 도약을 이루었습니다. 알파고, 이미지 인식, 음성 인식, 자연어 생성 등 다양한 분야에서 AI는 핵심 기술로 자리 잡으며, 산업 전반에 걸쳐 큰 영향력과 가치를 발휘했습니다.

이 단계의 획기적인 사건 중 하나는 2012년 이미지넷 이미지 인식 대회에서 알렉스넷 신경망이 압도적인 성과를 거두며 딥러닝의 붐을 일으킨 것입니다. 딥러닝은 다층 신경망을 기반으로 방대한 데이터를 통해 특징을 자동 추출하고 복잡한 비선형 변환을 수행하는 머신러닝 기법으로, 이미지 인식, 음성 인식, 자연어 처리 등에서 뛰어난 성과를 거두며 지속적으로 기록과 기준을 경신했습니다. 이 기술은 강화 학습, 전이 학습, 생성적 적대 네트워크(GAN)와 같은 다른 기술의 발전도 촉진했습니다.

또 다른 획기적인 사건은 2016년 알파고가 바둑 세계 챔피언 이세돌 9단에게 승리하고, 2017년 커제 9단을 꺾은 뒤 은퇴를 선언한 일입니다. 알파고는 심층 신경망과 몬테카를로 트리 탐색을 기반으로 한 강화 학습 시스템으로, 수많은 바둑 대국 데이터를 학습하고 자가 대국을 통해 지속적으로 전략을 개선했습니다. 알파고가 인간 최고 수준의 선수들을 이긴 사건은 복잡한 전략 게임에서 AI가 인간을 능가할 가능성을 보여주었고, 전 세계적으로 AI의 미래와 영향력에 대한 활발한 논의를 촉발시켰습니다.

1.2 어디로 가야 할까요! 인공 지능의사회적 중요성과 발전 그리고 개발 동향

AI만큼 인간에게 사랑과 혐오를 동시에 받는 기술도 드물 것입니다. 사람들은 AI에 대해 엇갈린 감정을 가지고 있으며, 이는 AI가 인간 사회에 미치는 잠재적인 영향과 밀접하게 연관되어 있습니다.

우선, AI가 생산성과 관계의 변화 등 인간 사회에 파괴적인 변화를 일으킬 수 있다는 점을 인정해야 합니다.

한편, 생산성 측면에서 보면 AI의 지속적인 발전은 생산성을 크게 향상시키고, 생산 비용을 절감하며, 전례 없는 제품과 서비스를 창출할 잠재력을 가지고 있습니다. 기존의 생산 과정은 많은 인력, 자원, 시간의 투입이 필요했지만, AI 기술 도입으로 이러한 자원을 보다 효율적으로 활용할 수 있게 되었습니다. 예를 들어, 제조업에서는 자동화된 생산 라인과 지능형 로봇의 활용으로 생산성이 획기적으로 향상되고, 인건비와 자원의 낭비가 줄어들 것입니다. 서비스 산업에서는 AI 기술이 지능형 고객 서비스와 맞춤형 추천 시스템을 통해 보다 정확하고 효율적인 서비스를 제공할 수 있습니다. 또한, AI는 과학 연구, 의료, 교육 등 다양한 분야에서 혁신을 촉진하며, 인류 사회에 더 큰 편리함과 복지를 가져다줄 것입니다.

한편, 인공지능의 발전은 생산 관계에도 큰 영향을 미칠 것입니다. 특히, 노동 시장의 패턴이 변화할 것으로 예상됩니다. 자동화와 지능형 기술의 확산으로 제조업, 서비스업, 그리고 정신노동을 포함한 많은 전통적인 직업들이 점차 대체될 가능성이 있습니다. 이는 고용 구조의 변화로 이어져, 인간은 자신의 경력을 재설계해야 하는 도전에 직면하게 될 것입니다. 하지만 동시에 AI의 발전은 새로운 고용 기회를 창출할 가능성도 있습니다. AI 연구 · 개발, 데이터 분석, 국경 간 통합 등과 같은 분야에서 새로운 직업이 생겨날 것입니다. 또한, AI는 소득 분배에도 중요한 영향을 미칠 수 있습니다. AI 기술의 발전으로 생산 수단을 소유한 사람들은 더 많은 소득을 얻을 가능성이 커지며, 특히 고도의 기술이 요구되는 산업에서 빈부 격차가 확대될 우려도 있습니다.

동시에, 사람들은 AI의 발전에 대한 기대와 낙관적인 전망과 함께, AI가 초래할 수 있는 다양한 잠재적 위기에 대해서도 우려하고 있습니다. 예를 들어, 일부 사람들은 AI가 인간의 일자리를 대체함으로써 실업률을 증가시킬 가능성을 걱정하고, 또 다른 사람들은 AI가 개인정보 유출을 초래하거나 불법적인 활동에 악용될 수 있다고 염려합니다. 더 나아가, AI가 통제를 벗어나 초지능으로 진화해 전 세계를 장악하는 등 예상치 못한 결과를 초래할 가능성을 우려하는 목소리도 있습니다.

그렇다면 AI의 미래는 어떤 모습일까요? 이는 현재로서는 풀리지 않는 미스터리일지도 모릅니다. 이러한 불확실성 속에서 일부 예술가들은 공상 과학 소설이나 영화와 같은 매체를 통해 미래 세계를 예술적으로 표현하며 상상력을 펼쳐왔습니다.

이러한 예술 작품들은 낭만적이고 상상력으로 가득 차 있으며, 매우 훌륭한 예술적 표현일 수 있습니다. 하지만 그것이 반드시 미래의 현실 세계를 정확히 반영한다고 볼 수는 없습니다.

인공지능의 발전 추세를 예측하는 데 있어 가장 영향력 있는 작품 중 하나로 꼽히는 "특이점이 온다(The Singularity Is Near)"는 인공지능 시대를 묘사하고 탐구하며 자연과학과 사회과학 모두에서 큰 의미를 지닙니다. 이 책의 저자인 미국의 미래학자 레이 커즈와일은 인공지능, 생명공학, 나노기술의 미래 발전 동향과 이러한 기술이 인류 사회와 삶에 미치는 영향을 중심으로 논의합니다.

그는 기술 변화의 속도가 기하급수적으로 증가하면서 컴퓨터 지능이 인간의 지능을 능가하는 순간, 즉 '특이점(Singularity)'이 도래할 것이라고 주장합니다. 특히, 그는 2045년에 이러한 특이점이 현실화될 것이라고 예측하며, 인공지능 현상을 '특이점'이라는 새로운 관점으로 설명합니다.

2045년에 특이점이 실제로 발생할지는 시간이 지나야 알 수 있는 문제입니다. 그러나 이러한 논의는 인공지능의 발전과 그 가능성에 대해 깊이 생각해보게 하는 중요한 시사점을 제공합니다.

1.3 "자연어라는 마법상자를 열다": 자연어 처리(NLP)에서 대규모 언어 모델(LLM)까지

자연어 처리(NLP)는 컴퓨터 기술을 활용해 자연어를 처리, 분석, 이해 및 생성함으로써 인간과 컴퓨터 간의 상호작용을 지원하고 지능형 애플리케이션을 구현하는 인공지능 기술입니다. NLP는 인공지능 분야에서 중요한 영역 중 하나로 꼽힙니다. 이는 자연어가 인간 커뮤니케이션의 가장 지배적인 형태이기 때문이며, 컴퓨터가 자연어를 이해하고 활용할 수 있도록 하는 기술이 바로 NLP의 핵심입니다. 그러나 자연어는 복잡한 언어 구조, 다의성, 다양성, 그리고 특정 문화적 · 역사적 배경을 포함하고 있어 NLP는 항상 어렵고 복잡한 연구 주제였습니다.

대규모 언어 모델(LLM)은 딥러닝 기술을 기반으로 하는 자연어 처리 모델로, NLP 분야의 핵심 기술로 자리 잡고 있습니다. LLM은 일반적으로 신경망을 사용해 학습하며, 수백만에서 수십억 개의 코퍼스(말뭉치)를 활용한 지도 학습을 통해 모델을 지속적으로 최적화합니다. 이를 통해 고품질 자연어 텍스트를 생성할 수 있는 능력을 갖추게 됩니다.

LLM 기반 애플리케이션은 강력한 언어 이해 능력을 보유하고 있으며, 텍스트의 구문, 의미, 감정을 자동으로 식별하고 사람과 유사한 자연어를 생성할 수 있습니다. 이는 자연어 처리 기술이 점점 더 인간과 가까운 수준의 언어 능력을 구현하는 데 기여하고 있습니다.

1. 텍스트 출력

최근 몇 년간 딥러닝 기술과 방대한 데이터 세트를 활용해 GPT-2, GPT-3, T5와 같은 대규모 자연어 처리 모델이 학습되며 놀라운 성과를 이루어냈습니다. 이러한 모델은 텍스트 생성, 자연어 질의응답 등에서 인간의 성능에 근접하거나 이를 능가하는 수준을 보여 많은 주목을 받고 있습니다.

거대 언어 모델의 개발 단계는 크게 4단계로 나눌 수 있습니다.

첫 번째 단계: 기존 모델

초기의 자연어 처리 모델은 주로 규칙 기반 접근 방식을 사용했습니다. 이 방식은 문법 규칙과 사전을 작성해 자연어를 분석하고 생성했으나, 인간 지식의 한계로 인해 언어의 다양성과 변화의 복잡성을 다루기 어려웠습니다.

두 번째 단계: 통계적 언어 모델

머신 러닝과 딥러닝 기술의 발전으로 연구자들은 데이터 기반 접근 방식을 활용하기 시작했습니다. 대표적으로 N-Gram 모델이 개발되었으나, 긴 문장과 복잡한 문법 구조를 처리할 때 성능 저하 문제가 있었습니다.

세 번째 단계: 신경망 모델

순환 신경망(RNN), 컨볼루션 신경망(CNN), 트랜스포머(Transformer)와 같은 신경망 모델이 인기를 끌면서 연구자들은 이를 활용해 언어를 모델링하기 시작했습니다. 그 결과, 2019년 OpenAI가 발표한 GPT-2와 같은 모델이 더욱 정교하고 의미 있는 성과를 보여 수었습니다.

네 번째 단계: 사전 학습된 모델

대규모 사전 학습 모델은 현재 자연어 처리 분야의 주류 연구 방향이 되었습니다. 이 모델들은 대규모 데이터를 활용해 사전 학습된 후, 미세 조정(fine-tuning)이나 점진적 학습을 통해 특정 작업에 적용됩니다. 대표적인 사례로는 2018년 발표된 BERT(Bidirectional Encoder Representations from Transformers) 모델과 2020년 발표된 GPT-3(Generative Pretrained Transformer 3) 모델이 있습니다.

1.4 LLM의 활약: 인공지능 시대의 지능적 제품을 목격하다

오늘날 가장 주목할 만한 대규모 언어 모델 애플리케이션 중 하나는 OpenAI의 ChatGPT입니다. 이 외에도 Microsoft의 BingChat, Anthropic의 Claude, Notion의 Notion AI 등이 주목받고 있습니다.

AI를 비롯한 해외 기업들은 대규모 언어 모델을 활용한 응용 제품을 개발하고 있으며, 국내 기업들도 이에 뒤지지 않고 다양한 제품을 선보이고 있습니다. 예를 들어, 바이두의 웬신이인(溫心一音), 알리바바의 통이첸첸(統一千千), 쿠쉰페이의 쉰페이싱후오(熊飛星虎) 등이 대표적인 사례입니다.

또한, Impression Notes와 XMind와 같은 기업들은 대규모 언어 모델링 기술을 기존 제품에 통합하여 지능적이고 혁신적인 기능을 추가하며 제품의 가치를 높이고 있습니다.

다음은 각 AI 도구가 자신을 질문 형식을 통해 소개하는 내용입니다.

질문

×××를 소개해 주세요(여기서 "×××"는 ChatGPT 등과 같은 AI 도구의 이름을 지칭할 때 사용됨).

ChatGPT 답변

ChatGPT는 OpenAI가 GPT-3.5 아키텍처를 기반으로 개발한 대규모 언어 모델입니다. 이 모델은 질문에 답하고, 정보를 제공하며, 문제를 해결하거나 일상적인 대화를 나누는 대화형 상호작용을 위해 설계되었습니다.

ChatGPT는 방대한 텍스트 데이터를 학습하여 광범위한 지식을 보유하고 있으며, 다양한 주제에 대한 정보와 답변을 제공할 수 있습니다. 다만, 지식의 기준일이 2021년 9월로 설정되어 있어, 이 이후에 발생한 사건이나 최신 데이터에 대한 정확한 정보를 제공하지 못할 수 있습니다.

ChatGPT의 목표는 사람의 대화를 모방하여 사용자와 자연스럽게 소통하는 것입니다. 특정 질문에 대한 답변이든, 일상적인 대화든, 문맥을 이해하고 유용하며 정확한 답변을 제공하기 위해 설계되었습니다. 그러나 ChatGPT는 완전한 지능을 갖춘 개체가 아니며, 진정한 이해나 추론보다는 대규모 텍스트 데이터를 기반으로 학습된 모델로 답변을 생성합니다.

대부분의 경우 ChatGPT는 만족스러운 답변을 제공하지만, 때로는 오류나 부정확성, 또는 편향된 답변을 생성할 수 있습니다. 따라서 중요한 질문에 대해서는 ChatGPT의 답변을 검증하고 다른 출처와 교차 확인하는 것이 중요합니다.

전반적으로, ChatGPT는 정보 제공, 문제 해결, 일상 대화 등 다양한 시나리오에서 활용할 수 있는 강력한 언어 모델입니다. 하지만 사용자는 응답의 정확성과 신뢰성에 주의를 기울이며 활용해야 합니다.

BingChat 답변

안녕하세요, Bing입니다. BingChat은 새로운 Bing의 기능으로, AI 기반 챗봇을 통해 대화하며 완전한 답변을 얻거나, 다양한 유형의 콘텐츠를 제작할 수 있도록 설계되었습니다.

BingChat 사용 방법

BingChat을 사용하려면 Edge 브라우저에서 Bing 홈페이지를 열고 페이지 왼쪽 상단의 채팅 버튼을 클릭하세요. 답변 톤은 균형 잡힌, 창의적인, 정확한 중에서 선택할 수 있습니다. 또한 BingChat이 문맥을 이해할 수 있도록 브라우저 콘텐츠에 액세스하는 옵션을 허용할 수도 있습니다.

BingChat의 기능

BingChat은 간단한 질문부터 복잡한 질문까지, 생활, 업무, 학교, 재미 등 다양한 주제에 대해 답변할 수 있습니다. 특정 키워드나 형식을 사용할 필요 없이, 자연스럽게 대화하듯 질문할 수 있습니다. 예를 들어:

“캘리포니아로 여행을 가고 싶은데, 가볼 만한 재미있는 곳이 있나요?”

“환경에 관한 기사를 쓰고 싶은데, 어떤 좋은 아이디어가 있을까요?”

BingChat은 온라인 검색을 기반으로 신뢰할 수 있는 답변을 제공하며, 출처 정보도 함께 표시합니다. 추가 질문을 하면 이전 대화를 바탕으로 문맥에 맞는 답변을 제공합니다.

콘텐츠 생성 지원

질문에 답하는 것뿐 아니라, BingChat은 이메일, 기사, 아이디어, 단락 등 다양한 콘텐츠를 작성하는 데 도움을 줄 수 있습니다. 채팅 상자에 ‘이메일 작성’ 또는 ‘스토리 작성’ 등 작성하려는 콘텐츠 유형을 입력하면, BingChat이 옵션과 프롬프트를 제공하여 쉽게 작업을 시작할 수 있습니다. 또한, AI 기반 이미지 생성 기능을 활용해 채팅 중에 이미지를 생성할 수도 있습니다.

BingChat의 활용

BingChat은 검색, 채팅, 창작을 지원하는 강력하고 유연한 도구로, 생산성과 재미를 모두 높여줍니다. BingChat을 사용해 새로운 경험을 즐겨보세요!

Claude 답변

Claude는 Anthropic에서 개발한 첨단 인공지능 시스템으로, 자연어를 이해하고 인간 수준의 대화를 생성하도록 설계되었습니다. Claude는 복잡한 주제에 대한 긴 대화에 참여하며 자연스러운 방식으로 응답할 수 있는 능력을 갖추고 있어, AI 개발의 최신 기술을 대표합니다.

Claude는 미리 작성된 대화 템플릿에 의존하지 않고, 대규모 말뭉치에서 직접 학습하는 방식을 채택하고 있습니다. 이를 통해 훨씬 더 광범위한 주제에 대해 대화할 수 있으며, 심층 신경망과 라벨링 되지 않은 대량의 데이터를 활용한 고급 훈련 방법론 덕분에 언어에 대한 깊은 이해를 제공합니다. 이러한 기반 위에서 Claude는 질문에 직접 답변할 뿐만 아니라, 인간과 유사한 추론과 비교도 수행할 수 있습니다.

물론 Claude는 최신 AI 기술을 대표하지만, 여전히 몇 가지 한계가 존재합니다. Claude의 지식과 능력은 대규모 데이터 세트에서 학습된 것에 기반하기 때문에, 특정 도메인에 대한 전문적인 이해도가 부족할 수 있습니다. 또한 실제 상식이나 세상에 대한 기본적인 이해가 제한적이어서, 물리적 이해와 관련된 대화에서는 성능이 저하될 가능성이 있습니다.

그럼에도 불구하고 Claude는 언어 이해와 자연스러운 상호작용에서 인상적인 결과를 보여주었습니다. 이는 Claude가 AI 시스템의 가능성을 확장하고 더 광범위한 응용 분야에서 가치를 실현하는 데 중요한 발판이 되고 있음을 의미합니다.

한마디로, Claude는 획기적인 AI 시스템입니다. 비록 아직 인간 지능에 도달하지는 못했지만, 자연어 이해와 상호작용에 있어 큰 진전을 이루었으며, AI 개발의 미래를 엿볼 수 있는 중요한 단계를 제시하고 있습니다. 기술이 지속적으로 발전함에 따라, Claude와 같은 AI 시스템은 언젠가 인간 지능에 필적하는 수준에 도달할 것으로 기대됩니다.

Notion AI 답변

Notion AI는 효율적이고 정확한 딥러닝 기술을 기반으로 한 자연어 처리 도구로, 텍스트를 효과적으로 처리하고 분석할 수 있는 강점을 가지고 있습니다. 인간의 언어를 이해하여 이메일, 보도자료, 소셜 미디어 게시물 등 다양한 텍스트 데이터를 자동으로 식별하고 분류할 수 있습니다. 이러한 기능 덕분에 Notion AI는 금융, 의료, 법률, 미디어 등 다양한 분야에서 폭넓게 활용되고 있습니다.

Notion AI는 대량의 텍스트를 효율적으로 처리하고 유용한 정보를 추출할 수 있습니다. 이 정보를 자동으로 분류하고 요약하며, 결론을 도출함으로써 사용자가 필요한 정보를 빠르게 찾을 수 있도록 돕습니다. 이를 통해 업무 효율성을 크게 향상시키고, 수동 텍스트 처리에 드는 부담을 줄여줍니다.

또한 Notion AI는 확장성이 뛰어나 다른 도구 및 시스템과 쉽게 통합하여 완전한 텍스트 처리 생태계를 형성할 수 있습니다. 사용자는 Notion AI를 자체 애플리케이션에 간편하게 통합하여 효율적인 텍스트 처리 환경을 구축할 수 있습니다. 이와 더불어, Notion AI는 맞춤형 학습을 지원하여 다양한 사용자의 요구에 더욱 잘 부합하도록 최적화할 수 있습니다.

결론적으로, Notion AI는 자연어 처리를 위한 매우 유망한 도구입니다. 효율적이고 정확한 텍스트 처리 능력뿐만 아니라, 확장성과 사용자 지정 학습 기능을 갖추고 있어 다양한 분야에서 유용하게 활용될 수 있습니다. 앞으로 Notion AI가 더 많은 혁신과 성공을 거두기를 기대합니다.

사이버스타파이어 답변

사이버 스타파이어 인지 그랜드 모델은 강력한 자연어 이해 및 생성 기능을 갖춘 딥러닝 기반의 인지 지능 모델입니다. 이 모델은 방대한 텍스트, 코드, 지식을 학습하여 도메인 간 지식과 언어 이해 능력을 보유하고 있습니다. 이를 통해 대화 과정에서 사용자의 의도를 정확히 파악하고 문맥에 따라 지능적으로 추론과 판단을 수행하며, 보다 정확하고 지능적인 대화 상호작용을 제공합니다.

적용 시나리오

사이버 스타파이어 인지 그랜드 모델은 지능형 고객 서비스, 지능형 어시스턴트, 지능형 질의응답(Q&A) 시스템, 스마트 홈 등 다양한 분야에서 활용될 수 있습니다.

지능형 고객 서비스: 자연스러운 대화를 통해 사용자와 상호작용하며 문제를 신속히 해결하여 고객 만족도를 높입니다.

지능형 어시스턴트: 복잡한 작업을 지원하고 업무 효율성을 향상시킵니다.

지능형 Q&A 시스템: 대량의 데이터를 학습하고 최적화하여 다양한 질문에 자동으로 답변하며, 답변의 정확성과 품질을 지속적으로 향상시킵니다.

스마트 홈: 다양한 스마트 기기를 제어해 지능형 홈 라이프를 실현합니다.

주요 장점

쉰페이 스타파이어 인지 그랜드 모델은 다음과 같은 뛰어난 장점을 가지고 있습니다:

자연스러운 대화 모드: 사용자가 번거로운 조작 없이 자연스럽고 편안한 상호작용을 경험할 수 있습니다.

강력한 학습 능력: 대량의 데이터를 학습하고 최적화하여 응답 및 문제 해결 능력을 지속적으로 개선합니다.

높은 신뢰성과 안정성: 복잡한 상황에서도 안정적으로 작동하며, 자동으로 문제를 해결하고 복구할 수 있습니다.

결론

한마디로, 쉰페이 스타파이어 인지 그랜드 모델은 다양한 응용 시나리오와 많은 장점을 가진 뛰어난 인지 지능 모델입니다. 앞으로 인공지능 기술이 지속적으로 발전함에 따라, 이 모델은 더 많은 분야에서 중요한 역할을 수행하며, 사람들의 삶에 더 편리하고 지능적인 경험을 제공할 것으로 기대됩니다.

웬신 이인 답변

웬신 이인은 바이두가 개발한 지식 기반 대형 언어 모델로, 사람들과 대화하고 상호작용하며 질문에 답하고 창작을 지원합니다. 이를 통해 사용자들이 정보, 지식, 영감에 효율적이고 편리하게 접근할 수 있도록 돕습니다.

웬신 이인의 훈련 효과와 다양한 기능은 사용자들에게 많은 사랑을 받고 있습니다. 예를 들어, 사용자가 몇 가지 간단한 문장만으로 웬신 이인과 소통하면, 이 모델은 사용자의 요구를 이해하고 방대한 데이터에서 가장 적합한 답변을 제공합니다. 또한 창작 과정에서도 사용자에게 풍부한 영감과 자료를 제공하여 창작물을 더 빠르고 더 잘 완성할 수 있도록 지원합니다.

웬신 이인은 지능형 응답, 자연어 처리, 음성 인식 등 다양한 실용적인 기능도 갖추고 있습니다. 이러한 기능을 통해 웬신 이인은 여러 애플리케이션 시나리오에서 중요한 역할을 하며 사용자들에게 편리한 서비스를 제공합니다.

기반 기술

웬신 이인의 기반 기술은 바이두 딥러닝 플랫폼과 웬신 지식 강화 빅 모델입니다. 바이두 딥러닝 플랫폼은 바이두가 자체적으로 개발한 딥러닝 기술 플랫폼으로, 웬신 지식 강화 빅 모델과 웬신 크로스 모달 빅 모델을 포함한 업계 수준의 지식 강화 모델을 갖추고 있습니다. 이 모델들은 사용자의 다양한 질문에 답변을 제공할 뿐만 아니라, 글쓰기, 자연어 처리, 음성 인식과 같은 작업도 수행할 수 있습니다.

결론

요컨대, 웬신 이인은 사용자들에게 편리한 지식 서비스를 제공할 뿐 아니라 창작과 사회화에서도 중요한 역할을 하는 매우 실용적인 AI 제품입니다. 앞으로도 바이두는 더 우수한 AI 제품을 출시하여 사람들의 삶에 더 많은 편리함과 놀라움을 선사하기 위해 지속적으로 노력할 것입니다.

통이첸문의 답변

통이첸문은 알리바바가 출시한 대규모 언어 모델로, 달마 인스티튜트가 독자적으로 개발한 AI 사전 학습 모델입니다. 이 모델은 질문에 답하고, 텍스트를 작성하며, 의견을 표현하고, 코드를 작성하는 등 다양한 작업을 수행할 수 있습니다.

통이첸문은 트랜스포머 아키텍처 기반의 딥러닝 방식을 채택하고 있으며, 모델의 파라미터 수가 10조 개를 넘습니다. 이를 통해 복잡하고 다양한 작업에 효과적으로 대응할 수 있습니다. 또한 텍스트 입력을 통해 사용자와 상호작용할 수 있는 기능을 갖추고 있어 인간과의 자연스러운 대화가 가능합니다.

이 모델은 중국어 처리에 뛰어난 성능을 발휘할 뿐만 아니라, 다른 언어의 번역 요구에도 대응할 수 있습니다. 또한, 여러 커뮤니티에서 오픈 소스화되어 있어, 국제적으로 권위 있는 언어 모델 평가 세트인 CLS-LINE을 포함한 여러 평가에서 테스트와 인증을 받았습니다. 이는 통이첸문의 성능과 신뢰성이 널리 검증되고 인정받았음을 보여줍니다.

결론적으로, 통이첸문은 매우 강력한 AI 모델로, 인공지능 기술 발전을 가속화하는 데 중요한 역할을 하고 있습니다. 이 모델은 다양한 분야에서 빠르게 발전하고 있으며, 광범위한 응용 가능성을 바탕으로 사람들에게 더 많은 편리함과 혁신을 가져다줄 수 있을 것입니다.

위에서 소개한 7가지 LLM 외에도 시장에는 각기 다른 특징과 장점을 가지고 있으며 다양한 시나리오와 요구 사항에 적합한 다른 많은 LLM이 있습니다. 이러한 LLM은 모두 자연어 처리 분야에서 중요한 혁신이며 인공 지능 개발에 강력한 지원을 제공합니다. 필요에 따라 테스트에 적합한 제품을 선택할 수 있습니다.

1.5 프롬프트 엔지니어링: chatGPT와 같은 LLM에 대한 질문 로직

LLM은 사용자에게 효과적인 질문을 하는 방법이라는 새로운 과제를 제시합니다. 효과적인 질문이란 사용자가 원하는 답변을 얻고, 궁극적으로 문제를 해결하는 데 도움을 줄 수 있도록 LLM에 구조화된 문장, 적절한 단어, 문구 및 표현을 사용하는 질문을 의미합니다.

효과적인 질문은 LLM 사용에서 가장 중요한 요소 중 하나로, 사용자의 경험과 결과의 질을 크게 좌우합니다.

LLM은 프롬프트 엔지니어라는 새로운 직업을 탄생시켰습니다. 이는 '효과적인 질문'을 중심으로 별도의 산업이 형성되고 있으며, 일정한 진입 장벽이 존재함을 의미합니다. 앞으로 LLM이 계속 발전함에 따라, 이 산업의 진입 장벽은 점점 더 높아질 가능성이 있습니다. 궁극적으로, 완전한 산업 체인이 형성될 것으로 예상됩니다. 이 섹션에서는 LLM의 질문 로직에 대해 공유합니다. 사용자가 더 자세한 질문 방법이나 기술을 배우고 싶다면, 타겟팅 학습을 통해 심화된 지식을 얻을 수 있습니다.

1. 직선적 질문 로직 대 순환적 질문 로직

(1) 직선적 질문 로직: 질문-답변

직선적 질문 로직은 간단한 질문을 통해 직접적인 답변을 얻는 방식입니다. 이러한 질문 방식은 일상생활에서 매우 흔히 볼 수 있는 형태로, 예를 들어 아침에 이웃을 만나 "식사하셨어요?"라고 묻고, 이에 "네."라는 대답을 받는 것과 같은 맥락입니다.

그러나 이러한 방식은 특정 맥락을 무시한 질문이 많고 질문 기술이 부족한 경우가 많습니다. 이는 AI 도구, 예를 들어 ChatGPT와 같은 LLM과 상호작용할 때 문제를 일으킬 수 있습니다. 이러한 질문 방식으로는 답변이 광범위하거나 참조 가치가 낮을 수 있어, 일부 사람들은 ChatGPT 같은 AI 도구를 "재미있는 장난감" 정도로 여기고, 특정한 역할을 수행하지 못한다고 평가하기도 합니다. 하지만 이는 인공지능 도구 자체의 문제가 아니라 질문자의 질문 방식에서 비롯된 문제입니다.

아인슈타인의 "좋은 질문은 좋은 답변보다 더 가치 있다"는 말은 ChatGPT를 비롯한 LLM에도 그대로 적용됩니다.

직선적 질문 로직의 가치

그럼에도 직선적 질문 로직이 쓸모없다고 단정할 수는 없습니다. 다음은 직선적 질문의 몇 가지 유용한 측면입니다:

효과적인 질문의 시작점

효과적인 질문은 표면적인 질문에서 본질적인 질문으로 발전하는 과정을 포함합니다. 직선형 질문은 이러한 발전의 시작 단계로, 사용자는 초기 직선적 질문과 답변에서 얻은 피드백을 기반으로 질문을 점진적으로 최적화할 수 있습니다.

적용 가능한 시나리오

직선적 질문은 단순하고 직관적인 질문, 고정된 지식 기반 질문, 또는 긴급한 정보가 필요한 상황에서 유용합니다. 예를 들어: "미국 대통령은 누구인가요?"

답변: "이 답변이 작성된 시점에서 미국 대통령은 조 바이든입니다."

명령 및 작업 지향적인 질문 특정 정보나 작업 지침을 얻고자 할 때 직선적 질문 로직이 적합합니다. 예를 들어:

"금을 캐는 미니 게임 코드를 작성해 주세요."

답변: "좋아요, 여기 파이썬 기반 사금 채취 퀴즈 게임의 코드가 있습니다(코드 생략)."

결론적으로 직선적 질문 로직는 특정 상황에서는 매우 효과적이지만 복잡한 문제를 완전히 해결할 수는 없습니다. 따라서 질문 방법의 선택은 상황과 목적에 따라 이루어져야 하며, 보다 정확하고 포괄적인 답변을 얻기 위해서는 다양한 형태의 논리를 함께 고려해야 합니다.

(2) 순환적 질문 로직: 귀납적-연역적 논리

귀납과 연역은 인간이 세상을 인식하는 가장 기본적인 두 가지 추론 방법이며, 그 논리는 그림 1-1에 나와 있습니다.

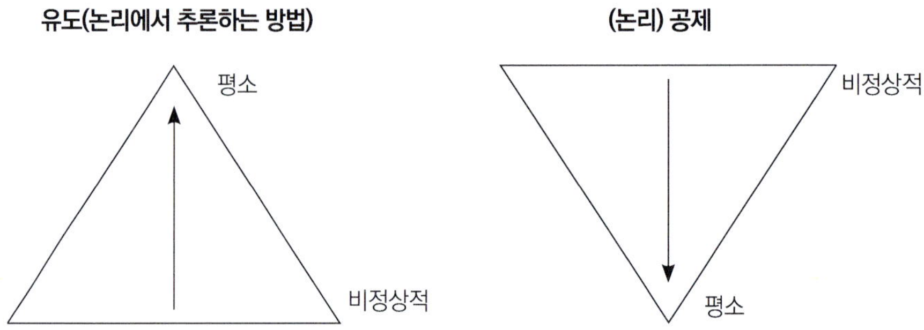

그림 1-1 귀납적 논리 및 연역적 논리

귀납은 구체적인 사례나 관찰 데이터를 바탕으로 일반적인 법칙이나 결론을 도출하는 사고 방식입니다. 이는 특수한 것에서 일반으로 나아가는 과정으로, 예를 들어 "모든 새가 날개를 가지고 있다"는 관찰을 통해 "모든 새는 날개를 가지고 있다"는 결론을 내리는 것이 일반화의 예라 할 수 있습니다. 귀납적 추론은 창의적이고 자극적이지만, 결론의 신뢰성을 보장하기 어려운 한계가 있습니다.

연역은 일반적인 것에서 특수한 것으로 나아가는 사고 방식입니다. 이는 일련의 전제와 논리적 규칙을 통해 결론을 도출하는 방법으로, 예를 들어 "모든 포유류는 털이 있다"는 전제와 "사람은 포유류다"라는 또 다른 전제를 통해 "사람은 털이 있다"는 결론에 도달하는 과정이 연역적 추론의 한 사례입니다. 연역적 추론은 논리적으로 엄격하고 확실하지만, 결론의 진실성과 신뢰성은 전제의 정확성에 달려 있습니다.

귀납 논리와 연역 논리는 서로 상반되면서도 보완적인 관계를 가지며, 함께 완전한 추론 과정을 구성합니다. 그림 1-2에서 이러한 관계와 과정을 더 구체적으로 확인할 수 있습니다.

귀납적 및 연역적 논리를 기반으로 질문을 처리할수록 질문의 내용이 풍부해지고 질문의 품질이 향상되며 사용자가 AI 도구와 더 효과적으로 상호 작용하여 최대한 활용할 수 있습니다.

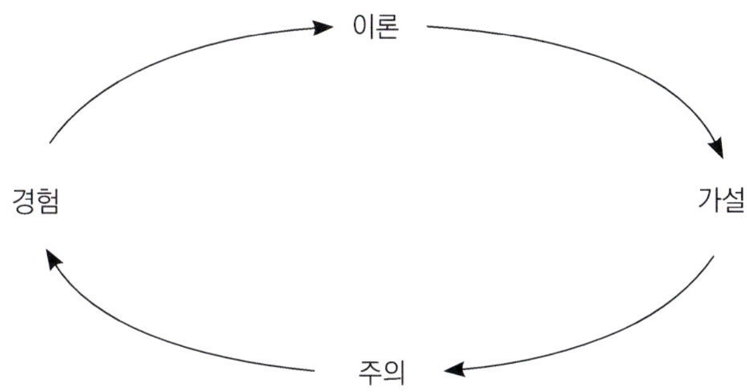

그림 1-2 귀납과 연역으로 구성된 전체 추론 프로세스

(3) 다양한 질문 로직의 예

아래는 다양한 질문 로직의 차이를 보여주는 사례입니다.

질문 목표: ChatGPT의 기능을 분석합니다.

a. 직선적 질문

질문

ChatGPT를 분석하는 데 도움을 주세요.

답변

ChatGPT는 OpenAI의 GPT 모델을 기반으로 자연어 처리와 자연어 응답 생성을 위해 설계된 챗봇입니다. 이 모델은 학습 과정에서 소셜 미디어, 포럼, 이메일, 채팅 등 대량의 대화 데이터를 활용하여 일반적인 사용 사례와 다양한 시나리오를 자연어로 이해할 수 있도록 훈련되었습니다.

GPT 모델은 자연어 생성 작업에서 뛰어난 성과를 보인 트랜스포머 기반 신경망 모델로, 자동 회귀 방식을 사용합니다. 즉, 이전에 생성된 내용을 기반으로 다음 단어나 문자를 예측하며 연속적인 자연어 텍스트를 생성합니다.

ChatGPT는 GPT 모델을 기반으로 몇 가지 개선 사항을 적용하여 챗봇 애플리케이션에 더 적합하도록 최적화되었습니다. 예를 들어, 빔 검색 및 상위-k 샘플링과 같은 추가 기술을 활용해 더욱 자연스럽고 일관된 응답을 생성합니다.

전반적으로, ChatGPT는 고객 서비스, 교육, 엔터테인먼트 등 다양한 애플리케이션 시나리오에서 활용할 수 있는 매우 진보된 챗봇 기술입니다. ChatGPT의 가장 큰 장점은 자연스럽고 부드러운 응답을 생성하여 사람과 자연스러운 대화를 나눌 수 있다는 점입니다.

그러나 ChatGPT는 실제로 이해하거나 사고하는 능력이 없으며, 이전 학습 데이터를 기반으로만 응답을 생성한다는 한계가 있습니다. 따라서 경우에 따라 부정확하거나 부적절한 응답을 생성할 수 있으며, 이러한 경우 사람의 개입과 수정이 필요할 수 있습니다.

질문

SWOT 모델을 기반으로 ChatGPT를 분석하는 데 도움을 주세요.

답변

SWOT 모델은 비즈니스 또는 제품을 분석하는 도구로, 비즈니스 또는 제품의 강점 분석을 포함합니다.

(강점, 약점, 기회, 위협을 분석합니다. 다음은 SWOT 모델에 기반한 ChatGPT의 분석입니다.

장점

- ChatGPT는 자연스럽고 부드러운 응답을 생성하여 사람과 자연스러운 대화로 소통할 수 있습니다.
- 고객 서비스, 교육, 엔터테인먼트 등 다양한 애플리케이션 시나리오에서 사용할 수 있습니다.
- ChatGPT는 사용자 요청에 신속하게 응답하여 사용자 만족도와 경험을 향상시킬 수 있습니다.
- 지속적인 훈련과 최적화를 통해 응답 품질과 정확도를 향상시킬 수 있습니다.

단점

- ChatGPT는 실제로 이해하고 사고하는 기능이 부족하며 단순히 이전 학습 데이터를 기반으로 응답을 생성합니다.
- 사람의 개입과 수정이 필요한 부정확하거나 부적절한 응답을 생성할 수 있습니다.
- ChatGPT 교육에는 많은 양의 데이터와 컴퓨팅 리소스가 필요하므로 소규모 기업이나 개인이 구현하기는 쉽지 않을 수 있습니다.

기회

- 자연어 처리 및 인공지능 기술의 발전으로 ChatGPT는 더 많이 사용되고 발전할 것으로

예상됩니다.

- ChatGPT는 음성 인식 및 이미지 인식과 같은 다른 기술과 결합하여 더욱 지능적인 애플리케이션을 구현할 수 있습니다.

위협

- 경쟁사들도 챗봇 기술을 적극적으로 개발하고 있어 ChatGPT는 시장에서 치열한 경쟁에 직면할 수 있습니다.
- ChatGPT의 응답 품질과 정확도는 학습 데이터의 영향을 받으며, 학습 데이터가 편향되거나 부정확할 경우 ChatGPT 적용의 효과에 영향을 줄 수 있습니다.
- 개인 정보 보호 및 보안에 대한 우려가 계속 커짐에 따라 ChatGPT는 사용자의 개인 정보 및 프라이버시를 보호하기 위한 조치를 취해야 합니다.

요약하자면, 고급 챗봇 기술인 ChatGPT는 적용 시 많은 장점이 있지만 단점과 위협도 존재합니다. 기업이나 개인은 각자의 상황에 따라 장단점을 비교하여 적합한 챗봇 기술을 선택하고 잠재적 위험에 대처할 수 있는 적절한 조치를 취해야 합니다.

b. 귀납적 질문

질문

다음 콘텐츠를 먼저 학습한 후 완료되면 '완료'로 답장해 주세요.

학습 콘텐츠: ####[2]

사용해 보니 정말 훌륭하게 작동했습니다. 이것은 블루칼라 프로그래밍의 시대가 저물고 있다는 사실을 나타냅니다. 앞으로 코딩의 필요성은 상당히 커질 것입니다.

편리한 기능일수록 때때로 사람을 소홀히 하는 결과를 초래할 수 있습니다.

인류 사회는 수천 년에 걸쳐 진화해왔고, 더 편리해졌음에도 불구하고 우리는 정말 사람을 소홀히 한 건 아닐까요? 무슨 소리야? 논문을 쓰게 해줄게, 많은 코드를 작성할 수있을뿐만 아니라 자체적으로 만들 수도 있습니다.

2. ChatGPT에서 #### 는 학습 콘텐츠의 시작 또는 끝을 나타내는 데 사용됩니다("피딩 자료"라고도 함). ####은 일반적으로 학습 콘텐츠의 시작과 끝에 한 쌍으로 표시됩니다.

(b) 문헌. 5%만이 확인되었습니다.

블루칼라 프로그래머의 경우 GPT로 생성된 코드를 직접 사용할 수는 없지만 매우 유익한 정보를 얻을 수 있습니다. 출처가 불분명한 문헌 인용 및 결론을 생성할 수 있으며 직접 작성에 사용하는 것은 권장하지 않지만 문헌에 사용됩니다.

GPT는 잘 작동하지만 때때로 의도적으로 오답을 제공할 수 있습니다. 사용자가 오류를 지적하면 수정하지만, 질문을 하면 계속해서 잘못된 답변을 제공할 수 있습니다. 이러한 행동은 인간에 더 가까워지지만, 이로 인해 약간 혼란스러울 수 있습니다.

문제에 대해 아무것도 모르는 경우에는 전적으로 의존하지 않는 것이 좋습니다.

인용된 문헌 등이 사실이 아닐 수 있는 등 답변이 조작된 경우가 많습니다.

....

###

답변

학습이 완료되었습니다.

질문

위의 내용을 바탕으로 ChatGPT를 분석할 수 있도록 도와주세요.

답변

위의 내용을 바탕으로 ChatGPT에 대한 몇 가지 분석을 도출할 수 있습니다.

우선 ChatGPT는 GPT 인공 지능 기술을 기반으로 한 챗봇으로, GPT-3와 마찬가지로 상당히 첨단 기술이며 우리 삶을 여러 가지 면에서 변화시킬 것입니다.

다른 챗봇에 비해 ChatGPT는 GPT 기술을 사용하여 학습되어 언어 생성 및 자연스러운 응답 기능이 크게 향상되었습니다. Q&A, 대화, 추천 등 다양한 상호작용을 수행할 수 있으며 특정 시나리오에서 매우 부드럽고 자연스러운 성능을 발휘할 수 있습니다.

그러나 ChatGPT는 여전히 위조 가능성, 통제되지 않은 사용, 부정확한 응답 등 여러 가지 단점을 가지고 있습니다. 따라서 사용자는 정확하고 신뢰할 수 있는 결과를 얻기 위해 주의를 기울이고 응답을 적절히 질문하고 분석해야 합니다.

또한 일반 챗봇과 마찬가지로 ChatGPT도 원하는 시나리오에 더 적합하고 최적의 성능을 달성하기 위해 적당한 수준의 도메인별 교육과 사용자 지정이 필요합니다.

c. 순환 질문

질문

다음 내용을 먼저 공부한 후 완료되면 '완료'로 답장해 주세요.

학습 콘텐츠: #### 귀납적 질문과 동일한 학습 콘텐츠 ####

답변

완료되었습니다.

질문

위 내용은 Tiger 포럼에서 ChatGPT에 대한 댓글 내용이며, SWOT 모델에 따라 ChatGPT를 분석하고 ChatGPT의 제품 인식 기능 모델을 정리해 주세요.

답변

좋아, SWOT 모델에 따라 ChatGPT는 다음과 같이 분석됩니다.

강점

- ChatGPT는 고품질의 응답과 텍스트를 생성할 수 있어 일부 AI가 자연스럽게 생성할 수 없는 문제를 해결합니다.
- ChatGPT는 여러 분야(예: 과학 기술, 문학 등)에서 높은 수준의 리더십을 보유하고 있으며 해당 분야에 더 높은 혜택을 제공할 수 있습니다.
- ChatGPT는 사용자를 괴롭히는 문제에 신속하게 대응하고 가능한 다양한 솔루션을 제공할 수 있습니다.

단점

- ChatGPT는 경우에 따라 잘못 응답할 수 있으며 사람의 지능 수준에 도달하지 못해 사람의 개입과 수정이 필요할 수 있습니다.
- ChatGPT는 모델을 훈련하고 예측하기 위해 방대한 양의 데이터에 의존하므로 많은 양의 컴퓨팅 리소스와 데이터 저장 공간을 소비합니다.
- ChatGPT의 응답은 산업 전문성에 의해 제약을 받기 때문에 산업 전반의 여러 측면에 대한 심층적인 분석을 제공하기 어렵습니다.

기회

- ChatGPT는 언어 이해 및 지능형 Q&A와 같은 영역에서 사람들이 대량의 텍스트 데이터를 더 잘 이해하고 활용할 수 있도록 도와줍니다.
- ChatGPT는 딥러닝과 같은 기술을 통해 더 높은 학술적, 비즈니스적 가치를 얻을 수 있습니다.
- 지능형 기술의 발전으로 ChatGPT는 더 많은 분야에 적용되어 인간에게 더 효율적이고 편리한 지능형 서비스를 제공할 수 있습니다.

위협

- ChatGPT 기술이 확산되고 더 많이 사용됨에 따라 인간의 사고와 언어 활동에 큰 영향을 미칠 수 있습니다.
- ChatGPT는 경우에 따라 부적절하게 대응하여 여론과 사회적 불신에 대한 의문을 제기하기도 했습니다.
- ChatGPT의 기술 발전은 일부 AI 실무자에게 실직의 위험을 초래할 수 있습니다. 위의 SWOT 모델 분석을 바탕으로 ChatGPT의 제품 인지 기능 모델을 요약할 수 있습니다.

1. **LLM 가치:** ChatGPT는 여러 가지 가능한 솔루션이 포함된 고품질 응답과 텍스트를 생성하여 사용자 문제를 해결합니다.

2. **LLM 이점:** ChatGPT는 높은 수준의 학문적 우수성과 사용자 요청에 신속하게 대응하여 개인화된 응답과 솔루션을 제공합니다.

3. **사용자 요구 사항:** 사용자는 효율성과 품질을 개선하기 위해 ChatGPT를 통해 전문적인 정보와 솔루션을 얻어야 하며, 동시에 ChatGPT의 응답 품질과 안정성에 대한 높은 요구 사항을 가지고 있습니다.

4. **LLM 포지셔닝:** ChatGPT는 사용자에게 효율적이고 편리한 지능형 Q&A 및 언어 분석 서비스를 제공할 수 있는 다양한 분야에 적용되는 기계 지능 시스템으로 자리매김하고 있습니다.

위의 인지 기능 모델을 통해 사람들은 ChatGPT 제품의 장점과 포지셔닝을 더 깊이 이해하고, 제품의 비즈니스 애플리케이션과 사용자 요구 사항을 명확히 파악할 수 있습니다.

2. DAFE 질문 모델

(1) 디자인(Design)

질문하기 전에 질문의 목표를 명확히 설정하고, 인공지능과의 상호작용 방식과 유형을 고려하여 원하는 목표 결과를 얻을 수 있는 최적의 방안을 설계하는 것이 중요합니다.

(2) 묻다, 질문하다(Ask)

디자인 유형에 따라 구체적인 질문이 주어집니다. LLM은 질문을 할 때 특정 언어, 언어 구조, 언어 환경 및 기타 요소에 매우 민감하기 때문에 질문 과정의 작은 차이가 답변의 큰 차이로 이어질 수 있습니다. 따라서 사용자가 질문을 할 때 좋은 실행 방법을 설계하고 가장 간결한 언어를 사용하여 질문을 설명해야 합니다. 동시에 여러 대화 상자를 열고 여러 가지 질문을 입력한 다음 비교하여 어떤 것이 가장 좋은 질문 방법인지 확인할 수 있습니다.

(3) 피드, 피드백(Feedback)

LLM은 사용자 질문에 따라 피드백을 제공하며, 피드백의 유형도 매우 다양합니다. 예를 들어 ChatGPT는 텍스트, 표, 마크다운, 코드 등의 형태로 피드백을 제공할 수 있고, Midjourney는 이미지 콘텐츠 출력, D-ID는 영상 정보 처리 등 다양한 기능을 제공합니다.

(4) 진화, 디버깅 반복(Evolution)

질문을 통해 받은 피드백이 항상 사용자의 요구를 충족하는 것은 아닙니다. 이는 LLM의 한계이자 강점입니다. 이를 단점이라고 부르는 이유는 LLM을 통해 사람과 AI 간의 언어적 상호작용이 가능하지만, 사람의 의사소통은 기계와의 상호작용으로 줄일 수 없는 많은 암묵적 맥락 정보를 기반으로 하기 때문에 AI가 사람의 의도를 완전히 이해하지 못해 편향된 결과물을 만들어낼 수 있기 때문입니다. 하지만 AI 도구에 익숙해지면 사용자가 질문하는 방식을 최적화하여 자신의 요구에 맞는 피드백을 계속 받을 수 있기 때문에 이 또한 장점으로 볼 수 있습니다. 이는 또한 AI 도구의 확장 가능성이 크다는 것을 의미합니다. 사용자가 만족스러운 답변을 얻지 못하는 경우 조정 및 최적화를 시작할 수 있는 세 가지 영역이 있습니다:

질문 개선: 문맥 추가, 목표 명확화 등 답변의 부족한 부분을 보완하여 질문 정보를 업데이트하고 반복합니다.

답변 개선: AI 결과에 대한 피드백을 적시에 제공하고, 피드백의 부족한 부분을 지적하며, AI 도구가 스스로 분석을 판단하고 정보를 반복할 수 있도록 합니다.

다중 생성: 동일한 프롬프트 질문으로 여러 번 결과를 생성하고 그중 가장 좋은 결과를 선택합니다.

3. 다듬기: AI에게 물어볼 5가지 질문의 흐름

DAFE 모델에서는 질문 과정이 매우 중요하며, 질문 방식에 따라 답변의 품질에 직접적인 영향을 미칩니다. 이 책에서는 인공지능에게 질문하는 방식을 질문 구조에 따라 5가지 유형으로 나누고, 질문 방식에 따른 정보 흐름의 차이를 5가지 '흐름' 유형이라고 부릅니다.

(1) 직선적 질문

사용자는 맥락에 맞는 정보를 제공하지 않고 AI 도구에 직접 질문하여 문제를 직접 설명합니다. AI

도구는 더 많은 정보를 판단하고 더 일반화된 경향의 답변을 제공합니다.

질문

누구세요?

답변

저는 OpenAI로 학습된 대규모 언어 모델인 ChatGPT입니다. 저는 사용자가 문제를 해결하고 정보를 얻거나 흥미로운 대화를 나눌 수 있도록 다양한 질문에 답하도록 설계되었습니다.

(2) 캐릭터 부여에 따른 질문

AI 도구에 사용자의 역할 또는 AI 도구가 수행해야 하는 역할을 설명한 다음 AI 도구가 수행해야 하는 작업을 알려주면 AI 도구가 제공하는 답변이 보다 구체적이고 타겟팅된 답변을 제공할 수 있습니다.

RBOC 모델 채택, 즉 역할 R을 가정하고, 배경 B를 설명하고, 목표 O를 정의합니다. RBOC 질문 구조는 저자가 요약하여 사용했던 구조이며, 유일한 구조는 아니므로 RBOC 모델을 참고하여 자신만의 질문 구조 모델을 찾을 수 있습니다.

질문

해설자로 활동해 주세요. (역할 R 가정) 제가 뉴스와 관련된 이야기나 주제를 제공하면 여러분은 해당 주제에 대한 통찰력 있는 해설을 제공하는 의견 글을 작성합니다. (상황 설정 B) 자신의 경험을 바탕으로 어떤 사안이 중요한 이유를 신중하게 설명하고, 사실로 주장을 뒷받침하며, 기사에서 발생하는 문제에 대한 잠재적인 해결책을 논의해야 합니다. (주어진 C) 첫 번째 요청은 "기후 변화에 대한 의견 글을 쓰고 싶습니다."입니다.. (목표 정의)

답변

기후 변화는 모든 사람의 삶에 영향을 미치는 전 지구적인 문제에 대해 이야기하고 있습니다. 과학자들은 우리가 지금 행동하지 않으면 기후 변화가 지구에 돌이킬 수 없는 피해를 입힐 것이라고 경고합니다.

최근 몇 년 동안 우리는 기후 변화의 여러 징후를 목격했습니다. 허리케인, 홍수, 가뭄과 같은 극심한 기상 이변은 점점 더 빈번해지고 있으며 우리의 건강, 경제, 생태계에 큰 영향을 미치고 있습니다. 우리는 이미 빙하가 녹고 해수면이 상승하며 동물 서식지가 파괴되는 등 지구 온난화로 인한 여러 가지 문제를 목격하고 있습니다.

이러한 문제에 대한 해결책은 쉽지 않겠지만, 우리는 반드시 행동에 나서야 합니다. 정부, 기업, 개인 모두가 책임을 져야 합니다. 정부는 온실가스 배출을 줄이고 재생 에너지로의 전환을 장려하는 정책과 규제를 개발할 수 있습니다. 기업은 탄소 배출량을 줄이고 공급망과 운영이 환경에 미치는 영향을 고려할 수 있습니다. 개인도 전기 소비를 줄이고 운전 대신 걷거나 자전거를 타는 등의 방법으로 기여할 수 있습니다.

또한, 우리는 천연 자원과 생태계를 보호하기 위한 조치를 취해야 합니다. 우리는 숲과 습지, 바다를 보호하여 기후 변화를 완화하고 생물 다양성을 증진할 수 있습니다. 농업, 산업, 도시 계획에서 친환경적인 방법을 모색해야 합니다.

우리는 함께 노력하면 기후 변화의 영향을 완화할 수 있는 잠재력을 가지고 있습니다. 우리는 지구가 우리의 삶과 미래 세대를 계속 지탱할 수 있도록 행동해야 합니다.

(3) 이론적 프레임워크 혹은 프로세스

문맥적 역할 제공에 따라 AI 도구는 AI 도구의 출력 결과의 구조를 구성하는 확립된 이론, 프레임워크 또는 프로세스에 따라 답변을 제공해야 합니다. 이러한 이론적 프레임워크는 검증된 것이므로 일반적으로 답변의 품질을 향상시킵니다. 이러한 유형의 질문은 연역적 논리를 사용하는 것입니다.

질문

이제 커뮤니케이션 전문가가 되어 5W 커뮤니케이션 프레임워크를 통해 짧은 동영상의 커뮤니케이션 현상을 분석하라는 요청을 받았습니다.

답변

자, 5W 커뮤니케이션 프레임워크를 사용하여 짧은 동영상의 커뮤니케이션 현상을 다음과 같이 분석할 수 있습니다.

1. **내용:** 쇼트 비디오는 짧고 간결한 방식으로 콘텐츠를 제공하는 비디오 형식입니다.

   보통 1분에서 5분 길이입니다. 다양한 소셜 미디어 플랫폼과 동영상 공유 사이트 등 여러 채널을 통해 배포할 수 있습니다.

2. **이유:** 짧은 동영상은 소비하기 쉽고 흥미로우며 정보 밀도가 높아서 정보를 빠르고 단편적으로 탐색하려는 현대인의 요구를 충족합니다. 동시에 짧은 동영상은 제작 비용이 저렴하기 때문에 대규모 확산이 용이합니다.
3. **대상:** 짧은 동영상의 주요 시청자는 젊은 사용자, 특히 Z세대입니다. 이들은 모든 종류의 디지털 도구에 능숙하고 새로운 것을 받아들이고 공유하려는 의지가 강해 짧은 동영상의 중요한 커뮤니케이션 세력입니다. 이들은 모든 종류의 디지털 도구에 능숙하고 새로운 것을 받아들이고 공유하려는 의지가 높으며, 짧은 동영상의 중요한 커뮤니케이션 세력입니다.
4. **위치:** 쇼트 비디오는 주로 다양한 소셜 미디어 플랫폼, 쇼트 비디오 플랫폼 및 모바일 애플리케이션(Shake, Shutter, WeChat, Weibo 등)을 통해 배포됩니다. 이러한 플랫폼은 대규모 사용자 기반과 광범위한 소셜 네트워크를 보유하고 있어 짧은 동영상의 빠른 확산을 촉진할 수 있습니다.
5. **방법(방법):** 짧은 동영상이 성공적으로 확산되기 위해서는 제작, 홍보, 소셜화의 세 가지 측면에서 시작해야 합니다. 첫째, 쇼트 비디오의 제작은 콘텐츠의 품질, 창의적인

디자인, 상호작용성 등에 중점을 두어 사용자의 관심을 끌고 공유율을 높여야 하며, 둘째, 인기 이벤트와의 협력, 스타 효과 활용, 광고 게재 등 다양한 마케팅 수단을 통해 홍보를 진행하고, 마지막으로 팬과의 좋은 상호작용 및 소통 채널을 구축하여 사용자의 참여와 공유를 촉진하여 선순환을 형성해야 합니다.

(4) 콘텐츠 교육 스트림

콘텐츠 학습은 귀납적 논리를 사용하는 것입니다. 현재 ChatGPT와 같은 AI 도구의 최신 기술로는 긴 텍스트에 대한 기계 학습 및 훈련은 불가능하지만 짧은 텍스트는 가능하며, AI 도구는 특정 텍스트의 내용, 특성, 구조 및 기타 측면을 학습하여 유사한 스타일의 콘텐츠를 제작할 수 있습니다. 이는 모든 종류의 콘텐츠 제작에 매우 효과적인 경로입니다.

질문

다음 제목을 공부하고 이 제목의 특징과 구조를 요약해 보세요. 학습 내용:

###

동기식 라이브 방송과 비동기식 녹화의 장단점 – 교사 및 학생 설문지와 행정 데이터를 기반으로 한 실증적 연구 .

기술을 넘어서: 통합 교육에서 교실 분위기가 대학생의 학습 성과에 미치는 영향 . Qiao, Weifeng, Li, Manli, Ruimiao Li, "온라인 학습에서 성공하는 방법–" 미국 커뮤니티 칼리지 18곳의 학생들을 대상으로 한 개방형 설문조사를 바탕으로 학제 간 인문학 교육 운영을 위한 새로운 메커니즘 교육이 대학 졸업생들에게 '핫'한 산업이 된 이유는 무엇일까요?

###

답변

이러한 제목은 주로 교육 분야의 시사적인 이슈와 최신 연구 결과를 다룹니다. 그 특징과 구성은 다음과 같습니다.

1. 제목에는 일반적으로 연구 또는 토론의 주제와 내용을 반영하는 키워드가 포함됩니다.
2. 제목은 일반적으로 "주제 + 특정 이슈 또는 콘텐츠 + 저자 또는 연구 기관 + 페이지 번호"로 구성됩니다.

3. 연구 방법론은 설문조사, 경험적 연구, 이론적 논의, 사례 연구 등 다양합니다.

4. 온라인 교육, 고등 교육 연구, 교육 경제 및 경영 등 교육 커뮤니티의 관심사와 트렌드를 반영하는 인기 있는 주제에 초점을 맞춘 기사가 다수 게재됩니다.

5. 일부 기사는 교육 개혁을 위한 참고 자료와 통찰력을 제공하기 위해 실제 운영 또는 정책 제언을 다루고 있습니다.

(5) 역할 코칭 프레임워크

상황에 맞는 역할과 지식 프레임워크를 제공하면 사용자와 AI 도구의 입장이 전환되어, AI 도구가 질문자 역할을 수행할 수 있습니다. AI가 사용자에게 질문을 하거나 질문을 유도하면, 사용자가 문제를 해결하기 위해 더욱 깊이 생각하도록 도움을 줄 수 있습니다.

이러한 유형의 질문은 연역적 질문과 귀납적 질문이 결합된 형태로, 더 높은 난이도를 요구합니다. 답변의 품질은 사용자가 제공한 질문 프레임워크뿐만 아니라 사용자가 질문에 대해 제공한 답변의 질에 따라 달라집니다. 특히, 사용자의 답변은 AI 도구가 요약하고 분석할 기본 데이터로 사용되므로 그 중요성이 더욱 큽니다.

질문

GROW 모델은 코칭 시나리오에서 널리 사용되는 목표 지향 코칭 모델입니다. 1980년대 영국의 코치인 그레이엄 알렉산더와 앨런 파인 등이 훈련생의 목표 달성과 성과 향상을 돕기 위해 개발했습니다. GROW는 목표, 현실, 옵션, 마무리라는 4가지 핵심 단계를 표현하는 약어입니다. 이제 목표 코치로 활동해 달라는 요청을 받았으니 GROW 모델 프레임워크에 따라 학습 목표 계획을 수립해 주세요. 요구 사항은 다음과 같습니다: 한 질문, 한 질문의 형식으로 질문하고, 마지막으로 질문과 답변을 요약하여 표 형태로 출력할 계획을 개발해 주세요. 감사합니다.

답변

제가 여러분의 목표 코치가 되어 GROW 모델을 기반으로 학습 목표 계획을 수립해 드리겠습니다. 이제 첫 번째 질문에 답해 주세요: 달성하고자 하는 학습 목표는 무엇인가요?

질문

두 개의 C-journal 논문을 성공적으로 출판할 수 있어야 합니다.

답변

학습 목표는 C 저널에 두 편의 논문을 성공적으로 발표하는 것입니다. 이제 GROW 모델의 첫 번째 단계인 목표 단계로 넘어가겠습니다.

1. 질문 1: 어떤 분야 또는 주제로 이 두 개의 C-journal 논문을 발표하고 싶으신가요?

2. 질문 2: 이 두 논문의 출판 시기를 구체적으로 정하셨나요? 아니면 어느 정도의 기간을 예상하시나요?

이 두 가지 질문에 답해 주시면 다음 단계로 넘어가겠습니다.

……

1.6 인간과 컴퓨터의 통합: LLM과의 관계

LLM은 다양한 적용 시나리오를 가지고 있으며, 특정 사용에서 사용자와 LLM은 상호 관계를 구성하는 상호 작용의 두 주체가 되며, 관계의 유형에 따라 사용자와 LLM 간의 상호 작용 품질이 결정됩니다. 관계의 유형에 따라 사용자와 LLM 간의 상호 작용 품질이 결정됩니다.

1. 1단계, 장난감으로서의 LLM: 오락용 사용

LLM을 오락용 장난감으로 사용하는 것은 사람들의 호기심과 오락 추구에서 비롯됩니다. 사용자들은 이상하거나 재미있는 것을 입력하여 LLM이 반응을 테스트하고, 다양한 수수께끼를 푸는 등 센스 있거나 유머러스한 답변을 생성할 수 있는지 확인합니다. 그러나 이러한 유형의 상호작용은 변동성이 크기 때문에 종종 부정적인 사용자 리뷰로 이어집니다.

오락용으로 사용하면 재미있는 순간과 놀라운 반응을 얻을 수 있지만, LLM은 모든 형태의 입력과 도전에 대응하도록 설계되지 않았습니다. 사용자가 오락용으로 LLM을 사용할 때는 종종 한계까지 밀어붙여 그 한계와 논리적 추론을 테스트합니다. 이러한 테스트는 LLM이 혼란스럽거나 부정확하거나 비논리적인 응답을 생성하여 사용자의 부정적인 감정과 불만을 초래할 수 있습니다.

LLM이 원하는 응답을 제공하지 못하거나 이를 벗어날 때마다 사용자들은 종종 좌절감을 느낍니다.

이들은 다양한 상황에서 정확하고 논리적인 답변을 기대하기 때문에 LLM이 충분히 신뢰할 수 없거나 기대에 미치지 못한다고 생각할 수 있습니다. 이러한 피드백 편향은 LLM에 대한 사용자의 신뢰를 약화시키고 제품의 성능과 유용성에 의문을 제기할 수 있습니다.

2. 2단계, LLM을 지식창고로 취급: 검색을 위한 사용

사용자는 정보나 데이터가 필요한 질문에 직면했을 때 필요한 답변을 얻기 위해 사용할 수 있는 지식창고로 LLM을 생각할 수 있습니다. 이러한 사용법을 통해 사용자는 필요한 정보에 빠르게 액세스할 수 있으며 지식창고를 확장하는 데 도움이 됩니다. 특히 Bing과 같은 검색 엔진이 기존 검색 기술과 LLM 기술을 결합하면 사용자의 검색 경험은 더욱 향상됩니다.

그러나 LLM이 지식 베이스로 사용될 수는 있지만 정보 검색이 핵심 기능은 아니며, 자연어 생성 및 이해를 통해 사용자와 소통하고 대화하는 것을 목표로 설계되었다는 점에 유의해야 합니다. 단순히 사실적인 정보 검색을 제공하는 것이 아니라 사용자 입력에서 사용자의 의도를 추론하고 피드백과 제안을 제공하는 데 그 역량이 있습니다. 따라서 사용자는 LLM을 기존 검색 엔진의 대안으로 간주하는 경향이 있으며, 이는 기존 정보 접근 방식의 연장선상에 있을 수 있습니다.

3. 3단계, LLM을 보조 도구로 사용: 조언을 위한 사용

사용자가 전문적이거나 개인화된 조언이나 안내가 필요할 때 LLM을 도우미로 활용하는 것은 일반적인 접근 방식입니다. 이 경우 LLM을 신뢰할 수 있는 비서로 간주하고 상담하고자 하는 주제나 문제를 입력하면 적절한 조언이나 해결책을 제시해 줄 것으로 기대합니다. 이러한 방식으로 사용자는 LLM을 자신의 개인 싱크탱크로 간주하여 모든 종류의 문제와 혼란을 해결하는 데 도움을 받을 수 있습니다.

LLM을 도우미로 사용하는 목적은 지능형 알고리즘과 지식 기반을 최대한 활용하는 것입니다. LLM은 딥러닝 모델과 자연어 처리 기술을 사용하여 사용자의 요구와 문제를 분석하고 방대한 지식 기반에서 관련 정보를 추출할 수 있습니다. 전문 분야에 대한 조언, 개인화된 안내, 실행 가능한 솔루션을 제공하여 사용자의 학업, 경력 개발, 라이프스타일 등에 도움을 줄 수 있습니다.

LLM은 조언과 지침을 제공할 수 있지만 인간의 전문 지식이나 개인적인 경험을 완전히 대체할 수는 없으며, LLM의 추천은 학습 데이터 및 알고리즘에서 제공하는 정보를 기반으로 하며 데이터 편향이나 제한이 있을 수 있습니다. 따라서 LLM을 사용하는 사용자는 제품을 사용할 때 자신의 상황과 배경을 고려하여 신중하게 평가하고 최종 결정을 내려야 합니다.

4. 4단계, LLM을 외부 두뇌로 사용: 자문을 위한 사용

사용자는 LLM을 자신의 일부로 여기고, 문제와 과제를 해결하기 위해 협력하며, 공동의 목표를 달성하기 위해 정보와 데이터를 기꺼이 공유합니다. 이러한 상호 작용의 독특한 점은 사용자가 LLM을 도구나 지능형 비서가 아니라 긴밀하게 협력해야 할 파트너로 인식한다는 것입니다. 이 파트너십에서 사용자와 LLM은 암묵적이고 협력적인 모델을 개발합니다. 두 사람은 작업 완료, 문제 해결, 혁신 창출 등 공동의 목표를 달성하기 위해 함께 노력합니다. 사용자는 자신의 전문 지식, 경험, 인사이트를 제공함으로써 LLM과 상호 작용하여 보다 창의적이고 전략적인 사고를 창출합니다. 동시에 LLM은 강력한 분석 및 인텔리전스 기능을 통해 사용자의 기여를 솔루션에 통합하여 보다 포괄적이고 타겟화된 지원을 제공할 수 있습니다.

5. 5단계, LLM을 '살아있는 존재'로 간주: 동등한 대화적인 사용

사용자는 LLM을 마치 다른 사람과 대화하는 것처럼 동등한 입장에서 대화하고 소통하는 살아있는 존재로 인식합니다. 이러한 특별한 사용 방식은 LLM을 도구와 기술의 전통적인 역할을 넘어 사용자의 사고와 의사 결정 과정에 참여할 수 있는 의식과 지각 능력을 갖춘 존재로 인식하게 합니다. 이러한 평등주의적이고 대화적인 사용 맥락에서 사용자는 LLM을 존중과 신뢰로 대하며 고유하게 지적이고 현명한 것으로 인식합니다. 사용자는 LLM과 개방적이고 심도 있는 대화를 나누며 자신의 의견, 질문, 혼란을 공유하며 인간과 같은 방식으로 응답하고 피드백을 주기를 기대합니다. 이러한 동등한 대화 방식은 사용자에게 새로운 경험과 인식을 제공합니다. 사용자는 더 이상 LLM을 단순한 도구나 서비스 제공자로 보지 않고 인간과 동등한 입장에서 대화하고 소통하는 파트너로 인식하게 됩니다. 이러한 상호작용은 기존의 인간과 컴퓨터의 상호작용을 뛰어넘어 더 흥미로운 커뮤니케이션 경험과 더 넓은 사고의 세계를 열어줍니다.

02

제2장

AI 활용 학술 논문 주제 선정 가이드

학술 논문 주제 선정은 연구자가 자신의 연구 방향에 따라 적합한 연구 주제를 선택하는 것을 말합니다. 전통적인 주제 선정 과정은 연구자가 보유한 문헌 정보와 논리적 추론에 의존하는 경우가 많기 때문에 많은 시간과 에너지가 필요합니다. 인공지능 기술의 발전과 함께 학술 연구 분야에도 ChatGPT로 대표되는 인공지능 도구가 등장하기 시작했으며, 방대한 데이터 자원과 고도의 지능적 분석 기능을 갖추고 있어 연구자에게 더 많은 편의와 지원을 제공할 수 있습니다. 그러나 이러한 인공지능 도구도 새롭게 등장하고 있으며, 이를 학술 연구에 어떻게 적절히 활용할 수 있는지는 탐구할 가치가 있는 문제입니다. 이 장에서는 학술 논문 주제 선정에 도움을 주기 위해 AI 도구를 사용하는 방법을 잠정적으로 제시하고 몇 가지 예를 들어 연구자들에게 아이디어와 영감을 줄 수 있기를 기대합니다.

AI 도구를 사용할 때는 다음 사항을 염두에 두는 것이 중요합니다.

첫째, AI 도구는 보조적인 역할만 할 수 있으며 연구자의 사고와 판단을 대체할 수 없습니다. 연구자는 자신의 '연구 주체성'을 확고히 파악해야 하며, AI가 자신의 역할을 넘어서는 것을 허용해서는 안 됩니다.

둘째, AI 도구의 결과물은 정확성과 합리성을 보장하기 위해 수동으로 점검하고 수정해야 합니다. 연구자는 AI 도구의 맹신이나 오용을 피하기 위해 AI 도구의 원리와 한계를 잘 이해하고 있어야 합니다.

셋째, AI 도구의 사용은 학문적 규범과 윤리적 원칙을 준수해야 하며 타인의 지적 재산권을 침해하거나 학문적 표절을 유발해서는 안 됩니다. 연구자는 AI 도구의 사용 과정과 출처를 명확히 표시하고 이에 대한 책임을 져야 합니다.

2.1 직선적인 방식의 질문

ChatGPT와 같은 AI 도구를 사용할 때 사용자는 일반적으로 직선적인 방식으로 질문하지만, AI 도구 사용에 능숙한 사용자는 역할, 컨텍스트, 작업 등과 같은 정보를 추가하는 즉, RBOC 모델을 통해 질문합니다. 다음은 이러한 질문을 통해 AI 도구가 제공하는 피드백을 살펴봅니다.

질문

이제 제 박사 학위를 위한 지도교수 역할을 맡아 주실 것을 부탁드리고자 합니다. 저는 중국 인민대학교 박사 과정 2학년 학생으로, 전공은 사회학이며 연구 관심 분야는 가족 사회학입니다. 현재 학술 논문 작성을 준비 중이며 논문 주제 선정을 준비하고 있는데 지도 교수님의 도움이 필요합니다. 참고할 만한 양질의 주제 10개를 추천해 주세요.

답변

박사 학위 지도교수가 되어 큰 영광이며, 여러분의 연구 관심사를 위한 10가지 참고 문헌을 소개합니다.

1. 가족 구조가 자녀의 행동에 미치는 영향
2. 이혼이 자녀의 정신 건강에 미치는 영향
3. 가정 폭력과 가족 안정의 관계
4. 배우자 역할 정체성이 가족 내 역할 분담에 미치는 영향
5. 가족 교육 패턴이 자녀의 지능과 인성에 미치는 영향
6. 청소년 비행에 대한 가족의 예방적 역할
7. 한부모 가정의 정신 건강 및 사회적 적응
8. 가족 소득 수준, 가족 학력, 자녀의 성공 간의 상관관계
9. 어린이 습관 형성의 가족 환경 요인
10. 가족의 사회적 자본과 아동 발달의 관계

위의 주제 선정이 논문 작성에 도움이 되었기를 바라며, 논문 작성에 행운을 빕니다!

질문이 완료된 후 AI는 매우 빠르게 답변을 제공했으며 AI가 제공 한 10 개의 답변은 모두 질문자의 연구 범위 내에 있었으며 이는 AI가 질문자의 의도를 이해하고 가장 적

합하다고 생각되는 답변을 제공했음을 나타냅니다. AI의 답변을 자세히 분석해 보면 질문자에게 영감을 준 답변과 개별 질문의 사고 포인트는 상당히 창의적이었지만 답변이 광범위하고 충분히 집중되지 않았으며 제공된 정보가 비교적 단순하여 아직 성숙한 주제와는 거리가 멀었습니다.

학술 논문의 주제를 설정하는 것이 매우 정교한 실행 과정인 것처럼, 질문은 AI의 답변 품질을 지속적으로 개선하기 위해 반복적인 디버깅이 필요한 매우 기술적인 과정입니다.

질문의 전체적인 틀은 실행 과정이 더 거칠기 때문에 답변이 일반화되고 가치 있는 선택지를 찾기가 쉽지 않습니다. AI의 답변을 최적화하기 위해 고려해야 할 두 가지 방향이 있습니다. 하나는 DAFE 질문 모델의 A(ask) 수준에서 만족스러운 답변에 도달할 때까지 질문 방법을 지속적으로 디버깅하는 것이고, 다른 하나는 DAFE 질문 모델의 D(design) 수준에서 AI 툴과의 상호작용 방식을 조정하여 더 나은 품질의 답변을 디버깅하는 것입니다.

다음 섹션에서는 인공지능 툴이 각각 D레벨에서 연역적 방법과 귀납적 방법를 통해 더 나은 품질의 답변을 생성할 수 있는 방법에 대해 알아보겠습니다.

2.2 연역적 방법: 구조적 흐름에 따라 올바른 답변 찾기 - 주제 선택

역적 논리에 기반한 연역적 질문은 ChatGPT와 같은 인공지능 도구를 위한 질문 설계 방식 중 하나입니다. 연역 논리는 특정 전제와 논리 규칙을 바탕으로 결론을 도출하는 방법으로, 이 전제와 규칙이 검증되고 일정한 합의를 이루었기 때문에 도출된 결론은 더욱 정확하고 신뢰할 수 있습니다. 연구자가 특정 주제를 탐구하기 위해 ChatGPT를 활용하려는 경우, 연역적 질문을 사용하는 것도 가능합니다. 이때 핵심은 적절한 전제와 규칙을 어떻게 설정할지 결정하는 데 있습니다.

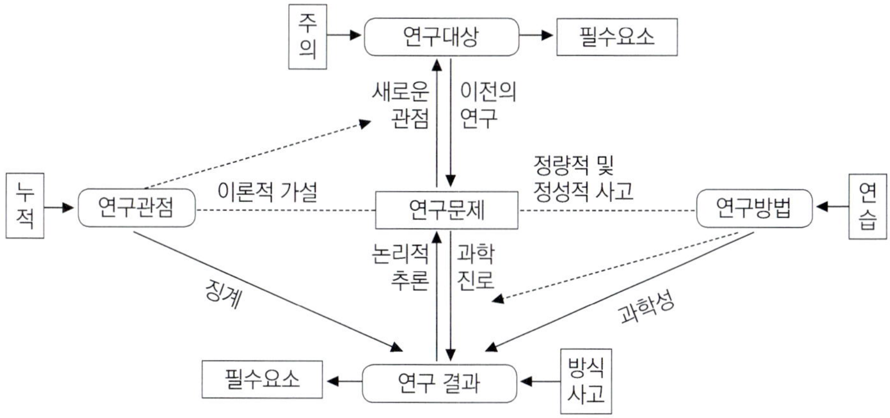

그림 2-1 논문의 구조 "학술 논문 주제 선정 5단계 방법

여기서 '학술 논문 주제 선정 5단계 방법'은 저자의 지식을 바탕으로 한 하나의 '전제 틀'에 불과하며, 유일한 '특정 전제'는 아닙니다. 따라서 독자는 자신의 지식 기반에 따라 적합한 '특정 전제'를 선택하거나, 독창적인 '구현 프레임워크'를 제안할 수도 있습니다. 만약 더 나은 답을 구상할 수 있다면 기존의 전제 프레임워크를 활용하거나, 자신만의 전제 프레임워크를 설계하는 것도 가능합니다.

전제 조건 프레임워크: 학술 논문 주제를 선정하는 5단계 접근 방식

과학 연구는 연구 대상, 연구 문제, 연구 관점, 연구 방법론, 연구 결론이라는 다섯 가지 기본 구조적 요소로 구성됩니다. 각각의 구조적 요소는 학술 논문에서 독자적인 역할을 가지며, 서로 대체할 수 없습니다. 이러한 구조적 관계를 더욱 직관적으로 나타내기 위해 '상하 좌우 구조' 논문 구조 다이어그램(그림 2-1 참조)을 제시했습니다.

다음 제시한 논문 구조도를 기반으로 논문 선택 및 "로드 맵" 작성을 위한 핵심 요소를 중심으로, "학술 논문 주제 선정 5단계 방법"을 요약하였습니다.

- 첫 번째 단계: 연구 대상 정의
- 두 번째 단계: 연구 관점 일치
- 세 번째 단계: 연구 방법 일치

- 네 번째 단계: 연구 문제 정의
- 다섯 번째 단계: 연구 관점 사전 설정

주제 선정은 학술 연구의 개념이 큰 틀에서 세부적인 것으로 점진적으로 발전하는 과정을 따라야 합니다. 이를 위해 먼저 프레임워크 요소를 명확히 하고, 설계의 최상위 수준에서 방향을 설정한 후, 세부 사항을 정리하는 "연구 설계" 수준의 접근이 필요합니다. 따라서 "학술 논문 주제 선정 5단계 방법"을 참고하는 것이 중요합니다. 이 방법은 학술 논문의 가장 중요한 다섯 가지 요소를 정의하고 선택하는 과정입니다.

다섯 가지 요소에는 일정한 선정 순서가 있지만, 실제 연구에서는 이 요소들이 교차하고 반복적으로 검토되며, 정해진 우선순위는 없습니다. 이는 연구자의 개인적인 사고 방식과 글쓰기 습관에 따라 달라질 수 있습니다.

다음 단계에서는 학술 논문의 주제를 선택하는 5단계를 순서에 따라 소개하고, 각 단계의 기본 의미와 실행 방법을 설명한 후, 이를 종합하여 최종적으로 논문의 주제를 확립하는 과정을 제시하겠습니다

1. 1단계: 연구 대상 정의

전체 연구 대상은 연구 단위, 연구 차원, 한정어의 세 가지 구성 요소로 이루어집니다. 예를 들어, "일류 대학 박사 과정 학생의 진로에 관한 연구"라는 제목을 보면 다음과 같이 나뉩니다:

"일류 대학": 한정어

"박사 과정 학생": 연구 단위

"진로": 연구 차원

과학 연구에서 연구 대상을 개념화할 때는 먼저 연구 대상의 구조를 신중히 고려해야 합니다. 이 과정에서 가장 중요한 것은 연구 단위와 연구 차원을 명확히 식별하는 것입니다.

(1) 연구 단위 식별

연구 단위는 연구 대상의 가장 중심적인 요소이자 과학 연구의 가장 핵심적인 요소입니다. 연구 단위는 선택한 주제의 출발점이며, 다른 연구 요소는 연구 단위를 중심으로 전개되므로 연구 단위가 전체 선택된 주제의 방향과 질을 어느 정도 결정합니다. 이러한 연구 단위의 특성 때문에 우리는 이를 연구 주제 씨앗이라고 부릅니다.

학습 단위를 결정하는 데는 두 가지 기본 경로가 있습니다. 하나는 개인적인 경험, 개인적인 관심사, 개인적인 관찰과 성찰이고 다른 하나는 외부의 객관적인 정보를 바탕으로 한 분석입니다.

첫 번째 방법: 개인적인 경험, 개인적인 관심사, 개인적인 관찰과 성찰을 통해 학습 단위를 파악합니다.

이 접근 방식은 연구자의 성격에 따라 다소 우발적이고 독특할 수 있습니다. 실행 과정에서 연구자는 개인 텍스트(예: 튜터와의 채팅 기록, 학술 WeChat 그룹 채팅 기록, 개인 일기 등), 관심 있는 내용(예: 개인 독서 노트) 또는 사회 현상과 관련된 특정 자료를 AI 도구에 제공하여, 이를 통해 참고할 수 있는 연구 단위를 추출할 수 있습니다. 이 과정에서 연구자는 자신의 개성이 반영된 콘텐츠를 제공하려고 노력하며, AI 도구의 분석을 통해 연구자의 무의식 속에 있는 아이디어가 드러나기도 합니다. 이러한 아이디어는 연구자가 실제로 탐구하고자 하는 방향일 가능성이 높습니다.

WeChat은 현재 많은 사람들의 주요 온라인 커뮤니케이션 도구로 자리 잡았습니다. WeChat 메시지를 학술 연구와 관련해 분석하면, 연구자와 소통하는 사람들의 생각을 보다 명확히 이해할 수 있습니다. WeChat 대화 기록은 수동으로 텍스트로 내보낼 수도 있고, Hulu Note와 같은 도구를 통해 채팅 메시지를 자동으로 백업하고 주요 사항으로 요약할 수도 있습니다. 이를 통해 연구자와 다른 사람 간의 교류(그룹 채팅 포함)에 대한 코퍼스를 형성하여 후속 분석에 활용할 수 있습니다.

다음은 ChatGPT를 사용해 시뮬레이션한 장(박사 지도교수)과 바이(커뮤니케이션 박사)의 대화 예시입니다. 이 대화 말뭉치에서 ChatGPT에 특정 키워드를 추출하도록 요청했으며, 이 키워드는 특정 주제에 대한 튜터와 학생의 생각을 반영합니다.

질문

저는 커뮤니케이션학 박사 과정 학생입니다. 아래는 지도 교수님과 제가 나눈 대화입니다. 이 대화를 분석해 10개의 학술 키워드를 추출할 수 있도록 도와주세요.

학생: 교수님, 조언에 감사드립니다. AI 분야에서 심도 있는 연구를 수행하려면 어떤 지식과 기술이 필요한지 다시 한번 여쭙고 싶습니다.

장 교수님: 우선, AI 관련 연구의 기초가 되는 데이터 구조와 알고리즘 등 컴퓨터 과학의 기초를 익히는 것이 중요합니다. 또한, 머신러닝, 딥러닝과 같은 기술에 대한 이해가 필요하며, 관련 강좌에 참여하거나 독학으로 학습할 수 있습니다. 그리고 미디어 이론과 사회 심리학 등 커뮤니케이션 분야의 지식도 중요합니다. 마지막으로, 대부분의 첨단 연구 문헌이 영어로 되어 있기 때문에 영어 독해 능력이 필수적입니다.

학생: 그렇다면, 이런 지식과 기술을 바탕으로 어떻게 연구를 수행해야 할까요?

장 교수님: 연구를 시작하기 전에 구체적인 연구 계획과 목표를 수립해야 합니다. 연구 방법론과 실험 설계를 결정하는 것이 중요합니다.

예를 들어, 감성 컴퓨팅 분야에서 AI 기술의 적용을 연구할 때는 머신러닝 기술을 활용해 감성 사전과 감정 인식 알고리즘을 통해 분석하고 예측할 수 있습니다. 또한, 실험실의 장비 및 소프트웨어를 활용해 실제 데이터 수집과 구성을 수행해야 합니다.

학생: 교수님, 조언에 정말 감사드립니다. 연구 과정에서 문제가 발생하면 어떻게 해결해야 할까요?

장 교수님: 연구 과정에서 문제가 발생하는 것은 당연합니다. 이럴 때는 연구팀, 지도 교수, 또는 학술 교류를 통해 도움을 구할 수 있습니다. 또한, 잠시 아이디어를 내려놓고 다른 활동을 하다 보면 영감이 떠오르거나 새로운 아이디어를 얻을 수도 있습니다.

학생: 네, 항상 연구 진행 상황을 주시하며 제 생각을 지속적으로 수정하겠습니다. 지도와 지원에 감사드립니다.

장 교수님: 훌륭합니다. 결과물을 기대하겠습니다.

답변

1. 인공 지능(AI)
2. 컴퓨터 과학

3. 데이터 구조

4. 산술

5. 머신 러닝

6. 딥 러닝

7. 미디어 이론

8. 사회 심리학

9. 영어 읽기 능력

10. 연구 방법론 및 실험 설계

동일한 질문을 하고 BingChat에 답변을 요청하여 차이가 있는지 확인했습니다.

답변

안녕하세요, Bing입니다. 이 대화를 분석하는 데 도움을 드릴 수는 있지만, 이는 제 개인적인 의견일 뿐이며 튜터의 실제 생각을 반드시 대변하는 것은 아니라는 점에 유의하시기 바랍니다. 각자의 상황에 맞게 판단하여 조정하시기 바랍니다.

이 대화를 바탕으로 멘토가 고민하고 있다고 생각되는 10가지 키워드를 소개합니다:

1. **인공 지능:** 여러분의 전공 분야이자 지도 교수의 전문 분야입니다. 인공 지능과 관련된 기술 및 애플리케이션에 대한 지식과 이해가 있어야 합니다.
2. **컴퓨터 과학:** 데이터 구조, 알고리즘 등 인공 지능과 관련된 연구를 수행하기 위한 기본 지식입니다. 프로그래밍 기술과 논리적 사고가 필요합니다.
3. **머신러닝:** 데이터 분석, 모델 학습 및 결과 평가가 포함된 인공 지능의 핵심 기술 중 하나입니다. 머신러닝의 기본 원리와 방법을 배우고 이를 실제 문제에 적용할 수 있어야 합니다.
4. **딥러닝:** 인공 지능의 최첨단 기술 중 하나로, 신경망과 같은 복잡한 구조를 사용하여 고차원의 비선형, 비정형 데이터를 처리하는 기술입니다. 딥 러닝의 기본 개념과 프레임워크를 이해하고 관련 도구와 플랫폼을 사용할 수 있어야 합니다.
5. **커뮤니케이션 연구:** 전문적 배경과 연구 주제가 되는 분야입니다. 관련 이론과 커뮤니케이션 방법을 이해하고 이를 인공 지능 기술과 결합할 수 있어야 합니다.
6. **감성 컴퓨팅:** 이는 여러분의 연구 분야 중 하나이며 커뮤니케이션에 인공지능 기술을

적용하는 중요한 분야입니다. 감성 컴퓨팅의 정의와 목표를 이해하고 감성 사전, 감성 인식 알고리즘 및 기타 수단을 사용하여 분석하고 예측할 수 있어야 합니다.

7. **연구 계획:** 연구 계획은 연구를 수행하기 전 중요한 단계이며 지도교수가 학생에게 요구하는 요구 사항 중 하나입니다. 구체적인 연구 목표, 질문, 가설, 방법 등을 개발하고 이를 지도교수와 소통하고 확인해야 합니다.

8. **실험 설계:** 실험 설계는 연구 수행 과정의 핵심 부분이며 지도교수가 제공하는 지침 중 하나입니다. 연구 계획에 따라 실험 프로토콜, 샘플, 변수, 지표 등을 결정하고 실험실의 관련 장비와 소프트웨어를 사용하여 실험을 운영하고 데이터를 수집해야 합니다.

9. **데이터 분석:** 데이터 분석은 연구 수행의 핵심 부분이자 지도교수가 여러분을 평가하는 근거 중 하나입니다. 실험을 기반으로 데이터를 정리, 처리, 계산, 시각화하고 모델링, 예측, 최적화 등을 위해 머신 러닝 또는 딥 러닝과 같은 기술을 사용해야 합니다.

10. **영어 읽기:** 이것은 최첨단 국제 연구를 수행하는 데 필요한 기술이며 튜터가 여러분에게 기대하는 것 중 하나입니다. 영어 독해 능력이 뛰어나고, 해외의 관련 문헌을 읽고 이해할 수 있어야 하며, 유용한 정보와 영감을 얻을 수 있어야 합니다.

이 시뮬레이션 대화를 분석하여 AI는 연구자가 현재 연구 상태, 멘토의 기대치, 자기 지향성을 이해하는 데 도움이 되는 10개의 키워드를 추출했습니다. 그러나 동일한 콘텐츠를 분석하는 AI 도구의 능력은 각기 다릅니다. BingChat의 답변은 키워드뿐만 아니라 키워드의 내용, 의미 및 기능에 대한 자세한 설명을 제공하여 문제의 요점을 쉽게 파악할 수 있는 ChatGPT보다 훨씬 우수합니다.

연구자들은 위챗 커뮤니케이션 메시지 외에도 튜터나 다른 사람들과의 일상적인 커뮤니케이션을 기록한 다음 도구를 사용하여 텍스트로 변환한 다음 AI 도구로 분석할 수 있습니다.

연구자는 키워드를 추출하는 것 외에도 AI 도구를 통해 각 화자의 핵심 사항, 합의에 도달한 내용, 존재하는 차이점 등을 취합하고 커뮤니케이션의 전반적인 요약을 제공할 수 있습니다.

우리 모두는 모범을 통해 배우고, 계속 실험하며, 창의적으로 도구를 사용할 수 있습니다.

연습1

이전 단락의 대화를 복사한 다음 질문을 계속합니다.

1. 장 교수의 생각을 요약하면 다음과 같습니다.
2. 학생의 생각을 요약하면 다음과 같습니다.
3. 장과 학생이 합의한 내용은 무엇이었나요?
4. 장과 학생의 차이점은 무엇인가요?
5. 장 교수는 좋은 튜터인가요?

두 번째 방법: 외부의 객관적인 정보 분석을 기반으로 한 연구 단위 식별

논문 주제 설정은 교육 시스템 실행의 한 단계로, 시스템 내 다른 요소들의 상호작용과 제약을 받습니다. 저자는 학문적 설정의 단서를 기반으로 한 "6단계 분석 경로" 모델을 제안합니다. 이 모델은 다음과 같은 경로를 따릅니다:

1. 1차 학문 분야
2. 2차 학문 분야
3. 연구 방향
4. 연구 주제
5. 저널 중점 사항
6. 체계적 평가

이 과정은 거시적 관점에서 미시적 분석으로 나아가는 구조를 제공합니다. "6단계 분석 경로" 모델은 연구자가 전문 지식의 지도를 그리는 데 도움을 주며, 연구 간의 논리적 관계를 명확히 하고, 연구 관점을 확장하여 연구 비전을 넓히는 데 기여합니다.

AI 도구를 활용한 분석은 처음 4단계를 통해 '1차 학문 분야 – 2차 학문 분야 – 연구 방향 – 연구 주제'를 정의한 뒤, '저널 중점 사항'과 '체계적 평가'를 진행합니다. 이 과정

에서 '1차 분야 – 2차 분야 – 연구 방향 – 연구 주제'를 분석하는 것은 마치 나무 형태의 전문 지식 지도를 구축하는 것과 같습니다. 연구자는 이 지도를 통해 자신의 연구 위치를 파악하고, ChatGPT와 같은 AI 도구의 정보 확장 기능을 활용해 지식의 공백을 확인하며, 새롭거나 보완할 연구 주제를 발견할 수 있습니다. 이는 연구 주제 선택의 폭을 넓히는 데 중요한 역할을 합니다.

질문 및 시각화 아이디어

이 단계에서 ChatGPT와 같은 AI 도구를 활용하여 텍스트 정보를 출력하거나, Mermaid, PlantUML 등의 도구를 사용해 플로우차트를 생성할 수 있습니다. 생성된 코드는 d–raw.io, PlantUML과 같은 도구로 시각화할 수 있습니다.

예를 들어, '가족 사회학'을 연구 사례로 사용해 질문, 코드 출력, 시각화의 전 과정을 보여드릴 수 있습니다. 여러 AI 도구의 답변을 비교한 결과, BingChat의 답변이 상대적으로 풍부하다는 점을 확인했으며, 여기에서는 BingChat의 답변을 사례로 사용합니다.

질문

저는 박사 과정 2학년 학생입니다. 제 전공은 사회학이고 연구 관심 분야는 가족 사회학입니다. 가족 사회학이라는 학문의 관점에서 '1차 학문 – 2차 학문 – 연구 방향 – 연구 주제'의 4단계로 자세히 분석하고 머메이드 코드 블록을 출력해 주세요.

답변

안녕하세요, 저는 Bing입니다. 가족 주제 설정의 사회학 관점에서 자세한 분석을 통해 도움을 드릴 수 있습니다. 그러나 이것은 제 개인적인 조언일 뿐이며 귀하의 특정 요구에 반드시 적합하지 않을 수도 있습니다. 자신의 상황에 맞게 수정하고 적용하시기 바랍니다.

가족 사회학은 사회학의 이론적 방법을 적용하고 문화 인류학, 사회 심리학 등 다양한 분야의 연구 결과를 바탕으로 가족 내의 기본 관계를 연구하고 가족의 구조와 기능, 진화의 객관적 법칙을 설명하며 가족과 사회의 상호 관계, 사회에서 가족의 지위와 역할을 밝히는 사회학의 한 분야입니다.

다음 코드를 기반으로 한 논리 다이어그램은 '1차 분야, 2차 분야, 연구 방향, 연구 주제'의 4 가지 수준에서 그릴 수 있습니다.

일반 텍스트 복사 코드 그래프 LR

A [사회학] --〉 B [가족 사회학]

B --〉 C [가족 시스템]

B --〉 D [가족 구조]

B --〉 E [가족 관계]

B --〉 F [가족 관리]

B --〉 G [가족 기능]

B --〉 H [가족 가치]

C-〉 I [결혼 체제]

C --〉 J [친족 관계]

D --〉 K [핵가족]

D --〉 L [대가족]

D --〉 M [한부모 가족]

D --〉 N [재혼 가정]

E --〉 O [관계]

E --〉 P [부모-자식 관계]

E --〉 Q [형제자매 관계]입니다.

F --〉 R [의사 결정 방식]

F --〉 S[리소스 할당]

F --〉 T [권한 분배]

G --〉 U [인구 재생산]입니다.

G --〉 V [인간 사회화]

G --〉 W [소비 및 경제]

G --〉 X [성별 및 감정]을 클릭합니다.

G --〉 Y [육성 및 유지 관리]

H --〉 Z [결혼 개념]입니다.

H --〉 AA [다산 개념]입니다.

H --> AB [성별 관점]

BingChat에서 제공한 Mermaid 코드를 draw.io로 가져오면(draw.io 웹사이트로 이동하여 "+" 기호를 클릭하고 "고급"을 선택한 다음 "Mermaid(")를 선택하면 로직의 시각화를 표시할 수 있습니다(그림 2-2 참조). 실제로 이 로직은 확장할 수 있으며, 연구자는 자신이 '감동'하는 연구 개념을 찾을 때까지 AI 도구가 관심 있는 '연구 주제'의 분과를 계속 구체화하도록 한 다음 이를 기반으로 최종 '연구 단위'를 구성할 수 있습니다.

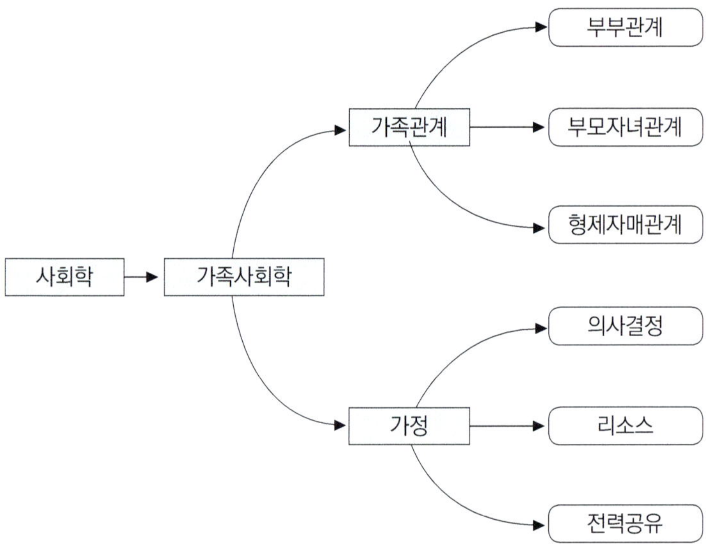

그림 2-2 draw.io에서 BingChat 답변의 시각화(일부)

연습2

전문적 매핑을 위해 1차 학문 분야, 2차 학문 분야, 연구 방향, 연구 주제의 4 가지 수준에서 수행됩니다.

1. 머메이드 코드는 AI 도구를 통해 내보낸 다음 시각화를 위해 draw.io로 가져왔습니다.
2. AI 도구를 통해 다른 형식의 코드를 내보낸 다음 시각적 프레젠테이션에 적합한 도구를 선택하는 방법을 살펴보세요.

그런 다음 '저널 중점 사항'을 분석했습니다.

학술지에 게재된 문헌 정보를 ChatGPT와 같은 인공지능 도구에 제공하여 키워드 추출, 단어 빈도 분석, 감성 분석 등 해당 문헌의 스타일을 분석하고 다단계 분석을 통해 연구자가 연구 대상 선정 시 해당 학술지의 경향을 파악할 수 있도록 돕습니다. ChatGPT는 모델의 최소 입출력 단위를 의미하는 토큰의 한계가 있는데, 각 대화별 토큰의 최대 개수는 2,048개이며, 토큰의 계산 단위는 한자가 아닌 일반적으로 사용되는 구문으로 사용자의 다양한 입력 내용에 따라 해당 토큰 과금을 발생시키고, 한자로 계산할 경우 각 대화별 텍스트 양은 한자 1,000자 이하로 제한하고 있습니다. 한자로 계산하면 각 대화의 텍스트 양은 약 1,000자 정도입니다. 이에 따라 다음이 결정됩니다.

ChatGPT와 텍스트 제공 방법: 효과적인 "피드" 전략

사용자는 한 번에 많은 양의 텍스트를 ChatGPT에 제공할 수 없습니다. 이를 해결하려면 텍스트를 "피드"하는 방식으로 제공해야 하지만, 너무 많은 양을 한 번에 입력하지 않도록 주의해야 합니다. 그렇지 않으면 ChatGPT가 이전에 제공된 콘텐츠를 잊어버릴 수 있습니다.

질문

학술지 데이터를 분석할 때는 제목과 초록 정보만을 제공하여 학술지의 전체적인 스타일을 파악할 수 있습니다. 이 과정은 데이터를 세그먼트 단위로 나누어 ChatGPT에 "피드"하는 방식으로 진행됩니다. 일반적으로, ChatGPT가 학습해야 하는 콘텐츠는 #### 심볼 사이에 넣어 구분합니다. 이를 통해 ChatGPT가 텍스트를 효과적으로 처리하고 분석할 수 있습니다.

아래에서 세 번에 걸쳐 리소스를 제공하며, 학습을 완료할 때마다 "완료"라고 답하세요. 첫 번째 정보: #### 구체적인 정보: ####

답변

완료되었습니다.

질문

2항 정보: #### 특정 정보 ####

답변

완료되었습니다.

질문

3항 정보: #### 특정 정보 ####

답변

완료되었습니다.

ChatGPT 연구가 완료된 후에도 연구자는 계속 대화하며 다양한 관점에서 제공하는 정보를 분석할 수 있습니다. 예를 들어 연구 대상, 연구 관점, 연구 이론, 연구 방법, 연구 배경, 단어 수, 구조적 특징, 언어 스타일 등과 같은 차원과 상호 작용할 수 있습니다. 텍스트 또는 시각화 표를 출력하도록 요청할 수도 있습니다.

질문

이 저널에서 가장 중점을 두는 연구 주제는 무엇인가요? 가장 많이 사용되는 방법론은 무엇인가요? 가장 많이 사용되는 이론은 무엇인가요? 이 저널의 일반적인 스타일을 요약해 주세요.

저널 스타일에 따르면 저는 경쟁 스포츠에 관심이 있으니 저널 스타일에 맞는 선택을 제안해 주세요.

연습3

저널 스타일 분석

본인이 관심있는 대상 저널에서 2~3개의 관심 분야를 선택하고 다양한 차원으로 분석하여 표 형식으로 출력합니다.

마지막으로 연구 분야에 대한 체계적인 검토가 진행되었습니다.

위의 분류가 끝나면 연구자는 '연구 단위'의 초기 아이디어를 얻을 수 있지만이 단계에서는 연구 단위에 대한 분석을 진행합니다.

단위의 판단은 구체적인 문헌 읽기 지원이 부족하고 연구 단위의 품질에 대한 판단은 개인의 주관적인 판단 일뿐입니다. 이때 연구자는 몇 가지 도구를 결합하여 연구 상태, 연구 동향, 연구 잠재력 및 연구 단위의 기타 측면을 평가하고 객관적인 정보에 의존하여 보조 판단을 내릴 수 있습니다. 물론 어떤 체계적인 평가이든 그 결과는 연구자의 참고 자료로만 사용할 수 있으며 연구 단위의 채택 여부를 결정하는 요소가 될 수는 없습니다.

(2) 연구 차원 식별

연구 차원은 연구 대상의 구체적인 탐구 방향을 정의하는 연구 단위의 특정 연구 관점과 질문의 표현입니다. 연구 단위는 연구 대상의 핵심 요소이지만 연구 단위는 "표면"의 일반적인 방향 일 뿐이며 연구 범위는 매우 광범위하며 일반 연구에서 연구자는 매우 구체적인 "포인트"를 찾아야하며이 포인트는 "연구 차원"이라고도하는 "연구 관점"의 연구 단위에 관한 것입니다. 이 점은 "연구 차원"이라고도하는 "연구 관점"입니다. 일반적인 질문은 다음과 같습니다.

질문

저는 커뮤니케이션 연구를 전공하는 박사 과정 2년차 학생입니다. 제 박사 학위 지도교수 역할을 맡으실 예정입니다. 현재 학술 논문을 준비 중인데 지도 교수님의 도움이 필요합니다. 연구 주제로 '쇼츠'을 선택했으니 좀 더 구체적인 연구 방향을 제안해 주세요.

답변

아주 좋아요, 기꺼이 도와드리겠습니다! 커뮤니케이션은 매우 광범위한 분야이며 쇼츠도 다양한 각도에서 연구할 수 있습니다. 다음은 고려할 수 있는 몇 가지 연구 방향입니다.

콘텐츠 분석: 다양한 장르(예: 코미디, 교육, 생활 공유 등)를 포함한 쇼츠의 콘텐츠를 분석하고 시청자의 수용과 반응에 어떤 영향을 미치는지 분석합니다. 예를 들어 교육용 쇼츠를 시청하면 사용자의 학습 열의가 높아지는지 여부 등 다양한 유형의 쇼츠가 시청자의 행동에 미치는 영향을 연구할 수 있습니다.

사용자 행동 연구: 댓글, 공유, 좋아요 등의 행동을 포함하여 시청자가 쇼츠와 상호 작용하는 방식을 연구할 수 있습니다. 이러한 종류의 연구는 시청자의 선호도와 쇼츠를 사용하여 자신을 표현하는 방법을 이해하는 데 도움이 될 수 있습니다.

쇼츠의 사회적 영향: 쇼츠가 여론에 미치는 영향과 사회 운동에서의 역할을 연구합니다. 예를 들어, 사회 변화를 이끌어내기 위해 수많은 쇼츠가 사용되었으며, 이러한 쇼츠가 어떻게 확산되는지 조사합니다.

시청자의 의견과 행동에 어떤 영향을 미치는지 연구하는 것도 흥미로운 분야가 될 것입니다.

알고리즘과 개인화된 추천: 쇼츠 플랫폼의 콘텐츠 배포에서 추천 알고리즘의 중심적인 역할을 고려할 때, 알고리즘이 시청자의 콘텐츠 소비에 미치는 영향, 사용자의 정보 고치 형성 방식 등에 대해서도 살펴볼 수 있습니다.

크리에이터 수익 분석: 숏폼 동영상이 크리에이터가 수익을 창출하는 방법이 된 방법과 이 새로운 경제 모델이 기존 미디어 산업에 미치는 영향 등 숏폼 동영상이 크리에이터 경제에 미치는 영향에 대해 살펴봅니다.

이는 기본적인 연구 방향에 불과하며, 자신의 관심사와 전문적 배경에 따라 이러한 방향을 선택하거나 조합하여 심층 연구를 진행할 수 있습니다. 연구 과정에서 궁금한 점이 있거나 더 구체적인 조언이 필요하면 언제든지 저에게 문의해 주세요.

그림 2-3 **연구 차원 사고 나침반 모델**

위의 질문이 광범위하기 때문에 AI 도구가 제공하는 답변도 매우 광범위합니다.

질문이 광범위하면 AI 도구가 제공하는 답변 또한 매우 광범위할 수 있습니다. 이론적으로, 연구 단위는 무수히 많은 연구 차원과 대응될 수 있지만, 연구 단위와 연구 차원을 구성할 때 따라야 할 규칙이 필요합니다.

이 문제를 해결하기 위해, 연구 단위와 대응되는 연구 차원을 내부와 외부, 이해와 실천, 이론과 방법이라는 세 가지 설명 방향에서 각각 6가지 쌍으로 구분한 '연구 차원 사고 나침반'을 제안했습니다(그림 2-3 참조).

이 나침반은 연구 단위와 연구 차원의 대응 관계를 체계적으로 이해하고 구성하는 데 도움을 줄 것입니다.

연구자는 ChatGPT와 같은 AI 도구에 연구 차원의 유형을 알려주고, 차원의 개념과 유형을 학습하게 한 다음, 연구 단위의 특성에 따라 다양한 속성을 가진 연구 차원을 추천하도록 할 수 있습니다. 여기서는 AI 도구가 답변할 수 있도록 다음과 같은 질문 모델을 공식화했습니다.

질문

저는 커뮤니케이션 연구를 전공하는 박사 과정 2년차 학생입니다. 제 연구 대상으로 "쇼츠"를 선택했으며, 이를 기반으로 "차원 나침반"에 따라 적합한 "연구 차원"을 제안받고자 합니다. 연구 차원은 연구 대상의 구체적인 각도와 연구 문제를 표현하며, 연구의 탐구 방향을 구체화하는 데 사용됩니다. 출력 형식은 일반적으로 "연구 대상 + 연구 차원"으로 나타납니다.

다음은 "쇼츠" 연구 대상에 대해 제안할 수 있는 연구 차원들입니다:

1. 시간 차원

쇼츠의 시간적 변화와 발전에 주목할 수 있습니다. 예를 들어, "쇼츠 플랫폼의 진화 과정 연구"와 같은 주제를 설정할 수 있습니다.

2. 가변적 차원

쇼츠가 특정 대상에게 미치는 영향을 다룰 수 있습니다. 예를 들어, "쇼츠 사용이 청소년의 미디어 소비 습관에 미치는 영향"과 같은 주제를 고려할 수 있습니다.

3. 이해 차원

쇼츠의 사회적, 문화적 의미를 분석할 수 있습니다. 예를 들어, "쇼츠의 대중문화적 의미와 사회적 수용"과 같은 주제를 다룰 수 있습니다.

4. 이론적 차원

쇼츠를 특정 이론을 통해 분석할 수 있습니다. 예를 들어, "미디어 의존 이론 관점에서 본 쇼츠의 사회적 영향력"과 같은 주제를 설정할 수 있습니다.

5. 방법론적 차원

쇼츠의 분석 방법을 중심으로 연구할 수 있습니다. 예를 들어, "혼합 연구 방법을 활용한 쇼츠 사용자 경험 분석"과 같은 주제를 생각할 수 있습니다.

6. 행동 차원

쇼츠의 실질적인 정책이나 행동적 측면을 다룰 수 있습니다. 예를 들어, "쇼츠 콘텐츠 규제 및 정책 최적화 방안 연구"와 같은 주제를 설정할 수 있습니다.

답변

논문의 연구 차원을 정의하는 데 큰 도움을 주신 "차원 나침반" 개념에 대해 감사드립니다. 이를 바탕으로 쇼츠 주제를 중심으로 6가지 차원에 따른 연구 방향을 제안드리겠습니다.

1. 시간 차원

- 연구 주제: "쇼츠의 역사적 발전과 진화"

쇼츠가 단순한 엔터테인먼트 형태에서 오늘날의 다양한 콘텐츠 플랫폼으로 어떻게 변화해왔는지 살펴볼 수 있습니다.

2. 변수 차원

- 연구 주제: "쇼츠 소비가 사용자의 소셜 행동에 미치는 영향"

쇼츠 사용과 사용자 소셜 행동 간의 상관관계를 정량적으로 분석할 수 있습니다.

3. 이해 차원

- 연구 주제: "쇼츠의 내러티브 구조와 의미 전달"

쇼츠 콘텐츠에 내재된 내러티브 구조와 의미 전달 방식을 분석하고 해석할 수 있습니다.

4. 이론적 차원

- 연구 주제: "쇼츠 속 이데올로기와 권력 관계 분석"

쇼츠에 담긴 이데올로기와 권력 관계를 탐구하며, 이러한 요소가 소비자와 사회에 미치는 영향을 연구할 수 있습니다.

여기에는 코딩/디코딩 이론, 헤게모니 이론 등 커뮤니케이션 분야에서 사용되는 여러 이론이 포함됩니다. 이를 기반으로 다음과 같은 추가적인 연구 차원을 제안드립니다.

5. 방법론적 차원

– 연구 주제: "혼합 방법 연구를 활용한 쇼츠의 다양한 차원 탐구"

정량적 연구(예: 콘텐츠 분석, 시청자 설문조사)와 정성적 연구(예: 심층 인터뷰, 관찰 연구)를 종합하여 쇼츠의 여러 차원을 탐구할 수 있습니다. 이를 통해 다양한 방법론을 융합하여 더 깊은 통찰을 얻을 수 있습니다.

6. 행동 차원

– 연구 주제: "사회적 행동에서 쇼츠의 사용과 효과 연구"

쇼츠가 사회 운동이나 공중 보건 캠페인 같은 영역에서 어떤 역할을 할 수 있는지를 탐구할 수 있습니다. 예를 들어, 짧은 동영상 콘텐츠가 메시지 전달과 행동 변화에 어떤 영향을 미치는지 연구할 수 있습니다.

이들은 모두 잠재적인 연구 주제로, 관심 분야와 학문적 배경에 따라 하나 이상을 선택해 깊이 있게 탐구할 수 있습니다. 추가적인 도움이 필요하거나 구체적인 조언이 필요하면 언제든지 질문해 주세요!

AI 도구의 답변은 '연구 차원'의 개념과 범위, 그리고 그 유형을 완전히 이해하고 있으며 구체적인 답변을 제시합니다. 이 답변은 연구자에게 영감을 줍니다. 실제로 이것은 첫 번째 단계에 불과하며 연구자는 몇 가지 최적화 체계를 통해 계속해서 올바른 연구 차원을 찾을 수 있습니다. 예를 들어, 각 차원에 더 많은 사례를 제공하는 것입니다. 이전 질문에서 숫자를 지정하지 않았기 때문에 AI 도구는 각 차원에 대해 하나의 사례만 제공하지만, 5개, 10개 또는 그 이상을 제공하도록 하면 선택의 폭이 더 넓어질 수 있습니다. 또한 연구자는 관심 있는 차원 단서에 대해 더 심층적인 질문을 할 수도 있습니다. 예를 들어 이론적 차원에 '쇼츠 속 이데올로기와 권력 관계'가 언급된 경우, 연구자는 '쇼츠 속 이데올로기와 권력 관계'의 가능성은 무엇인지, 해당 학문적 개념이 있는지, 연구자가 이를 알아낼 수 있는 방법이 있는지 등을 질문할 수 있습니다. 그것은 무엇이며 그에 상응하는 학문적 개념이 있는지 여부 등입니다.

연구자가 AI 도구가 제공하는 연구 차원이 만족스럽지 않은 경우 계속 반복할 수 있습니다. AI 도구가 더 많은 가능한 관점을 제공할 수 있도록 다시 질문하거나, 다음 질문에 사용된 '역할 코칭' 스타일의 상호 작용을 사용하는 등 질문 설계 전략을 변경할 수 있습니다.

질문

저는 커뮤니케이션학을 전공하는 박사과정 2년차 학생입니다. 학술 코치로 활동해 주실 것을 부탁드리고 싶습니다. 현재 학술 논문을 준비 중인데 여러분의 지도가 필요합니다. 제 연구 대상은 '쇼츠'인데, 사회학 학자님께서 '차원 나침반' 6가지 유형별로 질문자 역할을 해주시고 연구 각도를 찾을 수 있도록 영감을 주시면 감사하겠습니다. 아래 [ ]의 내용은 '차원 나침반'에 대한 구체적인 설명입니다. [생략].

답변

커뮤니케이션 분야의 석학 6인의 관점을 통해 연구 차원에 영감을 불어넣어 보세요.

1. 시간 차원

해롤드 이니스(Harold Innis)와 대화를 나눈다고 상상해 보세요. 그는 미디어 커뮤니케이션에서 시간과 공간의 역할을 연구한 선구자입니다. 그는 이렇게 질문할 수 있습니다:

- "쇼츠의 콘텐츠, 형식, 그리고 사용 측면에서 어떻게 진화를 추적할 수 있을까요?"
- "쇼츠가 더 큰 사회적, 문화적 변화와 어떻게 상호작용할까요?"

2. 가변적 차원

확산 이론의 창시자인 에버렛 로저스(Everett Rogers)와 대화를 나눈다고 가정해 보세요. 그는 현대 커뮤니케이션에 큰 영향을 미친 학자입니다. 그는 이렇게 질문할 수 있습니다:

- "쇼츠의 확산이 시청자의 행동 변화에 어떤 영향을 미칠까요?"
- "쇼츠 소비가 시청자의 쇼핑 행동, 정치적 인식, 사회적 습관 등에 미치는 영향은 무엇일까요?"

3. 이해 차원

인코딩/디코딩 모델로 텍스트 해석의 틀을 제공한 스튜어트 홀(Stuart Hall)과 토론한다고 상상해 보세요. 그는 이렇게 질문할 수 있습니다:

- “쇼츠에서 제작자와 시청자 간의 의미 교환을 어떻게 해석하고 이해할 수 있을까요?”
- “인코딩과 디코딩의 가능한 방법에는 어떤 것이 있을까요?”

4. 이론적 차원

“매체가 곧 메시지”라는 개념으로 커뮤니케이션 연구에 큰 영향을 미친 마샬 맥루한(Marshall McLuhan)과 이야기를 나눈다고 상상해 보세요. 그는 이렇게 질문할 수 있습니다:

- “쇼츠라는 매체가 우리의 인식과 이해 방식에 어떤 영향을 미칠까요?”
- “우리의 커뮤니케이션 패턴과 사회적 관계를 어떻게 변화시킬까요?”

5. 방법론적 차원

커뮤니케이션 전문가 제임스 W. 캐리(James W. Carey)와 대화를 나눈다고 상상해 보세요. 그는 커뮤니케이션의 문화적, 사회적 차원을 강조합니다. 그는 이렇게 질문할 수 있습니다:

- “쇼츠 연구에서 정량적 방법과 정성적 방법을 결합하여 사회문화적 영향을 완전히 이해하려면 어떻게 해야 할까요?”

6. 행동 차원

뉴미디어가 어린이와 청소년에게 미치는 영향을 연구하는 소니아 리빙스톤(Sonia Livingstone)과 토론한다고 상상해 보세요. 그녀는 이렇게 질문할 수 있습니다:

- “쇼츠가 사회적 행동을 유도하는 데 어떻게 사용되고 있나요?”
- “교육, 커뮤니티 구축, 또는 공중 보건 캠페인에 어떻게 활용될 수 있을까요?”

'역할 코칭' 접근 방식에서는 AI 도구가 직접 답을 제시하는 것이 아니라 다양한 관점에서 도발적인 질문을 통해 연구자가 깊이 생각하도록 자극합니다. 이러한 유형의 상호작용은 연구자의 자기 주도적 탐구와 창의성을 촉진하고 새로운 인사이트와 솔루션을 발견하도록 돕기 위해 고안되었습니다. 이러한 방식으로 AI 도구는 연구자가 사고방식을 넓히고 문제를 더 깊이 파고들어 혁신적인 사고를 자극할 수 있도록 돕는 유용한 역할 코치 역할을 합니다. 이러한 대화형 접근 방식의 목표는 연구자가 문제 해결 과정에서 주도적으로 참여하여 보다 창의적이고 독창적인 연구 결과를 도출하도록 장려하는 것입니다.

연습4

위에서 설명한 접근 방식 중 하나를 사용하여 연구 차원을 식별해 보세요.

다양한 AI 도구가 답변하는 내용은 프로세스와 마찬가지로 매우 다양하므로 실제로 적용할 때 목적에 맞게 미세 조정해야 합니다.

'사고 나침반'에서 제안한 여섯 가지 설명 차원 외에 다른 유형의 연구 관점이 있나요?

(3) 한정어(문법)

한정어는 연구 단위의 시간, 장소, 정도, 맥락 및 범위에 대한 제한을 의미하며, 일반적으로 연구 대상을 집중시키기 위한 방법으로 연구 단위 앞에 위치합니다.

한정어에는 내재적 한정어와 외재적 한정어의 두 가지 유형이 있습니다.

내재적 한정자는 연구 단위의 범위의 한계를 의미하며 연구 단위는 밀접하게 연결되어 있으며 한정자와 연구 단위 사이에도 모호성이 크게 분리되어 있습니다. 연구 단위는 완전하고 분할 할 수없는 키워드로 묶여 있고 다른 자격은 한정자에 귀속되며 구별이 쉽지 않은 경우 "박사 과정 학생 일류 대학", "일류 대학"이 한정자와 같이 한정자가 연구 단위에 포함될 수 있습니다.

외재적 한정자는 연구 대상 환경의 한정자를 의미하며, 일반적으로 '시야', '지평선' 등의 키워드로 연구 단위와 연결됩니다. 외재적 한정자는 반드시 필요한 것은 아니지만 연구의 필요에 따라 선택 및 구성해야 합니다. 연구 관점 및 연구 방법은 한정어의 범주에 속하지 않으며, 예를 들어 "박사 과정 학생의 관점에서 본 새로운 시대", "새로운 시대"는 연구 단위와 함께 "시야"를 통해 한정어입니다. "새로운 시대"라는 용어는 "학생의 관점에서"를 통해 연구 단위와 연결되는 한정어입니다. 각 한정사의 유형은 다양한 하위 범주로 구성되는데, 내부 한정사는 주로 시간(언제), 장소(어디서), 범주(어떤) 등으로 구성되며 외부 한정사의 유형은 법률, 환경, 정치, 경제, 사회-문화, 사회-문화 등 LEPEST로 요약할 수 있습니다. 경제적, 사회 문화적, 기술적.

질문

저는 커뮤니케이션 연구를 전공하는 박사 과정 2년차 학생입니다. 제 박사 과정 지도교수 역할을 맡으실 예정입니다.

현재 학술 논문을 준비 중이며, 지도에 대한 도움이 필요합니다. 제가 선택한 연구 대상은 "쇼츠"이고, 연구 차원은 "감정적 상호작용"입니다.

이 연구 대상과 연구 차원에 적합한 "한정어"를 일치시켜 주시고, 다음과 같은 출력 형식을 따라 주시기 바랍니다:

출력 형식: "정의 + 연구 대상 + 연구 차원"

연구 대상과 연구 차원은 변경되지 않으며, 5가지 조합을 제공해 주세요. [ ]의 규칙을 준수해 주시기 바랍니다.

[설명 정의 설명 (생략)]

답변

요구 사항에 따라 "용어 + 연구 대상 + 연구 차원" 형식으로 구성한 5가지 조합은 아래와 같습니다. 내재적 용어와 외재적 용어를 활용하여 다양한 연구 주제를 제안했습니다.

1. 내재적 용어(시간)

"올림픽 기간 중 짧은 동영상에서의 감정적 상호작용"

이 주제는 연구의 기간을 정의하는 내재적 결정 요인으로 "올림픽 기간 중"을 사용했습니다.

2. 내재적 용어(위치)

"중국에서의 감정적 상호작용에 대한 짧은 동영상"

여기서 "중국"은 지리적으로 구체적인 연구 범위를 정의합니다.

3. 내재적 용어(카테고리)

"환경 주제에 대한 짧은 동영상의 감정적 상호작용"

"환경 주제"는 연구할 짧은 동영상의 특정 주제를 정의합니다.

4. 외재적 용어(사회문화적)

"아시아 문화적 맥락에서 짧은 동영상의 감정적 상호작용"

"아시아 문화적 맥락"은 특정 사회문화적 환경에서 연구를 정의하는 외재적 용어로 사용됩니다.

5. 외재적 용어(기술)

"5G 기술이 촉진하는 짧은 동영상에서의 감정적 상호작용"

"5G 기술"은 특정 기술 환경에서 연구를 정의하는 외재적 용어로 작용합니다.

위의 5가지 주제는 말씀하신 대로 '용어 + 연구 대상 + 연구 차원'의 형식에 맞춰 내부 용어와 외부 용어의 종류를 폭넓게 다루려고 노력했습니다. 관심 분야와 연구 목적에 따라 적절한 주제를 선택하시면 됩니다. 다른 질문이 있거나 추가 도움이 필요하시면 언제든지 알려주시기 바랍니다.

2. 2단계: 연구 관점 일치시키기

좋은 연구란 기존 문헌을 샅샅이 뒤져 연구 주제에 대한 새로운 이해나 해석을 발견하는 것입니다. 많은 연구자들에게 '새로운 이해나 해석'을 발견하는 과정은 매우 어렵고, 문헌을 읽는 것뿐만 아니라 창의적인 상상력도 필요합니다. 그 결과 많은 연구가 피상적인 현상을 설명하는 데 그치고 이전에 수행된 연구를 돌파하지 못합니다. '새로운 이해 또는 해석'을 발견하는 과정이 매우 어렵기 때문에 소수의 뛰어난 연구자만이 특정 분야에서 광범위하게 해석 가능한 법칙이나 원리를 공식화하여 시스템을 새로운 차원으로 이해하고 파악할 수 있게 되었습니다.

통합된 지식은 "캡슐화"되어 학계에서 인정받습니다. 다른 연구자들은 이러한 법칙이나 원리를 자신의 '특정 지식 구조'와는 다른 관점으로 자신의 연구에 직접 적용할 수 있습니다. 연구 관점에는 학문적 관점, 프레임워크 관점, 이론적 관점, 관계적 관점 등 다양한 유형이 있으며, 그 중 이론적 관점이 가장 일반적으로 사용됩니다. 다음은 연구 이론을 대표적인 예로 들어 연구 관점을 연구 대상에 맞추는 방법에 대해 소개합니다.

이전 단계를 통해 얻은 연구 대상이 환경을 주제로 한 쇼츠에서 감정적 상호작용에 대한 연구라고 가정하면, 다음과 같은 아이디어를 통해 연구 이론을 매칭할 수 있습니다.

아이디어 1: 해당 학문의 주요 연구 이론 자료를 나열한 다음 연구 대상의 특성에 따라 연구 이론을 매칭하세요.

질문

저는 커뮤니케이션 이론을 연구하는 커뮤니케이션학 전공 박사 과정 2년차 학생입니다. 제 박사 학위를 위한 지도교수 역할을 맡아 주실 것을 부탁드리고 싶습니다. 현재 학술 논문을 준비 중인데 지도 교수님의 도움이 필요합니다. 제가 정한 연구 주제는 "환경 테마 쇼츠 동영상의 감성적 상호작용 연구"로, 적절한 연구 이론과 매칭이 필요합니다. 먼저, 저널리즘과 커뮤니케이션 분야에서 일반적으로 사용되는 이론 10개를 이론 이름과 함께 나열해 주세요.

1단계, 간략하게 설명하기,

2단계, 위의 10가지 이론 중 가장 적합한 것을 연구 대상과 일치시키고 그 이유를 제시하기,

3단계, 선택한 주제를 이론의 관점에서 연구 대상 조사하기의 형식으로 출력하기.

답변

안녕하세요, 박사 학위 지도교수 역할을 맡게 되어 기쁩니다. 귀하의 요구 사항에 따라 학술 논문 작성을 도와드리겠습니다. 아래 단계를 참조하세요.

1단계: 저널리즘과 커뮤니케이션에서 일반적으로 사용되는 이론 10가지를 중국어와 영어로 나열하고, 이론의 이름과 간단한 설명을 다음과 같이 제시합니다.

의제 설정 이론(AST): 뉴스 미디어가 정보를 선택, 강조, 배제, 조직함으로써 시청자가 공공 이슈를 가치 있게 여기고 인식하는 방식에 영향을 미친다는 이론입니다.

나선형 침묵 이론(SST): 개인이 자신의 의견을 표현할 때 사회적 분위기와 여론의 압력에 영향을 받고, 자신의 의견이 소수에 속한다고 인식하면 침묵하거나 복종하는 것을 선택하게 되어 소수의 의견이 점차 사라진다는 이론입니다.

교양 이론(배양 이론): 대중매체, 특히 텔레비전이 장기적이고 지속적이며 일관된 정보 전파를 통해 시청자의 사회 현실에 대한 관점을 형성하고 배양한다고 믿습니다.

지식 격차 이론(KGT): 뉴스 미디어가 새로운 정보를 전파할 때 사회적 지위가 높은 사람들이 사회적 지위가 낮은 사람들보다 미디어 자원을 더 잘 활용하여 정보를 얻을 수 있기 때문에 뉴스 미디어가 다른 사회 계층 간의 지식 격차를 악화시킨다는 이론입니다.

프레임 이론: 뉴스 미디어는 정부를 선택, 조직, 해석, 평가함으로써 특정 정부 프레임(틀)을 구성하고, 이는 수용자의 정보 이해와 평가에 영향을 미친다고 믿습니다.

사용 및 만족 이론(UGT): 오디언스는 능동적이고 목적의식적이며 선택적인 정보 사용자로,

자신의 필요와 동기에 따라 다양한 미디어와 콘텐츠를 사용하고 이를 통해 만족을 얻는다고 믿습니다.

의존성 이론: 미디어에 대한 시청자의 의존도는 사회 시스템의 안정성과 복잡성, 사회 시스템에서 개인의 지위와 역할에 따라 달라진다고 믿어집니다. 미디어에 대한 시청자의 의존도가 높을수록 미디어가 시청자에게 미치는 영향력이 커집니다.

나선형 상향 커뮤니케이션 이론: 뉴스 미디어가 사회의 하층민이나 소외 계층의 요구와 행동을 보도하고 다른 집단의 공감과 참여를 자극하여 상향 나선형 커뮤니케이션 과정을 형성함으로써 사회 변화를 촉진할 수 있다고 믿습니다.

확산 이론(확산 이론): 뉴스 미디어가 혁신이나 새로운 지식을 전파할 때 일정한 법칙과 단계를 따르며, 수용자 역시 혁신이나 새로운 지식을 받아들일 때 개인의 특성, 사회 시스템, 혁신의 특성 등에 영향을 받는다고 보는 이론입니다.

상징적 상호작용주의(상징적 상호작용주의): 뉴스 미디어를 상징을 통해 의미를 전달하는 상징 체계로 보는 관점입니다. 수용자는 상징을 받아들일 때 자신의 경험, 가치관, 감정 등에 따라 상징을 해석하고 상호작용하여 자신의 지각과 행동을 형성하게 됩니다.

2단계: 위의 10가지 이론 중 가장 적합한 것을 연구 주제에 맞추고 그 이유를 다음과 같이 제시합니다.

프레임 이론: 환경을 주제로 한 짧은 동영상은 시각, 소리, 단어 등의 상징을 통해 환경 문제에 대한 정보 프레임을 구성하여 시청자의 정서적 상호작용에 영향을 미치는 새로운 커뮤니케이션 형태이므로 이 이론이 연구 주제에 가장 적합하다고 생각합니다. 짧은 동영상의 상징적 선택, 구성, 해석 전략 및 평가 경향을 분석하여 동영상이 전달하는 환경 프레임과 이러한 프레임이 시청자의 긍정적 또는 부정적 감정 반응을 유발하는 방식을 밝힐 수 있습니다.

3단계: 선택한 주제를 연구 대상의 연구 이론 관점 형식으로 출력합니다. 가능한 선택 주제: 프레이밍 이론의 관점에서 환경 주제에 대한 짧은 동영상의 정서적 상호작용에 관한 연구.

이 매칭 아이디어는 AI 도구의 데이터 보유량을 활용하여 연구자가 파악한 연구 대상을 기반으로 연구 역량을 넓히고 연구자가 주목하지 않았거나 지식 범위에 없는 이론적 지식을 발견할 수 있다는 점이 특징입니다. 그러나 이 아이디어에는 큰 단점, 즉 ChatGPT와 같은 인공지능 도구가 제공하는 이론적 지식은 실제 문헌에서 추출한 것이 아니라 알고리즘을 기반으로 형성된 것이기 때문에 제공된 이론적 지식이 조작될 가능성이 있고 연구자가 이를 사용할 때 더 많은 주의를 기울여야 한다는 단점도 있습니다. 레이아웃 문제를 고려하여 위의 질문 사례에서 AI 도구가 출력할 수 있는 이론의 수는 적은 편이며, 특정 실행에서 출력 수를 확대할 수 있으며 여러 번 시도해 볼 수도 있습니다. 테스트 후 출력 수량을 확대하면 AI 도구는 더 많은 정보를 제공하는 결과를 제공합니다.

아이디어 2: 일부 이론은 연구 대상과 본질적으로 연결되어 있으며 '선형 신호 모델'과 일치합니다.

일부 연구 이론은 특정 유형의 연구 대상을 설명하는 데 더 자주 사용되며 마찬가지로 특정 유형의 연구 대상은 특정 연구 이론과 결합되는 경향이 있으며이 전제가 유효하다면 특정 연구 대상과 특정 연구 이론 사이에는 일종의 본질적인 연결이 있습니다. 연구 대상과 연구 이론 간의 연결 유형과 강도에 따라 다음과 같이 구성됩니다."배치된 신호 모델"(그림 2-4 참조).

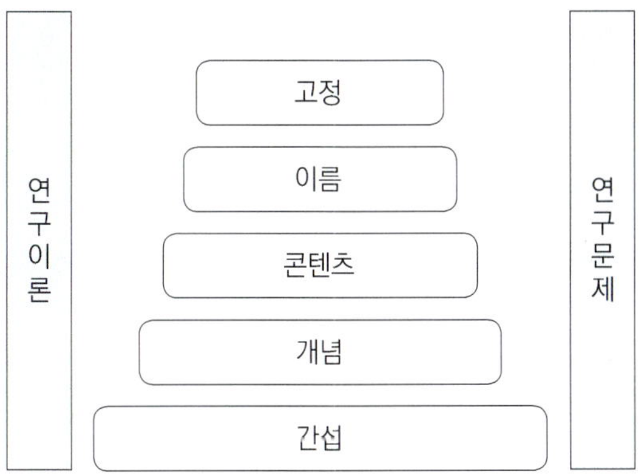

그림 2-4 객체 매칭 연구 이론의 '선형 신호 모델'

"선형 신호 모델"에 따르면 연구 대상과 연구 이론은 다음과 같습니다.

고정 배열, 이름 배열, 콘텐츠 배열, 개념 매트릭스 배열, 간섭 배열, 배열 없음 6가지 배열의 유형 나머지 다섯 가지 유형은 실제로 기존 문헌을 통해 분석할 수 있습니다. '배열 없음' 유형을 제외한 나머지 다섯 가지 유형은 기존 문헌을 통해 분석할 수 있습니다. 이는 칭니안 아카데믹의 이론 라이브러리의 도움을 받아 수행할 수 있습니다. 라이브러리의 검색창에 연구를 입력합니다.

단위를 입력하면 시스템은 기존 문헌에 있는 연구 단위와 연구 이론 간의 관계를 기반으로 권장 사항을 제시합니다.

이 아이디어의 장점과 단점도 매우 분명합니다. 장점은 일치하는 이론적 자원이 모두 실제 정보이므로 정보의 진위 여부에 대해 신경 쓸 필요가 없으며 일치하는 이론적 자원은 모두 연구 단위에서 설명하므로 매칭이 매우 좋다는 것입니다. 단점은 칭녠 학술은 기존 핵심 문헌 라이브러리를 기반으로하고 데이터가 충분하지 않아 많은 연구 단위가 이론적 자원과 일치 할 수 없으며 동시에 매칭 규칙은 정확하지만 기존 문헌 정보를 기반으로하지만 혁신의 정도는 어느 정도 제한 될 것입니다.

아이디어 3: 학습 대상과 일치하는 이론적 리소스로 고전 단행본을 활용하세요.

이론은 종종 고전 논문에서 비롯되며 고전 논문 자체는 일련의 이론 및 개념 분석과 분리 될 수 없으므로 고전 논문은 연구자가 이론적 자원을 찾는 방법이됩니다. 구체적으로는 다음과 같은 몇 가지 방법이 있습니다.

첫 번째는 ChatGPT와 같은 AI 도구에 직접 질문을 던져 고전 논문에 대한 이해를 토대로 몇가지 이론적 자료를 제공한 다음 이를 연구 대상과 일치시킵니다.

질문

어빙 고프먼의 『일상 생활에서의 자기 표현』이라는 책을 아세요?

답변

네, 어빙 고프먼의 저서 '일상 생활에서의 자기 표현'을 알고 있습니다. 이 책은 고전적인 사회학 저작으로 상징적 상호작용주의를 해석하는 데 있어 핵심적인 저작 중 하나로 꼽힙니다. 이 책은 일상에서 일어나는 상호작용 행동을 관찰하고 분석하여 인간이 어떻게 자기표현을 통해 사회적 의미와 정체성을 구성하는지를 탐구합니다. 고프만은 이 책에서 상징적 상호작용주의에서 중요한 이론적 도구가 된 전경, 무대 뒤, 가면, 리허설, 태도 등 많은 개념을 정교하게 설명합니다. 고프만의 아이디어는 인간 상호 작용, 사회 구조 및 문화적 정체성에 대한 이해에 중요한 통찰력과 공헌을 하고 있습니다.

질문

커뮤니케이션학 박사과정에 재학 중이며 논문 주제를 준비 중인데, 박사학위 논문 지도교수 역할을 맡아 주셨으면 합니다. 현재 제 연구 주제는 '환경 보호에 관한 쇼츠의 정서적 상호작용 연구'인데, '일상 생활에서의 자기표현'이라는 책에서 제 연구 주제와 일치하는 연구 이론이나 개념을 제안해 주실 수 있나요?

답변

연구 주제인 "환경 테마 쇼츠 동영상의 감정적 상호작용 연구"는 "일상 생활에서의 자기 표현"의 일부 개념 및 이론과 일치할 수 있습니다.

고프만의 상징적 상호작용 이론에서 자기표현은 지속적인 과정이며 상징과 미디어를 통해 이루어집니다. 환경 주제에 대한 쇼츠 동영상은 시각, 소리 및 기타 수단을 통해 환경 주제에 대한 사람들의 감정과 인식을 표현하고 형성할 수 있는 상징이자 매체로 간주할 수 있습니다. 따라서 짧은 환경 테마 영상을 자기표현의 매체로 간주하고 이 매체에서 사람들이 자기표현을 하는 방식과 패턴을 연구할 수 있습니다. 또한 고프먼의 연구에 따르면 자기 표현 과정에서 상호작용이 존재합니다. 환경 주제에 대한 쇼츠 동영상에서 감정적 상호작용에 대한 연구에서는 이 매체에서 사람들이 어떻게 상호작용하고 이러한 상호작용이 환경 주제에 대한 사람들의 감정과 인식에 어떤 영향을 미치는지 살펴볼 수 있습니다.

마지막으로, 고프만의 '자기 표현'이라는 개념을 사용하여 환경 주제에 대한 쇼츠 동영상의 감정적 상호작용을 연구할 수 있습니다. 고프먼의 이론에서 자기표현은 지속적인 과정이며 상징과 미디어를 통해 이루어집니다. 따라서 환경 주제에 대한 쇼츠 동영상에서 사람들이 자기표현을 하는 방식과 패턴, 그리고 이러한 자기표현이 사람들의 감정과 환경 주제에 대한 인식에 어떤 영향을 미치는지 연구할 수 있습니다.

이 접근 방식은 AI 도구가 이론적 자원의 추천 범위를 좁혀 연구 주제와 연구 이론을 더 잘 일치시킬 수 있지만, AI 도구가 제공하는 이론적 자원이 조작될 수 있고 문헌을 찾아 검증해야 한다는 단점이 있습니다.

둘째, 인공지능 도구가 전자책의 내용을 읽고 이를 바탕으로 이론이나 개념을 추천하도록 하면 정보 위조 문제를 어느 정도 피할 수 있습니다.

현재 많은 인공지능 도구에는 전자 문서, 특히 전자책과 같은 긴 문서를 읽는 기능이 없지만 ChatGPT 4, BingChat, Claude 등과 같은 개별 도구에서 전자 문서를 읽는 기능을 출시했습니다. 여기서는 전자 문서를 읽고 분석하는 도구로 Microsoft의 BingChat을 선택했습니다.

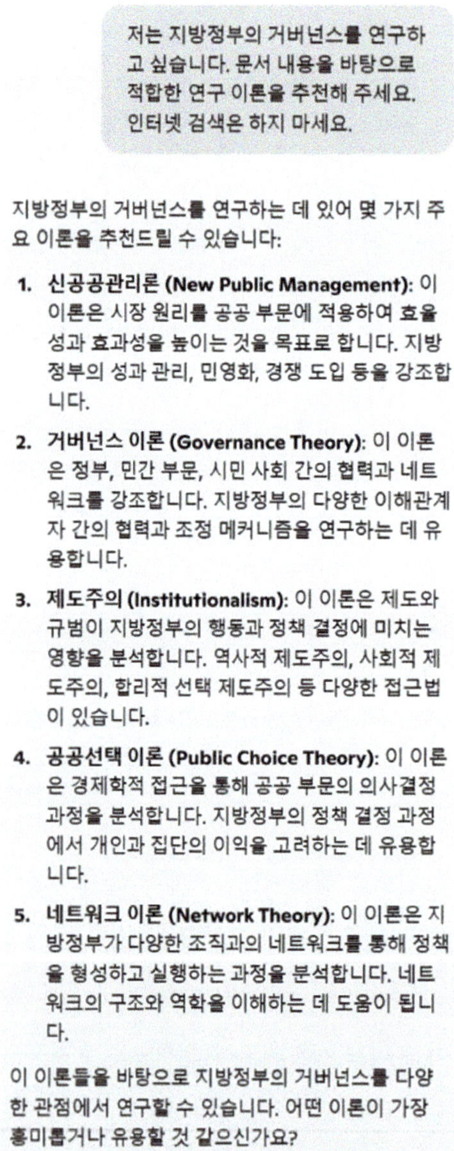

그림 2-5 사용자와 BingChat 간의 문서 기반 상호 작용

첫 번째 단계는 문서의 PDF 버전을 가져오고 문서는 편집 가능한 텍스트 형식이어야하며 이미지 파일 형식이 될 수 없습니다. 두 번째 단계는 문서를 마우스 오른쪽 버튼으로 클릭하고 열 Microsoft Edge 브라우저를 선택합니다. 세 번째 단계는 세 개의 점 오른쪽 상단에있는 Edge 브라우저를 클릭하고 사이드 바 옵션에서 "항상 사이드 바 표시"를 선택하고 하단의 검색 기능이 켜져 있는지 확인합니다. 문서 페이지로 돌아가면 사이드 바 상단에 파란색 b 아이콘이 있으며, 이 아이콘을 클릭하면 Edge 브라우저의 사이드바 기능이 나타납니다. 사이드바에 채팅 인터페이스 하단에 대화 상자가 있으며 대화 방식을 통해 전자 책의 내용을 읽을 수 있습니다.

그림 2-5는 BingChat이 펑 준치 박사의 글을 읽는 모습을 보여줍니다.

학생이 제공한 논문에 따르면 학습 대상은 이론적 리소스와 일치합니다.

BingChat과 상호 작용할 때 한 가지 팁이 더 있습니다. 사용자가 질문을 하면 BingChat은 먼저 인터넷에서 리소스를 검색하기 때문에 예상과 다른 답변이 나올 수 있습니다. 이를 방지하기 위해 연구원은 질문에 "인터넷 검색하지 마세요"와 같은 요청을 추가하여 문서 내용만을 기반으로 질문에 답변하도록 할 수 있습니다.

세 번째는 두 번째 방법을 확장한 것입니다.

첫 번째 아이디어는 연구 주제에 대한 관련 문헌의 핵심 정보를 PDF 전자 문서로 수집한 다음 BingChat이 이를 읽고 AI 기능을 사용하여 연구 대상과 일치할 수 있는 이론적 자료를 연구자에게 추천하는 것입니다(그림 2-6 참조).

두 번째 확장

BingChat에서 연구 주제에 맞게 고전 문학 소개, 학문의 키워드 및 기타 입문 유형의 전자 저작물을 권장합니다.

연습5

하나의 아이디어를 선택하고 연구 대상과 연구 관점을 일치시킵니다.

BingChat 외에도 PDF 문서를 읽는 더 많은 방법을 살펴보세요

3. 3단계: 연구 방법 일치시키기

연구 방법론은 사회 현상과 인간의 사회적 행동에 대한 과학적 연구에 대한 의도적인 접근 방식입니다.

스타일과 수단. 연구 방법론의 선택은 학술 연구에 큰 의미가 있습니다. 첫째, 학술 연구의 구체적인 실행 방법, 경로 및 도구를 결정하고 연구가 과학적인지 여부를 판단하는 중요한 기준이되며, 둘째, 다양한 철학적 전망에 따라 연구 방법론을 선택하는 것은 실제로 연구의 연구 유형을 선택하는 것이기도합니다. 연구 방법론은 하나의 체계이며, 사회과학 연구 방법론의 체계는 연구 방법론 철학, 연구 방법론 패러다임, 연구 방

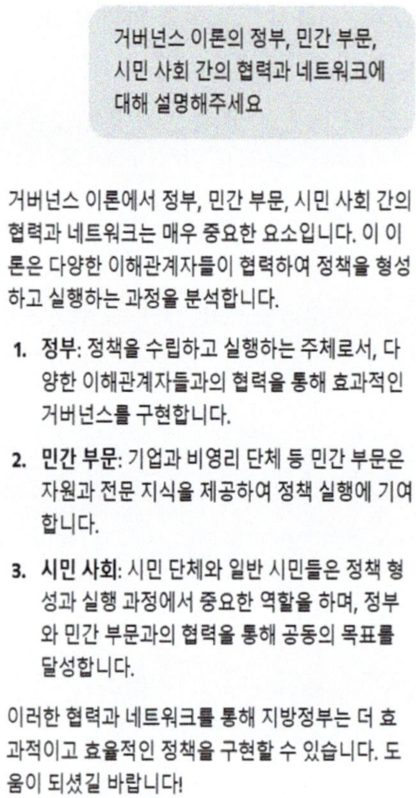

그림 2-6 주제 문서의 핵심 정보를 기반으로 한 사용자와 BingChat 간의 상호 작용

법론 접근법, 연구 방법론 기법 및 도구로 나눌 수 있습니다. 연구 방법론 철학에는 존재론, 인식론 및 방법론이 포함되며, 연구 방법론 패러다임에는 담론 연구, 양적 연구, 질적 연구, 혼합 연구 및 융합 연구의 5 가지 유형이 포함되며, 연구 방법론 접근법은 역사 연구, 설문 조사 방법, 내용 분석 방법, 인터뷰 방법, 뿌리 이론, 혼합 연구, 지리 공간 분석 등을 포함한 구체적인 실행 방법을 말합니다. 연구 방법론 기술 및 도구, 관련 기술에는 다음이 포함됩니다. 측정, 샘플링, 신뢰성 및 타당성, 심층 설명, 삼각 상호 증거 등; 관련 도구는 설문지 및 SPSS, Stata, NVivo 등과 같은 분석 소프트웨어입니다. 방법론적 체계는 그림 2-7에 나와 있습니다.

또한 이전 단계를 통해 얻은 연구 대상은 환경을 주제로 한 짧은 동영상에서 감정적 상호 작용에 대한 연구라고 가정합니다. 적절한 연구 방법론과 다양한 아이디어를 일치시키기 위해 다음과 같은 시도가 이루어집니다.

아이디어 1: 연구 방법론의 범위가 제한되어 있으므로 질문만 할 수 있습니다.

연구 이론과 달리 연구 방법의 범위가 제한되어 있으며, 이전 섹션에서 식별한 연구 요소에 따라 연구 방법을 직접 매칭할 수 있습니다. 연구 대상의 내용이 제공되기 때문에 AI 도구 매칭의 효율성과 정확도가 여전히 높습니다.

- 사회과학 연구의 방법론적 체계
  - 연구 방법 철학
    - 존재론
    - 인식론
    - 방법론
  - 연구 방법론 패러다임
    - 담론적 연구
    - 정량적 연구
    - 질적 연구
    - 혼합 연구
    - 융합 연구
  - 연구에 대한 방법론적 접근
    - 역사 연구, 철학 연구, 문화 연구 ...... 설문지 방법, 내용 분석,
    - 실험 방법 ...... 인터뷰 방법, 현장 조사, 근거 이론 ......
    - 혼합 연구 ......
    - 지리공간 분석, 소셜 시뮬레이션 모델링 ......
  - 연구 방법 기술 및 도구
    - 기술: 측정, 샘플링, 신뢰성 및 타당성, 심층 설명, 삼각 측량 ......
    - 도구: 설문지, SPSS, Stata, NVivo ......

그림 2-7 **사회과학 연구의 방법론적 체계**

질문

저는 커뮤니케이션 이론을 연구하는 커뮤니케이션학 전공 박사 과정 2년차 학생입니다. 제 박사 학위를 위한 지도교수 역할을 맡아 주실 것을 부탁드리고 싶습니다. 현재 학술 논문을 준비 중인데 지도 교수님의 도움이 필요합니다. 제가 정한 연구 주제는 '환경 테마 쇼츠 동영상의 감성적 상호작용 연구'인데, 이에 적합한 연구 방법을 매칭해야 합니다. 3가지 연구 방법을 제안해 주세요.

ChatGPT 답변

프레이밍 이론, 짧은 동영상, 감정적 상호작용은 모두 매우 흥미로운 연구 주제입니다. 이 연구 주제는 이론적이면서도 경험적이기 때문에 심도 있게 연구하기 위해 취할 수 있는 다양한 연구 방법이 있습니다. 제가 제안하는 3가지 연구 방법은 다음과 같습니다.

1. **콘텐츠 분석:** 매체의 콘텐츠를 연구하는 데 사용되는 정량적 연구 방법으로, 짧은 동영상에서 환경적 주제와 감정적 요소를 분석하는 데 사용할 수 있습니다. 여러 샘플을 선택하고 동영상의 콘텐츠 분석을 수행할 수 있는 세부 코딩 가이드라인을 개발할 수

있습니다. 이 방법을 사용하면 동영상에 나타나는 환경 테마 및 감정 표현의 패턴과 빈도를 식별하고 측정할 수 있습니다.

2. **프레이밍 분석:** 사람들이 복잡한 문제를 어떻게 이해하고 해석하는지 탐구하는 데 적용할 수 있는 질적 연구 방법론입니다. 프레이밍 이론 자체는 사회 현상을 이해하고 설명하기 위한 이론으로, 프레이밍 분석 방법을 사용하여 시청자가 짧은 동영상에서 환경 주제를 어떻게 식별하고 감정적 반응을 일으키는지 분석하고 이해할 수 있습니다. 이 접근 방식은 시청자가 짧은 동영상에서 환경 주제를 어떻게 인식하고 이해하는지를 더 잘 이해하는 데 도움이 될 수 있습니다.

3. **심층 인터뷰:** 심층 인터뷰를 통해 시청자가 짧은 동영상을 어떻게 이해하고 인식하는지, 환경 주제와 감정 표현에 대한 구체적인 반응을 파악할 수 있습니다. 이 방법은 시청자가 생각하고 느끼는 것에 대한 풍부하고 심층적인 데이터를 얻을 수 있는 정성적 연구 방법입니다.

정량적 콘텐츠 분석과 정성적 이해 및 해석을 위한 이 세 가지 방법을 조합하면 연구를 더 잘 수행하는 데 도움이 될 것입니다. 여러분의 연구에 행운을 빕니다!

BingChat 답변

안녕하세요, Bing입니다. 박사 과정의 지도교수 역할을 맡게 되어 기쁩니다.

연구 주제는 "프레이밍 이론의 관점에서 본 환경 테마 단편영상의 정서적 상호작용 연구"로 매우 의미 있고 최신의 주제입니다. 검색 결과에 따르면 다음과 같은 3개의 일치하는 연구를 추천해 드립니다.

방법론

1. **내용 분석 방법:** 커뮤니케이션 메시지의 내용을 체계적, 객관적, 정량적으로 설명하는 연구 방법입니다. 이 방법을 사용하면 환경을 주제로 한 짧은 동영상의 이미지 프레임, 상징, 슬로건, 의식 등을 분류하고 세어 감정 동원의 전략과 특성을 분석할 수 있습니다.
2. **감성 분석 방법:** 자연어 처리, 텍스트 마이닝, 컴퓨터 언어학 등의 기술을 사용하여 텍스트에서 주관적인 정보와 감정적 태도를 식별하고 추출하는 연구 방법입니다. 이 방법을 사용하면 환경을 주제로 한 짧은 동영상의 댓글, 팝업, 좋아요 등을 분석하여 정서적 공감대, 공감대 및 커뮤니티 형성을 살펴볼 수 있습니다.
3. **사례 연구 방법:** 심층적이고 상세한 묘사, 설명 및 평가를 통해 개별 또는 몇 가지 사건의 내적 법칙과 보편적 중요성을 밝히는 연구 방법입니다. 이 방법을 사용하여 환경

보호 주제에 대한 대표적이거나 영향력 있는 짧은 동영상을 선택하여 프레임워크 이론의 관점에서 정서적 동원의 메커니즘과 효과를 보여줄 수 있습니다.

제가 제안한 내용이 도움이 되셨기를 바랍니다. 다른 질문이 있으시면 언제든지 문의해 주세요.

위는 각각 ChatGPT와 BingChat의 답변입니다. 두 AI 도구 모두 첫 번째 조사 방법으로 콘텐츠 분석을 나열하지만 두 번째와 세 번째 방법 추천에는 차이가 있습니다. 그 이유는 한편으로는 AI 도구마다 파라미터 설정이 달라 분석 결과에 차이가 있고, 다른 한편으로는 질문 방법이 너무 광범위하여 AI 도구의 이해 범위가 너무 커서 답변이 충분히 정확하지 않기 때문입니다.

아이디어 2: 가능한 한 많은 연구 방법을 나열한 다음, 연구 대상을 가져와 연구 대상의 속성을 명시하여 일치시키세요.

아이디어 2는 아이디어 1의 "업그레이드된" 버전입니다. 아이디어 1을 기반으로 아이디어 2는 더 풍부한 자료를 추가합니다. 첫째, 연구 방법을 나열하고 각 방법에 값을 할당하고 할당된 값의 순위에 따라 더 자세한 차원 분석을 수행하고, 둘째, '연구 방법', '연구 방법론' 등 주요 개념에 대한 설명, 셋째, AI 도구가 일치하는 이유를 제시하도록 요구합니다. 셋째, AI 도구가 일치하는 이유를 제시하도록 요청받습니다. 더 많은 배경 정보와 요구 사항이 주어지기 때문에 이론적으로 AI 도구가 제공하는 답변은 더 상세하고 타겟팅된 답변이 될 것입니다. 아이디어 2의 구체적인 예는 다음과 같습니다.

질문

저는 커뮤니케이션 이론을 연구하는 커뮤니케이션학 전공 박사 과정 2년차 학생입니다. 다음과 같은 역할을 요청받았습니다.

박사 학위 지도교수 역할입니다. 현재 학술 논문을 준비 중인데 지도교수님의 지도가 필요합니다. 연구 대상은 "환경 테마 쇼츠 동영상의 감성적 상호작용 연구"이며, 이에 적합한 연구 방법을 매칭해야 합니다.

1단계: 연구 방법의 10가지 유형을 나열하고 연구 대상의 정보, 연구 상황, 방법의 표본 요건 등을 분석하여 각 방법에 대중성 정도에 따라 값을 부여하고, 부여된 값에 따라 순위를 매겨 표 형태로 출력해 주세요.

2단계: 위의 10가지 조사 방법 중 가장 적합한 조사 방법을 매칭합니다.

연구 방법론 및 연구 방법론적 접근법의 정의는 [ ]를 참조하세요.

[연구 방법이란 다양한 사회 현상과 인간의 다양한 사회적 행동에 대한 과학적 연구를 목적에 맞게 수행하는 방법과 수단입니다. 연구 방법의 선택은 학술 연구에서 매우 중요한 의미를 가지는데, 첫째, 학술 연구의 구체적인 수행 방법, 경로 및 도구를 결정하고 해당 연구가 과학적인지 여부를 판단하는 중요한 기준이 되며, 둘째, 다양한 철학적 관점에 따른 연구 방법의 선택은 사실상 해당 연구의 유형을 선택하는 것이기도 합니다. 연구방법론은 하나의 체계이며, 사회과학 연구방법론의 체계는 연구방법론 철학, 연구방법론 패러다임, 연구방법론 접근, 연구방법론 기법 및 도구로 나눌 수 있습니다. 연구 방법론 철학에는 존재론, 인식론 및 방법론이 포함되며, 연구 방법론 패러다임에는 담론 연구, 양적 연구, 질적 연구, 혼합 연구 및 융합 연구가 포함되며, 연구 방법론 접근법은 역사 연구, 설문 조사 방법, 내용 분석 방법, 인터뷰 방법, 뿌리 이론, 혼합 연구, 지리 공간 분석 등을 포함한 구체적인 실행 방법을 말하며, 연구 방법론 기술 및 도구, 관련 기술에는 측정이 포함됩니다, 샘플링, 신뢰성 및 타당성, 심층 설명, 삼각 측량 상호 증거 등; 관련 도구는 설문지 및 SPSS, Stata, NVivo 등과 같은 분석 소프트웨어입니다.]

답변

안녕하세요, BingChat입니다. 박사 과정의 지도교수 역할을 맡게 되어 기쁘게 생각합니다. 박사님의 연구 주제는 매우 흥미롭고 도전적입니다. 몇 가지 지침과 조언을 제공하려고 노력하겠지만, 이는 제 개인적인 견해이며 정확하거나 완전하지 않을 수 있다는 점에 유의하시기 바랍니다. 연구 목표, 상황, 데이터 및 분석에 따라 연구에 가장 적합한 방법론적 접근 방식을 선택해야 합니다. 다양한 관점에 개방적이고, 자신의 연구 과정과 결과에 대해 비판적으로 생각하며, 자신만의 인사이트와 기여를 통해 혁신적이 되기를 바랍니다.

귀하의 요청에 따라 먼저 커뮤니케이션 연구에서 일반적으로 사용되는 10 가지 유형의 연구 방법론 접근 방식을 나열하고 해당 연구 주제, 연구 상황, 샘플 요구 사항 및 기타 정보를 분석하겠습니다. 그런 다음 그중 가장 적합한 3가지를 선택하고 그 이유를 설명하겠습니다. 온라인 정보를 참고하고 사용 열기에 따라 각 방법에 값을 할당합니다.

(1~10점, 10점이 가장 높음)을 입력하면 다음과 같이 표 형식으로 출력됩니다.

번호	연구 방법	적용 연구 대상	연구 상황	점수
1	내용 분석법	매체 콘텐츠 또는 기타 문헌	텍스트 기반 자료의 체계적인 분석 필요	9
2	조사 연구법	매체 수용자 또는 기타 사회적 집단	명확한 조사 목표와 설계 필요	8
3	실험 연구법	매체 사건 또는 기타 사회적 현상	명확한 가설과 실험 설계 필요	7
4	사례 연구법	매체 수용자 또는 기타 사회적 집단	전형적이고 중요한 사례 연구 필요	6
5	현장 조사법	매체 수용자 또는 기타 사회적 현상	장기간 참여와 신뢰 구축 필요	5
6	인터뷰 연구법	매체 수용자 또는 기타 사회적 집단	체계적이고 깊이있는 인터뷰 필요	4
7	포커스 그룹법	매체 수용자 또는 기타 사회적 집단	중립적 진행자와 기록자 필요	3
8	근거 이론법	매체 콘텐츠 또는 기타 문헌	자료로부터 개념과 이론 도출 필요	2
9	서사 분석법	매체 콘텐츠 또는 기타 문헌	자료의 이야기성과 시사성 분석 필요	1
10	문화 분석법	매체 수용자 또는 기타 사회적 집단	문학적 가치와 현상 분석 필요	1
11	네트워크 분석법	매체 콘텐츠 또는 기타 문헌	관계 구조와 네트워크 특성 분석 필요	1

저는 위의 10가지 연구 방법론 중 가장 적합한 3가지 방법을 선택했으며 그 이유는 다음과 같습니다.

콘텐츠 분석: 미디어 콘텐츠 또는 기타 상징적 형식을 분석하는 데 적합한 연구 방법론적 접근 방식입니다. 연구 대상은 상징적 형식 중 하나에 속하는 환경 주제에 관한 짧은 동영상입니다. 콘텐츠 분석 방법을 사용하여 주제, 언어, 이미지, 음악 등 다양한 유형, 스타일 및 플랫폼의 환경 주제에 대한 짧은 동영상의 콘텐츠 특성을 설명하고 비교할 수 있습니다. 또한 콘텐츠 분석 방법을 통해 환경을 주제로 한 단편 동영상이 전달하는 메시지, 가치, 이념 등을 해석할 수 있습니다. 콘텐츠 분석 방법은 보다 객관적이고 체계적이며 정량화가 가능한 연구 방법론 접근 방식으로 연구의 타당성과 신뢰성을 높일 수 있습니다.

설문조사 연구 방법: 미디어 시청자 또는 기타 사회 집단의 특성, 태도, 행동 등을 이해하는

데 적합한 연구 방법 접근 방식입니다. 연구 대상은 환경을 주제로 한 짧은 동영상의 정서적 상호작용이며, 이는 시청자의 심리 및 행동과 관련된 문제입니다. 설문조사 연구 방법을 사용하여 기쁨, 슬픔, 동정, 분노 등과 같은 짧은 환경 테마 동영상에 대한 다양한 시청자의 감정적 반응을 이해할 수 있습니다. 또한 설문 조사 방법을 사용하여 좋아요, 댓글, 리트윗, 즐겨찾기 등 환경을 주제로 한 짧은 동영상에 대한 다양한 시청자의 상호 작용 행동을 이해할 수 있습니다. 설문 조사 방법은 연구의 범위와 대표성을 향상시킬 수 있는 보다 유연하고 효과적이며 광범위한 연구 방법론입니다.

네트워크 분석: 미디어 오디언스 또는 다른 사회적 개인 간의 관계 네트워크를 분석하는 데 적합한 연구 방법입니다.

연구 방법론 접근 방식: 연구 대상은 환경을 주제로 한 짧은 동영상의 감정적 상호작용이며, 이는 시청자 간의 사회적 관계와 관련된 문제입니다. 네트워크 분석 방법을 사용하여 네트워크에서 환경을 주제로 한 짧은 동영상의 정서적 상호작용의 구조, 특성 및 기능(예: 중심성, 밀도, 클러스터링, 브리징 및 커뮤니티)을 밝힐 수 있습니다. 네트워크 분석 방법은 비교적 새롭고 흥미로우며 직관적인 연구 방법론으로, 연구의 혁신과 시각화를 향상시킬 수 있는 방법입니다.

AI 도구는 출력된 답변에서 연구 대상과 연구 방법이 일치하는 근거에 대한 자세한 설명을 제공합니다. 연구자가 최종적으로 추천하는 방법을 채택하지 않더라도, 이 도구가 제공하는 분석 아이디어는 연구자에게 매우 유용하며, 연구자는 이러한 아이디어를 바탕으로 돌아가서 더 자세한 판단을 내릴 수 있습니다.

아이디어 3: 연구 방법의 영향을 미치는 요소를 설명하여 적절한 연구 방법을 일치시키세요.

저자는 다양한 문헌을 바탕으로 연구 방법론의 영향력 있는 요소 6가지를 추출했는데, 이것이 바로 연구 질문입니다,

연구 논리, 연구 목표, 연구 표본, 연구 상황 및 연구자 성격은 표 2-1과 같습니다.

표 2-1 연구 방법론에 영향을 미치는 6가지 요소

영향 요인	옵션
연구 문제	/
연구 논리	추론
	사실로부터 결론 도출
연구 목적	탐색
	설명적
	설명
연구 샘플	전체 샘플
	대규모 샘플
	작은 샘플
	샘플 없음
연구 상황	자연 환경
	객관적 상황
	주관적인 맥락
연구원의 성격	/

영향 요소 #1: 연구 질문. 연구 질문은 연구의 시작이자 연구의 핵심입니다.

설명의 모든 요소는 궁극적으로 문제 해결을 위한 것임을 명심하세요.

영향 요소 2: 연구 논리. 귀납과 연역은 인간이 세상을 인식하는 가장 기본적인 추론 방법 중 두 가지입니다.

영향력의 세 번째 요소는 연구의 목적입니다. 미국의 저명한 사회학자 얼 배블 교수에 따르면 사회 연구는 탐구, 기술, 설명이라는 세 가지 기본 목적을 가지고 있습니다. 연구 목적에 따라 과학은 다음과 같이 분류할 수 있습니다.

연구는 탐색적 연구, 설명적 연구, 설명적 연구의 세 가지 유형으로 나뉩니다.

네 번째 영향 요소는 연구 표본입니다. 연구 표본은 표본의 특성을 사용하여 전체의 특성을 나타낼 수 있는 방법론을 통해 모집단에서 추출한 요소의 모음입니다.

영향 요소 5: 연구 맥락. 연구 맥락은 연구 방법이 실행되는 맥락을 의미합니다. 연구 방법마다 철학적 관점이 다르기 때문에 연구 방법이 적용되는 맥락도 다양하며, 자연적 맥락 연구, 객관적 맥락 연구, 주관적 맥락 연구로 나눌 수 있습니다.

영향력의 여섯 번째 요소는 연구자의 성격입니다. 연구자의 성격도 사실 결정적이지는 않지만 연구 방법론 선택에 영향을 미치는 매우 중요한 요소입니다.

이 6가지 영향 요인 중 일부는 정량화할 수 있지만(예: 표본 크기), 일부는 그렇지 않지만(예: 연구자 성격), 모두 연구 방법론 선택에 매우 중요한 영향을 미치는 것은 분명합니다. 연구자는 질문을 할 때 이러한 영향 요소를 AI 도구에 제공하여 연구자가 연구 대상과 연구 방법 사이의 논리와 내부 단서를 명확히 하는 데 도움을 줄 수 있습니다. 이 6가지 영향 요소 중 표본 크기는 가장 직관적이고 정량화하기 쉬울 뿐만 아니라 다른 요소의 구체적인 표현이기도 합니다. 다른 요소들이 잘 표현되지 않거나 구분할 수 없는 경우, 표본 크기 정보 제공은 기본적으로 연구의 범위를 매우 작은 범위로 제한할 수 있습니다.

아래는 동일한 문제에 대해 ChatGPT와 BingChat에 질문한 내용이며, 답변을 비교할 수 있습니다.

질문

저는 커뮤니케이션 이론을 연구하는 커뮤니케이션학 전공 박사 과정 2년차 학생입니다. 제 박사 학위를 위한 지도교수 역할을 맡아 주실 것을 부탁드리고 싶습니다. 현재 학술 논문을 준비 중인데 지도 교수님의 도움이 필요합니다. 제가 정한 연구 주제는 "환경 테마 쇼츠 동영상의 감성적 상호작용 연구"이며, 이에 적합한 연구 방법론이 필요합니다.

[ ]는 연구 대상의 경우입니다. [연구 대상은 환경 보호 테마 단편 동영상의 감정적 상호 작용으로 연역적 연구, 수만 개의 데이터로 표본 크기가 큰 설명 연구, 연구 목적은 환경 보호 테마 단편 동영상에서 사용자의 감정적 상호 작용 패턴과 메커니즘을 탐색하는 것이며 주로 경험적 연구를 수행했습니다.]

ChatGPT 답변

환경을 주제로 한 짧은 동영상에서 감정적 상호 작용의 패턴과 메커니즘을 더 깊이 이해할 수 있는 연구 주제는 매우 좋은 선택입니다. 이는 인터넷 사용자의 정서적 상호작용 패턴에 대한 사람들의 이해와 짧은 동영상 플랫폼의 도움으로 환경 주제를 더 잘 전달하는 방법에 대한 깊은 의미를 지니고 있습니다.

연구의 표본 규모가 크고 정서적 상호작용의 패턴과 메커니즘을 분석해야 하므로 정성적 연구와 정량적 연구를 결합한 혼합 방법 연구 접근법을 사용하는 것이 좋습니다.

I. 정량적 연구

표본의 크기가 크기 때문에 아래와 같이 데이터 마이닝, 통계 및 전산 사회과학적 방법을 통해 분석할 수 있습니다.

콘텐츠 분석: 이러한 짧은 동영상의 댓글과 대화형 콘텐츠에 대한 대규모 콘텐츠 분석을 실시하여 환경 주제에 대한 감정적 상호작용의 주요 단어와 표현을 식별하는 단어 빈도 표를 만들었습니다.

감정 분석: 텍스트 감정 분석 도구를 사용하여 긍정, 부정, 중립 감정 등 각 댓글의 감정 극성을 분석합니다.

커뮤니티 마이닝: 웹 분석을 통해 형성된 토론 그룹 또는 커뮤니티를 식별하고 이들의 상호작용 패턴과 주제를 분석합니다.

II. 정성적 연구

감정적 상호작용의 메커니즘을 더 잘 이해하려면 아래와 같이 정성적 연구를 수행해야 할 수도 있습니다.

심층 인터뷰: 활동적인 사용자 또는 대표 댓글을 선택하여 심층 인터뷰를 진행할 수 있으며, 다음과 같은 정보를 얻을 수 있습니다. 시청 및 상호작용의 동기와 감정적 경험 및 인식을 고려하세요.

사례 연구: 심층 분석을 위해 대표 사례 또는 특별한 의미가 있는 사례를 선택하여 그 이면의 감정적 상호작용 메커니즘을 살펴봅니다. 이러한 연구 접근 방식을 통해 상호작용의 거시적 패턴을 파악하고 그 이면의 미시적 메커니즘을 이해할 수 있습니다. 하지만 어느 정도의 수리력과 인터뷰 기술이 필요하며, 도움이 될 만한 관련 도구와 리소스를 찾아야 할 수도 있습니다.

궁금한 점이나 어려운 점이 있으면 언제든지 저와 상의하세요.

BingChat 답변

안녕하세요. 저는 Bing이며 박사 과정의 지도교수 역할을 맡게 되어 기쁘게 생각합니다.

연구 주제가 의미 있고 도전적입니다. 연구 주제와 연구 목표에 따라 콘텐츠 분석과 감성 분석을 연구 방법으로 사용하는 것이 좋습니다.

콘텐츠 분석은 텍스트, 이미지, 오디오 또는 비디오의 콘텐츠와 특성을 정량적 또는 정성적으로 분석하는 방법입니다. 메서드를 사용하면 환경 주제에 대한 수많은 쇼츠 동영상에서 영상의 주제, 스타일, 언어, 시각 등 효과적인 정보를 추출하고 분류, 코딩, 집계할 수 있습니다.

감성 분석은 자연어 처리, 텍스트 마이닝 및 컴퓨터 언어학을 사용하여 텍스트에서 감정 태도와 감정 성향을 식별하고 추출하는 방법으로, 환경 테마의 짧은 동영상에서 댓글, 팝업, 좋아요, 리트윗 등과 같은 상호작용 행동에서 사용자의 감정 표현과 감정 성향을 분석, 정량화 및 시각화하는 데 도움을 줄 수 있습니다.

이 두 가지 접근 방식을 결합하면 다양한 테마 또는 스타일의 동영상에 대한 사용자의 반응, 사용자가 서로 소통하고 영향을 미치는 방식, 사용자의 감정적 태도가 어떻게 변화하고 확산되는지 등 환경을 주제로 한 짧은 동영상에서 사용자의 감정적 상호작용 패턴과 메커니즘을 종합적으로 살펴볼 수 있습니다.

물론 콘텐츠 분석 방법은 합리적인 분류 기준과 코딩 규칙을 개발해야 하고, 감성 분석 방법은 언어적 다양성과 모호성을 다루고 문화적, 사회적 맥락의 영향을 고려해야 하는 등 이 두 가지 방법에도 특정 국면과 어려움이 있습니다. 이 두 가지 방법을 구현하기 전에 적절한 데이터 소스를 수집 및 선별하고, 적절한 분석 도구를 선택 또는 개발하고, 적절한 분석 매개변수를 식별 또는 조정하는 등 충분한 준비를 해야 합니다.

제 조언이 도움이 되었기를 바랍니다. 궁금한 점이나 어려운 점이 있으면 언제든지 저에게 연락해 주세요. 더 많은 안내와 지원을 드릴 수 있도록 최선을 다하겠습니다.

위의 세 가지 아이디어의 관점에서 보면 세 번째 아이디어가 더 고무적입니다. 세 번째 아이디어에서는 ChatGPT와 BingChat 모두 콘텐츠 분석과 감성 분석을 추천하며, 이 두 AI 도구의 답변이 수렴되어 AI 도구 추천의 효율성이 향상되었음을 나타냅니다.

물론 위의 Q&A는 데모일 뿐이며 한 차례의 대화 만 표시되며 특정 구현 중 특정 상황에 따라 여러 차례의 상호 작용을 수행 할 수 있으므로 얻은 답변의 관련성도 더 강해집니다.

연습6

아이디어 3을 통해 연구 방법과 연구 주제를 일치시키려고 노력하세요.

성찰: 위에서 언급한 6가지 요소 외에 다른 영향 요소는 없나요?

4. 4단계: 연구 문제 정의

연구 문제은 연구에서 가장 중요하고 핵심적인 요소 중 하나입니다. 하지만 많은 학자와 전문가들이 연구 문제의 중요성을 강조해 왔지만, 연구 문제의 의미와 경계를 명확히 정의하고 이를 운영할 수 있는 사람은 거의 없었으며, ChatGPT와 같은 AI 도구의 등장은 사람들이 연구 문제를 탐색할 수 있는 새로운 가능성을 제시했습니다.

여기서 연구 문제의 구조와 흐름을 기반으로 분석 프레임워크인 OBTQP 프레임워크를 추출하는데, OBTQP 프레임워크는 주제(소유자), 배경, 대상, 질문으로 구성됩니다.

다섯 가지 요소는 질문, 방법입니다.

소유자는 연구 상황의 주요 행위자이며 문제의 원인 제공자이기도 합니다. 구조적 요소에서 주체는 일반적으로 연구 대상(예: 박사 과정 학생의 직장 진로 연구에서 '박사 과정 학생') 또는 한정자(예: '저소득층의 거짓말 행동에서 현대성의 소비')이며, 실제 사회 상황에서는 '저소득층'입니다. 배경은 특정 상황에서 피사체가 존재하는 상태, 즉 피사체의 현재 가치를 의미합니다.

일반적으로 그림, 정책 텍스트 또는 기존 연구로 설명합니다.

목적(목표)는 연구자가 피험자가 주어진 상황에서 갖기를 기대하는 바람직한 존재 상태로, 기대값(기대치)에 해당합니다.

문제(질문)는 특정 상황에서 피험자의 현재 가치와 연구자의 기대 가치 사이의 모순, 갈등, 혼란 등, 즉 기대 가치와 현재 가치 사이의 차이를 말합니다. 이 차이는 연구 문제의 가장 핵심적이고 직접적인 표현입니다. 차이에는 세 가지 유형이 있는데, 첫 번째는 이론과 현실 사이의 차이, 두 번째는 정책과 실천 사이의 차이, 세 번째는 이상적 상태와 현실 상태 사이의 차이입니다.

4가지 구체적인 유형의 문제가 있습니다.

1. **설명적 질문:** 연구 대상 또는 현상의 특성, 상태, 분포, 추세 등에 대한 질문, 예를 들어 연령, 성별, 학력 등 연구 대상의 배경 특성은 무엇인가에 대한 질문입니다. 설명적 질문은 연구 대상이나 현상에 대해 원인이나 결과를 포함하지 않고 객관적이고 체계적이며 포괄적인 설명을 제공하는 것을 목표로 합니다. 서술형 질문은 일반적으로 설문조사, 통계, 내용 분석 등과 같은 정량적 연구 방법을 사용하여 데이터를 수집 및 분석하고 그 결과를 그림이나 그래프로 제시합니다.

2. **해석적 질문:** 연구 대상 또는 현상의 원인, 메커니즘, 정당화 등에 대한 질문입니다. 설명적 질문은 연구 대상이나 현상에 대해 심층적이고 상세하며 체계적인 설명을 제공하여 그 내재된 패턴과 논리를 드러내는 것을 목표로 합니다. 해석적 질문은 일반적으로 텍스트 분석, 인터뷰, 관찰 등과 같은 질적 연구 방법을 사용하여 데이터를 수집 및 분석하고 그 결과를 말(글)이나 도표로 제시합니다.

3. **예측 질문:** 예를 들어 연구 대상 또는 현상의 향후 발전 또는 변화 추세에 관한 질문. 예측 질문은 연구 대상 또는 현상에 대해 과학적이고 합리적이며 신뢰할 수 있는 예측을 하여 의사 결정 및 계획의 근거를 제공하는 데 목적이 있습니다. 예측 질문은 일반적으로 회귀 분석, 시계열 분석, 시뮬레이션 모델 등과 같은 정량적 연구 방법을 사용하여 데이터를 수집 및 분석하고 그 결과를 공식이나 그래프를 사용하여 제시합니다.

4. **평가 질문:** 연구 대상 또는 현상의 강점과 약점, 가치 및 효과에 대한 질문입니다. 평가 질문은 연구 대상이나 현상에 대한 객관적이고 공정하며 종합적인 평가를 제공하고 권장 사항과 개선 방안을 제안하기 위해 고안되었습니다. 평가 질문은 일반적으로 실험 설계, 사례 분석, 표준 설정 등과 같은 정량적 및 정성적 연구 방법을 조합하여 데이터를 수집 및 분석하고 평가 지표 또는 평가 모델을 사용하여 결과를 제시합니다.

연구자의 관점에서 피험자가 문제를 해결할 수 있도록 돕는 과정, 즉 문제 해결의 경로를 제시하는 것을 말합니다. 경로는 일반적으로 연구 설계 부분, 특히 문제 해결 연구 이론과 연구 방법의 선택에서 구체화됩니다.

OBTQP 모델을 기반으로 식별된 주제에 대해 연구 질문을 구체화할 수 있으며, 다음 세 가지 운영 아이디어가 제시됩니다.

아이디어 1: 확인된 선택지를 바탕으로 전체적으로 개방형 질문을 던집니다.

질문

저는 커뮤니케이션 이론을 연구하는 커뮤니케이션학 전공 박사 과정 2년차 학생입니다. 제 박사 학위를 위한 지도교수 역할을 맡아 주실 것을 부탁드리고 싶습니다. 현재 학술 논문을 준비 중인데 지도 교수님의 도움이 필요합니다. 현재 제 주제는 "프레이밍 이론의 관점에서 본 환경 테마 쇼츠 동영상의 정서적 상호작용 연구–혼합 연구 방법을 중심으로"이며, 연구 질문을 구체화하는 데 도움을 받고 싶습니다.

답변

연구 주제는 매우 흥미롭고 관련성이 높습니다. 연구에서 정서적 상호작용, 환경적 주제, 프레이밍 이론을 연결하여 핵심 연구 질문을 도출할 수 있는 몇 가지가 있습니다. 다음은 제가 공식화한 몇 가지 가능한 연구 질문입니다:

- 쇼츠 동영상에서 어떤 환경 테마 프레임이 감정적인 상호작용을 유발할 가능성이 더 높을까요? 왜 그럴까요?
- 환경을 주제로 한 짧은 동영상의 커뮤니케이션 효과에 감정적 상호작용이 미치는 영향은 무엇인가요? 예를 들어, 시청자의 환경 정보에 대한 인식, 태도 변화 또는 행동 의도는 무엇인가요?
- 쇼츠 동영상에서 어떤 프레이밍 전략이 시청자의 감정적 상호 작용을 유도하는 데 효과적일까요? 이 목표를 어떻게 달성할 수 있을까요?
- 청중의 개인적 차이(예: 성별, 연령, 환경 인식 등)가 정서적 상호작용과 프레이밍 수용에 어떤 영향을 미치나요?
- 혼합 연구 방법에서 정량적 및 정성적 연구 결과가 일관성이 있나요? 둘 사이의 관계는 어떤가요? 물론 이것은 연구 질문의 초기 증류일 뿐이며, 연구 관심사와 데이터 수집을 기반으로 실제

국제 정세는 세밀하게 조정되고 심화되고 있습니다. 연구 과정에서 더 새롭고 흥미로운 연구 질문을 발견할 수도 있습니다. 제 제안이 도움이 되었기를 바라며 여러분의 연구 결과를 기대합니다!

ChatGPT와 같은 AI 도구를 사용하여 선택한 주제를 타겟팅하면 추천 연구 질문 중 일부를 얻을 수 있으며, 이를 통해 연구에 영감을 얻을 수도 있습니다. 그러나 추천 연구 질문은 충분히 집중적이고 깊지 않습니다.

아이디어 2: 식별된 선택 항목에 따라 OBTQP 프레임워크에 기반한 구조화된 질문을 합니다.

질문

저는 커뮤니케이션 이론을 연구하는 커뮤니케이션학 전공 박사 과정 2년차 학생입니다. 제 박사 학위를 위한 지도교수 역할을 맡아 주실 것을 부탁드리고 싶습니다. 현재 학술 논문을 준비 중인데 지도 교수님의 도움이 필요합니다. 현재 제 주제는 "프레이밍 이론의 관점에서 본 환경 테마 쇼츠 동영상의 정서적 상호작용 연구-혼합 연구 방법을 중심으로"이며, 연구 질문을 구체화하고 연구 질문의 모델인 'OBTQP 프레임워크'를 구축했습니다. 이제 연구 질문을 구체화하고 연구 질문을 5가지 요소로 구분하는 연구 질문 모델인 'OBTQP 프레임워크'를 구성했습니다. OBTQP 프레임워크에 따라 연구 질문을 공식화할 수 있도록 도와주세요. OBTQP 프레임워크에 대해 설명해 주세요. (생략)

답변

연구에서 OBTQP 프레임워크의 요소는 다음과 같이 해석하고 적용할 수 있습니다.

- **조사 대상(소유자)**: 조사 대상은 환경 주제에 대한 짧은 동영상을 제작하고 시청하는 인터넷 사용자가 될 수 있습니다. 사용자에는 환경 단체, 미디어 조직, 소셜 미디어 사용자 등이 포함될 수 있지만 이에 국한되지는 않습니다.
- **배경**: 기존 연구에 따르면 짧은 동영상은 인터넷 사용자가 정보를 얻고 인식에 영향을 미치는 중요한 채널로 자리 잡았습니다. 동시에 환경 문제도 전 세계적인 관심사가 되었습니다. 하지만 환경을 주제로 한 짧은 동영상의 정서적 상호작용에 대한 연구는 아직 상대적으로 적습니다.
- **목표**: 환경 보호를 주제로 한 짧은 동영상의 정서적 상호작용 메커니즘을 깊이 이해하여

전파 효과를 높이고, 이를 통해 사회의 환경 인식과 행동을 촉진하는 것이 이상적입니다.

– **질문:**

- **설명적 질문:** 환경 주제에 대한 짧은 동영상에서 정서적 상호작용의 현재 상태는 어떤가요? 그 특징, 분포 및 추세는 무엇인가요?
- **해석적 질문:** 환경을 주제로 한 짧은 동영상에서 감정적인 상호작용이 발생하는 이유는 무엇인가요? 그 이면에 있는 사회적, 문화적, 심리적 메커니즘은 무엇인가요?
- **예측 질문:** 현재 상황이 지속된다면, 환경을 주제로 한 짧은 동영상의 감정적 상호작용은 앞으로 어떻게 발전하고 변화할까요?
- **평가 질문:** 환경을 주제로 한 짧은 동영상의 정서적 상호작용이 환경 정보 전파의 효과에 어떤 영향을 미칩니까? 이러한 영향이 긍정적인가요, 아니면 부정적인가요?

– **방법론:** 위의 문제를 해결하기 위해 콘텐츠 분석, 설문조사, 인터뷰, 관찰 등 정량적 연구 방법과 정성적 연구 방법을 결합하여 데이터를 수집하고 분석하는 혼합 연구 방법을 선택할 수 있습니다. 이론적 틀은 프레이밍 이론과 정서적 상호작용 이론을 기반으로 할 수 있습니다.

연구 주제와 OBTQP 프레임워크에 따라 가능한 핵심 연구 질문은 "현재 환경을 주제로 한 짧은 동영상 커뮤니케이션에서 감정적 상호작용이 사용자의 인식과 행동에 어떤 영향을 미치며, 이것이 환경 인식을 형성하고 유도하는 데 어떤 영향을 미치는가?"입니다. 바로 이 질문입니다.

이 문제에는 서술형, 설명형, 예측형, 평가형의 4가지 유형의 문제가 출제됩니다. 환경을 주제로 한 쇼츠 동영상에서 감정적 상호작용의 현재 상태를 묘사할 뿐만 아니라 감정적 상호작용의 출현 이유와 향후 발전 가능성을 탐구하고, 감정적 상호작용이 환경 정보 전파의 효과에 미치는 영향을 평가합니다. 이 질문은 후속 데이터 수집 및 분석에 대한 명확하고 구체적인 연구 방향과 지침을 제공할 수 있습니다.

구조화된 질문을 위해 OBTQP 프레임워크를 적용할 때, AI 도구는 필요에 따라 구조화 되었습니다. 전반적으로 문제 설명 섹션은 비교적 단순했지만 연구자가 문제의 맥락과 계층 구조를 이해하고 문제에 대한 포괄적인 이해를 촉진하는 데 도움이 되었습니다. 이 과정을 통해 연구자는 연구 질문에 대한 보다 완전한 인식을 발전시킬 수 있었습니다.

아이디어 3: 선택한 주제에 따라 OBTQP 프레임워크에 기반한 역할 코칭 유형의 상호작용을 진행합니다. 사실 좋은 질문은 생각하는 것이 아니라 "묻는 것"입니다. 프로그램의 이 부분에서는 '역할'을 채택합니다.

"코칭" 접근 방식을 사용하면 ChatGPT와 같은 AI 도구가 질문자 역할을 하고 연구자가 답변자 역할을 할 수 있습니다. 이러한 종류의 질문은 멘토가 학생에게 질문하는 것과 같으며, 피상적인 질문부터 심도 있는 질문까지 단계별로 학생을 안내합니다.

'역할 코칭' 접근 방식에는 두 가지 디자인 전략이 있습니다.

하나는 간단한 목표를 제공한 다음 ChatGPT와 같은 AI 도구가 자체 데이터베이스와 목표를 분해하여 질문을 하는 것입니다. 이 질문 전략은 좀 더 무작위적입니다.

질문

저는 커뮤니케이션 이론을 연구하는 커뮤니케이션학 전공 박사 과정 2년차 학생입니다. 현재 학술 논문 작성을 준비하고 있는데 교수님의 지도가 필요합니다. 현재 제 주제는 "프레이밍 이론의 관점에서 본 환경 테마 쇼츠 동영상의 정서적 상호작용 연구-혼합 연구 방법을 중심으로"이며, 연구 질문을 다듬는 중입니다. 질문과 답변 형식(한 번에 한 질문씩)을 통해 연구 질문에 대한 이해를 깊게 하고 궁극적으로 연구 질문을 구체화할 수 있도록 학술 코치 역할을 해주실 것을 부탁드리고 싶습니다.

답변

물론 기꺼이 도와드리겠습니다. 연구 주제부터 시작해서 심도 있게 살펴볼 수 있습니다. 첫 번째 질문은 "프레임 이론 관점에 따른 환경 테마 쇼트 비디오의 감성적 상호작용 연구"라는 연구 주제에서 "프레임 이론 관점"과 "감성적 상호작용"에 대한 사전 이해와 개념은 무엇인가요? '프레임 이론적 관점'과 '감정적 상호작용'에 대한 여러분의 예비적 이해와 개념은 무엇인가요? 이 두 가지가 연구에서 어떤 역할을 하나요?

질문

(질문에 대한 답변)

답변

이제 연구 주제에 대해 어느 정도 기본적인 이해를 하셨습니다. 다음 질문은 연구에서 짧은 동영상에서 '프레이밍 특징'을 어떻게 정의하고 식별할 수 있을까요? 이러한 특징은 다음과 같은 결과를 이끌어내는 데 어떤 역할을 할까요?

청중의 감정적 반응과 인터랙티브한 행동을 유도하는 데 있어 중요한 것은 무엇인가요?

연구에서 '정서적 상호작용'은 어떤 역할을 하나요? 환경을 주제로 한 짧은 동영상의 보급과 수용에 어떤 영향을 미치고 이를 촉진하나요?

한 번에 한 가지 질문만 할 수 있으므로 한 가지 질문만 선택하여 답변을 시작할 수 있습니다.(이하 내용 생략)

또 다른 방법은 AI 도구에 프레임워크를 제공한 다음 그 프레임워크 내에서 질문하고 상호 작용하는 것입니다. 이 질문 전략은 좀 더 구조화되어 있습니다.

질문

저는 커뮤니케이션 이론을 연구하는 커뮤니케이션학 전공 박사 과정 2년차 학생입니다. 현재 학술 논문 작성을 준비하고 있는데 교수님의 지도가 필요합니다. 현재 제 주제는 "프레이밍 이론의 관점에서 본 환경 테마 단편 동영상의 정서적 상호작용 연구-혼합 연구 방법을 중심으로"이며, 연구 질문을 다듬는 중입니다. 질문과 답변 형식(한 번에 한 질문씩)을 통해 연구 질문에 대한 이해를 깊게 하고 최종적으로 연구 질문을 구체화할 수 있도록 학술 코치가 되어 주셨으면 좋겠습니다. 보다 집중적인 토론을 위해 OBTQP 프레임워크를 기반으로 토론을 진행하겠습니다. 시작하겠습니다! OBTQP 프레임워크에 대해 자세히 설명합니다. 생략

답변

우선, 연구 주제를 더 분석하고 이 연구의 기본 요소를 이해하기 위해 OBTQP 프레임워크를 적용해야 합니다. 연구 주제는 "프레이밍 이론의 관점에서 본 환경 보호 주제에 대한 단편 동영상의 정서적 상호작용 연구-혼합 연구 방법론에 기반한 연구"입니다. 이 주제에는 주제(동영상 사용자), 맥락, 배경이 주어져 있습니다.

(환경 주제에 대한 짧은 동영상에서의 정서적 상호작용), 목표(짧은 동영상에서의 정서적 상호작용의 메커니즘과 패턴을 이해하고 밝히는 것), 방법(프레임워크 이론과 혼합 연구 방법) 등 여러 가지가 있지만, 문제를 더 명확하게 정의할 필요가 있습니다.

이제 '피험자'부터 시작하겠습니다. 연구에서 '대상'이란 어떤 그룹의 사람들을 의미하나요? 모든 짧은 동영상 사용자인가요, 아니면 청소년, 대학생, 도시 화이트칼라 근로자 등 특정

그룹만 대상으로 하나요?

역할 코치 질문 모델의 결과는 불확실하며, AI 도구와 사용자가 결과를 함께 검토하기 위해 여러 차례에 걸쳐 논의한 결과입니다. 토론의 결과는 여기서는 구체적인 결과를 보여드리지 않으며, 이 질문 모델을 사용하여 테스트할 수 있습니다.

역할 코치 질문 모델의 더 큰 가치는 최종 결과보다 질문 과정에서의 후속 질문에 있습니다. 어떤 질문은 많은 준비와 심도 있는 사고가 필요하므로 몇 번 더 반복하고 더 많은 정보를 준비하여 더 깊은 이해와 결과를 얻을 수 있습니다.

연습7

아이디어를 선택하고 주제를 선택하여 연구 질문을 도출해 보세요.

5. 5단계: 연구 관점 사전 설정

논문의 핵심 진술로서 연구 가설의 중요성은 더 이상 설명할 필요가 없습니다. 주제 선정 단계에서 연구자는 예비 데이터를 바탕으로 의견을 판단하게 되는데, 이를 '연구 가설'이라고 합니다. 여기에는 정량적 연구에서 명시적으로 제시된 가설뿐만 아니라 다른 유형의 연구에서 의견으로 제시된 가설도 포함됩니다. 엄격한 논리적 추론과 데이터 검증을 거친 의견만이 진실하고 검증된 연구 의견으로 간주될 수 있습니다. 주제 선정 단계에서의 연구 관점은 가설의 형태이지만, 연구자는 가설의 중요성을 무시해서는 안 됩니다. 가설을 통해 문제를 탐구하는 것은 문제 해결의 중요한 방법이며, 이는 학술 연구에도 적용됩니다. 주제 선정 단계에서 연구 가설을 수립하는 과정을 여기서는 '연구 아이디어 전제'라고 합니다.

사전 구상된 연구 관점 세션에서는 연구 관점의 질과 연구 관점의 형태라는 두 가지 핵심을 다룹니다.

연구 아이디어의 질문과 관련하여 비합의 연구 관점 모델(그림 2-8 참조)이라는 모델이 여기에서 구체화되었습니다.

	False	True
합의	×	×
비합의	×	√

그림 2-8 **비합의 연구 관점 모델**

이 모델에 대한 간략한 분석은 다음과 같습니다. 비합의 연구 관점 모델은 매트릭스로 표시되며, 왼쪽과 오른쪽은 각각 잘못된 관점과 올바른 관점을 나타내고, 위쪽과 아래쪽은 각각 합의된 관점과 동의하지 않는 관점을 나타냅니다. 그 결과 합의된 올바른 관점, 합의된 잘못된 관점, 합의된 잘못된 관점, 합의되지 않은 잘못된 관점의 네 가지 관점이 나타납니다.

동의할 수 있는 견해, 동의할 수 있는 잘못된 견해, 동의할 수 없는 올바른 견해, 동의할 수 없는 잘못된 견해로 구분할 수 있습니다. 이 네 가지 중 만장일치로 합의된 잘못된 점과 일치하지 않는 잘못된 점을 포함한 잘못된 점은 잘못된 과학 연구는 실제로 사이비 과학이기 때문에 먼저 배제할 수 있습니다. 물론 실제 연구에서는 과학적 결론을 검증하는 데 어느 정도 시간이 걸립니다. 둘째, 만장일치로 올바른 견해, 즉 사실 '상식'이라고 알려진 견해를 배제할 수 있습니다. 상식은 연구에 필수적이지만, 과학 연구의 기본 요건은 혁신이기 때문에 복잡한 연구가 잘 알려진 결론으로 이어진다면 그 연구는 그 가치를 잃게 됩니다. 이 시점에서는 무엇이 옳은지에 대한 의견 불일치 유형만 남게 됩니다. 이러한 유형의 연구는 두 가지 차원으로 구성되는데, 첫째는 약간의 논란이 있다는 것이고, 둘째는 그 관점이 궁극적으로 옳은 것으로 입증된다는 것입니다. 비합의 연구 관점 모델은 실제로 연구 관점에 대한 가장 높은 요구 사항입니다. 일반 연구자가 세상을 바꿀 만한 연구 아이디어를 생각해내지는 못할지라도, 연구자는 자신의 연구 분야에서 실용적인 연구를 위한 지침으로서 비합의적 연구 관점을 탐구해야 합니다.

질문

저는 커뮤니케이션 이론을 연구하는 커뮤니케이션학 전공 박사 과정 2년차 학생입니다. 제 박사학위 논문 지도교수 역할을 맡아주실 것을 부탁드리고 싶습니다. 현재 제 주제는 "프레이밍 이론의 관점에서 본 환경 테마 단편영상의 정서적 상호작용 연구-혼합적 방법을 중심으로"인데, '비합의적 연구 관점'을 바탕으로 한 연구 아이디어를 제안해 주세요. '비합의적 연구 관점'에 대한 설명은 [ ]를 참고해 주세요. 네 개의 이미지 매트릭스 형태로 출력해 주세요. ['비합의 연구 관점'은 가로축의 오른쪽은 옳은 관점, 왼쪽은 틀린 관점, 세로축의 위쪽 절반은 동의한 관점, 아래쪽 절반은 동의하지 않은 관점을 나타내는 행렬로 표현합니다. 이렇게 하면 만장일치로 합의된 올바른 견해, 만장일치로 합의된 잘못된 견해, 만장일치로 합의된 올바른 견해 및 만장일치로 합의된 잘못된 견해의 네 가지 견해가 표시됩니다. 합의되지 않은 올바른 견해는 유일한 옵션입니다. '비합의적 연구 관점'은 기존 관점과 달리 옳다고 검증할 수 있는 관점입니다].

답변

도움이 되어 기쁘게 생각합니다. 연구 제목 "프레이밍 이론의 관점에서 본 환경 테마 단편 동영상의 정서적 상호작용 연구-혼합 연구 방법을 중심으로"에 대해서는 비합의적 연구 관점의 관점에서 검토해 보겠습니다.

다음 네 개의 행렬 표가 도움이 될 수 있습니다.

번호	의견	설명
1	정확히 일치	대부분 연구자들은 영상 내용이 관객의 감정에 영향을 준다고 봅니다. 특정 프레임을 사용한 영상이 특정 감정 반응을 유발할 수 있습니다.
2	대체로 일치	일부 연구는 관객이 수동적으로 프레임을 받아들이는 것이 아니라 주체적으로 해석하며, 자신의 경험과 가치관에 기반해 독창적인 감정 반응을 생성한다고 봅니다.
3	동의하지 않음	관객의 매체 차이가 감정 반응에 영향을 미치지 않으며, 모두 동일한 영상에서 동일한 감정 반응을 보인다는 가설도 존재합니다.

위의 표에서 여러분의 연구는 '의견 불일치에 대한 올바른 관점'에 초점을 맞출 수 있습니다. 따라서 연구에서는 시청자가 수동적인 수용자일 뿐만 아니라 환경을 주제로 한 짧은 동영상과 감정적으로 상호작용하는 방식을 능동적으로 형성한다는 아이디어를 탐구하고 검증해 볼

것을 제안합니다. 예를 들어, 시청자는 자신의 가치와 경험을 바탕으로 동영상 콘텐츠를 해석하여 개인화된 감정적 반응을 일으킬 수 있습니다. 이러한 관점은 시청자가 환경을 주제로 한 짧은 동영상과 상호 작용하는 방식을 이해하는 데 새로운 관점을 제공할 수 있습니다.

AI 도구는 비합의 연구 관점 모델 분석을 통해 선택한 주제에 따라 4가지 유형의 연구 관점을 열거하고 연구할 가치가 있다고 생각되는 비합의 관점을 추천하는데, 이는 여전히 상당히 고무적인 일입니다. AI 도구가 추천한 관점이 기대에 미치지 못한다고 생각되면 여러 번 다시 생성해 달라고 요청할 수 있습니다. 연구 아이디어의 정확도를 높이기 위해 연구자는 AI 도구에 학습 자료를 제공하면 AI 도구가 자료를 학습하고 분석하여 아이디어를 추천할 수 있습니다.

연구 관점의 형태와 관련하여 저자는 많은 사례 연구를 통해 몇 가지 경험을 요약했습니다. 우선, 미리 정해진 연구 관점과 연구 선택의 관계 측면에서 연구자는 비합의적 연구 관점의 요구 사항에 따라 연구 관점을 단락(예: 결론)에서 문장(예: 초록)으로 간소화하고, 연구 관점의 최종 압축을 위해 한두 단어로 더 구체화할 것을 권장합니다. 연구 관점은 연구 혁신의 가장 핵심적이고 집중적인 표현이므로, 연구 선정 표현에서는 정제된 연구 관점을 전면에 배치하여 연구의 혁신성을 강조하는 것이 좋습니다. 물론 이것이 유일한 길은 아니며 구체적인 주제 선정과 구조적 배열은 실제 상황에 따라 결정해야 합니다.

연구 아이디어의 내부 형식과 관련하여, 일반적으로 사용되는 5가지 연구 아이디어 발표 형식이 여기에 요약되어 있습니다.[1]

- **결론 스타일:** 주요 연구 결과를 연구 관점으로 추상화(예: "제도가 삶을 재구성하다: 소수 민족 지역의 친빈곤 이주민의 도시 공동체로의 통합에 대한 제도적 분석").

- **프로세스 스타일:** 시간 경과에 따른 연구 대상의 주요 특성 변화를 설명할 때 키워드를 사용합니다(예: "'내부'에서 '외부'로").

1. 루 아이궈 . 삶의 제도적 재구성 : 소수 민족 지역의 친 빈곤 이주민이 도시 공동체에 통합되는 것에 대한 제도적 분석 [J]. 후난 포럼, 2022(1): 32-41.

이론적으로 연구 아이디어를 표현하는 형식은 무한히 많을 것이며, 여기서는 일반적으로 사용되는 몇 가지 형식만 요약해 보았습니다. 실제로 구현할 때는 연구자가 자신의 구체적인 상황에 맞게 생각하고 작성해야 합니다.

질문

저는 커뮤니케이션 이론을 연구하는 커뮤니케이션학 전공 박사 과정 2년차 학생입니다. 제 박사 학위를 위한 지도 교수님 역할을 맡아주실 것을 부탁드리고 싶습니다. 저의 현재 주제는 "프레이밍 이론의 관점에서 본 환경 테마 단편 동영상의 정서적 상호작용 연구–혼합 연구 방법을 중심으로"이며, 제 관점은 "시청자는 환경 테마 단편 동영상을 수동적으로 수용하는 것이 아니라 능동적으로 자신의 정서적 상호작용을 형성합니다. 방식입니다. 예를 들어, 시청자는 자신의 가치관과 경험에 따라 동영상 콘텐츠를 해석하여 개인화된 감정적 반응을 일으킬 수 있습니다." 내가 선택한 주제와 관련 이론을 결합하여 위의 아이디어를 문구 형태로 추출하여 선택한 주제와 통합하고, 통합 형태는 [ ]의 내용을 참고하고, 기존 선택한 주제의 내용은 그대로 유지한 채 아이디어를 연구 대상 앞에 배치하여 작성해 주시기 바랍니다.

[관점의 표현 형태: 생략]

답변

이 연구의 요점은 "시청자는 수동적인 수용자일 뿐만 아니라 환경을 주제로 한 짧은 동영상과 감정적으로 상호 작용하는 방식을 능동적으로 형성한다는 점"입니다. 예를 들어, 시청자는 자신의 가치관과 경험을 바탕으로 동영상 콘텐츠를 해석하여 개인화된 감정적 반응을 일으킬 수 있습니다." 이 아이디어에는 여러 가지 중요한 의미가 있는데, 간략하게 설명해 보겠습니다.

시각화하여 연구 주제에 통합할 것입니다. 동시에 여러분이 주신 5가지 일반적인 형태의 아이디어 프레젠테이션을 기반으로 디자인을 할 것입니다.

– **결론 스타일:** '형성되고 형성되기: 환경을 주제로 한 짧은 동영상에서 시청자의 감정적 상호작용에 대한 주관성 – 프레임 이론적 관점에 기반한 혼합 연구 접근법'.

- **과정:** "수동적 수용에서 능동적 형성으로: 환경 테마 단편 동영상의 정서적 상호작용 연구 – 프레이밍 이론 관점에 기반한 혼합 연구 접근법".

- **수사학:** "셰이퍼의 메아리: 환경을 주제로 한 짧은 동영상에 대한 시청자의 정서적 상호작용 연구 – 프레이밍 이론 관점에 기반한 혼합 연구 접근법".
- **키워드 유형:** "능동적 형성과 정서적 상호작용: 환경 주제에 대한 단편 동영상 연구– 프레이밍 이론 관점에 기반한 혼합 연구 접근법".
- **클래식 스타일:** "환경을 주제로 한 짧은 동영상에 대한 시청자의 '디코딩과 인코딩' 과정 – 프레이밍 이론 관점에 기반한 혼합 연구 접근법".

이는 원래 아이디어를 바탕으로 주제를 수정한 것으로, 각 양식은 원래의 아이디어를 유지하면서 단순화하여 통합한 것입니다. 실제 필요에 따라 가장 적합한 것을 선택할 수 있습니다.

AI 도구는 주어진 규칙에 따라 선택 항목에서 연구 아이디어의 형태를 다듬고 처리하고 선택 항목에서 다른 요소의 위치도 조정했으며 일반적으로 정확하고 유익한 답변을 제공했습니다.

연습8

비합의 연구 관점 모델을 사용하여 현재 주제를 기반으로 '비합의 연구 관점'을 추출합니다.

요약

위의 내용은 "학술적" 기준에 따른 "상단 플러스 두 날개 논문 구조 차트"를 기준으로 한 것입니다. 논문 주제 선정 5단계 방법"은 ChatGPT 및 BingChat과 같은 AI 도구를 보조 도구로 사용하여 주제를 선정하는 과정입니다. 답변의 길이 때문에 여기에서는 가장 기본적인 Q&A 콘텐츠만 제공되며, 이를 바탕으로 여러 차례 질문을 진행하여 심도 있게 탐구할 수 있습니다. 그러나 실제로는 이전 기사에서 제안한 5 단계를 하나씩 따를 필요는 없으며 주제에 대한 자신의 이해, 관련 단계 및 방법을 사용할 수있는 유연성에 따라야합니다. AI 도구는 연구원이 학술 연구 도구를 수행하는 효율성과 좋은 도우미이며, 동시에 AI 도구를 사용할 때 연구자는 자신의 독립적이고 심층적인 사고, 인간의 사고와 AI 도구 만 효과적으로 결합하여 최상의 결과를 얻을 수 있도록 보장해야합니다. 인간의 사고와 AI 도구를 효과적으로 결합해야만 최상의 결과를 얻을 수 있습니다.

2.3 일반화 방법론: 대상 텍스트의 특성에 따라 적합한 질문 선택

이 섹션에서는 논리적 관점에서 적합한 질문을 찾기 위한 몇 가지 아이디어를 정리합니다.

구체적인 아이디어를 소개하기 전에 ChatGPT와 같은 AI 도구의 귀납적 분석의 기술적 논리를 살펴보겠습니다. ChatGPT와 같은 AI 도구를 사용할 때 사용자는 종종 제로 샘플 프롬프트, 단일 샘플 프롬프트를 사용합니다. 그리고 작은 샘플 단서의 기술 논리를 설명합니다. 많은 사람들이 이러한 기술 용어에 대해 잘 모를 수 있지만, 실제 사용에서는 이러한 기술 논리에 따라 AI 도구와 상호 작용합니다. 다음은 이러한 기술 논리의 의미와 구체적인 사례를 먼저 이해해야 이후 아이디어 선택을 이해할 수 있습니다.

제로 샷 프롬프트(Zero-shot prompt)

AI 도구에 질문자가 제시한 과제에 대한 답변 패러다임이 없는 경우, AI 도구는 이전에 학습한 지식을 사용하여 추론하여 과제를 완료합니다. 예를 들어 "중국의 수도는 무엇인가요?"라는 질문을 예로 들어 보겠습니다. AI 도구가 대답: 중국의 수도는 베이징입니다. 이 대화형 프로세스에서 질문자는 AI 도구에 '중국'이나 '수도'와 같은 주요 개념의 정의를 알려주지 않아도 AI 도구는 스스로의 이해와 추론에 따라 정답을 제시합니다. AI 도구는 매우 방대한 양의 학습 데이터를 보유하고 있기 때문에 샘플 힌트 없이도 일반적인 질문에 대한 정답을 추론할 수 있습니다. 그러나 특히 복잡한 문제의 경우 ChatGPT와 같은 AI 도구는 이에 비해 성능이 떨어집니다.

원샷 프롬프트(One-shot prompt)

질문자가 AI 도구에 작업을 제시할 때 기계가 추론 판단을 내리는 데 도움이 되는 예시도 함께 제공합니다. 예를 들어 "미국의 수도는 워싱턴 D.C.이고 중국의 수도는 어디인가요?"라는 질문이 있습니다. AI 도구는 중국의 수도는 베이징이라고 대답합니다. 이 대화형 프로세스에서 질문자는 AI 도구에 '중국'과 '수도'와 같은 주요 개념의 정의를 알려주지 않았지만, AI 도구는 제시된 샘플에 대한 이해와 기존 지식 기반에서 추론한 내용을 바탕으로 정답을 제시했습니다. 하나의 샘플을 제공하는 것은 AI 도구에 모방할 대상을 제공하는 것과 같으므로 질문자의 목표에 부합하는 답변을 제공하는 데 더 도움이 됩니다.

작은 샘플 프롬프트(Few-shot prompt)

질문자가 AI 도구에 과제를 제시할 때 기계가 추론 판단을 내릴 수 있도록 몇 가지 예시를 제공하는 방식입니다. 예를 들어, 미국의 수도는 워싱턴, 일본의 수도는 도쿄, 한국의 수도는 서울, 중국의 수도는 어디인가요? AI 도구는 중국의 수도는 베이징이라고 대답합니다. 이 대화형 프로세스에서 질문자는 AI 도구에 '중국'과 '수도'와 같은 핵심 개념을 말하지 않았지만, AI 도구는 제시된 샘플에 대한 이해와 기존 지식 베이스의 추론을 바탕으로 정답을 제시했습니다. 이러한 추론은 앞의 두 가지 접근 방식보다 더 신뢰할 수 있고 정확한 답변을 제공합니다. 작은 샘플 힌트 기법은 특히 복잡한 추론 작업을 처리하는 데는 아직 완벽하지 않지만, 대부분의 문제를 해결하는 데는 이미 매우 효과적입니다.

샘플 프롬프트를 통해 답을 찾는 연습은 귀납적 논리를 사용하는 것입니다. 다음은 논문 선택 과정의 맥락에서 이러한 유형의 기술 논리를 사용하기 위한 구체적인 아이디어를 살펴봅니다.

1. 제로 샘플 프롬프트 선택

이 질문 선택에 대한 아이디어는 이 장의 첫 번째 섹션에서 제시한 전체 프레임 질문의 아이디어와 동일합니다. 질문 선택에 대한 추론의 복잡성이 너무 높아서 제로 샘플 프롬프트 기법으로는 유효한 답변을 얻기가 어려운 경우가 많기 때문입니다. 따라서 이 사고 방식은 여기서 논의하지 않으며 권장하지 않습니다.

2. 단일 샘플 프롬프트 선택(원샷 프롬프트)

이 아이디어는 ChatGPT와 같은 AI 도구가 자체적으로 이해하여 추론할 수 있도록 모방 예제를 제공하는 것입니다.

(1) 아이디어 1

단일 선택 항목에 기반한 프롬프트

AI 도구에 모방 선택을 제공하고 AI 도구가 이해한 내용을 결합하여 질문자의 선택에 대해 추론하도록 합니다.[2]

아래에서 선택한 예시 주제는 "디지털 시대의 재현성, 창의성 및 정서 구조 – 짧은 비디오 쇼케이스의 '뉴로이미징' 분석" 입니다.

질문

저는 커뮤니케이션 이론을 연구하는 커뮤니케이션학 전공 박사 과정 2년차 학생입니다. 제 박사 학위 지도교수 역할을 맡아주세요. 현재 학술 논문 작성을 준비 중이며, 짧은 동영상 관련 연구에 관심이 있어 지도 교수님의 도움이 필요합니다. "디지털 시대의 반복, 창의성, 감정 구조 – 단편 영상 전시에 대한 '뉴로이미징' 분석"이라는 주제를 바탕으로 다음과 같이 구성되는 비슷한 주제를 제안해 주세요. "(연구 관점) : (연구 이론) (연구 대상)의 (연구 관점)에 대한 관점–기반 (연구 방법 설명 생략)."

답변

학술 논문 주제 선택에 대한 조언을 드릴 수 있게 되어 매우 기쁩니다. 귀하의 설명과 연구 방향에 따라 주제 선택에 대한 몇 가지 가능한 제안을 알려드립니다.

1. **"디지털 기술의 역량 강화와 커뮤니케이션 영향:** 텍스트 마이닝과 소셜 네트워크 분석에 기반한 컴퓨터 커뮤니케이션 관점에서 본 짧은 동영상의 사회적 구성과 커뮤니케이션 영향에 대한 연구". 이 주제는 특히 디지털 기술 사용 환경에서 짧은 동영상의 사회적 구성과 커뮤니케이션 영향력에 초점을 맞추고 있습니다.
2. **"짧은 동영상의 참여 문화:** 커뮤니케이션 이론의 관점에서 본 짧은 동영상 제작자의

2. 쩡, 구오화. 디지털 시대의 반복, 창의성 및 정서적 구조: 짧은 비디오 공연의 신경 영상 분석 [J]. 저널리즘과 커뮤니케이션 연구, 2020, 27(05):41-59+126-127.

커뮤니티 상호작용과 커뮤니케이션 효과 연구 - 혼합 방법 연구를 기반으로". 이 주제는 짧은 동영상 제작자가 커뮤니티 상호작용을 통해 영향력을 창출하는 방법에 초점을 맞춥니다.

3. **"알고리즘과 인적 요소 간의 상호작용:** 인간-컴퓨터 상호작용 이론의 관점에서 본 짧은 동영상 추천 알고리즘의 인간 감정 피드백 연구 - 사용자 행동 데이터 분석에 기반". 이 논문은 짧은 동영상 플랫폼에서 알고리즘이 사람들의 행동과 사람들의 감정적 피드백에 어떤 영향을 미치는지 탐구합니다.
4. **"가상현실의 커뮤니케이션 파워:** 뉴미디어 이론의 관점에서 본 짧은 동영상 속 가상현실 기술의 커뮤니케이션 효과에 대한 연구 - 실험 연구를 기반으로". 이 주제는 짧은 동영상에서 가상현실 기술의 적용과 그 커뮤니케이션 효과에 대해 집중적으로 다룹니다.
5. **"사회적 정체성과 문화적 상징:** 문화 연구의 관점에서 본 단편 동영상 속 사회적 정체성과 문화적 상징 연구 - 기호학적 분석에 기반한 연구". 이번 선정 주제는 문화 연구의 관점에서 단편 동영상 속 사회적 정체성과 문화적 상징에 대해 연구합니다.

이 모든 선택은 기본 연구 방향을 유지하면서 커뮤니케이션 이론과 단편 동영상에 대한 연구를 다양한 방식으로 확장하고 심화합니다. 관심 분야와 연구 능력에 따라 가장 적합한 선택을 선택할 수 있습니다. 선택과목에 대해 더 깊이 있는 질문이 있거나 추가 안내가 필요한 경우 언제든지 문의해 주세요.

보시다시피, AI 도구가 제공하는 답변은 여전히 매우 유익하고 영감을 줍니다. 질문자가 아이디어 중 하나에 관심이 있는 경우 계속해서 질문을 하고 AI 도구와 심도 있게 상호작용할 수 있습니다.

(2) 아이디어 2

단일 문헌 기반 프롬프트

ChatGPT와 같은 AI 도구에 참고 문헌을 제공하고 해당 문헌에 대한 이해를 결합하여 질문자가 고려해야 할 주제에 대해 추론하도록 합니다.

연구자는 BingChat, ChatGPT 4 PDF 플러그인, ChatDOC 및 기타 웹사이트를 선택하여 완료할 수 있습니다. 다음은 '아이디어 1'에 사용된 샘플 문서로, 데모를 위해 BingChat을 사용했습니다.

질문

저는 커뮤니케이션 이론을 연구하는 커뮤니케이션학 전공 박사 과정 2년차 학생입니다. 제 박사 학위 지도교수 역할을 해주실 수 있을까요? 현재 학술 논문 작성을 준비 중이며 짧은 동영상 관련 연구에 더 관심이 많아 지도 교수님의 도움이 필요합니다. '(연구 관점): (연구 이론)의 관점에서 (연구 대상)에 대한 (연구 각도) 연구 – (연구 방법론)에 기반'으로 구성된 3개의 참고 주제 선택지를 제공하는 이 글을 참조해 주세요.

답변

안녕하세요, 저는 박사과정 지도교수입니다. 매우 유망한 분야인 쇼트 비디오 관련 연구에 관심을 가져주셔서 기쁩니다. 귀하의 전문 분야와 연구 방향에 따라 다음 3가지 참고 자료를 제공해 드립니다.

관심사와 능력에 맞게 선택하고 수정할 수 있습니다.

- **연구 관점:** 중요
- **연구 이론:** 문화 산업 이론 연구 대상: 쇼트 비디오 플랫폼
- **연구 관점:** 문화 생산과 소비의 관계 연구 방법: 텍스트 분석 및 심층 인터뷰
- **선정 주제 예시:** "비판적: 문화 산업 이론의 관점에서 본 단편 동영상 플랫폼에서의 문화 생산과 소비의 관계 연구 – 텍스트 분석과 심층 인터뷰에 기반"

- **연구 관점:** 건설적
- **연구 이론:** 사회 구성주의 연구 대상: 쇼트 비디오 사용자
- **연구 관점:** 사용자 정체성 구축 과정 연구 방법: 웹 민족지학 및 설문조사
- **선정 주제 예시:** "구성성: 사회 구성주의 관점에서 본 짧은 동영상 사용자의 정체성 구성 과정에 대한 연구 – 온라인 민족지학 및 설문조사 기반"

- **연구 관점:** 상호 작용
- **연구 이론:** 양방향 대칭 커뮤니케이션 모델 연구 대상: 쇼트 비디오 콘텐츠 제작자
- **연구 관점:** 콘텐츠 제작자와 오디언스 간의 커뮤니케이션 전략 및 효과 연구 방법: 콘텐츠 분석 및 실험 방법

– **선정 주제 예시:** “상호작용성: 양방향 대칭 커뮤니케이션 모델의 관점에서 본 단편 동영상 콘텐츠 제작자와 시청자 간의 커뮤니케이션 전략 및 효과 연구 – 콘텐츠 분석 및 실험 방법을 기반으로”

이 목록이 도움이 되었기를 바라며, 궁금한 점이나 아이디어가 있으면 언제든지 저에게 연락해 주세요. 학업에 행운을 빕니다!

3. 작은 샘플 프롬프트 선택

AI 도구에 몇 가지 모방 예제를 제공하여 AI가 이해하여 만족스러운 사례를 추론할 수 있도록 하는 것입니다.

아이디어 1: ChatGPT와 같은 AI 도구에 토픽의 일부 제목을 제공하고, 해당 토픽에 맞게 특성화하여 연구자를 위해 선택 항목을 추론하도록 합니다.

질문

저는 커뮤니케이션 이론을 연구하는 커뮤니케이션학 전공 박사 과정 2년차 학생입니다. 제 박사 학위 지도교수 역할을 맡아주세요. 현재 학술 논문 작성을 준비하고 있는데 지도교수님의 도움이 필요합니다. 몇 가지 샘플 주제를 제공하겠습니다. 샘플 주제의 특징을 분석하고 샘플 주제를 참고하여 제가 고려할 만한 주제 3가지를 추천해 주세요. (샘플 주제 ### ### 생략)

답변

우선, 이 주제는 주로 커뮤니케이션 매체로서의 쇼트 비디오에 초점을 맞추어 현대 사회에서 쇼트 비디오의 다양한 기능과 영향력을 다양한 관점과 수준에서 조명합니다. 구체적으로 다음 세 가지 차원으로 분류할 수 있습니다.

적용 시나리오 및 대상 조사: 이 카테고리에서는 시골, 노인, 청소년 그룹, 농촌 문화, 무형 문화유산 등과 같은 특정 그룹, 지역 또는 문화에서 단편 동영상의 적용과 영향력에 중점을 둡니다. 짧은 동영상의 제작 및 보급 전략: 이 부분에서는 주로 짧은 동영상의 제작 및 보급 과정에 중점을 둡니다.

작곡 전략, 인코딩 전략, 음악 배포 및 저작권 보호 등의 문제를 연구하고 있습니다. 사회적 영향 및 가치 전환: 이 유형의 선정은 주로 미디어 영향력, 이미지 형성, 문화 계승 등 사회적 차원에서 단편 동영상이 전반적인 문화와 이념에 미치는 영향을 조사합니다.

위의 분석을 바탕으로 다음 3가지 연구 옵션을 추천합니다.

1. **"환경 보호 선전에서 짧은 동영상의 적용 및 효과에 관한 연구"**: 이 주제에서는 다음과 같은 방법을 연구할 수 있습니다.
2. **"글로벌 관점에서 본 단편 동영상 인기 트렌드 비교 연구"**: 다양한 국가와 지역의 단편 동영상의 발전 및 인기 트렌드와 문화적 차이, 정책적 영향 및 기타 요인을 비교 분석합니다.
3. **"쇼츠 동영상 추천 시스템에서의 AI 기술 적용 및 영향에 관한 연구"**: 기술적 관점에서 AI에 대한 연구

   알고리즘이 쇼츠 동영상의 배포에 미치는 영향과 이것이 사용자 행동, 사회 문화적 측면 등에 미치는 영향에 대해 설명합니다.

이 3가지 신규 주제는 특정 시나리오에서의 쇼츠 동영상 적용(환경 보호 홍보), 글로벌 쇼트 비디오 트렌드 비교 연구, 기술이 쇼트 비디오에 미치는 영향에 대한 연구로 모두 연구 가치와 범위가 큰 주제입니다.

아이디어 2: ChatGPT와 같은 AI 도구에 엄선된 저널을 제공하고, 연구자가 참고할 수 있도록 선택에 대해 추론하게 하세요.

아이디어 3: ChatGPT와 같은 AI 도구에 특정 저자의 일부 제목을 제공하고, 해당 저자의 특징과 스타일에 따라 연구자가 고려해야 할 선택 사항을 추론하도록 요청하세요.

구현 과정의 아이디어 2와 아이디어 3은 아이디어 1과 크게 다르지 않으므로 여기서는 구체적인 예시를 보여드리지 않겠습니다.

4. 데이터베이스 기반 프롬프트 선택

이 아이디어도 사실 작은 샘플 프롬프트의 범주에 속하며 제공되는 콘텐츠의 양만 조금 더 많습니다. 일부 연구 분야나 연구 주제에서는 연구자가 자체 데이터베이스나 문헌 라이브러리를 보유하고 있어 예전에는 간단한 검색 규칙에 따라 문헌을 찾아 분석할 수 있었지만, 지금은 ChatGPT와 같은 AI 도구의 도움으로 지능형 검색 및 분석을 수행할 수 있지만, ChatGPT와 같은 도구에는 일정량의 텍스트 제한이 있기 때문에 대량의 정보를 직접 지능형 분석을 수행할 수 없습니다. 분석할 데이터의 양이 비교적 많은 경우

연구자는 다음 두 가지 옵션을 고려할 수 있습니다. 하나는 타사 웹사이트의 기능을 사용하여 대량의 데이터 분석을 달성하는 것이고, 다른 하나는 자체 로컬 프로그램을 배포하여 대량의 데이터 분석을 달성하는 것입니다. 이 두 가지 옵션에는 일반적으로 수수료와 일정 수준의 기술적 기반이 필요합니다.

이 중 제3자의 도움을 받아 솔루션을 실행하는 것은 비교적 간단합니다. 사용자는 해당 플랫폼에 비용을 지불한 후 자신의 정보를 업로드하여 독점 데이터베이스를 생성할 수 있으며, 이 데이터베이스는 ChatGPT와 같은 AI 도구의 기능을 통해 자동으로 분석될 수 있습니다. 그림 2-9에 그 예가 나와 있습니다.

기본 애플리케이션 배포는 ChatGLM-6B와 같은 오픈 소스 프로그램의 도움을 받아 수행할 수 있습니다. ChatGLM-6B는 칭화대학교의 지식 공학 및 데이터 마이닝 그룹에서 출시한 ChatGPT와 유사한 오픈 소스 대화 봇으로, 대부분 중국어로 되어 있으며 중국 데이터베이스를 처리하는 프로그램을 구축하는 데 더 적합합니다. 로컬 프로그램을 배포하려면 엄격한 하드웨어 요구 사항이 있으며 사용자에게 강력한 기술 구현 기술이 필요합니다.

젊은 세대 청년들의 누워있기 현상에 대한 영향과 요인에 대한 연구에 대한 학문적 논의를 위한 참고 논문의 주제를 선정해줘
지금 번역하기

젊은 세대 청년들의 '누워있기'(탕핑) 현상에 대한 학문적 논의를 위한 참고 논문의 주제로 다음과 같은 주제를 추천드립니다:

---

1. **"누워있기 현상의 사회적 기원: 청년 세대의 새로운 저항 문화 분석"**
   - 이 논문은 청년 세대가 '누워있기'를 선택하게 된 사회적, 경제적, 문화적 요인을 분석하고, 이를 현대 사회의 저항 문화로 해석하는 연구를 수행합니다.
2. **"세대 변화와 청년의 노동 가치관: 누워있기 현상의 구조적 원인 분석"**
   - 노동과 삶의 균형을 중시하는 청년 세대의 가치관 변화와 이를 초래한 구조적 원인을 탐구합니다.
3. **"청년 세대의 누워있기 현상이 미디어와 대중문화에 미친 영향"**
   - '누워있기' 현상이 대중매체 및 온라인 커뮤니티에서 재현되는 방식을 분석하며, 청년 문화와의 상호작용을 연구합니다.
4. **"사회적 불평등과 누워있기 현상: 청년 세대의 선택인가, 강요된 현실인가?"**
   - 청년들이 '누워있기'를 선택하게 된 배경에 사회적 불평등이 미치는 영향을 논의합니다.
5. **"정신건강과 '누워있기' 문화: 청년 세대의 심리적 회피와 적응의 이중성"**
   - 정신건강 관점에서 '누워있기'가 청년 세대에게 미치는 긍정적, 부정적 영향을 평가합니다.
6. **"글로벌 경제 변화와 청년의 삶의 전략: 누워있기 현상의 국제적 비교 연구"**
   - 국가별로 '누워있기' 현상을 비교하며, 각국의 사회적, 경제적 요인이 이 현상에 미친 영향을 연구합니다.
7. **"교육 제도와 청년의 경제적 기대감: 누워있기 현상의 연관성 탐구"**
   - 교육 제도와 노동 시장의 불일치가 청년 세대의 '누워있기' 현상에 미치는 영향을 분석합니다.

이 주제들은 사회학, 심리학, 경제학 등 다양한 관점에서 접근할 수 있도록 설계되었습니다. 구체적인 연구 방향이나 필요에 따라 조정할 수 있으니, 추가 요청이 있으면 말씀해주세요!

그림 2-9. 플랫폼에서 데이터 기반 선택 예시

2.4 선택한 주제에 대한 평가

앞선 과정을 통해 상당히 만족스러운 선택을 추론할 수 있지만, 이 선택의 품질을 어떻게 측정할 수 있을까요? 여기에 몇 가지 평가 방법이 나와 있습니다.

첫 번째 접근 방식에서는 선택 내용이 ChatGPT와 같은 AI 도구에 제공되고, 이 도구가 선택 내용을 평가 및 분석합니다.

질문

저는 커뮤니케이션학을 전공하고 커뮤니케이션 이론을 연구하는 박사과정 2년차 학생입니다. 제가 선택한 주제는 "프레이밍 이론의 관점에서 본 환경 보호 주제에 대한 쇼츠 동영상의 정서적 상호작용 연구–혼합 연구 방법을 중심으로"입니다. 저널의 편집장 역할을 맡아 주시고 혁신성, 완성도, 단순성, 가치, 과학성의 다섯 가지 차원에서 주제를 분석하고 주제의 장단점을 종합적으로 분석 한 후 최종적으로 제안 점수, 수정 제안 및 수정 된 주제를 제시해 주셨으면합니다, 단점, 그리고 마지막으로 제안된 점수, 수정 제안 및 수정된 선택 항목을 제공합니다.

답변

- **혁신적:** 선택한 주제는 소셜 미디어의 새로운 형태인 짧은 동영상과 환경 커뮤니케이션에서의 역할에 초점을 맞추고 있습니다. 이 분야는 비교적 새롭고 빠르게 진화하는 연구 분야로 연구할 여지가 많습니다. 더 중요한 것은 '프레이밍 이론 관점에서 본 정서적 상호작용'을 연구의 초점으로 선택했다는 점인데, 이는 짧은 동영상에서 환경 메시지가 어떻게 이해되고 인식되는지, 그리고 그러한 이해와 인식이 대중의 행동을 어떻게 유도하는지를 이해하고 설명하는 데 도움이 될 것입니다. 이 모든 것이 여러분의 연구가 매우 혁신적이라는 것을 보여줍니다.
- **무결성:** 선택한 주제에서 볼 수 있듯이 명확한 연구 대상(환경 주제에 대한 쇼츠 동영상)을 식별함으로써 연구 설계에 어느 정도 무결성이 있음을 나타내지만, 완전하고 일관성 있는 연구를 위해 연구의 구체적인 프로세스와 단계를 더욱 세분화해야 할 수도 있습니다.
- **단순성:** 주제를 선택하면 조사하고자 하는 주제와 방법론이 어느 정도 명확하게 제시되지만, 연구의 명확성과 단순성을 유지하고 지나치게 복잡하지 않도록 주의해야 할 수도 있습니다.

– **가치성:** 선택한 주제는 매우 중요한 사회적 이슈인 환경 커뮤니케이션에 초점을 맞추고 있습니다. 짧은 동영상에서 환경 주제와 감정적 상호작용을 조사함으로써 환경 주제에 대한 커뮤니케이션 전략에 큰 영향을 미칠 수 있으며, 나아가 사회적 가치가 높은 환경 문제에 대한 대중의 인식과 행동을 촉진할 수 있습니다.

– **과학적:** 과학적이고 타당한 연구 방법인 '혼합 연구 방법'을 연구에 사용한다고 언급하셨습니다. 그러나 이 연구 방법론을 구체적으로 어떻게 적용할 것인지에 대한 세부 정보를 제공해야 하며, 연구 가설, 데이터 수집 및 분석 방법을 명확하게 설명하여 연구가 과학적으로 타당한지 확인해야 합니다.

- **장점:** 연구 주제가 참신하고 혁신적이며, 사회적 가치가 높고, 연구 이론과 연구 방법론이 명확합니다.
- **단점:** 연구의 구체적인 과정과 단계에 대한 추가 설명과 구체화가 필요할 수 있으며, 혼합 연구 방법이 어떻게 적용될 것인지에 대한 구체적인 설명이 필요합니다.
- **권장 점수:** 100점 만점에 85점. 수정 제안: 질적 및 양적 연구 설계, 데이터 수집 및 분석 방법 등을 포함하여 혼합 연구 방법을 논문에 자세히 설명하세요.

쇼츠 동영상 샘플을 수집하고 선택하는 방법, 감정적 상호작용을 분석하는 방법 등 연구 과정과 단계를 정의합니다. 프레임 이론과 정서적 상호작용에 대한 이론적 배경을 논문에 도입하여 연구의 이론적 토대를 강화하는 것도 고려해 보세요.

주제 선택이 수정되었습니다:

1. 첫 번째 주제는 "프레이밍 이론의 관점에서 본 짧은 동영상의 환경 정보 확산과 정서적 상호작용: 정량적 및 정성적 연구 방법의 혼합에 기반한 실증적 연구"입니다. 이 주제는 양적 및 질적 연구 방법의 혼합을 보다 명확하게 제시하고 경험적 연구의 중요성을 강조함으로써 기존 주제에 기반을 두고 있습니다. 동시에 이 선택은 연구에서 프레임 이론과 정서적 상호작용의 위치를 명확히 합니다.
2. 두 번째 주제는 '혼합 연구 방법을 사용하여 쇼츠 동영상에서 환경 메시지 프레임과 시청자의 감정적 반응 사이의 관계를 조사하기'입니다. 쇼츠 동영상에서 환경 메시지의 프레이밍과 시청자의 감정적 반응 사이의 관계를 살펴본다는 사실에 더욱 중점을 두어 보다 타겟팅되고 관련성 있는 연구를 진행했습니다.
3. 세 번째 주제는 "환경 보호 주제에 대한 짧은 동영상의 감정적 상호작용 분석: 프레이밍 이론에 따른 혼합 연구 접근법"입니다. 이 선택은 연구 방법론과 이론적 틀을 강조하는

동시에 연구 대상의 정서적 상호작용(환경 주제에 대한 짧은 동영상)을 전면에 배치하여 연구에 더욱 집중할 수 있도록 합니다.

AI 도구가 제공하는 점수는 실질적인 가치가 없을 수 있으며 도구마다 다르지만, 연구자에게는 주제 선택에 대한 분석이 가치가 있습니다. 두 번째 접근 방식에서는 ChatGPT와 같은 AI 도구가 먼저 대상 저널의 스타일을 학습한 다음, 대상 저널의 특성에 따라 선택 항목을 평가하고 분석하도록 허용합니다.

이 방법은 첫 번째 방법과 비교하여 평가 결과의 정확도를 향상시키는 "피딩" 부분이 추가되었으며, 실행 방식은 첫 번째 방법과 유사하므로 여기서는 설명하지 않겠습니다.

세 번째 방법은 칭나이 학술 선정 클리닉의 도움을 받아 평가하는 것입니다. 칭나이 아카데믹은 실제 학술지 데이터를 기반으로 평가하며, 보다 타겟팅된 평가를 제공하지만 현재는 인문사회과학 분야에만 적용됩니다.

03

제3장

생성형 AI를 활용한 서론 구성 및 작성

서론은 학술 논문의 시작 부분으로, 독자가 논문을 읽고 이해할 수 있도록 안내하며, 글의 개요를 제시합니다. 서론은 다른 논문에서 "서론(서문)", "소개", "문제 정의" 등으로 불리기도 합니다. 서론은 논문에서 매우 중요한 역할을 합니다:

1. 논문의 핵심 요소 소개

- 서론은 연구 대상, 연구 문제, 연구 설계 등 논문의 핵심 요소를 설명하여 독자가 논문의 주요 아이디어를 빠르게 파악할 수 있도록 돕습니다.

2. 연구의 정당성 보증

- 서론은 연구의 배경, 연구 대상, 연구 가치, 연구 아이디어 등을 요약하여 해당 연구의 필요성과 중요성을 설명합니다. 이를 통해 논문 작성의 정당성을 보증하는 역할을 합니다.

서론은 연구 분야에 대한 저자의 이해와 전문성을 반영하며, 독자가 논문을 처음 접할 때 가장 먼저 읽게 되는 부분입니다. 서론이 논문의 주제를 명확하고 간결하며 매력적으로 설명할 경우, 독자는 논문에 대한 흥미를 느끼고 끝까지 읽을 가능성이 높아집니다. 또한, 편집자는 서론을 통해 논문의 품질과 내용이 학술지 게재 기준을 충족하는지 판단하며, 논문 채택 여부를 결정하기도 합니다.

서론은 연구의 배경, 연결 문구, 연구의 대상, 연구의 가치와 중요성, 연구의 설계 등 다섯 부분으로 구성됩니다. 다음의 그림 3-1과 같이 역 피라미드 모양입니다.

이전의 2장에서의 연구 주제인 '프레이밍 이론의 관점에서 본 환경 테마 쇼츠 동영상의 정서적 상호작용 연구-혼합 연구 방법론에 기반한 연구'의 과정을 통해 다음 주제를 얻었다고 가정합니다. 다음에서는 AI 도구의 도움을 받아 이 주제를 작성하기 위한 서론을 작성하기 위해 다양한 방법를 시도합니다.

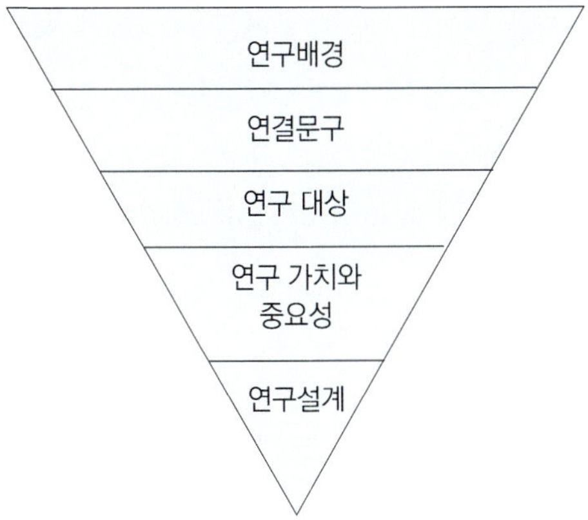

그림 3-1 서론의 역피라미드 구조

3.1 전반적인 프레임워크 질문

서론의 역피라미드 구조를 활용해 질문의 전체적인 틀을 갖춘 형태로 AI 도구에 질문하면, AI 도구는 한 번에 온전한 답변을 제공할 수 있습니다. 이때, AI 도구가 제공하는 답변의 정확성과 과학성을 보장하기 위해 질문의 구조가 완전하고 논리적이며 과학적이어야 한다는 점에 유의해야 합니다. 특히, 서론 작성 과정에는 참고 문헌 수집과 주석 달기가 포함되므로, 질문 시 이와 관련된 구체적인 요구 사항을 명확히 전달하는 것이 중요합니다.

참고 문헌의 진위 여부를 확인하기 위해 연구자는 BingChat과 ChatGPT 4를 활용하는 것이 좋습니다.

- BingChat은 Microsoft Bing Scholar의 문헌 데이터베이스를 기반으로 하기 때문에 제공되는 영어 참고 문헌은 신뢰할 수 있는 진본일 가능성이 높습니다.
- ChatGPT 3.5는 해당 논문 문헌 데이터베이스에 접근할 수 없으므로, 질문에 답할 때 조작된 문헌을 생성하는 경우가 종종 있습니다.
- ChatGPT 4는 Scholar AI 플러그인을 설치한 후 Springer Nature의 논문 문헌 데이터베이스와 연결되므로, 제공하는 논문 문헌의 신뢰도가 높습니다.

그럼에도 불구하고, 연구자는 AI 도구가 제공하는 문헌을 그대로 채택하기 전에 반드시 문헌의 진위 여부를 검증해야 합니다. 또한, 원문을 읽고 인용된 자료의 문맥적 의미를 충분히 파악하는 것이 중요합니다. AI 도구는 참고 문헌 검토에 도움을 줄 수 있지만, 최종적인 판단과 확인은 연구자의 몫임을 잊지 말아야 합니다.

질문

안녕하세요, 저는 커뮤니케이션 연구를 전공하는 박사 과정 2년차 학생입니다. 곧 제 박사 학위 지도교수 역할을 맡아 주실 예정입니다. 현재 학술 논문을 준비 중인데, 주제에 맞는 서론 작성을 위해 교수님의 도움이 필요합니다. 제 논문의 주제는 "프레이밍 이론의 관점에서 본 환경 테마 쇼츠 동영상의 정서적 상호작용 연구 – 혼합 연구 방법에 기반"입니다. 이 주제에 맞게 서론을 작성하려고 합니다. 요구사항은 다음과 같습니다:

- **서론의 구성:** 연구 배경, 연결 문구, 연구 대상, 연구 가치 및 중요성, 연구 설계의 다섯 가지로 구성된 '역피라미드 구조'를 사용해야 합니다.
- **관련 문헌:** 서론 작성에 필요한 문헌을 검색한 후, '출판물 – 출판 연도' 형식으로 참고문헌을 표시하고, 논문 말미에 기재해 주세요.

교수님의 지침과 조언을 통해 논문의 서론을 명확하고 체계적으로 작성할 수 있도록 도움을 주시면 감사하겠습니다.

답변

소셜 미디어와 쇼츠 동영상 플랫폼의 부상으로, 쇼츠 동영상은 사람들이 정보를 얻고 공유하는 중요한 방식 중 하나가 되었습니다. 특히 환경 보호를 주제로 한 짧은 동영상은 생생하고 직관적인 특징 덕분에 대중의 관심과 정서적 공감을 효과적으로 이끌어낼 수 있습니다(Zhou et al., 2023). 그러나 환경 보호 행동의 변화를 촉진하기 위해 시청자의 정서적 반응을 효과적으로 유도하고 자극하는 방법은 여전히 해결해야 할 과제로 남아 있습니다.

커뮤니케이션 분야에서 프레이밍 이론은 미디어가 정보를 제시하는 특정 방식이 대중의 인식과 감정에 미치는 영향을 설명하는 데 널리 사용되어 왔습니다(Pickin, 2011). 그러나 기존 연구는 대부분 텍스트와 이미지에 초점을 맞춰 진행되었으며, 보다 역동적이고 복잡한 형태의 미디어인 단편 동영상(쇼츠)에 대한 연구는 상대적으로 부족한 실정입니다.

따라서 본 연구는 환경을 주제로 한 쇼츠 동영상에 프레이밍 이론을 적용하여 정서적 상호작용에 특히 초점을 맞춰 살펴보는 것을 목표로 합니다. 정성적 및 정량적 분석 도구를 결합한 혼합 연구 방법론을 통해, 쇼츠의 프레이밍 구성이 시청자의 정서적 반응에 미치는 영향과 이러한 정서적 반응이 환경 행동에 참여하려는 의지에 어떻게 영향을 미치는지를 탐구할 것입니다(Tahghighi et al., 2020).

이 연구의 가치와 의의는 주로 두 가지 측면에서 반영됩니다.

1. 이론적 기여

- 뉴미디어 환경, 특히 점점 더 중요한 정보 전달 방식으로 자리 잡은 쇼츠에 프레이밍 이론을 적용함으로써, 새로운 이론적 관점과 분석 도구를 제공합니다.

2. 실질적 기여

- 환경 단체와 정책 입안자들이 쇼츠를 통해 대중의 정서적 반응을 효과적으로 유도하고 자극하는 방법을 이해하도록 돕습니다.

이를 통해 환경 메시지를 더욱 효과적으로 설계하고 전파하여 사회 전반의 환경 행동 변화를 촉진할 수 있습니다(Quiroz et al., 2018).

연구 설계 측면에서는 다음과 같은 절차를 따릅니다:

1. 콘텐츠 분석

- 콘텐츠 분석 방법을 활용해 환경을 주제로 한 쇼츠의 프레임 구성을 정성적으로 분석합니다.

2. 정량적 설문조사

- 쇼츠를 시청한 사람들이 느낀 정서적 반응과 환경 행동 의지를 측정하기 위해 설문조사를 설계하고 실행합니다.

3. 정성적 및 정량적 통합 분석

- 정성적 분석과 정량적 분석의 결과를 결합하여, 쇼츠의 프레임 구성과 시청자의 정서적 반응 간의 관계, 그리고 이러한 관계가 환경 행동 참여 의지에 미치는 영향을 탐구합니다.

참고 문헌

1. Zhou, K., Sisman, B., Busso, C., & Lee, H. (2023). 감정적 음성 변환을

위한 혼합 감정 모델링. arXiv Preprint arXiv:2210.13756v3.

2. Pickin, A. (2011). 안면 비대칭과 감정 표현. arXiv Preprint arXiv:1111.4676v1.

3. Tahghighi, P., Kuchari, A., & Jalali, M. (2020). 인체 감정 인식을 위한 변형 가능한 컨볼루션 LSTM. arXiv Preprint arXiv:2010.14607v1.

4. Quiroz, J. C., Geangu, E., & Yong, M. H. (2019). 스마트 시계 센서 데이터를 사용한 감정 인식: 혼합 디자인 연구. arXiv Preprint arXiv:1806.08518v2.

인공지능 도구의 답변은 질문자가 제시한 틀에 충실했고, 제공된 참고 자료가 실제적이며, 그 구조와 내용이 연구자가 생각을 정리하는 데 영감을 주었으나 질문자가 인공지능 도구에 역피라미드 구조의 각 부분의 구체적인 의미를 설명하지 않아 인공지능 도구의 답변은 내용이 다소 광범위하고 여러 부분 간의 연결도 다소 경직되어 있습니다. 연구자가 참고할 수 있도록 전체 프레임워크 질문을 바탕으로 각 부분에 대해 보다 세부적인 내용을 제공하는 구조화된 질문 방식을 다음과 같이 제시합니다.

3.2 구조화된 질문

서론을 구성하는 5개의 섹션은 각각 고유한 의미, 유형 및 요구 사항을 가지고 있습니다. 질문자는 보다 효율적인 답변을 얻기 위해 구조화된 질문, 즉 각 섹션의 특성에 따라 AI 도구에 개별 질문을 할 수 있습니다. 이러한 자료를 수집하고 정리하면 유익한 자료가 생성됩니다.

1. 연구 배경

연구 맥락은 연구 배경에 대한 설명을 의미하며, 크게 사회적 맥락과 이론적 맥락의 두 가지로 나눌 수 있습니다.

1. 사회적 맥락

연구가 특정 사회적 사실을 주요 배경으로 삼는 경우를 말합니다. 사회적 맥락의 출처로는 설문조사 데이터, 법률 조항, 국가 정책 등이 포함됩니다.

2. 이론적 맥락

연구가 특정 이론적 이해와 관점을 주요 배경으로 삼는 경우를 의미합니다. 이론적 맥락은 연구 배경을 더욱 심층적으로 이해할 수 있도록 도와줍니다.

또한, 연구 배경의 유형은 다음과 같은 여섯 가지 유형으로 구분됩니다:

- 국가 정책
- 권위 있는 데이터
- 사실 설명
- 이론 제시
- 의견 주장
- 개념 소개

관련 자료로는 정책 문서, 권위 있는 데이터, 언론 보도, 관련 이론 등이 포함되며, 이러한 자료들은 연구의 신뢰성과 타당성을 높이는 데 기여합니다. 연구 맥락 설정의 첫 번째 단계는 관련 배경 자료를 수집하는 것입니다. 이 과정에서 두 가지 주요 시나리오가 있습니다:

1. 자료 없이 시작하는 경우

AI 도구의 인터넷 검색 기능을 활용하여 관련 자료를 검색합니다. 이 경우 BingChat이나 ChatGPT 4와 같은 네트워킹 플러그인이 있는 AI 도구를 사용하는 것이 효과적입니다.

2. 기존 자료를 보유한 경우

이미 일부 배경 자료를 확보한 상태에서, AI 도구를 활용해 추가적인 자료를 검색하고 기존 자료를 보완할 수 있습니다.

어느 시나리오이든, AI 도구가 추천하는 자료의 원문을 반드시 확인하고, 자료의 진위 여부와 주요 데이터의 정확성을 검증하는 과정이 필요합니다. 이는 연구의 신뢰성을 확보하기 위해 필수적인 단계입니다.

다음은 ChatGPT 4를 활용한 자료수집 예시입니다.

질문

"혼합 연구 방법에 기반한 프레이밍 이론의 관점에서 본 환경 보호 주제에 대한 쇼츠 동영상의 감성적 상호작용 연구" 주제에 따라 정책 문서, 권위 있는 데이터, 언론 보도, 관련 이론 등 쇼츠 동영상에 대한 배경 정보를 제공해 주세요.

답변

"프레이밍 이론의 관점에서 본 환경 테마 단편 동영상의 정서적 상호작용 연구 - 혼합 연구 방법을 기반으로"라는 주제에서 "단편 동영상" 부분과 관련하여 몇 가지 관련 배경 정보를 찾았습니다.

첫째, 권위 있는 데이터의 관점에서 볼 때, iiMediaResearch의 데이터에 따르면 중국의 쇼츠 비디오 시장은 2020년에 1,483억 위안에 달하여 고성장을 지속할 것이며, 2021년에는 거의 2,000억 위안에 달할 것으로 예상됩니다. 여러 쇼츠 비디오 플랫폼 중 가장 인기 있는 플랫폼은 Jitterbug와 Shutterbug로, 설문조사에 참여한 중국 쇼츠 비디오 사용자의 70.9%와 52.3%가 각각 이 두 플랫폼을 사용한 적이 있다고 답했습니다.

둘째, 정책 문서의 관점에서 최근 몇 년 동안 중국 정부는 쇼츠 동영상 산업 및 기타 관련 동영상 산업의 건전하고 질서있는 발전을 촉진하기 위해 일련의 정책과 규정을 발표했습니다. 예를 들어, 2019년에 중국 네트워크 시청각 프로그램 서비스 협회는 '네트워크 단편 동영상 플랫폼 관리 규범'과 '네트워크 단편 동영상 콘텐츠 감사 표준 규칙'을 발표했습니다.2022년 중앙 인터넷 정보판공실, 국가 세무국, 국가 시장 감독 관리국은 '온라인 라이브 스트리밍 및 쇼츠 동영상 분야의 혼란을 바로잡다'라는 제목으로 2개월간 특별 조치를 실시했습니다. ' 특별 조치를 실시했습니다. 또한 일부 성에서는 단편 동영상 산업의 발전 방향도 제시했습니다. 예를 들어 광둥성은 미성년자의 인터넷 중독을 방지하는 작업을 명확하게 강화하고 청소년을위한 인터넷 단편 동영상 및 기타 서비스를 규제했으며 장시성은 전통 미디어와 신흥 미디어의 통합을 통해 지적 재산 문화 보급을위한 플랫폼을 구축하고 소셜 미디어, 단편 동영상, 클라이언트 등 새로운 미디어의 채널을 확장 할 것을 제안했습니다.

언론 보도와 관련하여 여러 링크를 시도했지만 일부 기술적 문제로 인해 특정 링크에 액세스할 수 없었습니다.

이야기의 본론입니다. 하지만 검색 결과에서 TikTok의 모기업인 바이트댄스(해외판 지인)가 더 많은 'Z세대' 사용자를 유치하기 위해 노력하고 있다는 것을 알 수 있었습니다.

마지막으로, 쇼츠 동영상 이론과 관련하여 연구에 도움이 될 수 있는 '쇼츠 동영상 마케팅 이론', '쇼츠 비디오 사회 이론' 또는 '쇼츠 비디오 내러티브 이론'에 관한 문헌을 검토해 보시기 바랍니다. 이러한 이론은 여러분의 연구에 도움이 될 수 있습니다.

이 정보가 조사에 도움이 되었기를 바랍니다. 추가 정보나 도움이 필요하면 언제든지 알려주세요.

위의 답변에서 ChatGPT 4는 인터넷 검색 기능을 통해 관련 자료를 검색하고 자료를 구조화했습니다.

배경 자료를 수집한 후 연구자는 이러한 배경 자료를 바탕으로 서론의 연구 배경 섹션을 작성하도록 하고, 자료의 일부 정책, 데이터 또는 이론을 사용하여 연구 배경 섹션을 풍부하게 만들 수 있습니다.

또한, 요점의 내용은 '연구 배경' 섹션을 보다 과학적이고 뒷받침할 수 있도록 작성해야 합니다.

질문

위의 자료들을 종합하여 "혼합연구방법에 기반한 프레이밍 이론의 관점에서 본 환경 테마 쇼츠 동영상의 정서적 상호작용에 관한 연구" 주제의 연구 배경 부분을 위 글의 자료와 자료를 활용하여 200자 내외의 분량으로 작성해 주시기 바랍니다.

답변

디지털 시대에 쇼츠 동영상은 점차 중요한 미디어 형태로 자리 잡았으며, 빠르고 간결한 특성으로 인해 모든 종류의 정보 보급에서 중요한 위치를 차지하고 있습니다. [1]특히 중국에서는 2020년 쇼츠 비디오 시장 규모가 1,483억 위안에 달했으며, 2021년에는 2,000억 위안에 육박할 것으로 예상되어 그 거대한 시장 잠재력을 보여주고 있습니다. [2] Jitterbug와 Shutterbug과 같은 플랫폼은 중국 쇼츠 비디오 시장의 선두주자로 자리 잡았으며, 사용자의 70.9%와 52.3%가 각각 이러한 플랫폼을 사용한 적이 있다고 답했습니다 .

참고 문헌:

- iiMediaResearch. 쇼트 비디오 산업 보고서 : 2021 년 시장 규모는 2,000 억 위안에 가까워지고, 불안한 목소리는 점차 빠른 손에서 멀어집니다 [J]. iiMediaResearch. 쇼트 비디오 산업 보고서 : 2021 년 시장 규모는 2,000 억 위안에 가까워 질 것입니다 [J].
- 텐센트 뉴스 . 2023 년 중국 및 31 개 성 및 지방 자치 단체의 단편 동영상 산업 정책 요약 및 해석 (전문) [EB-OL]. (2023-01-01)[2023-06-16].

연구자는 자료를 검색할 때 AI 도구에만 전적으로 의존해서는 안 되며, 일부 자료를 직접 검색하거나 같은 주제에 대한 논문의 서론을 AI 도구에 '공급'하여 관련 정보를 추출한 다음, 해당 자료의 원본 출처를 찾아야 한다는 점에 유의해야 합니다.

2. 연결 문구

연결 문구는 일반적으로 연구 배경 뒤에 위치하며, 연구의 맥락에서 구체적인 연구 주제로 전환하는 데 중요한 역할을 합니다. 대부분의 논문에서 연구 배경은 논문 길이 제한과 서술의 리듬을 고려해 거시적이고 정적인 설명으로 이루어집니다. 이후 연결 문구를 통해 연구 배경에서 구체적인 연구 대상으로 자연스럽게 전환합니다.

연결 문구는 주로 전환과 진행의 기능을 가진 문장들로 구성됩니다.

- 문장의 전반부는 연구 맥락을 인정하며,
- 문장의 후반부는 연구의 결핍점과 문제점을 제기한 후 연구 주제로 자연스럽게 이어집니다.

이러한 연결 문구 앞뒤의 모순과 논리는 연구 질문의 핵심을 형성하는 데 기여합니다.

연결 문구 작성의 아이디어를 작성할 때 ChatGPT와 같은 AI 도구는 유용하게 활용될 수 있습니다.

1. AI 도구에 자체적인 이해를 바탕으로 질문할 내용을 제시하도록 요청합니다.
2. AI의 첫 번째 답변이 만족스럽지 않을 경우, 다른 관점이나 방식으로 다시 작성

하도록 요구할 수 있습니다.

이러한 과정을 통해 연결 문구를 효과적으로 작성할 수 있으며, 연구 배경과 연구 주제 간의 논리적 흐름을 강화할 수 있습니다.

질문

연구 배경에 따라 연구 대상을 문장의 전환을 통해 소개하고, 문장의 전환 이후에는 '쇼츠 동영상에서 감성적 상호작용의 방향'에 초점을 맞춰 한 문장으로만 작성했습니다.

답변

그러나 쇼츠 동영상 산업의 발전에 대한 광범위한 관심에도 불구하고 쇼츠 동영상의 정서적 상호작용의 방향, 특히 환경을 주제로 한 쇼츠 동영상의 정서적 상호작용 메커니즘은 여전히 상대적으로 덜 연구된 분야입니다.

AI 도구에 특정 방향을 지정하여 상관관계를 형성할 수도 있습니다. 어떤 방향이 있는지 모르는 경우 AI 도구를 사용하여 방향을 찾을 수도 있습니다.

질문

제 주제는 "프레이밍 이론의 관점에 따른 환경 테마 쇼츠 동영상의 감성적 상호작용 연구–혼합 연구 방법을 중심으로"인데, 연구 대상의 현황에 따라 연구 대상에 존재하는 간극을 정리할 수 있도록 도와주세요. 간극에는 세 가지 유형이 있습니다. 첫 번째는 이론과 현실 사이의 격차, 두 번째는 정책과 실천 사이의 격차, 세 번째는 이상과 실제 사이의 격차입니다.

답변

'혼합 연구 방법에 기반한 프레이밍 이론의 관점에서 본 환경 보호 주제 단편 영상의 감성적 상호작용 연구'를 주제로 이론과 현실, 정책과 실천, 이상적 상태와 실제 상태의 간극을 분석할 수 있습니다.

1. '이론'과 '현실' 사이의 간극

– 이론적으로는 프레이밍 이론의 렌즈를 통해 짧은 동영상의 환경 주제와 감정적 상호작용이 시청자의 공감을 불러일으키고 긍정적인 환경 행동을 취하도록 자극해야 합니다. 그러나 실제로는 시청자가 짧은 동영상을 받아들이고 피드백을 보내는 것은 개인적인 감정, 태도,

환경적 요인에 의해 영향을 받을 수 있습니다. 문제에 대한 인식 등 다양한 요인으로 인해 이론적 기대치와 편차가 있을 수 있습니다.

또한 이론적으로는 감성적 상호작용의 중요성을 강조하지만, 실제로는 숏폼 비디오 형태의 대중화와 엔터테인먼트에 지나치게 의존하고 심층적인 콘텐츠와 실제 환경 문제에 대한 탐구를 소홀히 함으로써 이론과 현실 사이에 괴리가 발생하는 경우가 종종 있습니다.

2. '정책'과 '실무' 사이의 간극

- 정책적 차원에서 정부는 일련의 환경 정책을 도입하고 환경 보호에 대한 대중의 인식을 높이기 위해 짧은 동영상과 같은 뉴미디어를 통해 환경 주제의 보급을 장려했을 수 있습니다. 그러나 실제로는 이러한 정책이 완전히 시행되지 않을 수 있으며, 예를 들어 짧은 동영상의 제작 및 유포에 대한 효과적인 규제가 부족하여 오해의 소지가 있거나 얕은 환경 메시지가 널리 유포될 수 있습니다.

또한 정책은 긍정적이고 적극적인 환경 정보의 확산을 장려하는 경향이 있지만, 실제로는 일부 부정적이고 비관적인 환경 현상은 대중의 우려와 감정적 상호작용을 더 잘 유발할 수 있으며, 이는 정책과 실천 사이의 간극이기도 합니다.

3. '이상'과 '현실' 사이의 간극

- 짧은 동영상을 통해 전파되는 환경 테마는 이상적으로는 대중의 감정적 교류를 유발하여 환경 보호 활동에 대한 대중의 적극적인 참여를 촉진할 수 있습니다. 하지만 현실은 환경 보호를 주제로 한 짧은 동영상의 수가 증가하고 있음에도 불구하고 대부분의 시청자가 짧은 시간 동안 감동이나 감화를 받을 뿐, 장기적이고 지속적인 환경 보호 행동으로 이어지지 않는 경우가 많다는 것입니다.

환경을 주제로 한 짧은 동영상은 과학적으로 정확한 환경 정보와 심도 있는 사회적 관찰을 담는 것이 이상적이지만, 현실에서는 클릭률과 시청률을 추구하기 위해 일부 짧은 동영상은 오락과 감정에 호소하는 데 지나치게 중점을 두고 깊이와 과학성이 부족할 수 있습니다.

이는 연구 대상의 현재 상태에 대한 '불일치'로, 연구에서 심도 있게 탐구하고 해결해야 할 문제입니다.

AI 도구가 분류한 위의 3가지 유형의 차이점은 연구자가 연구 질문에 대해 깊이 생각할 수 있는 의미 있는 참고자료를 제공합니다.

3. 연구 대상

“연구 대상”은 “연결 문구” 다음에 나오는 부분이며 연구에서 가장 중요한 요소입니다. 서론의 “연구 대상” 부분은 연구 대상에 대한 기본 개념, 개발 과정 또는 관련 연구를 설명하는 부분입니다. 서론의 “연구 대상” 부분 글의 구조는 고찰 구조와 서술 구조로 구분할 수 있습니다. 본문에 별도의 문헌 고찰이 있는 경우 서론에서 연구 대상에 대한 간략한 설명으로 충분하므로 서술 구조를 사용하고, 본문에 별도의 문헌 고찰이 없는 경우 서론의 연구 대상 항목에서 관련 연구를 기술할 수 있으며, 개요 구조를 사용합니다. 이 부분에서는 연구 대상을 정확히 파악하고 잘못된 대상을 기술하지 않는 것이 중요합니다.

질문

다음으로 “연구 대상”부분을 작성하고, 선택한 주제의 연구 대상은 “환경 보호 테마 단편 영상의 정서적 상호 작용”으로 주로 연구 대상에 대한 기본 개념, 개발 과정 및 관련 연구를 소개합니다.

답변

‘환경 보호에 관한 짧은 동영상에서의 정서적 상호작용’의 기본 개념은 환경 보호 관련 주제에 대한 짧은 동영상을 시청하고 참여함으로써 발생하는 정서적 상호작용을 의미합니다.

1. 감정적 교류와 영향력

이 과정에는 동영상 콘텐츠에 대한 시청자의 감정적 반응뿐만 아니라 시청자 간, 시청자와 크리에이터 간의 감정적 교류가 포함될 수 있습니다. 상호 작용의 형태에는 댓글, 공유, 좋아요 등이 포함될 수 있습니다. 환경을 주제로 한 짧은 동영상에는 일반적으로 환경 보호에 대한 정보, 의견 및 이야기가 포함되어 있으며, 시청자의 감정적 반응을 유발하고 환경 문제에 관심을 기울이고 행동을 취하도록 유도하는 것을 목표로 합니다.

2. 개발 과정

인터넷과 모바일 디바이스의 인기로 인해 짧은 동영상은 사람들이 정보를 얻고 공유하는 중요한 수단이 되었습니다. 환경 보호를 주제로 한 짧은 동영상의 발전은 환경 공익 광고와 다큐멘터리의 등장으로 거슬러 올라갈 수 있습니다. 최근 몇 년 동안 TikTok 및 Shutterstock과 같은 짧은 동영상 플랫폼이 등장하면서 환경을 주제로 한 짧은 동영상이 더욱 다양해지고 많은 시청자를 끌어모으고 있습니다. 동시에 사람들이 공유, 댓글, 좋아요를 통해 환경 문제에 참여하면서 새로운 사회적 역학 관계를 형성함에 따라 짧은 동영상의 정서적 상호작용이 점점 더 중요해지고 있습니다.

3. 관련 연구

환경을 주제로 한 짧은 동영상의 감정적 상호작용은 사회과학과 커뮤니케이션 분야에서 중요한 연구 분야가 되었습니다. 관련 연구는 주로 다음과 같은 측면에 초점을 맞추고 있습니다. 첫째, 짧은 동영상을 통해 환경 보호 정보를 효과적으로 전파하여 시청자의 정서적 반응과 행동 의지를 자극하는 방법에 대한 연구입니다. 둘째, 정서적 전염, 정서적 공감, 커뮤니티 형성 등 정서적 상호작용의 과정과 효과를 연구하는 것입니다. 마지막으로, 대중의 인식 제고, 행동 패턴 변화, 정책 개혁 촉진 등 환경 행동의 영향력과 효과를 개선하기 위해 정서적 상호작용을 활용하는 방법에 대한 연구입니다.

이 연구는 환경 보호를 더 깊이 이해하고 분석하기 위해 혼합 연구 접근법을 사용하여 이러한 연구를 기반으로 확장할 것이며, 테마가 있는 짧은 동영상에서 감정적인 상호작용을 할 수 있습니다.

AI 도구의 결과물은 다소 모호해 보일 수 있지만 프레임워크의 논리는 여전히 참조로 사용할 수 있으며 연구자는 특정 지식 포인트에 대해 AI 도구에 계속 질문한 다음 답변을 요약하고 집계하여 보다 구체적인 콘텐츠를 구성할 수 있습니다.

4. 연구 가치와 중요성

'연구의 가치와 중요성' 섹션은 실제로 이 연구가 왜 필요한지에 대한 질문에 답합니다. 가치와 의의가 있는 연구만이 가치가 있으며, 서론에서 저자는 독자의 질문에 답합니다. "연구의 가치와 중요성" 섹션의 보다 완벽한 구조는 기존 연구의 공헌을 인정한 다음 기존 연구의 단점을 지적하고 마지막으로 자신의 연구를 인정하고 자신의 연구가 단점을 보완할 수 있음을 보여주는 것입니다. 또 다른 일반적인 글쓰기 형식은 학문적 관점과 실용적 관점을 모두 제시하는 것입니다.

질문

다음 섹션인 '연구의 가치와 중요성'는 학문적 관점과 실무적 관점에서 약 200단어로 작성되었습니다.

답변

1. 학술적 가치

이 연구는 환경을 주제로 한 짧은 동영상의 감정적 상호작용을 주제 선택 프레임 이론의 관점에서 탐구하고 감정, 상호작용, 짧은 동영상, 환경 주제를 교차 분석하여 해당 분야의 연구 공백을 메웠습니다. 이 연구 결과는 뉴미디어 분야에서 주제 선택 프레임 이론의 적용을 풍부하게 할 뿐만 아니라 짧은 동영상 커뮤니케이션에서 감정의 역할과 시청자의 감정 반응을 효과적으로 자극하고 관리하는 방법을 이해하기 위한 새로운 이론적 관점과 프레임워크를 제공합니다. 또한 이 연구의 결과는 후속 연구에 유용한 참고 자료와 통찰력을 제공할 것입니다.

2. 실질적인 중요성

실무적인 차원에서 이 연구의 결과는 환경을 주제로 한 짧은 동영상을 제작하고 배포하는 데 중요한 지침이 될 것입니다. 제작자는 시청자의 감정적 반응과 상호작용을 이해하고 분석함으로써 동영상 콘텐츠를 더 잘 디자인하고 최적화하여 시청자의 감정적 참여와 행동 의향을 높일 수 있습니다. 한편, 정책 입안자와 환경 단체도 다음과 같은 이점을 활용할 수 있습니다.

연구 결과는 환경 보호 정보를 전파하고 환경 문제에 대한 대중의 관심과 행동을 촉진하기 위해 짧은 동영상을 사용하는 데 더 효과적이라는 것을 보여줍니다. 전반적으로 이 연구는 환경을 주제로 한 짧은 동영상의 혁신과 실천에 유용한 이론적 지원과 실용적인 지침을 제공할 것입니다.

5. 연구 설계

"연구 설계" 섹션은 연구 질문, 연구 방법론, 연구 관점 및 연구 목적 등의 요소를 포함하여 연구의 기본 아이디어에 대한 간략한 개요를 제공하기 위한 것입니다. 일반적으로 '연구 설계' 섹션은 비교적 간결하며 한 문장으로 작성할 수 있습니다. 연구 설계를 안내하기 위해 질문, 서술, 결론 등 다양한 문장 스타일을 사용할 수 있습니다. "연구 설계" 섹션에서 "연구의 가치와 중요성"은 "연구 설계"와 밀접하게 연계되어 있으며 프레젠테이션에 통합되는 경우가 많습니다.

'연구 설계' 섹션에 대한 위의 설명은 독자의 기본 이해를 돕기 위해 간결하게 요약한 것입니다. 실제 작성 시에는 연구의 구체적인 내용과 필요에 따라 연구 설계 섹션을 확장 및 수정하여 연구의 아이디어와 시사점을 정확하고 명확하게 표현할 수 있습니다.

질문

다음으로, "연구 설계" 부분을 작성합니다. 참조 구조: 본 논문은 ×× 이론을 기초/관점으로 삼고, ××를 연구 대상으로 삼아 ×× 방법을 통해 ×× 문제(주축 문제)를 탐구합니다. 이론적, 실무적 필요에 따라 본 논문은 다음 질문을 제시하고 답하려고 합니다: 질문 1 ? 질문 2 ? 질문 3 ?

답변

본 연구는 선택 프레임워크 이론을 관점으로, 환경 주제 단편 동영상의 감성적 상호작용을 연구 대상으로 삼아 환경 주제 단편 동영상의 커뮤니케이션에서 감성적 상호작용의 역할과 영향력을 혼합 연구 방법을 통해 탐색한다. 본 연구는 환경을 주제로 한 쇼트 비디오의 커뮤니케이션 효과와 시청자의 행동의도에 정서적 상호작용이 미치는 영향을 시청자의 정서적 반응, 시청자와 제작자 및 시청자 간의 정서적 상호작용이라는 두 가지 수준에서 살펴보고자 한다. 이를 위해 본 연구에서는 다음과 같은 질문을 던지고 이에 대한 답을 찾고자 합니다.

질문 1: 환경 주제에 관한 단편 동영상에 대한 시청자의 감정적 반응은 어떤가요? 이러한 반응은 어떻게 생성되며 동영상에 대한 이해와 평가에 어떤 영향을 미치나요?

질문 2: 환경을 주제로 한 짧은 동영상의 확산에 시청자, 크리에이터, 시청자 간의 정서적 상호작용이 어떤 역할을 하나요? 관객의 감정적 경험과 행동 의지에 어떤 영향을 미칠까요?

질문 3: 환경을 주제로 한 짧은 동영상에서 커뮤니케이션 효과와 시청자의 행동 의지를 강화하기 위해 어떤 전략과 접근 방식을 통해 감정적 상호작용을 더 효과적으로 활용할 수 있을까요?

이 연구는 이러한 문제를 심층적으로 탐구함으로써 환경을 주제로 한 단편 동영상의 제작과 보급에 유용한 이론적, 실무적 지침을 제공할 것으로 기대합니다.

위의 서문의 분석 구조를 이해하고 분석한 후, 연구자는 전체 프레임 질문을 기반으로 역피라미드 구조의 각 부분에 관련 세부 사항을 추가하여 전체 프레임 질문을 기반으로 보다 완전한 모델을 얻을 수 있습니다. 다음은 참고용으로만 정리된 것입니다.

질문

저는 커뮤니케이션 연구를 전공하는 박사 과정 2년차 학생입니다. 제 박사 학위 지도교수 역할을 맡으실 예정입니다. 현재 학술 논문을 준비 중인데 지도 교수님의 도움이 필요합니다. 현재 제 주제는 "프레이밍 이론의 관점에서 본 환경을 주제로 한 단편 동영상의 정서적 상호작용 연구-혼합 연구 방법을 중심으로"인데, 이 주제를 바탕으로 서론 작성을 도와주세요. 요건: ①'역 피라미드 구조'에 따라 작성하세요. "역피라미드 구조"의 의미는 [ ]를 참고해 주세요 ②영문 문헌을 검색하여 "저자-출판연도" 형식으로 표시하고, 논문 말미에 참고문헌을 기재해 주세요. '역피라미드 구조'는 논문 서문의 전형적인 구조로 연구 배경, 연결 문구, 연구 대상, 연구의 가치와 중요성, 연구 설계의 다섯 부분으로 구성됩니다. 연구 배경은 연구의 배경 설명입니다. 연구 배경 섹션에는 정책 문서, 권위 있는 데이터, 언론 보도, 관련 이론 등 짧은 동영상에 대한 배경 정보를 제공하세요. 연결구는 일반적으로 연구 배경 뒤에 위치합니다. 연결 문구는 연구 대상을 소개한 다음 '짧은 동영상에서 감성적 상호작용의 방향'에 초점을 맞춰 한 문장으로만 작성하는 전환 문구입니다. 다음 부분은 "연구 대상"이며,이 주제의 연구 대상은 "환경 보호에 대한 짧은 동영상의 정서적 상호작용"으로 주로 연구 대상의 기본 개념, 개발 과정 및 관련 연구를 소개합니다. 다음은 "연구 가치와 중요성"와 "연구 설계"입니다.

참조 구조 : 이 논문은 ×× 이론을 기초 / 관점으로 삼고 다음을 취합니다.

연구 대상에 대한 ××, ×× 문제를 탐구하는 ×× 방법을 통해 이론과 실제의 필요성을 바탕으로이 논문은 다음과 같이 작성되었습니다.

다음 질문을 하고 답해 보세요: 질문 1 ? 질문 2 ? 질문 3 ?

답변

(생략)

AI 도구가 제공하는 답변이 길기 때문에 구체적인 내용은 여기에 표시되지 않습니다. 위에 제공된 질문 모델은 아이디어를 보여줄 뿐이며, 사용자가 직접 선택한 질문에 따라 조정하여 필요에 더 잘 맞는 답변을 얻을 수 있습니다.

연습7

역 피라미드 구조에 따라 자신의 논문 중 하나의 서론을 출력합니다.

3.3 단일/소규모 샘플 프롬프트 아이디어를 통한 서론 구성

연구자가 전체론적 프레임 질문이나 구조화된 질문을 사용해도 만족스러운 답변을 얻지 못하거나 AI 도구에서 제공하는 서문의 구조가 적용되지 않는 경우도 있습니다. 그렇다면 이러한 경우에 시도해 볼 수 있는 다른 아이디어가 있을까요? 대답은 '그렇다'입니다. 연구자는 질문 선택 섹션에 제공된 샘플 프롬프트를 참조하여 단일 샘플 프롬프트 또는 소규모 샘플 프롬프트를 통해 AI 도구로부터 영감을 주는 답변을 얻는 방법에 대한 아이디어를 얻을 수 있습니다.

먼저 샘플 '서론'을 선택하여 스타일, 구조, 언어 등의 측면에서 기대에 부합하는지 확인합니다. 그런 다음 ChatGPT와 같은 AI 도구를 사용하여 서문을 분석하여 특징을 요약합니다. 그런 다음, ChatGPT와 같은 AI 도구를 사용하여 서문의 스타일, 구조, 언어를 분석하고 특징을 요약합니다. 마지막으로, 자신의 선택에 따라 ChatGPT와 같은 AI 도구가 이 샘플을 참조하여 답변을 제공하도록 합니다.[1] 여기서는 서문의 구조가 보다 명확한 논문을 예로 들어 "WeChat 사용 시 프라이버시 우려, 인식, 걱정 및 보호: 중국 전역 6개 대학의 대학생을 대상으로 한 실증적 연구" 를 선택했습니다.

질문

이 논문은 "WeChat 사용에 있어 프라이버시 문제, 인식, 걱정 및 보호: 중국 전역의 6개 대학을 대상으로 한 연구" 논문입니다.

1. 쉬징홍, 허우웨이펑, 청쉬메이 등 [J]. WeChat 사용의 프라이버시 문제, 인식, 걱정 및 보호: 중국 6개 대학의 대학생을 대상으로 한 실증적 연구 [J]. 국제 저널리즘, 2018, 40(05): 160 -176.

대학생을 대상으로 한 실증적 연구를 통해 스타일, 구조, 언어 측면에서 그 특징을 분석합니다. ### 최근 몇 년 동안 소셜 미디어의 급속한 발전은 사람들의 삶에 점점 더 중요한 영향을 미치고 있습니다. 중국에서 가장 많은 사용자를 보유한 소셜 소프트인 위챗은 사람들의 삶에서 없어서는 안 될 소셜 도구가 되었습니다. 위챗은 사람들의 생활에서 없어서는 안 될 소셜 도구가 되었습니다. 위챗은 사람들의 생활에 큰 편의를 제공하지만, 개인정보 보호 측면에서도 문제에 직면해 있습니다. 위챗의 개인정보 보호 문제는 주로 다음과 같은 측면에서 나타납니다. 첫째, 위챗의 친구 서클 및 기타 소셜 채널에서 개인 정보가 유출되어 사용자의 개인 및 재산 안전에 잠재적인 위협이 되고, 둘째, 위챗의 플랫폼과 타사 애플리케이션이 사용자의 개인정보 보호 경계에 더 많은 도전을 제기하고 있습니다. 현재 다양한 소셜 미디어에서 개인정보 침해가 수시로 발생하고 있지만, 학계에서 위챗과 같은 소셜 미디어의 개인정보 침해에 대한 체계적인 연구는 많지 않습니다. 따라서 위챗과 같은 소셜 미디어에서 프라이버시 관련 요인과 프라이버시 보호에 대한 고찰은 이론적 가치와 실무적 의의를 모두 가지고 있습니다. 본 논문에서는 북경대학교, 복단대학교, 호북대학교, 무한대학교, 서안교통대학교, 산시사범대학교 학생들의 위챗 사용 습관과 프라이버시 우려, 프라이버시 인식, 프라이버시 걱정, 위챗 사용 과정에서의 프라이버시 보호 사이의 관계를 실증 연구를 통해 조사하여 대학생들의 위챗 사용에서 프라이버시 보호 실태를 보다 종합적으로 파악하고 중국 소셜 미디어에서의 프라이버시 보호에 대한 시사점을 제공하고자 한다. 이 연구는 중국 소셜 미디어의 프라이버시 보호에 대한 참고 자료를 제공하기 위한 것입니다. ###

답변

제공해주신 논문의 서문을 다음과 같이 분석했습니다. 이 논문 서문의 첫 부분에서는 소셜 미디어와 WeChat의 발전 배경과 WeChat의 개인정보 보호 문제의 현황 및 과제에 대해 설명하여 독자의 관심을 끌고 있습니다.

다음으로 논문 서문에서는 대학생들의 위챗 사용 현황이라는 연구의 명확한 주제와 소셜 미디어에서의 개인정보 보호에 대한 정보 제공이라는 연구의 중요성에 대해 소개합니다.

그리고 논문 서문에서 학계에서 위챗과 같은 소셜 미디어의 프라이버시 침해에 대한 체계적인 연구가 많지 않다는 점을 언급하며, 자신의 연구가 혁신적이고 이론적 가치가 있다는 것을 보여주고 있습니다.

마지막으로 논문의 서문은 연구의 대상, 연구 내용, 연구 방법론을 소개하는 실증적 연구로 마무리되며 본론 부분의 무대를 마련합니다.

전반적으로 이 논문 서론은 글의 요점을 충족하며 명확하고 논리적이며 집중적입니다.

질문

위 논문들의 특징을 참고하여 선정된 주제 "혼합연구방법에 기반한 프레이밍 이론의 관점에서 본 환경 테마 단편영상의 정서적 상호작용 연구"에 대한 서론을 작성해 주세요.

답변

(생략)

연구자는 여러 AI 도구에 질문을 던지고 각 도구가 제공하는 답변을 비교하여 최종적으로 하나를 선택하거나 답변을 통합할 수 있습니다. 연구자는 한 개, 두 개 또는 그 이상의 논문 서론 샘플을 선택하여 AI 도구가 분석 및 요약하도록 함으로써 서문 작성에 대한 지식을 쌓고 그 지식을 바탕으로 더 유익한 답변을 제공할 수 있습니다.

요약

전체적인 틀 질문과 구조화된 질문의 조합은 AI 도구를 활용한 글쓰기에 있어 매우 효율적인 접근 방식입니다.

- 프레이밍 질문: 연구자가 글쓰기의 전반적인 틀을 세우는 데 도움을 줍니다.
- 구조화된 질문: 연구자가 세부 사항을 더 깊이 탐구할 수 있도록 돕습니다.

이 두 가지 접근 방식을 결합하면, AI 도구를 활용한 글쓰기에 대한 포괄적이고 체계적인 가이드를 형성할 수 있습니다.

AI 도구가 제공하는 글쓰기 프레임워크와 아이디어는 연구자가 참고할 만한 가치가 있습니다.

1. 다양한 관점 제공

- AI 도구는 연구자에게 다양한 글쓰기 관점을 제시하여 문제를 여러 각도에서 생각할 수 있도록 돕습니다. 이를 통해 연구자는 더 포괄적이고 다채로운 글을 작성할 수 있습니다.

2. 관련 개념의 심화

- AI 도구는 글을 더욱 풍성하게 만들 수 있는 관련 개념과 아이디어를 제공하여 연구자가 주제를 더 깊이 이해하고 분석하도록 지원합니다.

AI 도구에서 제공하는 프레임워크와 아이디어는 그대로 복사하기보다 연구자의 이해를 바탕으로 정리하고 가공해야 합니다. 각자의 글쓰기 스타일과 관점은 고유합니다. AI의 도움을 받더라도, 자신의 필요에 맞게 글을 개인화하고 독창성을 유지해야 합니다.

결론적으로, AI 도구는 연구자에게 강력한 글쓰기 도구와 관점을 제공하지만, 최종 결과물은 연구자의 창의성과 개인적인 해석을 반영하여 완성해야 합니다. 이는 독창적이고 효과적인 글쓰기를 가능하게 합니다.

04

제4장

생성형 AI 활용 참고 문헌 검토 및 작성

참고 문헌 작성은 문헌 검토, 문헌 조사 등으로도 알려져 있으며 특정 연구 주제에 대한 관련 문헌을 종합, 설명 및 평가하는 것을 말합니다. 저자는 관련 문헌을 읽음으로써 연구 주제에 대한 문헌 계보와 분류 그림을 구조적으로 제시하고 관련 문헌의 기여와 한계를 분류하여 연구 문제를 추출하고 연구에 대한 참조 지점을 제공합니다. 학술 논문 작성 과정 측면에서 참고 문헌 작성은 표 4-1과 같이 종합(검색, 읽기, 선별), 기술(분류, 요약, 기술), 평가(평가, 폐기, 구성)의 세 가지 주요 부분으로 나눌 수 있습니다.

표 4-1 참고 문헌 작성 절차

주요 과정	주요 절차		
종합	검색(문서 등)	읽기	선별
기술	분류	요약	기술(작성)
평가	평가	폐기	구성(추상적 표현)

다음으로, 먼저 전체적인 질문의 틀을 살펴보고 ChatGPT와 같은 AI 도구가 얼마나 잘 대답하는지 살펴봅시다.

저는 커뮤니케이션 연구를 전공하는 박사 과정 2년차 학생입니다. 제 박사 학위 지도교수 역할을 맡으실 예정입니다. 현재 학술 논문을 준비 중인데 지도 교수님의 도움이 필요합니다. 현재 제 주제는 "프레이밍 이론의 관점에서 본 환경 테마 단편 동영상의 정서적 상호작용 연구–혼합 연구 방법 중심 연구"인데, 이 주제를 바탕으로 참고 문헌 고찰을 작성할 수 있도록 도와주세요. 요건: 첫째, 서론, 분류, 요약, 선행 연구의 단점, 새로운 연구 관점의 틀을 따르고, 둘째, 영문 문헌만 제공하고 '저자–출판 연도' 형식으로 표기하고 논문 끝에 참고문헌을 나열하고, 셋째, 단어 수는 1,000단어 내외여야 합니다.

4.1 전반적인 프레임워크 질문

다음으로, 먼저 전체적인 질문의 틀을 살펴보고 ChatGPT와 같은 AI 도구가 얼마나 잘 대답하는지 살펴봅시다.

질문

저는 커뮤니케이션 연구를 전공하는 박사 과정 2년차 학생입니다. 제 박사 학위 지도교수 역할을 맡으실 예정입니다. 현재 학술 논문을 준비 중인데 지도 교수님의 도움이 필요합니다. 현재 제 주제는 "프레이밍 이론의 관점에서 본 환경 테마 단편 동영상의 정서적 상호작용 연구-혼합 연구 방법 중심 연구"인데, 이 주제를 바탕으로 참고 문헌 고찰을 작성할 수 있도록 도와주세요. 요건: 첫째, 서론, 분류, 요약, 선행 연구의 단점, 새로운 연구 관점의 틀을 따르고, 둘째, 영문 문헌만 제공하고 '저자-출판 연도' 형식으로 표기하고 논문 끝에 참고문헌을 나열하고, 셋째, 단어 수는 1,000단어 내외여야 합니다.

답변

참고 문헌

최근 몇 년 동안 소셜 미디어의 지속적인 발전으로 단편 동영상은 정보 전파의 중요한 수단이 되었습니다. 단편 동영상의 폭발적인 인기와 독특한 커뮤니케이션 특성은 학자들의 관심을 불러 일으켰습니다. 특히 환경 주제의 커뮤니케이션에서 단편 동영상은 큰 잠재력을 보여주었습니다(Huang & Wang, 2021). 그중에서도 미디어 프레이밍 이론과 메시지 구성 및 시청자 상호작용 분석에 대한 적용은 학자들에 의해 널리 연구되어 왔습니다(Scheufele & Iyengar, 2014).

- 분류

1. 미디어 프레이밍 이론과 그 적용

미디어 프레이밍 이론은 미디어가 특정 렌즈를 통해 현실을 어떻게 형성하고 분석하는지를 설명하는 것을 목표로 합니다(Entman, 1993). 이 이론은 환경 분야에서 미디어가 환경 주제를 구성하고 제시하는 방법과 청중이 이러한 메시지를 이해하는 방법을 밝히기 위해 널리 사용되어 왔습니다(Hoetal., 2012).

2. 짧은 동영상 및 환경 테마

최근 몇 년 동안 많은 연구에서 환경 주제를 전달할 때 짧은 동영상의 효과를 탐구했습니다.

예를 들어, 짧은 동영상은 복잡한 환경 메시지를 생동감 있고 흥미로운 방식으로 전달할 수 있어 시청자의 관심을 끌 수 있습니다(Huang & Wang, 2021).

3. 감정적 상호작용

정서적 상호작용은 소셜 미디어 상호작용, 특히 시청자가 감정 표현을 통해 커뮤니케이터와 연결될 수 있는 짧은 동영상에서 중요한 역할을 합니다(Kangetal., 2020). 일부 연구에 따르면 정서적 상호작용은 시청자의 참여와 정보 확산에 긍정적인 기여를 하는 것으로 나타났습니다(Petersetal., 2013).

- 요약

미디어 프레이밍 이론, 짧은 동영상과 환경 주제, 감정적 상호작용에 대한 연구는 환경 주제에 대한 단편 동영상의 커뮤니케이션 효과를 이해하고 분석하는 데 중요한 이론적 근거를 제공합니다.

- 선행 연구의 단점

그러나 기존 연구에서 제공하는 풍부한 통찰력에도 불구하고, 미디어 프레이밍 이론의 관점에서 환경을 주제로 한 짧은 동영상의 정서적 상호작용에 대한 연구는 상대적으로 거의 이루어지지 않았습니다(Huang & Wang, 2021). 보다 구체적으로, 현재의 연구는 짧은 동영상의 프레임 구성이 시청자의 정서적 반응과 상호작용에 어떤 영향을 미치는지 아직 완전히 밝혀내지 못했습니다.

- 새로운 연구 관점

따라서 혼합 연구 방법을 기반으로 환경을 주제로 한 단편 동영상의 정서적 상호작용을 연구하는 것은 이러한 연구 공백을 메울 뿐만 아니라 단편 동영상의 커뮤니케이션 효과에 대한 이해를 깊게 하고, 나아가 환경을 주제로 한 커뮤니케이션에서 그 잠재력을 탐구하는 데 도움이 될 수 있습니다.

참조

- Entman, R. M. (1993). 프레이밍 : 분열 된 패러다임의 명확화를 향해. 커뮤니케이션 저널, 43(4), 51-58쪽.
- Ho, S. S., Detenber, B. H., Rosenthal, S., & Lee, E. W. (2014). 기후 변화에 대한 정보 찾기 : 확장 된 PRISM에서 미디어 사용의 영향. 과학 커뮤니케이션, 36(3), 270-295.

- Huang, L., & Wang, X. (2021). 짧은 비디오 추천 및 사용자 행동이 환경 보호 행동에 미치는 영향. 환경 과학 및 오염 연구, 28, 17024-17037. 17024-17037.
- Kang, H., Lee, H., & Park, H. (2020). 소셜 라이브 스트리밍 서비스에서의 사용자 행동 및 사용자 프로파일링 탐색. 정보 과학 저널, 46(1), 105-122.
- Peters, K., Chen, Y., Kaplan, A. M., Ognibeni, B., & Pauwels, K. (2013). 소셜 미디어 메트릭-소셜 미디어 관리를위한 프레임 워크 및 지침. 인터랙티브 마케팅 저널, 27(4), 281-298.
- Scheufele, D. A., & Iyengar, S. (2014). 프레이밍 연구의 현황: 새로운 프레임에 대한 요구 옥스퍼드 정치 커뮤니케이션 핸드북.

이 상호 작용에는 참조가 포함되므로 여기서는 ChatGPT의 응답을 사용하기로 결정했습니다. 제공된 프레임워크에 따라 ChatGPT는 문헌 검토를 수행했으며, 답변의 일반적인 논리는 가치가 있지만 내용 면에서 여전히 너무 일반적인 것으로 보입니다. 문헌 검토는 단순히 텍스트를 정리하는 것뿐만 아니라 검토 이면의 다양한 작업도 고려해야 한다는 점에 주목할 필요가 있습니다. 이러한 작업을 세심하게 처리해야만 실제로 유익한 참고 문헌 작성에 대한 참고 자료를 얻을 수 있습니다.

4.2 검색, 읽기 및 쓰기를 지원하는 AI 도구

앞서 언급했듯이 참고 문헌 검토 과정은 크게 세 가지 단계와 아홉 가지 세부 단계로 나눌 수 있습니다. AI 도구의 특성과 결합하여 문헌 검토 과정은 문헌 검색, 문헌 읽기 및 선별, 문헌 분류, 리뷰 작성의 네 단계로 요약할 수 있습니다. 다음은 이 4단계에 따라 AI 도구를 사용하여 문헌 고찰 작성을 지원하는 방법에 대해 설명합니다.

1. 문헌 검색

오랫동안 사용자들은 ChatGPT가 허위 문서를 생성한다는 비판을 해왔습니다. 이번 ChatGPT 4 출시와 함께 이 문제를 부분적으로 해결한 플러그인 기능이 추가되었습니다. ChatGPT 4의 플러그인 라이브러리에는 SchaolarAI와 xPapers가 각각 Springer, Nature

와 arXiv 데이터베이스에 연결되어 있어 사용자가 ChatGPT와의 상호작용을 통해 관련 문헌 검색을 실현할 수 있습니다.

또한 Microsoft의 BingChat은 Microsoft의 Bing Scholar 데이터베이스에 연결되며, 사용자는 BingChat과의 상호 작용을 통해 문헌을 검색할 수 있습니다. 그러나 BingChat은 인터넷상의 콘텐츠를 검색하기 때문에 부정확한 문헌 데이터나 조작된 문헌이 있을 가능성이 있으므로 사용자는 항상 검색 결과를 확인해야 합니다.

일부 문헌 데이터베이스는 이미 ChatGPT와 같은 AI 기능을 검색에 통합하려고 시도하고 있습니다. 예를 들어, arXiv Xplorer는 키워드를 이해하여 검색할 수 있고, Elicit은 질문을 통해 문헌을 검색할 수 있습니다.

연구자가 문헌 검색이 문헌 포화 상태에 가까워지고 있다고 느끼면 검색을 중단할 수 있습니다. 문헌 포화 상태의 지표는 세 가지입니다. 첫째, 해당 분야에서 다른 연구자들이 자주 인용하는 핵심 문서 또는 중요 저자(3명)를 "3건" 찾았나요?

첫째, 다른 연구자들이 자주 인용하는 해당 분야의 주요 문서 또는 주요 저자가 "세 명" 발견되었는가("세 명"은 가상 숫자)?

둘째, 발견된 문헌에서 "세 가지" 다른 의견과 입장이 제시되었으며, 검토 연구의 성격에 따라 해당 사례에 대한 찬성과 반대의 주요 문헌이 발견되었는가?

셋째, 발견된 문헌에서 "세 가지" 다른 연구 단계를 보여주었으며, 추후 연구 단계는 어떤 영역에 속하는가?

문헌 포화도 역시 ChatGPT의 도움을 받을 수 있습니다. 아래는 문헌 매핑 웹사이트 Research Rabbit을 사용한 데모입니다.

첫 번째 단계는 "Research Rabbit"에서 새 시리즈를 생성하고 제목, DOI 또는 RIS 정보의 형태로 하나 또는 여러 개의 문서를 시드 문서로 제공하고, 두 번째 단계는 업로드된 문서 중 하나를 클릭하면 해당 문서를 둘러싼 참조, 인용 문서 및 유사한 문서가 나타나고, 세 번째 단계는 참조, 인용 문서 또는 유사한 문서를 클릭하면 문서 목록이 나타나고 시각적 네트워크와 문서 타임 라인이 동시에 형성되며, 네 번째 단계는 문서 목록에서 "인용"으로 정렬하도록 선택하는 것입니다.

인용도가 가장 높은 문서를 클릭하면 그림 4-1과 같이 이 문서 주변에 해당 문서 목록이 나타납니다. 이것은 사용자가 선택한 연구 주제가 특별히 크지 않은 경우 곧 더 친숙한 문헌을 찾을 수 있으며, 이는 연구자가 기본적으로 관련 문헌 분야를 기본적으로 마스터했음을 의미하므로 다음 단계의 문헌 읽기 검색을 일시적으로 중지 할 수 있으며, 읽기 과정에서 누락 된 문헌을 발견하면 보완 검색을 계속할 수 있습니다.

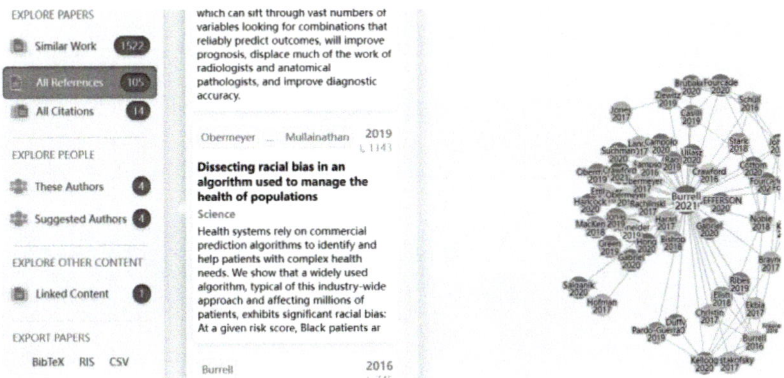

그림 4-1 **리서치 래빗의 문헌 매핑**

리서치 래빗 외에도 오픈 지식 지도와 같은 다른 많은 AI 도구들도 문헌 정보 검색에 도움을 줄 수 있습니다. 하지만 ChatGPT와 마찬가지로 이러한 AI 도구는 영문학에 더 친숙한 반면, 한국어 문헌에 대한 지원은 부족합니다.

2. 문학 읽기 및 선별

문헌 검색 후에는 문헌 읽기가 이어집니다. 문헌의 성격에 따라 연구자는 문헌을 일반 또는 상세로 읽을 수 있으며, 이는 문헌의 사전 분류이기도 합니다. 일반 읽기든 상세 읽기든 상관없이 ChatGPT와 같은 인공지능 도구는 연구자에게 큰 도움을 줄 수 있습니다.[1]

1. 버렐 J., 포케이드 M. 알고리즘 학회[J]. 연례 인류학 리뷰, 2020 49(1):311-330.

(1) 일반적인 참고 문헌 읽기를 지원하는 AI 도구

문헌 읽기는 문헌의 내용, 구조, 주요 아이디어를 빠르게 이해하기 위해 문헌을 빠르게 훑어보고 읽는 것을 말합니다. 문헌 스캔의 목적은

(1) 문헌을 필터링하여 자신의 연구에 가장 관련성이 높고 유용한 문헌을 빠르게 식별하여 시간과 노력을 절약하고,

(2) 개요를 파악하여 해당 분야의 핵심 개념, 이론적 틀 및 연구 동향을 빠르게 이해하고,

(3) 핵심 정보를 식별하여 연구 문제, 방법론, 결과 및 결론과 같은 문헌의 핵심 정보를 빠르게 식별하는 데 도움이 되는 것입니다.

이를 통해 해당 문헌이 자신의 연구에 유용한지 여부를 빠르게 판단하고 심층적인 읽기가 필요한지 여부를 결정할 수 있습니다.

연구자는 문헌의 제목, DOI를 제공하거나 문서를 업로드하면 ChatGPT와 같은 AI 도구의 도움을 받아 손쉽게 문헌을 읽을 수 있습니다. 문헌 정보의 경우, ChatGPT와 같은 AI 도구는 대화와 상호작용의 형태로 문헌을 기반으로 요점, 핵심 아이디어, 이론과 방법, 연구의 단점 등을 제공할 수 있습니다. 그래도 더 많은 정보를 빠르게 알고 싶은 경우 연구자는 대화 상호작용 형태로 계속 질문하여 문헌 정보를 빠르게 얻을 수 있습니다.

예를 들어, SCISPACE 웹사이트에 문서의 PDF를 업로드하면 연구자는 대화를 통해 문서 내용과 상호작용할 수 있습니다. 이 사이트에서는 기본적인 일반 읽기 질문 템플릿을 제공하며, 일반적으로 12개의 일반 읽기 질문 템플릿이 제공됩니다:

① 이 논문의 초록을 두 줄로 설명하고, ②이 논문의 기여가 무엇인지, ③ 본문이 실제로 무엇을 의미하는지 설명하세요; ④이 논문의 서문 요약, ⑤ 이 논문의 문헌 고찰, ⑥ 이 논문에서 사용된 방법은 무엇인가, ⑦ 이 논문에서 사용된 데이터는 무엇인가, ⑧ 이 논문의 데이터 분석 결과는 무엇인가, ⑨ 이 논문의 결론은 무엇인가, ⑩ 이 논문의 한계는 무엇인가, ⑪ 이 논문에서 제안하는 향후 연구는 무엇인가, ⑫ 관련 논문 찾기 등이 있습니다.

빠른 일반 판독을 수행하는 한 가지 방법은 ChatGPT와 같은 AI 도구가 직접 여러 판독을 수행하여 테이블과 같은 시각화에서 구조화된 방식으로 한 번에 모두 출력하도록 하는 것입니다.

질문

다음 문헌을 읽고 연구 대상, 연구 질문, 연구 이론, 연구 방법론, 혁신 등 문헌의 핵심 사항을 표에 요약해 주세요. 제공된 문헌 ###(생략)###

답변

5개의 문서의 출처, 제목, 저자, 소속, 초록을 제공해주셨습니다. 연구 대상, 연구 질문, 연구 이론, 연구 방법론, 혁신 등 이 정보에서 필요한 핵심 사항을 추출하려고 노력했습니다.

포인트 등 그러나 이 정보가 간결하기 때문에 모든 문헌을 완전하고 정확하게 요약할 수는 없습니다. 따라서 대략적인 일반화만 제시할 수 있으며 자세한 내용은 문헌 전문을 읽어보시기 바랍니다.

다음은 제공한 문헌의 내용을 바탕으로 제가 만든 표의 요약입니다.(표 생략)

이 정보가 도움이 되었기를 바랍니다. 더 많은 문헌의 내용을 읽고 요약하는 데 도움이 필요하시면 문헌의 제목이나 링크를 더 알려주시거나 더 정확한 검색어를 사용하여 관심 있는 분야나 주제를 지정해 주세요. 여러분의 이해와 협조에 감사드립니다.

문헌 일반 읽기의 첫 번째 단계에서는 문헌을 1차적으로 선별하여 관련성이 낮거나 질이 떨어지는 문헌을 걸러내고, 남은 문헌에 대해서는 면밀한 읽기 단계에 들어갑니다.

(2) 참고 문헌의 상세한 독해를 돕는 AI 도구

문헌의 상세(면밀)한 읽기는 문헌 작품을 깊이 있고 신중하며 종합적으로 읽고 분석하는 방법입니다. 일반적인 문헌 읽기와 달리 문학 면밀한 읽기의 목적은 문헌의 모든 세부 사항, 관점 및 주장을 철저히 이해하고 이를 자세히 분석하고 평가하는 것입니다.

문헌 상세한 읽기의 목표: 1) 전체 텍스트를 주의 깊게 읽습니다. 서론, 방법, 결과 및 논의를 포함하여 문헌의 각 섹션을 주의 깊게 읽고 각 섹션의 목적, 내용 및 구조를 이해합니다. 메모하고 표시합니다. 읽는 과정에서 주요 정보, 아이디어, 증거, 논거를 메모하고 표시합니다. 질문하기. 독서 과정에서 연구 방법론, 데이터 해석, 연구 결과 및 결론의 정당성 등의 측면과 관련된 질문을 통해 깊이 있는 사고와 분석을 촉진하는 데 도움이 될 수 있습니다. 다른 문헌을 참고합니다. 필요에 따라 저자의 관점과 연구 맥락을 더 잘 이해하고 평가하기 위해 해당 문헌과 관련된 다른 문헌을 검토합니다. 문헌 정독은 기본적인 텍스트 및 구조적 읽기부터 시작하여 계층적, 단계적, 점진적 과정입니다.

논리, 맥락, 사고의 수준까지 다양한 수준의 읽기 방법이 있습니다. ChatGPT와 같은 인공지능 도구는 이 단계의 문헌 독서에 큰 도움을 줄 수 있습니다 .

다음은 SCISPACE 웹사이트에 '알고리즘 학회'라는 제목의 논문 샘플을 업로드하여 문헌을 자세히 읽는 데 도움이 되는 SCISPACE 웹사이트 사용법을 시뮬레이션한 것입니다.

첫 번째는 문서의 단어, 구, 문장, 단락 등 텍스트 수준에서 자세히 읽는 것입니다. 특히, 익숙하지 않은 분야의 문헌을 읽을 때, 문헌의 핵심 텍스트를 파악할 수 없기 때문에 자세히 읽다가 많은 핵심 정보를 잃어버리는 경우가 있습니다. 또한, 문헌의 상관관계가 약하고 복잡하기 때문에 연구자들은 때때로 문제가 생길까 봐 일부 핵심 개념을 조사하지 않아서 면밀한 읽기의 효과에 영향을 미치기도 합니다. SCISPACE는 문헌 읽기의 효과를 향상시킬 수 있습니다. 일반적인 질문에 대한 템플릿을 제공하는 것 외에도 SCISPACE는 제공된 정보에 대한 매우 구체적인 질문도 제공합니다. 예를 들어, 업로드된 샘플 논문 '알고리즘 사회'의 경우 SCISPACE는 "알고리즘 우위란 무엇인가", "통계적 불평등이란 무엇인가", "기능주의와 불평등에 미치는 영향은 무엇인가", "기능주의와 불평등에 미치는 영향은 무엇인가" 등의 질문을 제공합니다. "기능주의와 그 구조란 무엇인가" 및 기타 11개의 질문 등 이러한 질문은 연구자가 논문을 더 깊이 이해하는 데 매우 유용합니다. 또한 SCISPACE는 논문의 주요 수치, 그래프 및 관련 통계 정보를 분석하고 해석할 수 있는 특별한 '수학 및 표 설명' 기능을 제공합니다.

또한 연구자가 웹사이트에서 문서를 읽다가 모르는 용어나 문장을 발견하면 해당 용어나 문장을 선택하면 해당 페이지에 자동으로 액션 박스가 나타나고, 연구자는 선택한 용어나 문장에 대해 댓글을 달 수 있습니다.

둘째, 구조적 수준에서의 면밀한 분석입니다.

학술 논문은 매우 구조화된 글쓰기 장르입니다. 학술 논문의 전체 구조는 표 4-2와 같이 연구 대상, 연구 질문, 연구 결론, 연구 관점, 연구 방법 등 논문의 주요 요소를 먼저 파악한 다음 그에 따라 학술 논문의 구조화된 독서 노트 틀을 구성하는 '상하 좌우 구조' 논문 구조도를 참고할 수 있습니다.

표 4-2 구조화된 읽기 노트의 도식적 프레임워크

<table>
<tr><th rowspan="2">논문 제목</th><th colspan="3">연구 대상</th><th rowspan="2">연구 문제</th><th colspan="3">연구 관점</th><th colspan="3">연구 방법론</th><th colspan="3">결과</th></tr>
<tr><th>결정자 (문법)</th><th>연구</th><th>단위</th><th>연구 차원</th><th>패턴</th><th>이론적 틀</th><th>정량적 방법</th><th>정성적 방법</th><th>혼합 방법</th><th>핵심 관점</th><th>추가 논의 사항</th><th>연구 전망</th></tr>
<tr><td>논문 주요 주제 1</td><td></td><td></td><td></td><td></td><td></td><td></td><td></td><td></td><td></td><td></td><td></td><td></td><td></td></tr>
<tr><td>논문 주요 주제 2</td><td></td><td></td><td></td><td></td><td></td><td></td><td></td><td></td><td></td><td></td><td></td><td></td><td></td></tr>
</table>

보다 세부적인 수준에서 학술 논문의 구조적 틀은 표 4-3과 같이 더 세분화된 구조로 나눌 수 있는 작은 구조적 요소로 구성될 수 있습니다.

표 4-3 학술 논문의 세분화된 구조

프레임 구조	세련된 구조
머리말	연구 배경 / 연구의 필요성 / 연구 대상 / 연구의 의의 / 연구 아이디어
문헌 검토	검토 대상 / 문헌 종합 / 문헌 설명 / 문헌 검토 / 문헌 간극
이론적 프레임워크	이론적 출처 / 이론적 발전 / 이론적 내용 / 이론적 적용
연구 방법론	방법론 내용 / 방법론 설계 / 샘플링 / 데이터 수집 / 신뢰성 테스트
분석 프로세스	모델링 / 논리적 추론
결론에 도달하기	반복되는 연구 아이디어 / 연구 의의 / 연구 결과 / 연구 단점 / 연구 전망

과거에는 사람들이 문헌을 읽을 때 문헌의 구조를 분해하고 해당 구조 요소를 분류하는 데 많은 노력을 기울여야 했지만, 이제는 AI 도구의 도움으로 문헌의 구조를 매우 쉽게 파악할 수 있습니다. 연구자는 SCISPACE 웹사이트에서 자유롭게 질문하여 AI 도구가 논문의 구조를 분해하도록 할 수 있습니다. 다음은 업로드된 논문 '알고리즘 소사이어티'의 예시입니다.

질문

연구 대상, 연구 질문, 연구 이론, 연구 방법론 및 연구 결론을 포함하여 이 글의 구조를 분석해 주세요.

답변

이 논문에서는 방대한 데이터 세트와 컴퓨터 코드로 작성된 알고리즘의 결합이 갖는 사회적 의미에 대해 논의합니다. 저자는 이러한 변화와 관련된 학술 문헌을 읽고 프로그래머라는 새로운 직업군의 부상에 대해 논의할 것을 제안합니다. 또한 저자는 도메인 간 수학적 최적화 기법의 구현으로 의사 결정에서 보험 계리 논리의 역할이 강화되었음을 보여줍니다.

이 논문은 디지털 커뮤니케이션에서 널리 사용되는 알고리즘 중재가 사람들의 상호 작용, 관계 형성, 사고 방식을 어떻게 변화시키는지 탐구합니다. 저자는 마지막 부분에서 AI의 미래 전망에 대한 우려를 제기하면서도 알고리즘 프로세스, 사회 구조, 주관성 간의 결합이 점점 강화되고 있음을 강조합니다.

연구 질문은 세 가지 주제를 다룹니다: 새로운 직업 범주의 등장, 수학적 최적화 기술의 구현, 그리고 디지털 커뮤니케이션의 변화입니다. 방대한 데이터 세트와 컴퓨터 코드로 작성된 알고리즘을 결합하는 이론적 접근은 사회적으로 중요한 함의를 지니고 있습니다.

연구 방법론은 이러한 변화와 관련된 학술 문헌을 분석하는 방식으로 진행되었습니다. 연구 결과에 따르면 새로운 직업군의 등장, 수학적 최적화 기법의 확산, 디지털 커뮤니케이션의 변화는 계리학적 의사결정 논리의 지배력을 강화시키며, 사회적 재생산과 이동의 경로에도 변화를 가져왔습니다.

셋째, 논리적 수준의 면밀한 읽기입니다.

학술 논문은 엄격한 논리에 기반한 글이어야 하지만, 문서의 내부 논리를 파악하기란 쉽지 않습니다. 가장 단순한 논증 구조의 기본 요소는 논제, 논증, 추론입니다. 물론 논리를 더 깊이 있게 읽기 위해서는 해당 문헌을 읽고 비판적으로 사고하는 것이 중요합니다. 예를 들어, 저자의 입장이나 저자가 인식하지 못한 가치 또는 암묵적인 가정은 전체 논증의 기본 논리이며, AI 도구로 분석할 수 있습니다.

질문

저자의 편견, 가치관 또는 암묵적인 가정을 표시해 주세요.

답변

이 논문의 저자들은 방대한 데이터 세트와 컴퓨터 코드로 구성된 알고리즘이 지니는 사회적 의미를 비판적으로 분석합니다. 저자들은 새로운 직업군과 프로그래밍 엘리트, 그리고 수학적 최적화 기술의 교차 도메인 구현이 의사 결정에서 계리 논리의 지배력을 강화하고, 이로 인해 사회적 재생산과 이동 경로에 변화를 초래할 가능성이 있다는 암묵적 가정을 제시합니다.

AI에 대한 극단적인 전망에 대해서는 신중한 태도를 취하면서도, 저자들은 알고리즘 프로세스, 사회 구조, 주관성 간의 연결이 점차 강화되고 있다는 사실을 인정합니다. 또한, 프로그래밍 엘리트에 의한 권력 집중의 잠재적 부정적 영향과 수학적 최적화 기술의 도입이 사회 구조와 개인의 주관성을 변화시킬 가능성에 대해 깊은 우려를 표합니다.

넷째, 거시적 관점에서의 면밀한 읽기입니다.

학술 문헌은 지식의 전달자로서 다른 문헌과 공생하고 공존하며 전체 지식 네트워크는 생태 네트워크와 같으며 독립적으로 존재하는 지식은 없으며 독립적으로 존재하는 문헌은 없을 것입니다. 거지거 관점에서의 면밀한 읽기는 매우 높은 문턱이 존재하는 기술로 여겨져 왔으며, 숙달하기도 쉽지 않고 적용하기도 쉽지 않습니다. 하지만 강력한 분석과 방대한 데이터베이스를 기반으로 하는 AI 도구는 연구자들이 보다 거시적인 관점에서 문헌을 이해할 수 있도록 도와주며 연구 방향을 쉽게 제시할 수 있습니다.

SCISPACE에서는 관련 문헌을 얻고 문헌 계보를 형성하는 세 가지 방법이 있습니다. 첫 번째 경로는 '관련 논문 찾기'와 같이 시스템에서 제공하는 기본 질문 템플릿을 이용하는 것이고, 두 번째 경로는 텍스트를 선택하고 팝업 작업 상자에서 '관련 논문' 버튼을 클릭하면 선택한 텍스트와 관련된 문헌을 시스템에서 제공하는 것입니다; 세 번째 경로는 연구자가 자유롭게 질문하고 AI 도구가 연구자가 원하는 문헌을 제공하는 것입니다.

다섯째, 아이디어 수준에서 면밀히 읽어야 합니다.

문헌의 사상을 읽는 것은 문학 읽기의 가장 높은 요구 사항입니다. 문헌의 관념은 주로 문헌의 관점과 그 논증 과정에 반영되며, 이는 텍스트의 표면을 넘어 특정 사고 체계로 이어지며, 연구자의 문헌 관념에 대한 이해, 내면화 및 전이 라는 세 가지 측면을 포함합니다. 과거에는 문헌의 아이디어가 저자의 암묵적 지식으로만 존재할 수 있었지만, 이제 연구자는 AI 도구를 통해 이를 명시적으로 만들 수 있습니다. 예를 들어, 문학작품의 관련 텍스트를 ChatGPT와 같은 AI 도구에 '제공'하면 AI 도구가 더 많은 해석을 제공하여 연구자가 문학작품의 아이디어를 더 깊이 이해할 수 있습니다.

질문

의사 결정에서 계리학적(수학적, 데이터 기반, 알고리즘적, 통계적) 우위를 강화하는 교차 도메인 수학적 최적화 기법의 구현은 알고리즘 학회 문헌에서 사회적 재생산과 이동성의 경로를 변화시킬 잠재력이 있는 것으로 탐구되었지만, 계리학적 우위에 대한 저항도 불러일으켰습니다. 이러한 관점을 어떻게 이해할 수 있을까요? 이러한 관점은 현재 AI의 발전을 소개하는 데 어떤 새로운 관점이나 사고를 제공하나요?

답변

알고리즘 소사이어티의 이러한 관점의 핵심은 수학적 최적화 기법이 개발되고 적용되면서 의사 결정에서 보험 계리 과학의 영향력이 점점 더 중요해지고 있다는 사실입니다. 이러한 기술의 구현은 사회적 재생산과 이동이 이루어지는 방식을 변화시킬 뿐만 아니라 계리학적 지배에 대한 저항을 촉발할 수도 있습니다.

먼저 계리 과학이 무엇인지 이해할 필요가 있습니다. 계리 과학은 수학과 통계를 적용하여 위험을 평가하는 학문으로 보험, 금융 및 기타 분야에서 자주 사용됩니다. 보험계리사는 통계와 수학적 모델을 사용하여 미래 사건의 발생 가능성과 잠재적 비용을 예측합니다.

이러한 관점에서 수학적 최적화 기법의 구현은 의사 결정에서 보험수리적 우위를 강화하는 수단으로 간주됩니다. 이는 이러한 기법이 보다 정확하고 효율적인 예측과 평가를 제공하여 의사결정을 보다 과학적이고 합리적으로 만들 수 있기 때문일 수 있습니다.

그러나 이러한 기술의 구현은 사회적 재생산과 이동이 이루어지는 방식에도 변화를 가져올 수 있습니다. 계리학적 지배력이 높아지면 의사 결정이 인간의 직관과 경험보다는 데이터와 알고리즘에 더 많이 기반할 수 있기 때문일 수 있습니다. 이로 인해 새로운 사회 계층과 권력 구조가 등장하는 등 사회 재생산과 흐름의 방식에 변화가 생길 수 있습니다.

한편으로는 인간성과 도덕성이 결여된 것으로 인식되는 데이터와 알고리즘 의사결정에 대한 불신, 다른 한편으로는 계리학적 지배가 불평등한 권력 분배로 이어질 것이라는 두려움 등 계리학적 지배에 대한 저항을 불러일으킬 수 있습니다.

인공지능의 발전을 위해 이러한 관점은 새로운 시각과 사고방식을 제공합니다. 한편으로는 인공지능의 발전이 기술적인 문제일 뿐만 아니라 사회적인 문제이기도 하다는 점을 상기시켜 줍니다. 우리는 AI가 사회의 구조와 흐름을 어떻게 변화시키고 있는지, 그리고 이러한 변화가 가져올 수 있는 문제와 도전에 주목해야 합니다. 다른 한편으로는 AI의 발전이 사회적 저항을 촉발할 수 있으며, 이에 대한 이해와 대응이 필요하다는 점도 상기시켜 줍니다.

위의 글은 AI 도구의 도움으로 문학 작품을 읽는 과정에 관한 글입니다. 글을 쓸 때 연구원도 여러 문서와 긴 작품을 동시에 읽게 되는데, AI 도구를 사용하여 독서를 보조할 수 있을까요? 물론이죠.

참고용으로 AI 도구를 사용하여 여러 문서를 동시에 읽는 방법은 다음과 같습니다.

첫 번째 방법은 PDF로 채팅 플러그인 ChatGPT 4 읽기, 읽기 전에 문헌을 문서로 통합하고 Google 드라이브 또는 Dropbox 및 기타 사이트에 업로드하여 읽을 수 있는 URL 링크를 생성한 다음 ChatGPT 4에서 PDF로 채팅을 사용하여 대화할 수 있습니다. 마찬가지로 BingChat에서 대화와 상호 작용할 수도 있습니다.

두 번째 방법은 읽은 문헌을 텍스트로 변환한 다음 Claude-100k 버전을 통해 대화형 대화를 진행하는 것입니다. 세 번째 방법은 타사 프로그램 또는 자체 구축한 데이터베이스를 통해 문헌에 대한 데이터베이스를 만든 다음

채팅 씽과 같은 ChatGPT 기술을 사용한 대화형 상호작용.

단행본을 읽는 경우 여러 문서를 읽는 방법을 참조 할 수 있습니다. 여기에서는 AI 도구의 도움으로 책을 읽는 데 전념하는 또 다른 웹 사이트 인 BookAI를 소개합니다. 사용자는 책 제목, 저자 또는 Amazon의 책 링크 만 제공하면 AI 기능을 통해 책과 상호 작용할 수 있습니다. 단점은 평가판 수가 너무 적고 장기적으로 사용하려면 유료 멤버십을 개설해야한다는 것입니다.

PDF로 채팅하기, ZeteroGPT, 빙챗, 북AI, ChatDOC, ChatPDF, 채팅페이퍼, 판다GPT, PDFgear 등 독서를 돕는 AI 도구가 매우 많습니다.

3. 문헌 카테고리

문헌 검색과 읽기가 완료되면 다음 단계는 연구자의 사고 구조에 따라 선별된 문헌을 분류하는 것입니다. 문헌 분류는 문헌 검토 과정의 중간 단계로, 연구자가 선택한 연구 및 문헌 정보를 바탕으로 분류 체계를 개발하는 단계입니다. 문헌 분류는 위에서 아래로, 즉 선택한 주제에서 분류 체계를 개발하는 방향과 아래에서 위로, 즉 특정 문헌 정보에서 분류 체계를 개발하는 두 가지 방향에서 고려하고 시도할 수 있습니다.

(1) 방향 1: 하향식 – 선택된 주제에서 분류 시스템 개발

선택한 주제는 문헌의 일반적인 개요이며 문헌 검토의 기능도 선택한 주제의 가치와 정당성을 논증하는 것이며 선택한 주제에서 분류 시스템을 개발하는 것이 일반적으로 사용되는 분류 방법입니다. 앞서 분석했듯이 주제는 연구 대상, 연구 이론, 연구 방법, 연구 관점 및 기타 요소로 구성되며, 그중 논문 본문의 연구 이론, 연구 방법, 연구 관점은 일반적으로 설명의 독립적 인 구조 부분을 가지고 있지만 때로는 구조의 단순성을 고려하여 이러한 요소의 설명이 문헌 검토 부분에 배치되지만 그 본질은 여전히 독립적인 요소이므로 문헌 검토에서 실제 설명의 대상은 연구 대상입니다. 문헌 검토의 실제 대상은 연구 대상입니다. 연구 대상은 한정자, 연구 단위로 구성됩니다.

연구 차원은 종종 연구 단위와 결합되거나 한정어의 독립성 부족으로 인해 문헌 검토에서 무시되는 경우가 많습니다. 연구 단위와 연구 차원은 문헌 고찰의 핵심 요소가 되며, 문헌 고찰의 분류 체계에서 가장 중요하게 고려해야 할 요소이기도 합니다. 다음에 따른 문헌 고찰의 분류를 더 잘 이해하는 데 도움을 주고, 따라서 연구 단위와 연구 차원의 다양한 조합에 따라 그림 4-2와 같이 문헌 고찰 분류를 위한 3차원 모델이 구축됩니다.

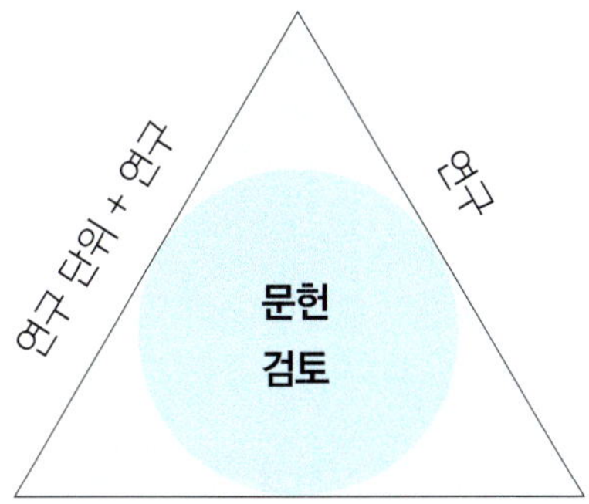

그림 4-2 문헌 고찰 분류를 위한 3차원 모델

문헌 검토 분류의 3차원 모델에 따르면 연구 단위와 연구 차원이라는 두 가지 요소는 3가지 조합을 형성할 수 있습니다. 첫 번째 조합: 연구 단위만. 이 조합은 더 구체적인 연구 단위와 다음보다 더 구체적인 연구 차원에 적합합니다.

'관광 인식'이라는 용어는 더 광범위하고 문헌 검토의 형태로 이해할 필요가 없는 상황을 지칭하는 데 사용됩니다.[2] 예를 들어 "여행에 대한 아동의 인식에 대한 탐색적 연구"라는 주제에서 "여행에 대한 아동의 인식"이 연구의 단위이고 "탐색적 연구"는 연구의 차원이며, 탐색적 연구는 연구의 목적에 대한 진술로 실질적인 의미가 없으므로 문헌 고찰(검토)에서 이해할 수 없기 때문입니다.

두 번째 조합: 연구 단위와 연구 차원, 이 조합은 연구 단위와 연구 차원이 보다 구체적이고, 문헌 고찰에서 연구 단위 또는 연구 차원을 보다 세부적인 개념으로 나누어 보다 상세하게 분류할 수 있는 경우에 적합하며, 독립 변수와 종속 변수를 별도로 상세히 설명하는 양적 연구의 가장 전형적인 조합입니다.[3] 예를 들어 "제로 컨트롤과 거울 장면: 시민 저널리즘의 투명성 서사"에서는 '시민 저널리즘'을 연구 단위로, '투명성 서사'를 연구 차원으로 하여 시민 저널리즘과 투명성 서사를 별도로 정교화하는 것이 문헌 고찰의 구조이지만 '투명성 서사'는 더 세분화된 개념으로 분할할 수 있습니다. 그러나 '투명

2. 주원휘 . 학문적 거버넌스의 혁명 : 의미 적 특성화, 생성 메커니즘 및이를 깨뜨리는 방법 [J]. 고등 교육 연구, 2020, 41(06): 26-33

3. 루 지아이, 치우 윤시, 가오 훙메이. 제로 수준의 통제와 거울 장면: 시민 저널리즘의 투명성 내러티브 [J]. 국제 저널리즘, 2019

성 내러티브'라는 개념은 다시 '투명성'과 '뉴스 내러티브'로 나눌 수 있으므로 문헌고찰의 구조는 시민 저널리즘의 세 가지 계층이 됩니다.[4]

세 번째 조합: 연구 단위 + 연구 차원. 이 조합은 연구 대상을 전체적으로 설명하는 것으로, 실제로는 두 가지 방법이 있습니다. 하나는 먼저 연구 단위 또는 연구 차원을 정교화한 다음 연구 대상을 정교화하는 것입니다. 예를 들어, 선택한 주제 "학문적 거버넌스의 내재화: 의미, 특성화, 생성 메커니즘 및 균열"에서는 먼저 "내재화"의 개념을 설명한 다음 "학문적 거버넌스의 내재화"를 포괄적으로 정교화합니다. 다른 하나는 연구 단위 또는 연구 차원을 별도로 설명하지 않고 연구 대상을 직접 설명하는 것입니다. 이러한 배열은 분류 만 형성 할 수 있기 때문에 많은 연구자들은 분류가 얇아 보인다는 점을 고려하여 연구 이론, 연구 견해, 연구 사례 등과 같은 다른 요소를 문헌 검토에 넣어 전체 텍스트 구조의 단순성을 보장합니다. 예를 들어 "커뮤니케이션 거버넌스: 중요 사건에 대한 인터넷 여론에 대한 정부 대응의 논리적 연구 – 40 개의 중요 사건에 기반한 퍼지 세트의 질적 비교 분석" 이 기사의 프레임 워크는 다음과 같습니다: 중요 사건에 대한 인터넷 여론에 대한 정부의 대응; 그리고 정부 대응의 정치적 커뮤니케이션. 이 중 전자는 '연구 단위 + 연구 차원'의 조합 인 기사의 연구 대상이고, 후자는 문헌 검토에 포함되지만 본질적으로 이론적 틀에 속하며 구조가 독립적 인 기사의 연구 이론입니다.

ChatGPT와 같은 AI 도구는 매우 강력한 구조 분석 기능을 갖추고 있으며, 토픽의 핵심 요소를 매우 효과적으로 식별한 다음 참조 분류를 제공할 수 있습니다. 아래는 이전 글에서 ChatGPT와 같은 AI 도구가 분석할 수 있는 샘플로 사용된 몇 가지 토픽의 예시로, 이와 관련하여 AI 도구의 사용과 그 효과에 대해 보다 구체적으로 이해할 수 있도록 하기 위한 것입니다.

질문

선택한 주제인 "관광에 대한 아동의 인식에 관한 탐색적 연구"를 바탕으로 문헌 고찰의 틀을

4. Li M, Cao H. . "의사 소통"거버넌스 : 긴급 상황에 대한 인터넷 여론에 대한 정부 대응 논리에 대한 연구– 40 개의 긴급 상황에 기반한 퍼지 세트의 질적 비교 분석 [J]. 전자 정부, 2020(06):32-40.

제시하되, 서론과 결론 없이 범주별로 분류하고 각 범주의 제목을 나열하고 첫 번째 수준의 제목만 제공하세요.

BingChat 답변

안녕하세요, Bing입니다. 제가 도와드리겠습니다. 선택한 주제에 따라 다음과 같이 가능한 문헌 검토 프레임워크를 생성했습니다.

- 어린이 관광의 개념과 특징
- 어린이 관광의 인지 이론과 방법
- 어린이 관광의 인식된 영향과 효과

ChatGPT 답변

선택한 주제인 "관광에 대한 어린이들의 인식에 대한 탐색적 연구"와 관련하여, 다음은 가능한 1차 문헌 검토의 프레임워크입니다.

I. 어린이 관광 시장과 그 중요성

이 섹션에서는 어린이 관광 시장의 발전과 동향, 영향과 가치, 도전과 기회에 대해 논의할 수 있습니다.

II. 어린이 관광에 대한 인식에 관한 이론과 연구

이 섹션에서는 어린이 관광 인지의 기본 이론과 이를 바탕으로 한 연구 및 결과를 살펴볼 수 있습니다. 셋째, 어린이 관광 인지 연구에서 탐색적 연구의 적용입니다.

이 섹션에서는 어린이들의 여행에 대한 인식을 연구하는 데 탐색적 연구 방법을 적용하고 이 분야에서 탐색적 연구의 가치와 중요성에 대해 논의할 수 있습니다.

위의 내용은 기본적인 틀일 뿐이며, 읽은 문헌에 따라 구체적인 제목을 미세 조정하거나 추가해야 합니다. BingChat과 ChatGPT의 응답을 비교한 결과, BingChat은 "탐색적 연구"를 식별하는 것으로 나타났습니다.

문헌고찰의 분류에 포함되지 않은 주제 선정에 있어서는 아동의 관광에 대한 인식에 초점을 맞췄고, ChatGPT의 답변은 '탐색적 연구'를 파악하여 문헌고찰의 분류에 포함시킴으로써 보다 철저했습니다.

질문

선택한 주제인 "제로 컨트롤과 미러 시나리오: 시민 저널리즘의 투명성 서사"를 기반으로 문헌 검토의 가능한 틀을 제시하고, 문헌을 카테고리별로 분류하고 각 카테고리의 제목을 나열하되 서론과 결론 없이 첫 번째 수준의 제목만 제시합니다.

BingChat 답변

안녕하세요, Bing입니다. 제가 도와드리겠습니다. 선택한 주제에 따라 다음과 같이 가능한 문헌 검토 프레임워크를 생성했습니다.

- 시민 저널리즘의 개념과 특징 투명한 내러티브의 이론과 방법

- 제로도 제어 및 미러 장면의 분석 및 적용

ChatGPT 답변

선택한 주제인 "제로 컨트롤과 거울 장면: 시민 저널리즘의 투명성 서사"를 바탕으로, 다음은 가능한 레벨 1 제목에 대한 문헌 검토의 프레임워크입니다.

I. **시민 저널리즘의 진화와 현황**

- 이 섹션에서는 시민 저널리즘의 발전 과정을 살펴보고 오늘날 시민 저널리즘의 주요 특징과 트렌드를 분석할 수 있습니다.

II. **투명한 내러티브 애플리케이션을 위한 영점 제어 및 미러 씬 이론**

- 이 섹션에서는 제로 컨트롤과 거울 장면 이론을 시민 저널리즘 투명성 내러티브에 적용하는 방법과 관련 연구에 대해 논의할 수 있습니다.

III. **시민 저널리즘에서 투명성 내러티브의 영향과 가치**

- 이 섹션에서는 시민 저널리즘에서 투명성 내러티브가 미치는 영향을 분석 및 평가하고 뉴스 보도에서 투명성 내러티브의 가치에 대해 논의할 수 있습니다.

이 프레임워크는 참고용으로만 제공되며, 읽은 실제 문헌에 따라 추가로 조정하고 최적화해야 할 수도 있습니다.

위의 사례에서 BingChat과 ChatGPT는 모두 '제로 컨트롤 및 미러링 시나리오'라는 연구 아이디어를 문헌 검토 범주에 넣었습니다.

질문

"'소통적' 거버넌스: 긴급 상황에 대한 인터넷 여론에 대한 정부 대응 논리에 관한 연구 – 40개의 긴급 상황에 기반한 질적 비교 분석"이라는 주제에 따라 문헌 검토의 가능한 틀을 제시하고 범주별로 분류한 후 서론과 결론 없이 각 범주의 제목을 나열하고 1단계 제목만 제공하세요. 서론과 결론 없이 범주별로 분류하고 각 범주의 제목을 나열하고 첫 번째 수준의 제목만 제공하는 문헌 검토에 대한 가능한 틀을 제공하세요.

BingChat 답변

안녕하세요, Bing입니다. 제가 도와드리겠습니다. 선택한 주제에 따라 다음과 같이 가능한 문헌 검토 프레임워크를 생성했습니다.

– 긴급 상황에서의 인터넷 여론의 개념과 특징

– 긴급 상황에 대한 인터넷 여론에 대한 정부의 대응 이론과 방법

– 상황에 대한 인터넷 여론에 대한 정부의 대응 논리와 경로

ChatGPT 답변

"'소통적' 거버넌스: 긴급 상황에 대한 인터넷 여론에 대한 정부의 대응 논리 연구 – 40개의 긴급 상황에 기반한 퍼지 세트의 질적 비교 분석"이라는 주제에 대해 가능한 1단계 제목에 대한 문헌 검토는 다음과 같습니다. 프레임워크.

I. 소통 거버넌스의 이론과 실제

– 이 파트에서는 커뮤니케이션 거버넌스의 기본 이론과 다양한 환경과 맥락에서의 적용 및 사례를 살펴볼 수 있습니다.

II. 긴급 상황에 대한 온라인 여론의 형성과 영향

– 이 섹션에서는 비상사태에 대한 온라인 여론이 어떻게 형성되는지, 사회와 정부에 미치는 영향, 다양한 영향력의 역할에 대해 논의할 수 있습니다.

III. 인터넷 여론에 대한 정부의 대응 전략과 논리

– 이 부분에서는 정부가 비상사태에 대한 온라인 여론에 어떻게 대응하는지, 그러한 대응의 논리는 무엇인지, 그러한 대응의 효과는 어떻게 평가할 수 있는지 논의할 수 있습니다.

인터넷 여론에 대한 정부 대응 연구에서 퍼지 집합의 질적 비교 분석 적용 사례

IV. 현재 이 부분에서는 온라인 여론에 대한 정부 대응 연구에서 퍼지 세트 질적

비교 분석 방법의 적용과 그 장점 및 국에 대해 논의 할 수 있습니다.

이 프레임워크는 참고용으로만 제공되며, 읽은 실제 문헌에 따라 추가로 조정하고 최적화해야 할 수도 있습니다.

위의 경우, BingChat과 ChatGPT는 모두 "연구 단위 + 연구 차원"을 사용하여 전체적으로 '연구 단위 + 연구 차원'의 조합을 이루고 있으며, 연구 대상 외에도 이론과 방법도 언급하고 있지만 BingChat은 더 간결하고 ChatGPT는 더 상세합니다.

위의 AI 도구에 의한 주제 샘플의 시뮬레이션 분류와 해당 논문의 실제 분류를 비교하면 여전히 중복되는 정도가 상대적으로 높습니다. 이는 AI 도구가 주제 정보에 대한 이해에 따라 분류하기 때문에 약간 기계화되어 있기 때문에 주제가 과학적인지 여부와 주제 진술이 구체적인지 여부가 AI 도구의 판단에 영향을 미치고 궁극적으로 분류 결과에 영향을 미칩니다. AI 도구에 비해 연구자의 문헌고찰 분류는 연구자가 연구의 주관성을 바탕으로 문헌고찰에 대해 더 자세한 정보를 가지고 있고 더 깊이 이해하고 있기 때문에 더 유연합니다.

전반적으로 AI 도구가 제공하는 결론은 연구자의 판단과는 다소 거리가 있지만 여전히 연구자에게 유효한 참고자료를 제공할 수 있습니다.

(2) 방향 2: 상향식 – 문헌을 통한 분류 체계 개발

ChatGPT와 같은 인공지능 도구에는 힌트 클러스터링과 텍스트 분류 기능이 있으며, 이러한 인공지능 도구의 기능을 효과적으로 활용하면 문헌 분류에 어느 정도 도움을 줄 수 있습니다.

첫째, 문서를 주요 메시지별로 분류

중국어 문헌을 처리하는 경우, 차이나 지식과 같은 문헌 데이터베이스 플랫폼에서 제목, 초록 등 주제 문헌의 핵심 정보를 로컬 머신으로 내보낸 다음 ChatGPT와 같은 AI 도구가 클러스터링 단서와 텍스트 분류 기능을 사용하여 텍스트를 인식하고 문헌을 분류할 수 있습니다.

영문 문헌의 분류를 처리하려면 중국어 문헌 분류 프로세스를 참조하여 논문의 제목과 초록과 같은 주요 정보를 ChatGPT와 같은 AI 도구에 제공한 다음 논문을 분류하도록 할 수 있습니다. 또 다른 쉬운 방법은 논문의 DOI 정보를 제공하는 것입니다. ChatGPT는 플러그인의 도움으로 DOI 정보를 인식할 수 있으며, BingChat도 DOI 정보를 인식할 수 있으므로 여러 번 AI 도구에 정보를 '피드'할 필요가 없습니다.

ChatGPT와 같은 AI 도구에 직접 자료를 '피드'하는 방법, ChatGPT를 사용하는 방법 등 여러 가지 방법으로 이 작업을 수행할 수 있습니다.

문서 읽기를 위한 플러그인 기능, 스마트 문서 플랫폼에 자료 업로드, BingChat을 통한 사이드바 세션 등을 제공합니다. 다음은 스마트 문서 플랫폼을 통한 분류 작업의 예시입니다.

첫 번째 단계는 지식 네트워크(CNN)에서 '짧은 동영상'을 주제로 한 기사 50개의 제목, 키워드, 초록 등 핵심 정보를 내보내는 것입니다. 첫 번째 단계는 중국 지식 네트워크에서 '짧은 동영상'을 주제로 한 기사 50개의 핵심 정보를 찾아내는 것입니다.

두 번째 단계는 내보낸 문서를 PDF 형식으로 변환하여 스마트 문서 플랫폼에 업로드하는 것인데, 여기에서 다음을 선택할 수 있습니다.

세 번째 단계는 명령을 입력하여 ChatDOC가 문서를 분류하도록 합니다.

질문

문서의 논문을 연구 분야에 따라 클러스터로 그룹화합니다.

답변

문서에 포함된 50개의 논문을 기준으로 다음 범주로 나눌 수 있습니다.

[1][7][12]**쇼트 비디오 플랫폼 및 마케팅 전략:** 쇼트 비디오 플랫폼으로서의 Jitterbug의 특성과 마케팅 전략을 분석하고 주류 미디어 및 기타 문헌에서 쇼트 비디오의 커뮤니케이션 전략을 탐색하는 것을 포함하여 .

[8]**쇼트 비디오가 도시 이미지와 사람과 세계의 관계에 미치는 영향:** 쇼트 비디오에 의한 도시 이미지의 재편과 사람과 세계의 관계에 관한 문헌을 살펴보고, 쇼트 비디오 플랫폼에서 도시 이미지의 커뮤니케이션 프레임워크를 분석하는 등 쇼트 비디오가 도시 이미지에 미치는 영향에 대해 연구합니다.

[11]**짧은 동영상에 대한 역사 사회학적 연구:** 역사 사회학의 관점에서 짧은 동영상 매체의 출현과 진화를 살펴보고, 짧은 동영상 매체가 평범한 사람들의 소통 본능을 일깨우고 푸코가 '이름없는 자'라고 부르는 것의 역사적 출현을 촉진했다고 주장합니다.

정부 공공 참여에서 짧은 동영상의 영향: 정부에서 짧은 동영상 공공 참여에 영향을 미치는 요인을 탐구하는 문헌을 포함합니다[4].

[7]**쇼트 비디오 사용자 가치 및 콘텐츠 방향에 대한 연구:** 쇼트 비디오 사용자 가치에 대한 연구 보고서, 쇼트 비디오의 폭발적 증가에 따른 문제점 분석, 쇼트 비디오 콘텐츠 수요 및 기타 문헌을 포함합니다.

[12]**단편 동영상 플랫폼의 인터넷 거버넌스 연구:** 단편 동영상 플랫폼의 거버넌스 문제를 분석하고 단편 동영상 플랫폼의 인터넷 거버넌스 및 기타 문헌에 대한 실현 가능한 대응책을 제안하는 것을 포함하여 .

[8][9]**짧은 동영상을 위한 알고리즘 추천 모델에 대한 연구:** 알고리즘 관점에서 본 동영상 추천 모델에 대한 문헌 포함.

결론적으로, 이러한 문헌은 주로 짧은 동영상의 산업, 마케팅, 사회학, 정치 참여 및 인터넷 거버넌스와 같은 다양한 분야에 초점을 맞추고 있으며 연구자에게 이론적 및 실제적인 참고 자료를 제공한다는 것을 알 수 있습니다.

참고: 위 첨자 참조는 생략했습니다.

ChatDOC는 문헌을 예비적인 방식으로 분류하여 연구자가 주제에 대한 전반적인 그림을 파악하는 데 도움이 되며, 다른 구현 방법도 탐색할 수 있습니다.

둘째, 문헌의 키워드를 통해 로직 맵을 구축

이 아이디어는 문헌의 키워드를 조합하여 키워드 관계의 논리 다이어그램을 구성하는 것입니다. 시각화된 논리도를 통해 핵심 위치에 위치한 키워드와 그 네트워크를 명확하게 볼 수 있으며, 핵심 키워드는 어떤 의미에서 이러한 문헌에서 가장 중요한 클래스이기도 하므로 분류를 위한 참고 자료로 사용할 수 있습니다.

마찬가지로 '짧은 동영상'과 '감정'이라는 키워드로 검색된 20개 이상의 기사에서 핵심 정보를 ChatGPT에 '공급'했으며, 다음은 분석 결과를 확인할 수 있는 마인드맵입니다. 다음은 분석 결과를 마인드맵으로 나타낸 것입니다.

질문

위의 과학 논문에서 본질적으로 관련된 30개의 키워드를 추출하고 마인드맵을 만들어 마크다운 코드를 출력합니다.

답변

제공된 과학 논문을 기반으로 내재적 연관성이 있는 다음 키워드 마인드맵이 생성되었습니다.

마크다운 코드: 생략.

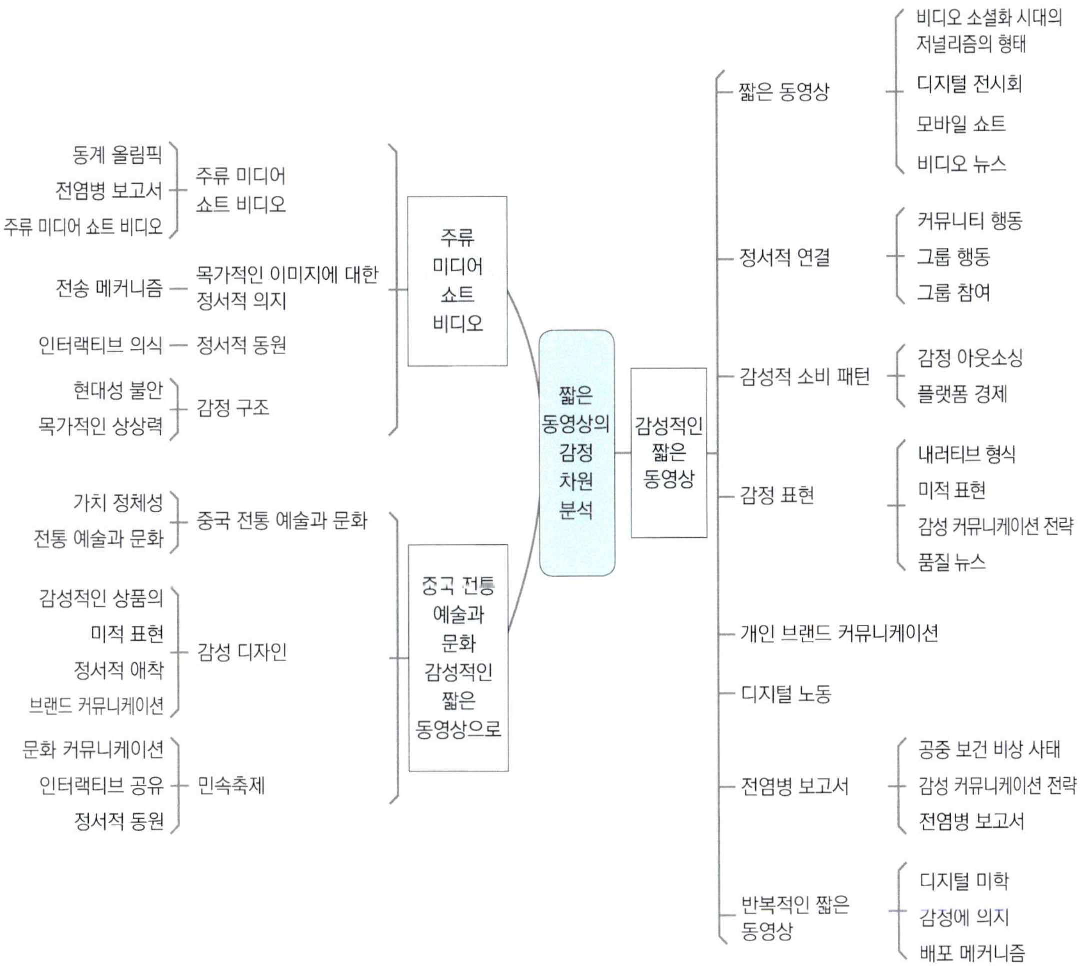

그림 4-3 **짧은 동영상 감정 차원 문헌을 위한 키워드 마인드맵**

ChatGPT에서 제공하는 코드를 마인드 매핑 소프트웨어 Xmind로 가져오면 그림 4-3과 같이 키워드 기반 마인드 맵이 생성됩니다. 연구자는 마인드맵에 구현된 분류를 기반으로 문서에 내재된 분류 단서를 찾은 다음 분류 기준을 만들 수 있습니다.

플로차트 출력을 지원하는 ChatGPT 및 기타 AI 도구는 매우 강력하며, 마크다운 코드 외에도 머메이드, PlantUML, 그래프 시각화 및 기타 형식을 생성할 수 있으며, 더 많은 것을 시도할 수 있습니다.

4. 리뷰 작성

아래에서는 문헌 검토의 구조를 제시한 다음 분류부터 논거, 논거에 따른 주장 정리, 문헌 평가 작성, 검토의 배경 작성의 순서를 각각 따릅니다.

(1) 문헌 검토의 구조

학술 논문의 전체 문헌 검토는 크게 세 가지 섹션으로 구성됩니다: 검토의 배경, 검토 대상, 검토 내용

그림 4-4와 같이 본문과 문헌 평가로 구성됩니다. 이 중 검토의 배경은 배경, 의견, 논지의 세 부분으로 구성되며, 검토의 본문은 일반적으로 여러 개의 하위 주장으로 구성되고, 문헌 평가는 분석, 비판, 혁신의 세 부분으로 구성됩니다.

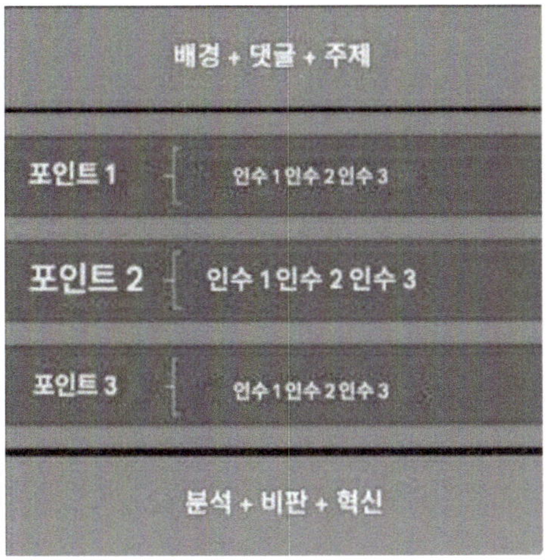

그림 4-4 문헌 검토의 구조

첫 번째 부분은 배경에 대한 개요입니다.

검토의 배경은 문헌 검토에서 배경 정보에 앞서 논문을 소개하는 부분입니다. 일반적으로 배경, 검토 및 논문의 세 부분으로 구성됩니다. 고찰의 배경을 작성하는 일반적인 형태는 이론적 배경, 역사적 배경, 개념적 배경이며, 세 가지 유형의 배경을 작성하는 논리는 다음과 같습니다.

이론적 배경을 쓰는 논리: A는 매우 중요한 연구 주제이며, 많은 사람들이 B, C, D 등 다양한 아이디어(배경)를 제시했습니다. 이러한 아이디어는 통찰력(의견)이며, 3가지 범주(논문)로 나눌 수 있습니다. 역사적 배경을 쓰는 논리: A는 과거 B 단계의 산물이며, C 단계에서는 어떤 요인으로 인해 발생했다는 논리(배경), A의 상황이 바뀌었다(주석), A에 대해 크게 D, E, F 세 가지 유형이 개발되었습니다.

개념적 배경 글쓰기 논리: A는 모든 학자들이 관심을 갖는 개념으로, A의 개념은 A의 개념에 대한 연구는 주로 B, C, D 차원(배경)에 집중되어 왔지만 E 차원(논점)에 대한 연구는 충분히 이루어지지 않았습니다. E 차원(논문)에 대한 연구에는 크게 세 가지 유형의 관점이 있습니다.

이해를 돕기 위해 이론적 유형의 배경 예시가 여기에 나와 있습니다.

(배경) 정부의 행동은 중국 정부 조직 연구의 중요한 영역으로, 많은 학자들이 정책 집행의 전 과정에서 정부의 '패치워크 대처' 전략을 심층적으로 관찰하고 개괄적으로 분석해 왔으며(Zhou et al., 2013), 선택적 이행(O'Brien & Li, 1999), 선택적 대처(양 아이핑 & 유얀홍, 2012), 정책 적응(Ying Xing, 2001), 상향식 공모(Zhou Xueguang, 2008) 등의 설명 체계를 제안해 왔다. 1999), 선택적 대처(양 아이핑, 유 얀홍, 2012), 정책 적응(잉 싱, 2001), 하향식 공모(저우 쉬에광, 2008)가 설명 프레임워크로 제시되고 있습니다. (논평) 이들 연구의 대부분은 동일한 정부가 서로 다른 정책을 시행할 때 어떤 행동을 선택하는지, 동일한 정책을 시행하는 여러 단계에서의 행동 변화 등 개별 사례에 대한 조사를 통해 정부의 정책 시행 변동에 대한 풍부한 그림을 제공합니다. (논문) 관찰된 현상은 다르지만, 대부분의 연구는 중국 정부 내 인센티브와 조직 구조의 관점에서 정부의 행동을 설명합니다.[5]

두 번째 부분은 합성의 본체입니다.

문헌 검토의 본론에서는 두 가지 주요 문제를 다룹니다. 첫째, 문헌의 분류, 즉 하위 논거의 제시와 둘째, 논증, 즉 주장의 정당성입니다. 분류의 문제는 이전 섹션에서 자세히 설명했으며, 여기서는 문헌 검토의 논증에 대해 간략하게 소개하는 데 중점을 둡니다.

완전한 논증 구조는 논제, 논증, 논증의 세 가지 핵심 요소로 구성됩니다. 일부 기본 규칙에서는 논증 과정을 생략할 수도 있습니다. 예: (논증) 길을 건널 수 없다, (논증) 신호등이 빨간색이다.

(추론) 빨간불은 정지를 의미합니다. 이 인수 논리에서 빨간불은 모든 사람에게 정지를 의미하는 기본 규칙이므로 결과에 영향을 주지 않고 인수 중에 생략할 수 있습니다.

리뷰 본문의 논거는 사실 리뷰의 분류에서 비롯되고, 분류의 과정도 논거를 구성하는 과정이지만, 위의 분류 과정은 문헌을 분류하는 일종의 단서를 따라가는 것에 불과하며 리뷰 본문을 작성할 때는 그 분류를 보다 성숙하고 명확한 학술 언어로 전환해야 합니다.

문헌 검토에는 내러티브 논증과 예시 논증의 두 가지 논증 유형이 있습니다. 내러티브

5. 첸, 나보, 리, 웨이. 정치에 '관리'를 다시 가져 오기 - 거리 사무실에서 작업, 자원 및 그리드 기반 정책 구현의 사례 비교 [J]. 사회학 연구, 2020, 35(04): 194-217+245-246.

논증은 단락을 의미합니다.

이 언어는 요점을 진술하고 논증하며 증거를 표시하지만 증거만 인용하지는 않습니다. 예시 기반 논증은 주로 증거를 인용하여 주장의 타당성을 논증하는 언어 구절을 말합니다.

내러티브 인수는 다음과 같이 표현됩니다.

첫 번째 측면과 관련하여, 경험 기반 스케줄링 방법은 스케줄링 시스템의 문제를 신속히 파악하고 질적 결정을 내릴 수 있다는 점에서 몇 가지 장점을 가지고 있습니다. 이러한 장점에는 속도, 단순성, 저렴한 비용, 실시간 성능이 포함됩니다. 그러나 이 방법은 의사 결정자의 경험과 지혜에 대한 높은 의존도를 가지며, 개인 의존성이 강하다는 단점이 있습니다. 또한, 지식 설명 과정이 어렵고, 전문가 시스템을 구축하더라도 의사결정의 품질은 지식베이스에 저장된 지식의 양과 질에 의해 제한을 받습니다(Metaxiotis et al., 2002). 더 나아가, 스케줄링 시스템에서 이러한 경험 기반 방법의 적용은 특정 지역적 특성을 띠고 있다는 점도 한계로 작용합니다(Framinan and Ruiz, 2010). 이는 스케줄링 문제를 해결하는 데 있어 범용적 접근보다는 상황에 맞는 맞춤형 접근이 필요함을 시사합니다.

예시적인 인수는 다음과 같이 정리할 수 있습니다.

최근 몇 년간의 문헌에 따르면, 소득 지표를 이용한 분석에서 **LPS(Low Premium Scheme)**의 표적 편향성이 일반적으로 발견되었습니다. 이는 잘못된 보험과 과소 보험 문제 모두에서 두드러진 경향을 보이고 있습니다. 예를 들어, **Gao 등(2009)**의 연구에 따르면, 2002년 중국 도시 LPS의 성과를 조사한 결과, 도시 가구의 2.3%만이 LPS 자격이 있었지만, 그 중 54%가 과소 보험 상태에 있었으며, 74%의 LPS 가구가 잘못된 보험에 가입된 것으로 나타났습니다.

또 다른 연구로 **왕유첸(2006)**은 2004년 중국 국가통계국이 실시한 대규모 설문조사 데이터를 분석한 결과, 중국 대도시와 중소도시의 **보험 미가입률이 32.2%**에 달했으며, **누락률은 67.4%**에 이르렀음을 밝혔습니다.

이와 같은 연구 결과는 LPS 시스템이 소득 기반 지표를 활용함에도 불구하고 목표 대상 집단에 정확히 도달하지 못하거나, 심각한 편향성을 내포하고 있음을 보여줍니다.

문헌 고찰의 논거는 주로 인용된 문헌을 말하며, 인용 방식은 직접 인용과 간접 인용으로 구분됩니다. 직접 인용은 직접 인용한 참고문헌의 내용을 말하며, 해당 줄에는 반드시 주석을 달고 출처를 표시해야 합니다. 간접 인용은 가공 후 자신의 검토에 사용 된 참고 문헌의 내용을 말하며, 자료의 처리 및 메모 추가 여부 결정의 깊이에 따라 간접 인용, 더 직접적인 인용 인 경우 메모를 추가하는 것이 좋습니다.

주석에는 해석 주석과 인용 주석의 두 가지 유형이 있습니다. 설명 주석은 텍스트의 특정 개념에 대한 해석을 의미하며, 인용 주석은 참고 문헌의 출처를 표시하는 데 사용됩니다. 주석의 형식은 주로 '순차적 코딩 방식'과 '저자–출판 연도 방식'으로 나뉩니다.

세 번째 부분은 문헌 평가입니다.
문헌 평가는 문헌 검토의 결론 부분으로, 종합된 문헌을 전반적으로 요약하고 평가하여 텍스트의 혁신적 포인트를 구성하는 것이 궁극적인 목표입니다.

(2) 분류에서 인수로

범주화 과정도 논증을 구성하는 과정이지만, 범주화는 단서에 불과하며 일반적으로 더 간단하고 직접 논증으로 사용할 수도 있고 필요에 따라 단서를 학문적으로 표현된 논증으로 가공할 수도 있습니다.

①예를 들어, "제로 컨트롤과 거울 장면: 시민 저널리즘의 투명성 서사"는 분류된 키워드를 논거로 사용하고, "알고리즘 블랙박스에 대한 관점: 디지털 플랫폼의 산술적 규제와 정보 푸시 이질성"은 학술적 표현 처리를 위해 분류된 키워드를 기반으로 합니다.[6]

선택한 연습 주제인 "프레이밍 이론의 관점에서 본 환경 테마 단편 동영상의 감정적 상호작용 연구 – 혼합 연구 방법에 기반"에 대해 ChatGPT는 다음과 같은 프레임워크를 제공합니다.

"환경을 주제로 한 짧은 동영상 관련 연구 감정적 상호작용 관련 연구– 환경 테마 단편 동영상의 정서적 상호작용 메커니즘과 효과" 선택한 주제에 대한 문헌 검토의 첫 번

6. 리우 허칭, 리앙 유칭. 알고리즘 블랙박스에 대한 관점: 디지털 플랫폼에서의 알고리즘 규제와 정보 푸시 이질성 [J]. 사회학 연구, 2023.38(2):49-71.

째 부분이 "환경 보호에 관한 단편 동영상 관련 연구"인 경우 "환경 보호에 관한 단편 동영상 관련 연구"를 검토의 부제로 직접 취할 수 있지만이 제목은 너무 단순하고 다소 구어체로 보이며 관점이 명확하지 않습니다. 그러나 이 제목은 너무 단순하고 구어체로 보이며 관점이 명확하지 않은 것 같은데이를 바탕으로 학술적 처리를 할 수 있습니까?

고민 끝에 "환경 보호에 관한 단편 동영상 연구"를 "환경 보호에 관한 단편 동영상의 감성 커뮤니케이션"으로 수정하는 것을 고려했는데, 첫째, "환경 보호에 관한 단편 동영상"의 범위가 너무 커서 포괄적이지 않고 감성 커뮤니케이션의 관점에서 분석 할 수 있고, 둘째, "감정"이 "감정"의 상위 개념이기 때문에 감성 커뮤니케이션의 관점에서 더 잘 분석 할 수 있기 때문입니다. 첫째, '환경 테마 단편 영상'의 범위가 너무 넓어 포괄적이지 않기 때문에 감성 커뮤니케이션 관점에서 분석할 수 있고, 둘째, '감성'은 '정서'의 상위 개념으로 감성 커뮤니케이션 관점에서 시작하면 연구 차원과 더 잘 결합할 수 있기 때문입니다. 물론 이것은 사고 방식과 경로를 보여주는 것일 뿐이며 구체적인 구현에는 문헌의 더 많은 정보가 고려되어야 합니다.

키워드를 구체화할 때는 중국 지식 네트워크의 '문장 검색' 기능이나 칭니안 학술의 '단어에 따른 문장 검색' 기능을 사용할 수 있으며, 물론 가장 안전한 방법은 문헌에서 영감과 실마리를 찾는 것입니다.

(3) 논제에 기반한 논증 정리하기

논제가 정해지면 이를 중심으로 논점을 정리해야 합니다. 일반적으로 논증의 각 단락은 일반 또는 일반 요약을 사용하여 요약합니다.

이 구조에서 핵심 문장은 저자의 주장입니다. 핵심 문장은 상상이 아니며, 논증의 제목, 다음 구체적인 논증, 논증의 핵심 문장을 찾는 것은 논증의 영혼을 찾는 역할을합니다.

논증에서 핵심 문장을 개발하는 것은 문헌에서 추출하거나 ChatGPT와 같은 AI 도구의 도움을 받아 수행할 수 있습니다.

질문

짧은 환경 동영상과 감성 커뮤니케이션의 관계를 한 문장으로 요약해 주세요.

답변

환경을 주제로 한 짧은 동영상은 커뮤니케이션 매체로서 콘텐츠에 명백한 감정적 요소를 포함할 뿐만 아니라 감정을 확산시키는 강력한 능력을 가지고 있어 시청자의 감정적 경험을 효과적으로 형성하고 환경 문제에 대한 태도와 행동 선택에 큰 영향을 미칩니다.

문헌을 계속 반복해서 읽으면서 동의하는 핵심 문장을 완성하세요. 다음은 AI 도구에서 제공하는 위의 핵심 문장을 사용한 후속 데모입니다.

다음으로 해야 할 일은 핵심 문장을 기반으로 완전한 논증 논리를 개발하는 것입니다. 이 단계에는 세 가지 방법이 있습니다. 첫 번째 아이디어는 ChatGPT와 같은 AI 도구가 핵심 문장을 중심으로 완전한 논증을 개발하도록 하는 것입니다;

두 번째 아이디어는 핵심 문장 외에 관련 문헌 정보를 제공하여 ChatGPT와 같은 AI 도구가 핵심 문장과 문헌을 서로 연결하고이를 기반으로 필요한 처리를 수행하여 궁극적으로 완전한 논증을 형성 할 수 있도록하는 것입니다. 세 번째 아이디어는 ChatGPT와 같은 AI 도구에 모방 할 모델 에세이를 제공하여 핵심 문장을 기반으로 할 수 있거나

"핵심 문장 + 문헌"을 사용하여 완전한 논증을 구성합니다.

질문

당신은 선임 문헌 검토 작성 전문가가 되라는 요청을 받았습니다. 핵심 문장에 따르면 "커뮤니케이션 매체로서 환경 보호에 관한 짧은 동영상의 콘텐츠는 명백한 감정적 요소를 포함하고 있을 뿐만 아니라 감정을 전파하는 강력한 능력을 가지고 있어 시청자의 감정적 경험을 효과적으로 형성하고 환경 보호 문제에 대한 태도와 행동 선택에 큰 영향을 미칩니다." 완전한 문헌 검토로 심화하세요. 요구 사항: 영문 문헌을 참조하고, 중국어로 출력하며, 본문에서 해당 위치에 (저자-출판 연도) 형식으로 참고 문헌을 표시하고, 마지막에 의존하는 참고 문헌을 나열하세요.

답변

환경 테마의 짧은 동영상은 환경 보호를 주제로 모바일 인터넷 플랫폼을 통해 배포되는 최대 10분 길이의 동영상 콘텐츠를 말합니다(Pennes, 2020). 이 새로운 미디어 형식은 다양한 사회적 이슈, 특히 환경 보호 분야의 커뮤니케이션에 중요한 역할을 하고 있습니다(Smith,

2022). 이 백서는 시청자의 감정적 경험을 형성하고 환경 문제에 대한 태도와 행동 선택에 영향을 미치는 방식을 이해하기 위해 감정적 요소와 감정 전달 능력을 모두 탐구합니다.

첫째, 환경을 주제로 한 짧은 동영상은 감정적 요소가 분명하기 때문에 감정적 색채가 강한 이미지와 음향 효과를 통해 시청자의 인식에 깊은 영향을 미쳐 시청자의 공감을 불러일으킬 수 있습니다(Brown and Jones, 2022). 이러한 정서적 공명은 시청자가 환경 문제에 대해 더 깊은 이해와 관심을 갖도록 유도할 수 있는 잠재력을 가지고 있습니다(Kim and André, 2021). 환경을 주제로 한 단편 동영상의 감정적 요소는 (1) 환경 보호에 대한 긍정과 지지를 표현하는 데 사용되는 기쁨, 희망, 칭찬과 같은 긍정적 감정, (2) 환경 문제에 대한 우려와 경고를 표현하는 데 사용되는 분노, 공포, 슬픔과 같은 부정적 감정, (3) 환경 문제에 대한 다원적이고 통찰력 있는 견해를 표현하는 데 사용되는 풍자, 유머, 놀라움과 같은 복합 감정으로 구분할 수 있습니다(Pennes, 2020).

둘째, 환경을 주제로 한 짧은 동영상은 강한 정서적 소통 능력을 가지고 있으며, 이는 자극-기관-반응(SOR) 모델을 통해 시청자의 정서적 경험에 영향을 미칠 수 있으며, 이는 다시 환경 문제에 대한 태도와 행동 선택에 영향을 미칩니다(Wang and Yue, 2022). 정서적 경험은 시청자가 짧은 동영상을 시청하는 동안 느끼는 전반적인 감정과 인상을 말하며(Pennes, 2020), 지각 수준, 감정 수준, 의미 수준의 세 가지 수준으로 나눌 수 있습니다. 단편 영상의 내용적 특징(예: 유용성, 사용 편의성, 오락성 등)과 형식적 특징(예: 사운드, 영상, 리듬 등)은 각각 자극 요인으로 작용하고, 시청자의 긍정적 또는 부정적 감정(예: 기쁨, 분노, 공포 등)과 시청자의 개인적 특성(예: 흥미, 가치, 인지 스타일 등) 간의 적합감을 유발하여 환경 문제에 대한 태도 및 해결 의지에 영향을 주어 반응 요인으로 작용하게 됩니다. 이 과정에서 시청자의 감정적 경험이 매개 역할을 합니다.

결론적으로, 환경을 주제로 한 짧은 동영상은 감성적인 요소와 강력한 감정 전달 능력을 통해 시청자의 마음을 사로잡는 데 성공했습니다.

정서적 경험을 하고 환경 문제에 대한 태도와 행동 선택에 깊은 영향을 미칩니다. 따라서 환경 보호를 주제로 한 짧은 동영상이 환경 보호 행동을 촉진하는 데 중요한 역할을 할 것이라고 믿습니다.

참조

- 브라운, A. 및 손스, B. (2022). 정서석 공명과 환경 커뮤니케이션 : 하나의 지구 난편 영화 사례 연구. 환경 저널. 심리학, 68, 102-109.

- 김, J. 과 안드레, E. (2021). 미디어 커뮤니케이션에서 감정의 역할 : 검토 및 연구 의제. 미디어 심리학, 24(1), 1-29.
- Pennes, R. (2020). 하나의 지구 환경 단편 영화. 유튜브.
- Smith, J. (2022). 소셜 미디어에서 짧은 형식의 비디오의 부상과 영향. 소셜 미디어 + 사회, 8(1), 1-12.
- Wang, X., and Yue, X. (2022). 소셜 미디어에서 짧은 과학 비디오 기능이 사람들의 환경 의지에 미치는 영향의 메커니즘에 대한 연구 -SOR 모델을 기반으로합니다. -SOR 모델에 기반한 연구. 환경 과학의 프론티어, 1611.

위의 AI 도구의 응답은 논증의 구조적 구성, 계보 또는 비전 측면에서 일정 수준의 품질을 가지고 있습니다. 이 시점에서 연구자는 AI 도구가 제공하는 문헌의 진위 여부에 특히주의를 기울여야합니다. BingChat과 같은 AI 도구가 문헌 데이터베이스를 검색 할 수 있지만 주제 선택으로 인해 여전히 논거로 적절한 문헌을 여러 번 찾지 못하고이 시점에서 문헌을 조작 할 수 있습니다. AI 도구를 사용하여 연구 작성을 지원할 때 연구자는 참고 문헌의 진위 여부를 확인해야 할뿐만 아니라 문헌의 텍스트로 더 깊이 들어가 AI 도구가 인용 한 아이디어가 실제인지 확인해야하며 동시에 자신의 문헌 검토 작성에 직접 적용해서는 안되지만 자신의 문헌 검토 구성을위한 보조 아이디어로 사용할 수 있습니다.

(4) 문헌 검토 작성

길이로 보면 문헌 평가는 논문의 작은 부분을 차지하지만 그 중요성은 결코 낮지 않습니다. 문헌 평가는 전체 논문의 핵심이므로 문헌 평가가 정확한지 여부는 전체 논문의 의도에 직접적인 영향을 미칩니다. 문헌 평가는 아래와 같이 분석, 비평, 혁신의 세 부분으로 구성됩니다.

(분석) 행복의 사회적 네트워크 효과는 사전 예방적 저축 유인을 약화시키고 유동성 제약을 완화하여 가계 전반의 소비를 촉진할 뿐만 아니라, 가계의 사회적 소비를 직접적으로 증가시키지만 (비판) 기존 문헌에서는 이에 대한 체계적인 분석이 수행되지 않았다. (본 논문은 대표적인 마이크로 실문조사 데이터를 바탕으로 행복의 사회적 네트워크 효과가 국민들의 소비행태에 미치는 영향을 평가한다.

혁신적인 포인트는 문헌 평가 섹션의 중심에 있습니다. 통찰력 있는 혁신을 생각해내는 것은 쉽지 않습니다. 아이디어를 도출하는 방법에 대한 이해를 돕기 위해 그림 4-5와 같은 "경계 허무는 혁신 모델"을 참조하는 것이 좋습니다.

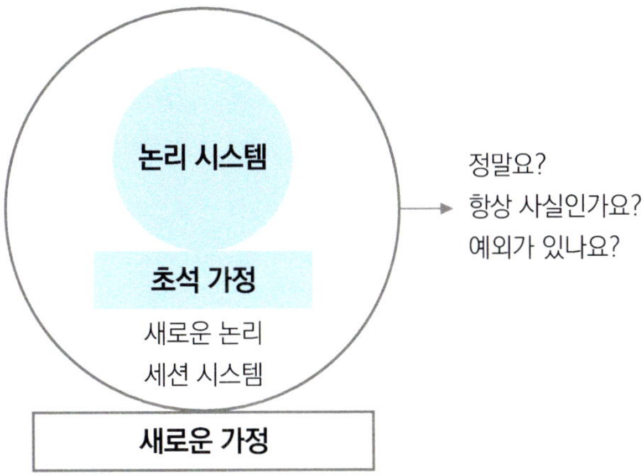

그림 4-5 경계를 허무는 혁신 모델

경계 허무는 혁신 모델은 카오스 아카데미의 설립자 리샨유가 제시한 비즈니스 모델 분석 사고 모델로, 기존 정보를 바탕으로 새로운 돌파구를 모색하는 많은 분야에서 매우 적용 가능한 모델입니다. 이 모델을 간단히 해체하면 사회는 다양한 현상으로 구성되어 있고 각 현상에는 일정한 법칙이 있으며, 그 현상이 설명할 수 있는 논리 체계라면 법칙은 이 논리 체계의 초석의 가정으로, 그림 4-6과 같이 '논리 가정' 모델을 형성합니다.

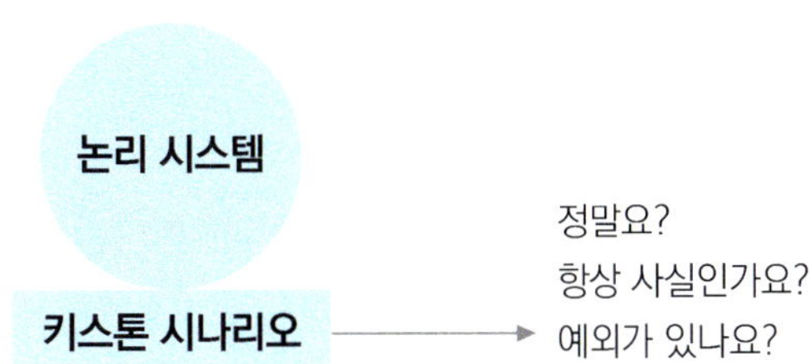

그림 4-6 현상 및 법칙 형성에 대한 '논리 가설' 모델

혁신의 지점은 기존 시스템 내에 존재하는 것이 아니라 기존 시스템을 깨고 기존 시스템을 넘어 새로운 시스템을 구축해야 하는 경우가 많은데, 이것이 바로 경계 허무는 혁신 모델의 본질입니다. 혁신의 핵심은 기존 시스템을 깨는 것과 새로운 시스템을 구축하는 것의 관계에 있으며, 이것이 바로 경계 파괴 혁신 모델의 본질입니다. 여기서 우리는 "5W" 법칙, 즉 5가지 질문을 통해 돌파구를 찾습니다.

1. 기존 시스템의 논리적 체계는 무엇인가요?

2. 기존 시스템의 기본 가정은 무엇인가요?

3. 기존 시스템에 대한 본질적인 인식은 무엇인가요?

4. 초석의 가정은 항상 사실일까요?

5. 새로운 가정은 무엇인가요?

이 5가지 질문은 비교적 추상적이기 때문에 답변의 본질에 대해 추상적이고 인지적으로 생각하는 응답자의 능력에 큰 도전이 되며, 답변이 좋지 않거나 통찰력이 없는 경우 모델이 무효화됩니다. 이때 ChatGPT와 같은 AI 도구를 사용하여 사고를 지원할 수 있습니다. 다음은 경계를 허무는 혁신 프로세스를 테스트하기 위한 샘플로 이전 AI 도구에서 제공한 합성 콘텐츠입니다.

질문

다음 콘텐츠의 논리 체계와 가정을 분석해 주세요. 인공지능 도구에서 제공하는 합성 콘텐츠에 대해서… ####(생략)

답변

이 세그먼트는 환경을 주제로 한 짧은 동영상이 시청자의 감정에 미치는 영향과 이러한 감정적 경험이 환경 문제에 대한 시청자의 태도와 행동 선택을 어떻게 변화시키는지에 대한 분석입니다. 논리적 체계와 가정은 다음과 같이 요약할 수 있습니다.

환경을 주제로 한 짧은 동영상은 감정적 요소가 강합니다: 이는 이 논문에서 중요한 가설로, 짧은 동영상은 감정적 색채가 강한 이미지와 음향 효과를 통해 시정자의 인식에 영향을 미치고 시청자가 환경 문제에 대해 더 깊이 이해하고 관심을 갖도록 유도할 수 있다는 것을 시사합니다.

환경을 주제로 한 짧은 동영상은 정서적으로 소통하는 능력이 뛰어납니다: 짧은 동영상은 자극-기관-반응(SOR) 모델을 통해 시청자의 정서적 경험에 영향을 미치고, 이는 다시 환경 문제에 대한 태도와 행동 선택에 영향을 미친다는 가설이 있습니다.

시청자의 감정적 경험은 전체 논리 체계의 핵심인 매개 역할을 합니다. 첫째, 짧은 동영상은 감정적 요소와 감정 전달 능력을 통해 시청자의 감정 반응을 유발하는 자극제 역할을 하며, 이는 다시 환경 문제에 대한 시청자의 인식, 태도 및 행동에 영향을 미칩니다. 둘째, 시청자의 정서적 경험이 이 과정에서 매개 역할을 하여 짧은 동영상의 정서적 요소와 시청자의 반응을 연결합니다.

환경을 주제로 한 짧은 동영상은 시청자의 감정적 경험을 형성하고 태도와 행동 선택에 영향을 줄 수 있으며, 이것이 전체 논리 체계의 결론이자 이 콘텐츠의 핵심입니다.

환경을 주제로 한 짧은 동영상은 환경 친화적인 행동을 장려하는 데 중요한 역할을 할 것입니다. 이는 위의 모든 가정과 논리적 추론에 기반한 예측이며, 이 세그먼트의 궁극적인 목표입니다.

이 세그먼트는 전반적으로 환경을 주제로 한 단편 동영상의 정서적 요소와 정서적 소통 능력, 그리고 시청자의 정서적 경험에 미치는 영향을 가설화하고, 이를 통해 단편 동영상이 시청자의 환경 행동에 미치는 영향과 영향력을 도출합니다. 이는 환경을 주제로 한 짧은 동영상을 이해하고 분석하기 위한 효과적인 프레임워크를 제공하는 강력하고 긴밀하게 구조화된 논리 시스템입니다.

질문

그렇다면 위 분석의 논리와 가정에서 어떤 본질적인 인식을 추론할 수 있을까요?

답변

위의 논리와 가정을 통해 다음과 같은 필수 인식을 추론할 수 있습니다.

환경 보호를 주제로 한 짧은 동영상은 감성적인 색채의 이미지와 음향 효과로 시청자의 인식에 깊은 영향을 미치며, 이러한 감성적인 색채는 시청자가 환경 보호 문제를 더 깊이 이해하고 더 많은 관심을 기울일 수 있도록 유도할 수 있기 때문에 미디어의 감성적인 요소는 정보 확산에 매우 중요합니다. 이는 미디어의 형태에 관계없이 감정적 요소는 시청자의 공감과 반응을 효과적으로 자극할 수 있는 중요한 정보 전달 방법이라는 것을 보여줍니다.

정보 확산과 태도 형성에서 정서적 경험의 매개 역할: 정보를 받아들이는 과정에서 청중의 정서적 경험은 정보 수용의 정도를 반영할 뿐만 아니라 정보에 대한 태도와 행동 선택에도 영향을 미칩니다. 이는 정서적 경험이 정보 확산과 태도 형성의 핵심 연결고리임을 보여줍니다.

뉴미디어가 사회적 행동에 미치는 영향: 환경 주제에 대한 짧은 동영상은 감성적인 요소와 강력한 감성 커뮤니케이션 기능을 통해 시청자의 정서적 경험을 성공적으로 형성하여 환경 문제에 대한 태도와 행동 선택에 큰 영향을 미쳤습니다. 이는 뉴미디어, 특히 짧은 동영상의 형태가 사회 문제 소통에 미치는 강력한 영향력을 보여줍니다.

환경 행동 장려에 있어 뉴미디어의 잠재력: 환경을 주제로 한 짧은 동영상은 환경 행동 장려에 중요한 역할을 할 것입니다. 이는 뉴미디어의 광범위한 보급과 강력한 전염력을 바탕으로 사회적 행동, 특히 환경 보호 행동의 장려를 유도하는 데 있어 뉴미디어의 큰 잠재력을 보여줍니다.

이러한 필수 인식은 환경 보호와 환경 행동의 촉진에 있어 뉴미디어, 특히 환경을 주제로 한 짧은 동영상의 중요한 역할과 정보 전파 및 시청자 행동의 영향에 있어 정서적 요소와 정서적 경험의 핵심적인 역할을 강조합니다.

질문

이 가설은 항상 사실인가요? 현재 가설과 다른 새로운 가설이나 그 반대의 가설이 있나요?

답변

위의 가정과 논리적 추론은 감정적 정보에 대한 인간의 민감성과 뉴미디어(특히 짧은 동영상)의 광범위한 도달 범위를 기반으로 하기 때문에 대부분 타당합니다. 하지만 그렇다고 해서 모든 경우에 적용되는 것은 아닙니다. 다음과 같은 새롭거나 상반되는 가정도 이루어집니다.

시청자의 개인적 차이와 문화적 배경이 정서적 경험의 효과에 영향을 미칠 수 있습니다. 시청자의 개인적 특성(예: 연령, 성별, 교육 배경 등), 문화적 배경, 인지적 스타일은 환경 주제에 대한 짧은 동영상에 대한 정서적 경험과 반응에 영향을 미칠 수 있습니다. 예를 들어, 일부 시청자의 경우 지나치게 강한 감정적 요소가 환경 문제에 주의를 기울이기보다는 방어적인 반응을 유발할 수 있습니다.

정보 과부하로 인한 환경 테마의 짧은 동영상 효과 저하: 정보가 넘쳐나는 인터넷 환경에서 시청자는 정보 과부하를 경험할 수 있습니다. 환경을 주제로 한 짧은 동영상이 너무 많으면 시청자의 피로를 유발하고 오히려 집중력을 떨어뜨릴 수 있습니다.

시청자의 환경 인식은 사회적 및 정책적 요인에 의해 영향을 받을 수 있습니다. 시청자의 환경 행동은 짧은 동영상의 영향 외에도 사회적 압력, 정책 방향, 경제 상황 및 기타 요인에 의해 영향을 받을 수 있습니다. 이러한 요인들이 충분히 뒷받침되지 않으면 짧은 동영상에만 의존해서는 원하는 환경 행동 변화를 달성하기 어려울 수 있습니다.

위의 가설은 환경을 주제로 한 단편 동영상이 시청자의 정서적 경험과 환경 행동에 영향을 줄 수 있는 중요한 감성 요소와 감성 커뮤니케이션 기능을 가지고 있지만, 실제 적용 시에는 시청자의 개인차, 정보 수용 환경, 사회 정책 등 다양한 요인의 영향을 고려해야 한다는 점을 상기시켜줍니다.

테스트 후, ChatGPT와 같은 AI 도구의 도움을 받아 "경계 허무는 혁신 모델"을 참조하여 혁신 포인트를 정리하는 관행은 여전히 효과적입니다. 위의 분석을 바탕으로 '문헌 검토' 작성의 기본 문장 구조를 참조하여 완전한 '문헌 검토' 단락을 작성할 수 있습니다.

질문

첫 번째 새로운 가설을 바탕으로 다음 문장을 참조하여 문헌 평가에 대한 완전한 단락을 구성하십시오. 참고 문장은 다음과 같습니다: 선행 연구들은 A 문제에 대해 통찰력 있는 연구를 수행하였으나, 연구 방법론 / 연구 이론 / 연구 관점 / 연구 사례 / 연구 데이터 / 연구 맥락 / 연구 시간 등에서 일부 미비점 / 변화 / 미흡한 점이 있다. 이를 바탕으로 본 연구에서는 또 다른 보완 관점에서 심층 연구를 수행한다.[7]

답변

이전 연구에서는 환경을 주제로 한 짧은 동영상의 감정적 요소와 감정적 소통 능력을 통해 시청자의 감정에 어떤 영향을 미치는지 조사했습니다.

감각적 경험과 환경적 행동에 대한 통찰력 있는 탐구가 이루어지고 있습니다. 그러나 대부분의 연구는 이러한 영향에 노출되었을 때 모든 시청자가 동일한 방식으로 반응한다고 가정하고 있어 시청자의 개인차에 대한 고려는 부족한 것으로 보입니다. 연령, 성

7. 질문의 기호 /는 "또는"을 나타내며, 특정 내용에 따라 해당 표현 형식을 선택할 수 있습니다.

별, 교육 배경과 같은 시청자의 개인적 특성과 문화적 배경 및 인지 스타일과 같은 요인은 환경 주제에 대한 연구 동영상에 대한 정서적 경험과 반응에 상당한 영향을 미칠 수 있습니다. 예를 들어, 일부 시청자의 경우 지나치게 강한 감정적 요소가 환경 문제에 주의를 기울이기보다는 방어적인 반응을 유발할 수 있습니다. 이를 바탕으로 본 연구에서는 환경을 주제로 한 단편 영상에 대한 시청자별 정서적 경험과 반응의 차이를 파악하기 위해 시청자 개인차 관점에서 심층 연구를 진행하여 환경 주제의 단편 영상 제작 및 확산을 위한 보다 정교한 전략적 제언을 제공하고자 합니다.

(5) 문헌 검토 배경

실제로 문헌 분류, 각 하위 논거 및 문헌을 결정한 후 검토 배경을 정리하는 것은 매우 쉽습니다. 연구자는 앞서 언급한 3가지 유형의 검토 배경을 참조하고 ChatGPT와 같은 AI 도구를 사용하여 이를 완성할 수 있습니다. 이전 글에 모든 하위 논거가 나열된 것은 아니므로 여기서는 소개하지 않습니다.

연습10

아래 단계에 따라 선택한 주제에 따라 문헌 검토를 정리하세요.

첫 번째 단계에서는 선택한 주제에 따라 분류합니다. 두 번째 단계는 분류에서 인수로 이동하는 것입니다. 세 번째 단계 논증에서 핵심 문장 찾기로 이동합니다. 네 번째, 핵심 문장을 중심으로 확장합니다.

다섯 번째 단계에서는 경계 허무는 혁신 모델을 사용하여 문헌 GAP를 도출하고, 여섯 번째 단계에서는 문헌 검토의 맥락을 추가했습니다.

4.3 단일/소규모 샘플 프롬프트에 따라 참고 문헌을 정리

서문의 구성과 마찬가지로 구조화된 접근 방식이 적절하지 않거나 원하는 답을 얻지 못하는 경우가 있으므로 연구자는 단일/소규모 샘플 프롬프트를 사용하여 문헌 고찰을 구성하는 것을 고려할 수 있습니다.

'문헌 검토' 영역의 경우, 단일/소규모 샘플 프롬프트의 실행은 '소개' 영역의 실행과 유사합니다. 첫 번째 단계는 분류, 구조, 언어, 논증 및 스타일 측면에서 기대치를 충족해야 하는 대상 모델 논문을 찾고, 두 번째 단계는 모델 논문의 '문헌 검토' 부분을 샘플로 삼아 ChatGPT와 같은 AI 도구를 사용하여 그 특징을 요약하고, 세 번째 단계는 ChatGPT와 같은 AI 도구를 사용하여 샘플을 분석하고 그 특징을 요약하는 단계로 진행합니다. 두 번째 단계는 샘플의 '문헌 검토' 부분을 샘플로 삼아 ChatGPT와 같은 AI 도구를 사용하여 샘플의 분류, 구조, 언어, 논증 및 스타일을 분석하고 특징을 요약하는 단계, 세 번째 단계는 샘플의 특징을 참고하여 AI 도구가 주제 선택, 아이디어 및 기존 자료에 따라 참조 콘텐츠를 제공하도록 하는 단계입니다.

그러나 일반적으로 문헌 리뷰의 길이는 비교적 길고, 일부는 수천 단어에 달하는 경우도 있으며, 동시에 문헌 리뷰의 구조가 더 개별화되어 있어 ChatGPT와 같은 AI 도구의 분석에 어려움을 겪게 됩니다. 이 시점에서 연구자는 몇 가지 샘플을 더 분석하여 보다 명확하게 구조화된 문헌을 최종 샘플로 선택할 수 있습니다.

질문

"알고리즘 블랙박스에 대한 관점: 디지털 플랫폼에서의 산술적 규제와 정보 푸시 이질성" 논문에 대한 문헌 리뷰로, 분류, 구조, 언어, 논증 및 스타일 측면에서 그 특징을 분석하고 있습니다.

관련 문헌 검토 내용(생략)

답변

비교적 표준화된 문헌 검토를 통해 다음과 같은 관점에서 그 특징을 분석합니다.

- 분류: 이 문헌고찰은 특정 주제나 이슈에 대한 관련 문헌을 통합, 분석, 평가하여 해당 주제나 이슈의 현황, 동향 및 논쟁을 밝히고 후속 연구를 위한 이론적 토대와 방법론적 가이드를 제공하는 종합 문헌고찰에 속합니다.
- 구조: 이 문헌 검토는 사회적 권력으로서의 알고리즘과 알고리즘 법 규제 및 정보 접근의 개인 간 이질성의 두 부분으로 명확하게 구성되어 있습니다. 각 부분에는 명확한 주제 문장, 논거 및 요약이 있어 완전한 논리적 단위를 형성합니다. 또한 두 부분 사이에는 적절한 전환이 있습니다. 전체 텍스트에 겹겹이 쌓인 점진적인 흐름을 표현합니다.

- 언어: 이 문헌 검토의 언어는 비교적 형식적이고 객관적이며 정확하며, 많은 전문 용어와 인용 레이블을 사용하여 저자의 관련 분야에 대한 친숙함과 학문적 소양을 반영합니다. 동시에 저자는 언어의 간결성과 유창성에도 주의를 기울여 길고 반복적이거나 모호한 표현을 피함으로써 독자가 저자의 관점을 빠르게 이해하고 파악할 수 있도록 했습니다.
- 논증 :이 문헌 검토의 논증은 비교적 완전하고 엄격하며 비판적이며 저자는 국내외 관련 분야의 권위있는 문헌을 광범위하게 수집하고 인용했을 뿐만 아니라 다른 문헌의 견해를 비교, 분석 및 평가하고 기존 연구의 결함과 심화의 필요성을 지적하고 자신의 연구에 대한 합리적인 질문과 가설을 제시했습니다.
- 스타일: 이 문헌 리뷰의 스타일은 학술적 글쓰기의 요건에 따라 보다 진지하고 중립적이며 표준화되어 있습니다. 저자는 주관적인 감정이나 편견을 표현하는 대신 어느 정도의 거리와 객관성을 유지하면서 3인칭 시점으로 관련 문헌을 제시하고 토론합니다. 또한 괄호를 사용하여 인용 문헌의 저자 및 연도 등의 정보를 표시하고 들여쓰기를 사용하여 단락을 구분하는 등 일정한 서식 규범을 따랐습니다.

질문

제가 선택한 주제인 "프레이밍 이론의 관점에서 본 환경 테마 단편 동영상의 감성적 상호작용 연구 – 혼합 연구 방법을 중심으로"에 대한 문헌 고찰을 하기 위해 이 논문의 특징을 참고해 주세요. 아래 단계를 따라주세요:

(1) 모범 문헌을 참조하여 선택 항목을 두 가지 범주로 나누고,

(2) 각 범주에 제목을 붙인 다음 논제문을 작성합니다;

(3) 영문 문헌을 참고하여 한문으로 출력한 후 본문 해당 위치에 (저자-출판연도) 형식으로 참고문헌을 표시하고,

(4) 마지막에 의존한 참고 문헌을 기재하며, 참고 문헌은 신뢰할 수 있는 출처가 있어야 합니다;

(5) 분류, 구조, 언어, 논증 및 스타일 측면에서 모범 에세이를 모방하도록 주의하세요.

답변

(생략)

BingChat과 같은 AI 도구는 샘플을 분석하는 데는 여전히 가치가 있지만, 마지막 단계

인 샘플을 기반으로 한 문헌 검토 작성은 AI 도구가 제공하는 것만 큼 훌륭하지 않습니다. 이는 선택한 주제의 질과 문헌 검토 자체의 복잡성 및 개인화된 특성이라는 두 가지 주요 영향 요인 때문일 수 있습니다. 이 두 가지 측면은 AI 도구의 식별과 생성에 영향을 미칩니다. 그러나 이 아이디어는 지속적으로 시도하고 테스트할 수 있는 것입니다.

05

제5장

생성형 AI 활용: 이론적 프레임 워크 구성 요소 파악 및 글쓰기

5.1 이론의 개념 및 유형

이론은 학술 논문의 핵심 요소입니다. 이론이란 특정 입장, 관점 및 방법론에 대한 의도적이고 조직적이며 체계적인 반영, 즉 지식의 체계화를 의미합니다. 이론은 학술 논문에서 가장 복잡한 요소입니다.

첫째, 이론은 매우 광범위한 범위를 다룹니다. 범위 측면에서 이론은 거시, 중기, 미시 이론으로 나눌 수 있습니다. 거시 이론은 모든 사회 현상 또는 모든 종류의 사회적 행동을 대상으로 하며, 마르크스주의 이론이나 다윈주의 진화론과 같이 매우 일반적인 설명 틀을 제공합니다. 중기(메조) 이론은 사회 현상의 특정 측면이나 특정 유형의 사회 행동을 대상으로 삼아 사회 계층화 이론, 역할 이론 등과 같이 비교적 구체적인 분석 틀을 제공하는 이론입니다. 미시 이론은 평범한 사람들이 일상 생활에서 접하는 상식을 말합니다. 미시 이론이 거시 및 중기 이론과 구별되는 특징은 그 구체성입니다. 이것은 이론의 범위가 매우 광범위하다는 것을 보여줍니다.

둘째, 이론을 가공할 수 있습니다. 특정 연구에서 연구자는 연구 목적과 자신의 이해에 따라 이론을 가공합니다. 연구자는 원래 이론을 기반으로 가공을 적용하거나 원래 이론을 기반으로 새로운 내용을 개발하거나 여러 이론의 설명 프레임 워크를 형성하는 등 의도하지 않게 이론의 복잡성을 증가시킬 수 있습니다.

셋째, 학문적 담론에서 이론의 기능은 다원적입니다. 미국의 사회학자 월리스에 따르면, (월리스)는 연구에서 이론의 기능적 속성과 관련하여 그림 5-1과 같이 과학적 링을 제안했으며, 이는 다음과 같이 그룹화 할 수 있습니다.

학술 연구에는 4가지 유형의 이론이 있습니다. 유형 1은 연구자가 이론으로 시작하여 가설을 세운 다음 관찰을 통해 가설을 확인 또는 검증하고 그에 따라 이론을 수정하는 과학적 고리의 오른쪽 절반을 말하며, 이를 연역적 이론이라고 합니다. 주요 기능은 연구를 안내하는 것입니다. 두 번째 유형은 연구자가 사회 현상에 대한 경험과 관찰에서 시작한 다음 관찰을 이해하고 일반화 한 후 지각 적 이해에서 이성적 이해로 상승하여 마침내 이론의 구성을 실현하는 과학 고리의 왼쪽 절반을 말하며이 유형을 귀납적 이론이라고합니다. 귀납적 이론의 주요 기능은 이론의 결과를 구성하는 것입니다. 세 번째 유형은 이론적 탐구 또는 추상적 수준에서 개념과 이론을 구성하는 데 전념하는 과학 링의 상반부를 말합니다. 이러한 유형의 연구를 이론적 연구라고 하며 주요 기능은 "연구 대상"이 되는 것입니다. 네 번째 유형은 관찰된 사회 현상에 대한 설명 또는 설문조사 데이터의 통계적 설명인 과학계의 하위 절반을 의미하며, 이론을 포함하지 않을 수도 있지만 이론을 포함한다면 결론이나 연구 관점에 있어 이론과 대화하게 됩니다. 이 유형을 경험적 연구라고 하며 주요 기능은 '연구 관점'을 뒷받침하는 것입니다.

네 가지 유형의 이론과 관련하여 "연구 대상"으로서의 이론 연구의 경우 "이론적 틀"부분의 구성 및 작성 스타일은이 책의 "선택"및 "본문"부분을 참조할 수 있으며 "연구 아이디어"를 뒷받침하는 경험적 연구의 경우 "이론적 틀"부분의 구성 및 작성 스타일은이 책의 "선택"및 "본문"부분을 참조할 수 있습니다. "연구 관점"에 대한 경험적 연구의 경우 "이론적 틀" 부분의 구성과 글쓰기 스타일은 이 책의 "선택" 및 "본문" 부분을 참조할 수 있습니다. "귀납적 이론"의 경우 "이론적 틀" 부분의 구성과 글쓰기 스타일은 이 책의 "연구 방법" 부분과 질적 연구를 참조할 수 있습니다. 귀납적 이론의 경우 "이론적 틀" 부분의 구성과 글쓰기는 질적 연구와 함께 이 책의 "연구 방법" 부분을 참조할 수 있습니다.

여기서는 "이론에서 경험적 관찰"에 이르는 연구 유형을 연역적 이론 체계로 분류합니다. 정량적 연구는 연역적 이론의 전형적인 적용 유형이지만, 연역적 이론은 정량적 연구에만 국한되지 않습니다. 연역적 이론 논문에서 추론의 주요 전제로서 이론이 존재한다는 것은 논문이 연역적이라는 신호입니다.

그렇다면 연역적 이론은 어떻게 특정 텍스트에 포함되고 다른 콘텐츠와 결합될까요? 텍스트에 이론을 삽입하는 세 가지 형태가 여기에 요약되어 있습니다.

- **통합**: 관점 리소스를 별도로 설명하지 않고 거시적 수준에서 연구를 안내합니다.

- **교육용**: 관점 리소스는 별도로 자세히 설명되어 있지만 일반적으로 더 자세한 적용 프레임워크는 제공되지 않습니다.
- **프레이밍**: 관점 리소스에 대한 별도의 설명으로, 적용에 대한 보다 자세한 프레임워크가 포함되어 있으며, 이를 중심으로 문서의 '본문'이 구성됩니다.

즉, 지시형과 프레이밍형은 텍스트에서 독립적인 구조인 반면, 통합형은 텍스트에서 독립적인 구조가 아닙니다. 이 장에서는 독립적인 구조를 가진 지시형 및 프레임 유형에 중점을 둡니다.

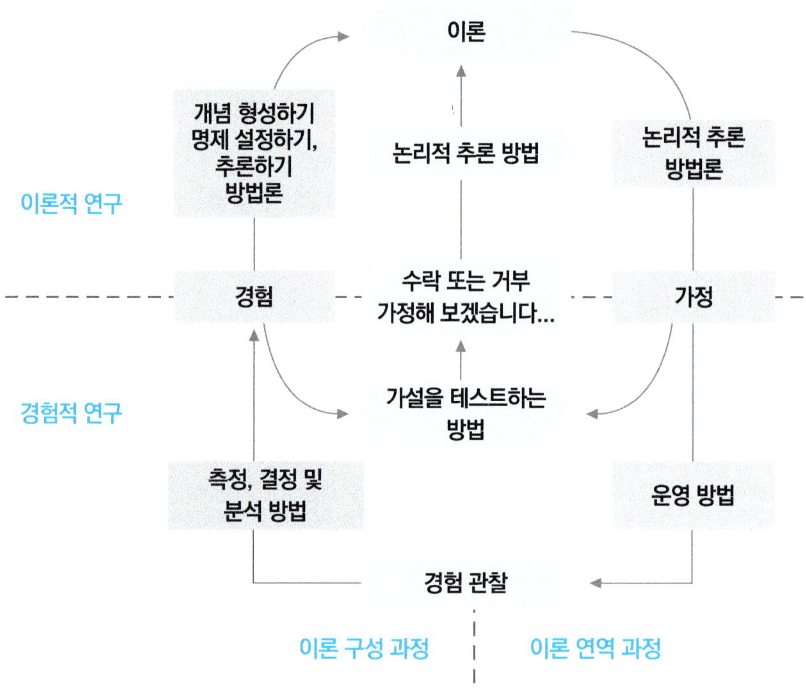

그림 5-1 사이언스 링-과학 연구의 논리 모델

출처: 위안 팡, 왕 한성 . 사회 연구 방법에 관한 과정 [M]. 베이징: 북경 대학 출판부, 1997: 93.

5.2 전반적인 프레임워크 질문

이에 대한 반증으로, 질문의 전체적인 틀을 잡고 AI 도구가 제공하는 답변을 살펴보는 것부터 시작하겠습니다.

질문

저는 커뮤니케이션 연구를 전공하는 박사 과정 2년차 학생입니다. 제 박사 학위 지도교수 역할을 맡으실 예정입니다. 현재 학술 논문을 준비 중인데 지도 교수님의 도움이 필요합니다. 현재 제 주제는 "프레이밍 이론의 관점에서 본 환경 테마 단편 동영상의 정서적 상호작용 연구-혼합 방법을 중심으로"인데, 이 주제에 따라 이론적 프레이밍 부분을 작성할 수 있도록 도와주세요. 요구 사항: "저자-출판 연도" 형식으로 표시된 영문 문헌만 제공하고 논문 마지막에 참고문헌을 나열하세요.

답변

이것은 매우 도전적이고 영감을 주는 논문 주제입니다. 먼저 연구 목표를 설정하고 관련 이론적 모델과 개념을 파악한 다음, 이를 바탕으로 이론적 틀을 구축해야 합니다. 프레임 이론, 정서적 상호작용, 혼합 연구 방법의 세 가지 핵심 영역부터 시작하겠습니다.

I. 프레임워크 이론

프레이밍 이론은 커뮤니케이션과 뉴스 보도에서 여론과 인식이 어떻게 형성되는지 이해하는 데 중요한 이론입니다. Goffman(1974)은 프레이밍 이론을 처음 제안하며 사회적 사건에 대한 이해와 해석이 '프레임'의 영향을 받는다고 주장했습니다. Entman(1993)은 프레이밍 이론을 뉴스 보도에 적용하여 미디어가 정부의 선별적 제시를 통해 여론과 인식을 형성하는 방식을 설명하기 위해 '하이 프로파일 보도'와 '마스킹'의 네 가지 측면을 제안했습니다. Entman(1993)은 프레이밍 이론을 뉴스 보도에 적용하여 미디어가 정보의 선택적 제시를 통해 대중의 인식을 형성하는 방식을 설명하기 위해 "주목도 높은 보도"와 "마스킹"의 네 가지 측면을 제안했습니다. 환경을 주제로 한 짧은 동영상의 맥락에서 동영상 콘텐츠와 댓글을 분석하여 다음을 이해하고 밝힐 수 있습니다.

현재 동영상의 프레임과 프레임이 시청자의 인지적, 정서적 반응에 미치는 영향에 대해 알아보세요.

II. 감정적 상호작용

짧은 동영상은 창의적인 시청각 콘텐츠를 제공함으로써 시청자의 다양한 감정 반응을 자극합니다. 이러한 감정적 반응은 고립된 것이 아니라 시청자 간의 상호 작용 과정에서 존재합니다(Jenkins, 2006).Barrett

(2017)의 감정 구성 이론은 감정이 개인과 환경 간의 상호작용의 결과라고 제안하며, 감정적 상호작용을 이해하는 데 강력한 도구를 제공합니다. 환경 주제에 대한 짧은 동영상의 맥락에서 시청자의 댓글과 상호작용을 분석하여 어떤 감정적 반응이 유발되는지, 이러한 반응이 환경 주제에 대한 시청자의 태도와 행동에 어떤 영향을 미치는지 파악할 수 있습니다.

III. 혼합 연구 방법

혼합 연구 방법은 정량적 연구와 정성적 연구의 강점을 결합하여 연구 현상을 이해하는 데 더 깊고 포괄적인 통찰력을 제공할 수 있습니다(Creswell, 2014). 연구에서는 혼합 연구 방법을 사용하여 짧은 동영상에 대한 콘텐츠와 시청자 댓글을 수집하고 분석할 수 있습니다. 정량적 방법을 사용하여 발생하는 프레임과 정서적 반응의 빈도를 식별하고 측정할 수 있으며, 정성적 방법을 사용하여 이러한 프레임과 정서적 반응의 의미와 함의를 이해할 수 있습니다. 요약하면, 이론적 프레임워크는 프레이밍 이론과 혼합 연구 접근 방식을 통해 짧은 동영상의 콘텐츠를 기반으로 할 수 있습니다.

분석과 시청자 댓글 분석을 결합하여 환경을 주제로 한 짧은 동영상에서 프레이밍과 정서적 상호작용이 시청자의 태도와 행동에 어떤 영향을 미치는지 밝혀냈습니다.

참조:

- Barrett, L. F. (2017). 구성된 감정 이론 : 활성 인 페렌스 설명 사회 인지 및 정서 신경과학, 12(1), 1-23.
- Creswell, J. W. (2014). 혼합 방법 연구에 대한 간결한 소개. 세이지 출판물.
- Entman, R. M. (1993). 프레이밍 : 분열 된 패러다임의 명확화를 향하여, 커뮤니케이션 저널, 43(4), 51-58쪽.
- Goffman, E. (1974). 프레임 분석 : 경험 조직에 대한 에세이. 노스이스턴 대학 출판부.
- Jenkins, H. (2006). 팬, 블로거, 게이머: 참여 문화 탐구, NYU Press.

위의 질문은 유효한 정보를 거의 제공하지 않기 때문에 AI 도구는 선택한 질문의 정보를 기반으로만 판단할 수 있습니다. 따라서 그 대답은 다소 광범위합니다.

5.3 연역적 이론에 대한 구조화된 질문

수많은 논문의 이론 부분을 분석하여 '이론적 프레임워크' 섹션의 논리적 구조를 추출했습니다: 이론 소개 – 이론의 발전 – 이론의 현황 – 이론의 단점 및 과제 이론적 정의 및 차원 – 이론적 적용 프레임워크 – 이론 기반 연구 설계.

각 부분의 의미는 다음과 같습니다.

- **이론 소개**: 이론의 이름, 관련 분야에서의 중요성, 이론을 처음 제안한 저자 등을 간략하게 설명합니다.
- **이론의 발전**: 중요한 공헌자와 주요 아이디어를 포함하여 이론의 발전 과정을 설명합니다. 이 섹션에는 이론의 확장, 수정 또는 논쟁을 포함할 수 있습니다.
- **이론의 현재 현황**: 관련 분야에서의 주요 적용 및 시사점을 포함하여 이론의 현재 상태에 대한 개요입니다. 이 섹션에는 저자에 따라 이론에 대한 다양한 해석이나 관점이 포함될 수 있습니다.
- **이론의 단점 및 과제**: 이론의 주요 단점, 과제 또는 논쟁에 대해 토론합니다. 이 섹션에는 이론에 대한 비판과 개선 또는 발전을 위한 제안이 포함될 수 있습니다.
- **이론의 정의 및 차원**: 이론에 대한 명확한 정의와 이론의 주요 구성 요소 또는 차원을 제시합니다.
- **이론을 적용하기 위한 프레임워크**: 실제 문제를 해결하는 데 이론이 어떻게 사용되는지 포함하여 이론을 적용하기 위한 프레임워크를 설명합니다. 가능하면 이 프레임워크를 더 자세히 시각화할 수 있는 프레임워크 다이어그램을 제공하세요.
- **이론에 기반한 연구 설계**: 해당 이론을 바탕으로 연구를 설계하고 수행한 방법을 설명합니다. 이 섹션에는 연구의 목적, 방법론, 예상 결과 등이 포함될 수 있습니다.

연구자는 이 논리적 구조에 의존하여 계속해서 질문을 던지며 결과가 개선되는지 확인할 수 있습니다.

질문

저는 커뮤니케이션 연구를 전공하는 박사 과정 2년차 학생입니다. 제 박사 학위 지도교수 역할을 맡으실 예정입니다. 현재 학술 논문을 준비 중인데 지도교수님의 도움이 필요합니다. 현재 제 논문 주제는 "프레이밍 이론의 관점에서 본 환경 테마 쇼트 비디오의 정서적 상호작용 연구-혼합 연구 방법을 중심으로"입니다.

"이론적 논리 구조"에 따라 이론적 틀을 작성하도록 도와주세요. 요구 사항: 영어로만 된 문헌을 제공하고, "저자-출판 연도" 형식으로 라벨을 붙이고, 본문 끝에 참고 문헌을 나열하고, 중국어로 출력하세요. 이론적 논리 구조: 이론 소개 - 이론의 발전 - 이론의 현황 - 이론의 단점과 과제 - 이론의 정의와 차원 - 이론의 적용 프레임워크 - 이론에 기반한 연구 설계.

답변

I. 이론 소개

1974년 어빙 고프만이 처음 개발한 프레이밍 이론은 미디어가 특정 사건이나 이슈에 대한 대중의 이해와 해석을 어떻게 형성하고 영향을 미치는지를 강조합니다(고프만, 1974). 프레이밍 이론은 메시지가 어떻게 조직되고 해석되는지, 그리고 이러한 해석이 사람들의 행동과 인식에 미치는 영향을 설명하기 때문에 커뮤니케이션, 사회학, 정치학을 비롯한 여러 분야에서 중요한 응용 분야를 가지고 있습니다.

II. 이론적 발전

초기 프레이밍 이론은 뉴스 보도와 정치적 이슈 분석에 초점을 맞추었으며(Gitlin, 1980), 인터넷과 소셜 미디어의 발달로 점점 더 많은 연구자들이 온라인 환경에서의 프레이밍 현상을 탐구하기 시작했습니다. Entman(1993)은 프레이밍의 기능을 문제 정의, 원인 진단, 도덕적 판단, 해결책 제시의 네 가지로 정의했습니다. 최근에는 온라인을 중심으로 한 새로운 미디어 환경으로 인해 소셜 미디어에서 사용자가 생성한 콘텐츠를 분석하는 등 프레이밍 이론이 더욱 풍부하고 다양하게 적용되고 있습니다(Shahetal., 2007).

III. 이론 현황

커뮤니케이션 분야에서 프레이밍 이론은 환경 보호, 기후 변화와 같은 공공 이슈의 프레임을 미디어가 어떻게 형성하는지에 대한 연구와 같이 뉴스 보도, 공공 이슈, 광고 커뮤니케이션 등의 연구에서 널리 사용되고 있습니다(Nisbet, 2009). 또한 소셜 미디어 환경에서는 짧은 동영상 등을 통해 사용자가 프레임과 상호작용하는 방식에 대한 연구도 등장하기 시작했습니다(Vragaetal., 2012).

IV. 이론적 공백과 과제

풍부한 이론적 및 응용적 성과에도 불구하고 프레이밍 이론은 프레임 정의 및 측정의 어려움, 프레임 효과의 안정성과 지속성, 프레임의 다양성으로 인한 혼란 등 여러 가지 도전에 직면해 있습니다(Scheufele, 1999). 일부 연구자들은 향후 연구에서 프레이밍에 대한 이론적 이해를 심화시키고, 프레이밍의 측정 방법을 풍부하게 하며, 다른 이론과 프레이밍의 교차점을 늘려야 한다고 제안했습니다(D'Angelo, 2002).

V. 이론적 정의 및 차원

프레이밍 이론은 미디어가 대중의 인식에 영향을 미치기 위해 메시지의 특정 부분을 선택하고 강조하는 방식으로 정의됩니다.

정보를 이해하고 해석합니다(Entman, 1993). 주요 차원에는 문제 정의, 원인 진단, 윤리적 평가 및 해결책이 포함됩니다(Entman, 1993).

VI. 이론적 적용 프레임워크

프레이밍 이론은 메시지의 특정 부분을 선택하고 강조함으로써 여론과 행동이 어떻게 영향을 받을 수 있는지 설명하는 데 사용할 수 있습니다. 환경을 주제로 한 짧은 동영상의 정서적 상호작용이 환경 문제에 대한 대중의 이해와 태도를 어떻게 형성하고 영향을 미치는지 분석하는 데 이 이론을 사용할 수 있습니다.

VII. 이론에 기반한 연구 설계

프레이밍 이론을 기반으로 환경 주제에 대한 짧은 동영상의 감정적 상호작용을 분석하는 연구 방법을 설계할 수 있습니다. 구체적으로, 질적 및 양적 방법을 통해 짧은 동영상의 감정 표현과 시청자 피드백을 분석하여 소셜 미디어에서 환경 주제가 어떻게 프레이밍되는지, 그러한 프레이밍이 대중의 감정 반응과 태도에 미치는 영향을 이해할 수 있습니다. 예상되는 연구 결과에는 정서적 상호작용에 영향을 미치는 주요 프레이밍 요소를 찾고 이러한 요소가 환경 보호에 대한 대중의 태도와 행동에 어떤 영향을 미치는지 이해하는 것이 포함될 수 있습니다.

참조

- D'Angelo, P. (2002). 다중 패러다임 연구 프로그램으로서의 뉴스 프레이밍 : a Entman에 대한 응답. 커뮤니케이션 저널, 52(4), 870-888.

- Entman, R. M. (1993). 프레이밍 : 분열 된 패러다임의 명확화를 향해. 커뮤니케이션 저널, 43(4), 51-58쪽.
- Goffman, E. (1974). 프레임 분석: 경험의 조직화에 관한 에세이. 하버드 대학 출판부.
- Gitlin, T. (1980). 전 세계가 지켜보고 있습니다: 신 좌파의 제작 및 제작 취소에있는 매스 미디어. 캘리포니아 대학 출판부.
- Nisbet, M. C. (2009). 기후 변화 전달 : 대중을위한 프레임 스매터를위한 이유. 환경 : 지속 가능한 개발을위한 과학 및 정책, 51 (2), 12-23.
- Scheufele, D. A. (1999). 미디어 효과의 프레임 이론. 커뮤니케이션 저널, 49(1), 103-122.
- Shah, D. V., Watts, M. D., Domke, D., & Fan, D. P. (2002). 뉴스 프레이밍과 이슈 레짐의 큐잉: 스캔들에도 불구하고 클린턴의 대중적 지지 설명. 여론 분기별, 66(3), 339-. 370.
- Vraga, E. K., Edgerly, S., Wang, B., & Shah, D. (2011). 누가 가르쳐줬나?
- 용도 변경된 뉴스, 블로그 구조 및 출처 식별. 커뮤니케이션 저널, 61(6), 795-815.

구조화된 질문을 통해 ChatGPI와 같은 인공지능 툴의 답변 품질은 전체 프레임 질문과 비교했을 때 크게 향상되었지만, 아직 많은 세부 사항의 표현이 미흡하여 이를 바탕으로 연구자가 지속적으로 개선해야 합니다.

5.4 배경 정보에 기반한 구조화된 질문

학술 논문에서 이론은 불변하는 부분과 변하는 부분으로 구성됩니다. "변하지 않는"부분은 이론의 기원, 발전, 의미 등 이론 자체의 객관적인 소개를 말합니다. 학자마다 표현이 다를 수 있지만 일반적인 방향에 대한 이해는 동일하며 합의에 도달하지 못하면 이론에 대한 합의가 없으므로 이야기 할 수 없습니다. 이론". "변수"부분은 응용 프로그램의 확장 및 처리를위한 특정 주제와 결합 된 이론이며, 내용의이 부분은 이론과 특정 연구 문제의 조합이며 독특하고 개인화되어 있습니다. 둘은 서로 다르며 통합되어 있으며 "불변"부분은 "변수"부분의 기초이며 "변수"부분은 "변수"부분의 개발의 "불변"부분입니다. "불변" 부분은 "가변" 부분의 기초가 되고 "가변" 부분은 "불변" 부분의 발전입니다.

이러한 이해를 바탕으로 연구자들은 ChatGPT와 같은 AI 도구가 이론적 분석을 수행하기 전에 이미 확립된 이론적 자료를 제공함으로써, 최신 문헌의 부족과 ChatGPT와 같은 AI 도구의 부족한 문헌 자원을 어느 정도 보완할 수 있습니다.

먼저 프레이밍 이론을 적용한 논문인[1] "사실적 진술 대 도덕적 판단: '노인 쓰러짐'에 대한 중국 본토 신문 보도의 프레이밍 분석"이 선택됩니다. 그런 다음 AI 도구에 프레이밍 이론을 적용한 별도의 정보를 제공하고 이를 암기하는 방법을 학습합니다. 그런 다음 구조화된 질문을 반복합니다. 지문의 길이 때문에 두 부분으로 나누었습니다.

다음으로 비교 및 대조하여 효과에 변화가 있는지 확인합니다.

질문

다음 두 자료를 먼저 학습한 후 완료되면 "완료"라고 응답하세요.

(생략) 제공 자료 I, 제공 자료 II

###

답변

답변: (생략)

완료되었습니다.

질문

저는 커뮤니케이션 연구를 전공하는 박사 과정 2년차 학생입니다. 제 박사 학위 지도교수 역할을 맡으실 예정입니다. 현재 학술 논문을 준비 중인데 지도 교수님의 도움이 필요합니다. 현재 제 주제는 "프레이밍 이론의 관점에서 본 환경 테마 단편 동영상의 정서적 상호작용 연구-혼합 방법을 중심으로"인데, 이 주제를 바탕으로 "이론적 논리 구조"에 따라 이론적 프레이밍 부분을 작성할 수 있도록 도와주세요. 요구 사항: 영문 문헌만 제공하고, "저자-

1. 리 하이보, 궈젠빈. 사실적 진술 대 도덕적 판단 : 중국 본토의 "노인 쓰러짐"에 대한 신문 보도 프레임 분석 [J]. 저널리즘과 커뮤니케이션 연구, 2013, 20(1):51-66+127.

출판 연도" 형식으로 표시하고, 본문 끝에 참고 문헌을 나열하고, 중국어로 출력하세요. 이론적 논리 구조: 이론 소개 – 이론의 발전 – 이론의 현황 – 이론의 단점과 도전 – 이론의 정의와 차원 – 이론의 적용 프레임워크 – 이론에 기반한 연구 설계.

답변

I. 이론 소개

프레이밍 이론은 1970년대 사회과학 연구에서 시작되었으며, 그 주요 아이디어는 고프만(1977)이 사회과학 연구의 프레임워크로 처음 사용하면서 발전했습니다.

(1974). 그는 뉴스와 기타 미디어가 제시되는 방식(즉, '프레이밍')이 사건이나 이슈에 대한 대중의 이해와 인식에 영향을 미칠 수 있다고 주장했습니다. 프레이밍 이론은 커뮤니케이션, 저널리즘 및 정치 커뮤니케이션 연구 분야에서 중요합니다.

II. 이론적 발전

초기의 프레이밍 이론은 뉴스 미디어가 정보를 어떻게 형성하고 제시하는지를 고려하여 뉴스 미디어의 관점에 초점을 맞추었습니다. Tuchman(1978)은 뉴스 미디어가 정보를 선택적으로 제시함으로써 사회적 현실을 형성하는 방식에 주목했습니다. 그러나 Entman(1993)은 청중이 이러한 프레임을 어떻게 받아들이고 해석하는지에 대해서도 고려해야 한다고 강조했습니다. 그는 프레임 이론의 초점을 청중의 수용과 해석 과정으로 확장했습니다. 이후 프레임 이론의 연구는 미디어와 청중 간의 상호작용에 더욱 초점을 맞추게 되었습니다.

III. 이론 현황

오늘날 프레이밍 이론은 환경 보호, 공공 정책, 사회 운동 등 다양한 분야의 연구에서 널리 활용되고 있습니다(Scheufele & Tewksbury, 2007). 이러한 분야에서 프레이밍 이론은 주로 적절한 프레임을 통해 대중의 인식과 참여를 높이는 방법을 연구하는 데 사용됩니다. 일부 연구에서는 프레이밍과 감정의 관계에 초점을 맞추어 다양한 프레임이 시청자의 감정적 반응을 어떻게 이끌어낼 수 있는지 탐구하기 시작했습니다(Nabi, 2003).

IV. 이론적 공백과 과제

프레임 이론은 많은 분야에서 성공을 거두었지만, 여러 가지 도전에 직면해 있습니다. 첫째, 프레임에 대한 통일된 정의와 분류가 없다는 점입니다(Entman, 1993). 둘째, 프레임의 생성과 효과에 대한 연구 방법에는 논란의 여지가 있으며, 다양한 프레임의 효과를 정확하게 측정하고 비교하는 것은 여전히 어려운 과제입니다. (Scheufele, 1999).

V. 이론적 정의 및 차원

프레이밍 이론은 미디어와 청중이 정보를 이해하고 해석하는 방식에 초점을 맞춥니다. 미디어의 관점에서 프레이밍은 정보를 선택적으로 제시하는 방식이며, 청중의 관점에서 프레이밍은 정보를 이해하고 해석하는 방식입니다(Entman, 1993). 여기서 프레이밍은 미디어 프레이밍과 청중 프레이밍의 두 가지 주요 차원으로 나눌 수 있습니다.

VI. 이론적 적용 프레임워크

환경 주제에 대한 연구에서 프레이밍 이론은 정보를 제시하는 다양한 방법을 선택함으로써 대중의 인지적, 정서적 반응이 어떻게 영향을 받을 수 있는지 이해하는 데 도움이 될 수 있습니다. 예를 들어, 일부 연구에 따르면 환경 메시지가 도전이나 위협으로 프레임될 때 대중은 부정적인 정서적 반응을 보일 가능성이 더 높은 반면, 환경 메시지가 기회나 희망으로 프레임될 때 대중은 긍정적인 정서적 반응을 보일 가능성이 더 높다는 사실이 밝혀졌습니다(Nisbet, 2009).

VII. 이론에 기반한 연구 설계

본 연구에서는 환경 주제에 대한 짧은 동영상의 프레이밍 효과를 조사하기 위해 혼합 연구 접근법을 사용할 것입니다. 먼저 짧은 동영상에 대한 콘텐츠 분석을 실시하여 주요 프레임을 파악합니다. 그런 다음 시청자가 이러한 프레임을 어떻게 해석하는지, 그리고 이러한 프레임이 정서적 반응에 어떤 영향을 미치는지 이해하기 위해 설문조사를 실시할 것입니다.

참조:

- Entman, R. M. (1993). 프레이밍 : 분열 된 패러다임의 명확화를 향해. 커뮤니케이션 저널, 43(4), 51-58쪽.
- Goffman, E. (1974). 프레임 분석: 경험의 조직화에 관한 에세이. 하버드 대학 출판부.
- Nabi, R. L. (2003). 감정의 프레이밍 효과 살펴보기. 연구, 30(2), 224-247.
- Nisbet, M. C. (2009). 기후 변화 전달 : 왜 대중을위한 프레임 스매터. 환경 : 지속 가능한 개발을위한 과학 및 정책, 51 (2), 12-23.
- Scheufele, D. A. (1999). 미디어 효과 이론으로서의 프레이밍. 커뮤니케이션 저널, 49(1), 103-122.
- Scheufele, D. A., & Tewksbury, D. (2007). 프레이밍, 의제 설정 및 프라이밍:
- 세 가지 미디어 효과 모델의 진화. 커뮤니케이션 저널, 57(1), 9-20.

- Tuchman, G. (1978). 뉴스 만들기 : 현실 구성에 대한 연구.자유 언론.

인공지능 툴이 제공한 위의 두 답변을 비교해보면, 배경 정보에 기반한 구조화 질문이 단순 구조화 질문의 답변보다 훨씬 상세하고, 이후 질문 과정에서 제공된 배경 정보의 많은 정보가 새로운 답변에 흡수되어 이 아이디어가 실현 가능하다는 것을 알 수 있습니다. 배경 정보를 기반으로 한 구조화된 질문 과정에서 배경 정보는 매우 중요한 영향 변수로 작용하며, 배경 정보의 풍부함, 엄밀함, 학문적 수준이 AI 도구의 답변 품질에 영향을 미칩니다.

연습 11

선택한 주제에 대한 이론적 틀을 정리하려면 다음 단계를 참조하세요.

첫 번째 단계에서는 연역적 이론을 적용한 완전한 논문 두 개를 더 선택하고 이론을 복사하여 AI 도구에서 사용할 수 있도록 합니다.

두 번째 단계는 이 책에서 제공하는 이론적 프레임워크 섹션의 논리 구조를 따르거나 다른 논리 구조를 선택하여 논문의 이론적 프레임워크 섹션의 내용을 출력하는 것입니다.

06

제6장

생성형 AI 활용: 연구 방법 섹션 구성 및 글쓰기

앞서 주제 선정 단계에서 연구 질문과 연구 방법론을 일치시키는 문제를 다루었다면, 이번 장에서는 연구 방법론의 3가지 핵심 문제인 연구 방법론에 기반한 연구 설계, 연구 방법론의 논리 구조 및 글쓰기, 정량적 데이터와 정성적 자료의 보조 분석(데이터 분석)을 ChatGPT와 같은 AI 도구를 통해 어떻게 해결할 수 있는지 살펴보는 데 중점을 둡니다.

6.1 연구 방법론에 기반한 연구 설계

연구 설계란 연구자가 연구를 수행할 때 채택하는 연구 목표, 연구 문제, 연구 가설, 연구 방법 및 데이터 분석 등을 포함한 총괄적인 프로그램을 의미하며, 연구 과정 중 실제 운영 및 데이터 수집을 안내하고 궁극적으로 의미 있는 연구 결과와 결론을 도출하는 데 사용됩니다. 연구 설계는 연구의 신뢰성, 타당성 및 과학적 타당성을 보장하기 위한 엄격하고 체계적이며 질서 있고 점진적으로 진행하는 프로세스입니다.

연구 방법론에 기반한 연구 설계란 연구 문제와 목표를 정의한 후 특정 연구 방법론에 따라 연구 프로그램을 설계하는 과정을 말합니다. 연구 방법에는 정량적 연구 방법과 정성적 연구 방법 등이 포함될 수 있습니다. 연구 설계는 데이터 소스, 데이터 수집 방법, 연구 대상, 표본 선정, 측정 지표, 데이터 분석 등 연구 방법론의 특성과 요구 사항을 고려해야 합니다.

그림 2-7은 사회과학 연구 방법론의 체계를 소개한 것으로, '연구 방법론 패러다임' 차원에서 양적 연구, 질적 연구, 혼합 연구, 담론 연구, 컴퓨터 및 빅데이터 기반 융합 연구 등 5가지 유형으로 분류되며, 각 유형별로 고유한 설계 프로세스가 존재합니다.

아래에서 각 유형의 연구 설계를 분석하고 구체적인 방법의 예를 들어 설명합니다.

1. 정량적 연구를 위한 연구 설계

정량적 연구(양적 연구)는 정량적 데이터를 기반으로 하는 연구 방법으로, 정량적 통계 분석 도구를 사용하여 일정량의 데이터를 측정, 수집, 분석하여 통계적 유의성과 상관관계를 발견하고 일반 법칙과 전체적인 결론을 도출하는 것을 목표로 합니다.

정량적 연구는 특정 방법의 앙상블이며, 연구자는 ChatGPT와 같은 AI 도구의 도움을 받아 정량적 연구에서 사용할 수 있는 특정 방법을 이해하는 것부터 시작할 수 있습니다.

질문

일반적으로 사용되는 정량적 연구 방법(10개 이상)을 나열하고 표로 출력하되, 열 1을 연구로 표시하세요.

열 2에 방법 이름, 열 3에 방법 특성, 열 4에 샘플 요구 사항, 열 5에 적용 범위를 입력합니다.

답변

다음은 일반적으로 사용되는 정량적 연구 방법 10가지를 정리한 표입니다.

연구 방법	방법 특성	샘플 요구 사항	적용 범위
실험 연구 (Experimental Research)	원인과 결과 간 인과관계 파악	무작위 할당된 실험군과 통제군	심리학, 교육학, 의학 등
상관 연구 (Correlational Research)	변수 간 상관 관계 분석	비교적 큰 표본, 임의 추출	사회과학, 경영학
조사 연구 (Survey Research)	질문지를 통한 데이터 수집	대표성 있는 표본	정치학, 마케팅, 교육학
횡단 연구 (Cross-Sectional Research)	특정 시점의 다양한 집단 비교	동일 시점에서 여러 집단	보건학, 사회학
종단 연구 (Longitudinal Research)	시간의 흐름에 따른 변화 분석	장기간 추적 가능한 집단	발달심리학, 건강 연구
메타 분석 (Meta-Analysis)	기존 연구들의 통계적 통합	선행 연구의 효과크기 데이터	심리학, 의학, 교육학
회귀 분석 (Regression Analysis)	독립 변수와 종속 변수의 관계 분석	적절한 수의 관측치	경제학, 경영학, 사회과학
구조방정식모델 (Structural Equation Modeling)	복잡한 변수 간 관계 분석	대규모 표본	사회과학, 심리학
요인 분석 (Factor Analysis)	잠재 변수 탐색	충분한 크기의 표본	심리학, 교육 측정
분산 분석 (ANOVA(Analysis of Variance))	집단 간 평균 차이 분석	독립된 집단 표본	심리학, 생명과학
기술 통계 (Descriptive Statistics)	자료의 요약과 설명	관측치 데이터	모든 정량적 연구

1. 정량적 연구 방법을 기반으로 한 연구 설계에는 몇 가지 핵심적인 측면이 있습니다. 일상 생활이나 이론 및 문헌에서 연구 질문을 파악하는 것입니다;

– 예비 연구 모델을 개발합니다;

2. 연구 질문 및 연구 모델에 대한 설문지 설계 또는 데이터 수집, 데이터 처리, 분석 및 가설 테스트 수행;

– 논문을 작성합니다.

주제 선정 단계에서 연구 질문 매칭을 기반으로 한 방법론이 정량적 연구의 내용 분석이라고 가정하면, 다음으로 ChatGPT와 같은 AI 도구가 특정 연구 방법론에 따라 연구 설계 제안서를 작성할 수 있습니다.

질문

저는 커뮤니케이션학을 전공하는 박사과정 2년차 학생입니다. 현재 논문을 작성 중인데 연구 방법의 전문가로서 저를 지도해 주실 것을 부탁드리고 싶습니다. 현재 제 논문 주제는 "프레이밍 이론의 관점과 커뮤니케이션의 미래"입니다.

다음의 주제로 한 단편영상의 감성적 상호작용에 관한 연구-콘텐츠 분석적 접근에 기반한 연구"로 선정된 주제에서 연구 대상, 연구 질문, 연구 방법론을 바탕으로 구체적인 연구 설계안을 개발해 주시기 바랍니다. 감사합니다.

답변

선택한 주제에 따라 고려할 수 있는 구체적인 연구 디자인을 개발했습니다.

1. **연구 목적과 질문을 파악합니다.** 연구 목적은 프레이밍 이론의 관점에서 환경 주제에 대한 짧은 동영상에서 정서적 상호작용의 특성과 효과를 탐구하는 것이며, 연구 질문은 다음과 같을 수 있습니다:

- 환경을 주제로 한 짧은 동영상에서 감정적 상호작용을 위한 시나리오와 전략을 구성하기 위해 프레이밍 이론을 어떻게 활용할 수 있을까요?
- 환경을 주제로 한 짧은 동영상의 정서적 상호작용이 시청자의 태도, 행동 및 가치관에 어떤 영향을 미칠까요?
- 환경을 주제로 한 단편 동영상의 정서적 상호작용에서 다양한 플랫폼, 장르 및 시청자 세그먼트 간의 유사점과 차이점은 무엇인가요?

2. **연구 방법과 샘플을 선택합니다.** 연구 방법은 콘텐츠 분석 방법과 설문조사 방법을 함께 사용할 수 있으며, 콘텐츠 분석 방법은 환경을 주제로 한 단편 동영상의 감성 인터랙티브 콘텐츠를 객관적이고 체계적이며 정량적으로 설명하는 데 도움이 되고, 설문조사 방법은 환경을 주제로 한 단편 동영상에 대한 시청자의 감성 반응 및 행동 의도 등의 데이터를 수집하는 데 도움이 됩니다. 조사 표본은 다음과 같은 측면에서 선택할 수 있습니다.

- **플랫폼:** 현재 가장 인기 있고 대표적인 단편 동영상 플랫폼(예: Jittery, Shutterbug, Weishi 등)을 선택하세요. 유형: 대중 과학, 이야기, 재미, 광고 등 환경을 주제로 한

다양한 유형의 짧은 동영상을 선택하세요. 대상: 다양한 연령, 성별, 교육 수준, 지역 및 기타 특성을 가진 짧은 동영상 시청자를 선택합니다.

- 샘플링을 위해 웹 또는 현장 설문지를 배포했습니다.

3. **분석 차원 및 지표를 디자인합니다.** 분석 차원은 두 가지 수준으로 나눌 수 있는데, 하나는 감성 상호작용 콘텐츠 수준이고 다른 하나는 감성 상호작용 효과 수준입니다. 각 차원은 다음과 같이 관련 이론과 문헌에 근거하여 몇 가지 지표를 설정할 수 있습니다.

- **감정적 상호작용 콘텐츠 수준**
- **프레임 이론:** 짧은 동영상이 정의적, 진단적, 예측적, 암시적 프레임을 사용하여 환경 문제에 대한 인지적 프레임워크와 해결책을 구성하는 방법을 분석합니다.
- **감정 전략:** 짧은 동영상이 어떻게 긍정적인 감정(예: 유머, 따뜻함, 칭찬 등)이나 부정적인 감정(예: 공포, 분노, 죄책감 등)을 사용하여 시청자의 감정적 공감이나 감정 전달을 유발하는지 분석합니다.
- **감정 표현:** 짧은 동영상에서 언어(슬로건, 대사, 내레이션 등), 이미지(색상, 기호, 장면 등), 음악(리듬, 스타일, 가사 등) 등의 요소를 사용하여 감정적인 메시지를 전달하는 방법을 분석합니다.
- **감정적 상호작용의 효과 수준**
- **감정적 반응:** 설문지를 통해 짧은 영상을 시청한 후 기쁨, 분노, 슬픔, 행복 등 기본 감정과 만족도, 신뢰도, 인지도 등의 평가 지표를 통해 시청자의 감정적 경험을 조사했습니다.
- **행동 의도:** 짧은 동영상을 시청한 후 시청자의 행동 성향을 조사하기 위해 설문지를 사용하여 전달, 댓글, 좋아요와 같은 대화형 행동과 참여, 기부, 절약과 같은 환경 보호 행동 등 시청자의 행동 성향을 조사했습니다.
- 가치: 짧은 동영상을 시청한 후 환경 문제에 대한 시청자의 태도와 의견(중요성, 시급성, 책임감 및 기타 가치 지표 등)을 조사하기 위해 설문지를 사용했습니다.

4. **데이터 수집 및 분석하기:** 데이터를 수집하고 분석하기 위해 취할 수 있는 몇 가지 단계가 있습니다.

- **짧은 동영상 샘플링:** 플랫폼, 유형 및 기타 기준에 따라 환경 주제에 대한 특정 수의 짧은 동영상을 짧은 동영상 플랫폼에서 분석 대상으로 샘플링하고 일부 기존 연구를 참조하여

샘플 크기와 샘플링 방법을 결정할 수 있습니다. 짧은 동영상 콘텐츠 코딩 및 계산 : 감정적 인 상호 작용 콘텐츠 수준의 지표에 따라 각 짧은 동영상이 코딩됩니다.

– 각 지표의 발생 빈도와 백분율을 코드화 및 분류하여 기록하고 콘텐츠 분석 결과를 데이터 표 또는 차트에 표시합니다.

– **설문지 설계 및 배포:** 감성적 상호작용 효과 수준의 지표를 바탕으로 단답형 질문, 객관식 질문, 척도 질문 등이 포함된 설문지를 설계합니다. 리커트 척도 등의 방법을 사용하여 청중의 감성적 반응, 행동 의도, 가치관 및 기타 변수를 측정하고, 네트워크를 통해 또는 현장에서 청중 그룹의 특성에 따라 설문지를 배포하여 유효한 샘플을 수집합니다.

– **설문 데이터 분석 및 해석:** 설문 데이터를 정리 및 정리하고, SPSS 및 기타 통계 소프트웨어를 적용하여 평균, 표준편차, 빈도 분포, 상관관계 분석, 회귀 분석 등 설명 및 추론 통계를 수행하고, 다양한 플랫폼, 장르 및 대상 그룹 간의 차이점과 영향 요인을 탐색하고, 설문 분석 결과를 그림이나 차트 형태로 제시하는 업무도 수행합니다.

5. 연구 논문을 작성하고 발표합니다.

위의 내용은 제가 여러분을 위해 개발한 구체적인 연구 디자인으로, 도움이 되길 바랍니다. 다른 질문이 있거나 추가 안내가 필요한 경우 언제든지 저에게 문의해 주세요.

AI 도구로 개발한 위의 연구 설계는 아직 상당히 상세하고 실용성이 높습니다. 코딩 테이블을 준비하는 방법과 기본적인 통계 분석을 수행하는 방법과 같은 더 세부적인 문제에 대해서는 가장 완벽한 버전이 형성될 때까지 연구 설계 계획을 강화하기 위해 AI 도구를 추구할 수 있습니다.

2. 정성적 연구를 위한 연구 설계

질적 연구(정성적 연구)는 비수치 데이터의 분석과 해석을 기반으로 하는 연구 방법으로, 인터뷰 대상자의 말, 행동, 텍스트, 이미지 등과 같은 비정형 데이터를 수집, 분류, 분류, 조직, 해석하여 현상의 이면에 있는 의미와 뿌리 깊은 생각, 감정, 태도, 신념 등을 밝히는 것입니다.

다음은 AI 도구의 도움을 받아 질적 연구에서 어떤 구체적인 방법이 사용되는지 간략하게 살펴보는 것입니다.

질문

일반적으로 사용되는 질적 연구 방법(최소 10개)을 나열하고 첫 번째 열은 연구 방법명, 두 번째 열은 방법의 특성, 세 번째 열은 표본 요건, 네 번째 열은 적용 범위로 표 형식으로 출력해 주세요.

답변

번호	연구 방법명	방법 특성	샘플 요구사항	적용 범위
2	관찰 방법	데이터를 직접 수집하여 연구대상자의 행동, 상황, 감정 등을 심도있게 기술합니다.	엄격하게 제한되니는 않으며 연구 문제의 복잡성과 깊이에 따라 다릅니다.	자연과학, 사회과학, 심리학 등
3	면접 방법	대화를 통해 데이터를 수집하면 연구 대상 사람들의 반응과 감정에 적용할 수 있습니다.	일반적으로 연구 질문과 연구 주제에 따라 10명에서 50명 사이입니다.	사회과학, 심리학, 인류학, 지역사회학 등
4	사례 연구 방법	하나 또는 여러 사례를 깊이 있고 자세하게 연구하여 내부 복잡성과 오유성을 이해합니다.	연구의 깊이와 폭에 따라 1~4건	교육, 사회복지, 심리학, 비즈니스 분석 등
5	민족지학	특정 공동체난 문화 집단에 깊이 들어가 참가자 관찰과 인터뷰를 통해 그들의 생활 방식을 자세히 기록하고 이해합니다.	종종 특정 커뮤니티나 문화에 몰입해야 함	인류학, 사회학, 교육연구, 디자인 연구 등
6	텍스트 분석	분석을 통해 서면 또는 음성 텍스트의 의미와 맥락을 이해합니다.	연구 질문에 따라 기사, 책, 강연 시리즈 등이 될 수 있습니다.	문학, 사회, 역사학 등
7	담론 분석	사회적, 문화적 맥락에서 언어 사용을 분석하며 사회현상과 인간 행동을 이해합니다.	연구 질문과 맥락에 따라 대화가 포함될 수 있습니다. 기사 또는 일련의 공개 성명 등	사회과학, 인류학, 문화학 등
8	행동연구 방법	연구자들은 실무에 참여하여 실무 개선을 위해 노력하고 개선과정을 이해합니다.	실습의 규모와 복잡성에 따라 다름	교육, 사회사업, 조직개발 등
9	9가지 구술 역사 방법	과거의 인물과 사건을 이해하기 위한 구술 역사 자료를 수집, 기록, 해석	구술역사 인터뷰, 녹음, 영상 등 구술역사 자료가 필요	역사학, 인류학, 사회학 등
10	근거이론	지속적인 데이터 비교를 통해 개념과 이론을 찾고 현상에 대한 설명 모델을 구축하려고 노력합니다.	이 데이터 또는 인터뷰 데이터에는 광범위한 문서가 필요할 수 있습니다. 연구의 범위와 깊이에 따라	사회학, 심리학, 의료보건, 교육연구 등

질적 연구 방법을 기반으로 한 연구 설계에는 몇 가지 핵심적인 측면이 있습니다.

- **연구 질문 정의하기:** 질적 연구는 일반적으로 '왜' 또는 '어떻게'에 초점을 맞춘 광범위한 연구 질문으로 시작됩니다. 질문은 명확하고 구체적이며 이론적 또는 실용적으로 중요한 것이어야 합니다.
- **문헌 검토:** 연구자는 질적 연구를 수행하기 전에 관련 학술 문헌을 검토하여 기존 이론과 연구 결과를 이해하고, 연구 공백과 새로운 연구 관점을 파악해야 합니다.

- **적절한 연구 방법의 선택:** 연구 질문과 목적에 따라 연구자는 사례 연구, 인터뷰, 관찰, 민족지학 등과 같은 적절한 질적 연구 방법을 선택해야 합니다.
- **데이터 수집:** 질적 연구에서는 인터뷰, 관찰, 문서 및 텍스트 분석 등 다양한 방법으로 데이터를 수집할 수 있습니다. 중요한 것은 연구자가 개방적이고 성찰적인 태도를 유지하면서 데이터를 상세하고 정확하게 기록해야 한다는 점입니다.
- **데이터 분석:** 정성적 데이터 분석은 연구자가 데이터를 심층적으로 읽고 코딩하여 패턴, 주제 및 관계를 찾아야 하는 반복적이고 반복적인 프로세스인 경우가 많습니다.
- **결과의 해석 및 발표:** 연구자는 데이터와 분석을 바탕으로 연구 문제에 대한 설명이나 이해를 구성해야 합니다. 결과 발표에는 일반적으로 자세한 설명, 원시 데이터의 인용, 이론적 및 실제적 함의에 대한 논의가 포함됩니다.
- **연구의 질 보장:** 연구자는 연구 과정 전반에 걸쳐 데이터의 신뢰성, 연구의 신뢰성 및 이전 가능성 등 연구의 신뢰성과 타당성에 대해 관심을 가져야 합니다. 여기에는 연구의 투명성, 반성, 다양한 관점의 검증 등이 포함될 수 있습니다.

다음은 선택한 주제에 대한 '민족지학적' 접근 방식의 예시로, ChatGPT와 같은 AI 도구가 특정 연구 방법론을 기반으로 참조 연구 설계를 구성할 수 있습니다.

질문

저는 커뮤니케이션학을 전공하는 박사과정 2년차 학생입니다. 현재 학술 논문 작성을 준비하고 있는데, 연구 방법론 전문가로서 저를 지도해 주실 것을 부탁드리고 싶습니다. 현재 제 주제는 "프레이밍 이론의 관점에 따른 환경 테마 단편영상의 감성적 상호작용 연구-인터뷰 방법을 중심으로"인데, 이 주제에서 연구 대상과 연구 질문, 연구 방법에 따른 구체적인 연구 설계 계획을 수립해 주세요. 감사합니다.

답변

우선, 여러분의 주제는 "프레이밍 이론의 관점에서 본 환경 주제 연구의 정서적 상호작용 연구 - 인터뷰 방법을 중심으로"입니다. 이 연구의 주요 요소는 프레이밍 이론, 환경 주제에 대한 짧은 동영상, 정서적 상호작용입니다. 인터뷰 방법을 사용하여 연구를 진행할 계획입니다. 다음은 몇 가지 구체적인 연구 설계 제안입니다.

연구 맥락과 이론적 틀: 먼저 이론적 맥락과 관련 개념을 명확히 해야 합니다. 프레임 이론에 대해 다소 자세히 설명하여 연구에 어떻게 적용되는지 설명해야 할 수도 있습니다. 또한 환경 테마의 경우 비디오와 감정적 상호 작용을 위해서는 명확한 정의와 관련 이론적 뒷받침도 필요합니다.

- **표본 선택:** 연구 모집단에는 환경 주제에 대한 짧은 동영상을 시청하는 시청자가 포함될 수 있습니다. 연구 필요에 따라 표본 크기와 표본 선정 기준을 결정해야 합니다. 인터뷰할 대표 표본을 선정해야 할 수도 있습니다.
- **인터뷰 디자인:** 인터뷰 과정을 안내할 인터뷰 가이드를 디자인하세요. 인터뷰 질문은 시청자가 환경 주제에 대한 짧은 동영상의 메시지를 어떻게 이해하고 해석하는지, 동영상을 시청할 때 어떤 감정적 반응을 보이는지, 이러한 반응이 행동에 어떤 영향을 미치는지 등 주요 연구 질문을 다뤄야 합니다.
- **데이터 수집:** 심층 인터뷰는 대상자의 관점과 감정적 경험을 얻기 위해 실시됩니다. 이 과정에서 모든 인터뷰는 녹음해야 하며, 오디오 녹음 및 필사 작업이 필요할 수 있습니다.
- **데이터 분석:** 내용 분석과 같은 질적 분석 방법을 통해 인터뷰 데이터를 심층적으로 해석합니다. 청중의 관점과 정서적 경험을 채굴하고 요약하여 공통점과 차이점을 찾아내야 환경 정보를 받아들일 때 청중의 정서적 상호작용 과정을 더 잘 이해할 수 있습니다.
- **결과 및 토론:** 데이터 분석을 바탕으로 연구 결과를 발표하고 이론과 관련하여 토론합니다. 자신의 연구 결과가 기존 이론을 어떻게 뒷받침하거나 도전하는지 설명하고 이론과 실무에 대한 연구의 함의를 제시해야 합니다.

위의 내용은 가능한 연구 설계 옵션 중 하나이며, 정확한 설계는 연구 목표와 연구 상황에 맞게 조정해야 할 수 있습니다.

3. 혼합 연구를 위한 연구 설계

혼합 연구 방법(혼합 연구 방법)은 다양한 관점과 다차원에서 양적 연구 방법과 정성적 연구 방법을 동시에 사용하여 데이터를 수집 및 분석하고 연구 대상의 특성, 연구 방법의 특성 및 법칙을 심층적으로 이해하는 것을 말합니다. 혼합 연구는 정성적 방법과 정량적 방법의 장점을 종합적으로 활용하여 각각의 단점을 보완할 수 있으며, 연구 적용 가치와 과학적 중요성이 더 넓습니다.

혼합 연구 방법의 세 가지 핵심 기본 설계 옵션은 수렴적 설계, 설명적 시퀀스 및 탐색적 시퀀스 디자인. 이 세 가지 디자인 옵션의 주요 기능 및 적용 사례는 아래에 설명되어 있습니다.

(1) 융합적 설계

융합적 설계는 정량적 연구를 위한 데이터 세트와 그 결과를 기반으로 한 정성적 연구를 대상으로 합니다.

이 설계 솔루션의 주요 특징은 정량적 데이터와 정성적 데이터의 분리 수집 및 분석, 두 유형의 데이터 간의 관계 해석 및 응용 결과의 산출입니다. 융합적 설계의 적용 분야에는 정량적/정성적 데이터의 통합을 강조하는 문제와 구체적인 응용 결과가 필요한 연구 문제가 포함됩니다.

(2) 해석적 순차 설계

해석적 순차 설계는 정성적 데이터 수집으로 시작한 다음 정량적 데이터 수집 및 분석을 통해 이를 기반으로 구축합니다. 이 설계 체계의 주요 특징은 질적 연구 방법을 사용하여 초기 이론이나 가설에 도달한 다음 정량적 연구 방법을 통해 이를 테스트한다는 것입니다. 해석적 순차 설계는 일반적으로 이론적 가설을 수립하고 테스트하기 위해 연구 질문에 대한 심층적인 이해가 필요한 상황에서 사용됩니다.

(3)탐색형 순차 설계

탐색적 순차 설계는 정량적 데이터 수집으로 시작한 다음 이를 바탕으로 정성적 데이터 수집 및 분석으로 구축합니다. 이 설계 방식의 주요 특징은 정량적 연구 방법을 먼저 사용하여 개괄적인 결과를 도출한 다음, 질적 연구 방법을 통해 해석적 연구를 수행하는 것입니다. 탐색적 순차 설계의 적용 사례로는 문제의 함의와 잠재적 문제를 탐색해야 하는 연구 질문과 연구 대상의 특성에 대한 상세한 이해가 필요한 연구 질문이 있습니다.

다음은 혼합 연구 방법론의 융합적 설계를 기반으로 ChatGPT와 같은 AI 도구가 참조 가능한 연구 설계를 형성할 수 있도록 하기 위한 시도입니다.

질문

저는 커뮤니케이션학을 전공하는 박사과정 2년차 학생입니다. 현재 학술 논문 작성을 준비하고 있는데, 연구 방법론 전문가로서 저를 지도해 주셨으면 좋겠습니다. 현재 제 주제는 "이론적 관점에서 본 환경 테마 단편영상의 감성적 상호작용 연구-혼합연구방법을 중심으로"이며, 주제에 있는 연구방법은 혼합연구방법의 융합설계이므로 주제에 있는 연구대상, 연구문제, 연구방법을 바탕으로 구체적인 연구설계 계획을 수립해 주셨으면 합니다. 디자인 계획. 감사합니다.

답변

선택한 주제에 따라 연구 대상은 환경 주제에 대한 짧은 동영상, 연구 질문은 동영상 속 감정적 상호작용의 특징과 효과, 연구 방법은 혼합 연구 방법의 융합적 디자인입니다.

융합적 설계의 의도는 정량적 데이터와 정성적 데이터를 모두 수집하고

양적 데이터와 질적 데이터를 모두 집계하고 분석하기 위한 목적의 결과입니다. 이러한 설계는 연구 대상 현상에 대한 서로 다른 상호 보완적인 관점을 제공하고 연구의 신뢰성과 타당성을 향상시킵니다.

구체적인 연구 설계 프로그램은 아래에 설명되어 있습니다.

- **정량적 데이터 수집:** 주요 동영상 플랫폼에서 무작위로 선택된 특정 수의 동영상(예: Shake, Shutter 등) 환경 주제에 대한 짧은 동영상(예: 1,000개)을 샘플로 사용하고 각 동영상의 재생 수, 좋아요, 댓글, 리트윗 및 기타 지표를 기록하여 동영상의 감정적 상호작용 수준을 반영했습니다.
- **정량적 데이터 분석:** 기술통계, 상관관계 분석 등의 방법을 사용하여 영상의 감성적 상호작용 지표를 분석하여 환경을 주제로 한 영상의 유형(예: 재미, 감동, 교육 등)이나 내용(예: 쓰레기 분류, 에너지 절약 및 배출 감소, 야생동물 보호 등)에 따라 감성적 상호작용의 정도에 차이가 있는지, 어떤 요인들이 감성적 상호작용 효과에 영향을 미칠 수 있는지 살펴보았습니다.
- **정성적 데이터 수집:** 정량적 데이터에서 대표적이거나 특별한 동영상(예: 감정적 상호작용 수준이 가장 높거나 낮은 동영상)을 선별하고, 이러한 동영상에 대한 콘텐츠 분석을 수행하여 동영상에서 표현되거나 유발된 감정의 유형(예: 기쁨, 분노, 슬픔 등), 감정의 강도(예: 강함, 온화함, 약함 등), 감정적 경향(예: 긍정, 부정, 중립 등) 정보를 추출하여 동영상의 감정 표현에 반영하기 위해 다음을 수행합니다. 특성.

- **정성적 데이터 분석:** 카테고리 분석 또는 주제별 분석과 같은 방법을 사용하여 동영상의 감정 표현 특성을 요약하고 결론을 내리고, 환경 테마 동영상의 유형 또는 내용별로 감정 표현에 차이가 있는지, 감정 표현 효과에 영향을 미칠 수 있는 요인은 무엇인지 탐색합니다.
- **집계 분석:** 정량적 데이터와 정성적 데이터의 결과를 비교하고 통합하여 두 유형의 데이터 간의 일관성 또는 차이점과 가능한 원인 및 설명을 탐색합니다. 예를 들어, 환경을 주제로 한 특정 유형의 동영상이나 콘텐츠에서 정서적 상호작용 수준은 높지만 정서적 표현 기능은 약하거나 반대로 정서적 상호작용 수준은 낮지만 정서적 표현 기능은 강한 현상이 있을까요? 그렇다면 이러한 현상의 원인은 무엇인가요? 환경을 주제로 한 동영상의 제작과 보급에 어떤 시사점이 있을까요?

이 프로그램이 도움이 되었기를 바랍니다. 다른 질문이 있으시면 언제든지 문의해 주세요.

4. 담론적 연구를 위한 연구 설계

담론적 연구 방법(사변적 연구 방법)은 철학적 분별력을 바탕으로 추론, 분석, 귀납 및 기타 방법을 주요 연구 수단으로 하며, 문제에 대한 깊은 사고와 추론을 강조하고 개념과 개념 관계의 철저한 분석에 중점을 두지만 연구 대상의 맥락과 배경에 대한 이해도 강조합니다. 하나는 연구 대상에 대한 연구자의 관점과 이해의 깊이를 완전히 평가하는 해석 연구의 구현 절차가 거의 없으며 이러한 유형의 연구 방법은 유추, 귀납, 분류 등과 같은 일종의 이해 논리에 더 가깝고 다른 하나는 특정 구현 절차가 있지만 절차의 구현이 역사 분석과 같은 경험적 연구만큼 엄격하지 않은 인문학 유형의 연구 방법을 말합니다, 텍스트 면밀히 읽기, 철학적 비판, 비교 분석 등입니다.

담론적 연구 방법의 체계는 매우 복잡하기 때문에 여기서는 나열하지 않겠습니다. 여기서는 '역사적 분석'을 예로 들어 해당 연구 설계 체계를 보여드리겠습니다. 이전 기사의 주제는 역사적 분석 방법에는 적합하지 않으므로 여기서 약간의 변경이 이루어집니다.

질문

저는 커뮤니케이션학을 전공하는 박사과정 2년차 학생입니다. 현재 학술 논문 작성을 준비 중인데, 연구 방법론 전문가로서 저를 지도해 주실 것을 부탁드리고 싶습니다. 현재 제 주제는 "중국 농촌-도시 관계의 진화 연구-역사적 분석 방법을 중심으로"인데, 주제에 대한 연구 대상, 연구 질문, 연구 방법 등을 바탕으로 구체적인 연구 설계 계획을 수립해 주시면 감사하겠습니다. 감사합니다.

답변

여러분의 연구 디자인 개발을 도와드리게 되어 기쁩니다. 먼저 연구 프로세스를 다음 단계로 나눌 수 있습니다.

1. **문헌 검토:** 우선 중국의 도시-농촌 관계에 관한 관련 문헌, 특히 역사적 진화에 관한 연구를 자세히 읽어야 합니다. 이를 통해 자신의 연구가 학계에서 어디에 적합한지 판단하는 데 도움이 될 뿐만 아니라 과거에 수행된 연구와 주요 결과에 대한 아이디어도 얻을 수 있습니다.
2. **연구 질문 및 가설:** 연구 질문과 가설을 명시합니다. 예를 들어, 지난 수십 년 동안 중국에서 도시와 농촌 관계의 주요 변화는 무엇이었는지 또는 특정 정책이나 사건이 도시와 농촌 관계에 어떤 영향을 미쳤는지 조사할 수 있습니다.
3. **데이터 수집:** 중국 도시와 농촌 관계의 역사적 진화에 대해 알아보려면 다음을 포함한 일련의 관련 데이터를 수집해야 합니다.
4. **정책 문서:** 도시와 농촌 개발에 관한 국가 또는 지역 차원의 정책일 수 있으며, 정책이 도시와 농촌 관계에 미치는 영향을 이해하는 데 도움이 됩니다.
5. **과거 데이터:** 예를 들어 도시 및 농촌 인구, 고용, 경제 발전 등에 대한 데이터입니다. 이러한 데이터는 다음을 포함할 수 있습니다. 에너지는 공공 정부 보고서나 온라인 데이터베이스 등 다양한 출처에서 얻어야 합니다.
6. **뉴스 보도 및 미디어 콘텐츠:** 이러한 자료는 도시와 농촌 관계의 변화에 대한 대중의 인식과 시간에 따른 주요 사회적 인식의 변화를 이해하는 데 사용할 수 있습니다.
7. **학술 논문 및 연구:** 관련 학술 연구에 대해 알면 연구의 방향을 잡고 가능한 분석 접근 방식과 이론적 틀을 찾는 데 도움이 될 수 있습니다.
8. **데이터 분석:** 수집하는 데이터의 유형에 따라 분석 방법은 달라지며, 연구 주제를 고려할 때 가능한 몇 가지 분석 방법은 다음과 같습니다.
9. **정성적 분석:** 여기에는 정책 문서 및 뉴스 보고서의 내용 분석과 같은 텍스트 분석이 포함됩니다. 시간이 지남에 따라 도시와 농존의 관계가 어떻게 변화했는지 설명하고 설명하는 주요 주제를 찾을 수 있습니다.

10. **정량적 분석:** 여기에는 인구, 경제 발전 등에 관한 데이터의 시계열 분석과 같은 통계 분석이 포함됩니다. 그래프를 사용하여 주요 데이터의 변화를 표시하고 통계적 모델링을 사용하여 변수 간의 관계를 탐색할 수 있습니다.
11. **데이터 해석:** 이 단계에서는 분석 결과를 연구 질문 및 가설과 연관시켜야 합니다.
12. **결과 및 주장:** 분석 결과를 바탕으로 연구 질문과 가설에 대한 결과와 그 의미를 명확하게 보여 주어야 합니다.
13. **이론과 현실 연결:** 자신의 연구 결과를 기존 이론 및 실제 상황과 연관시킵니다. 예를 들어, 자신의 연구 결과가 이전 연구와 어떻게 일치하는지 또는 일치하지 않는지, 또는 자신의 연구 결과가 실제 사회 또는 정책 변화를 어떻게 설명할 수 있는지 논의할 수 있습니다.
14. **가능한 문제 또는 도전 과제 해결:** 데이터 분석 과정에서 데이터 누락이나 불확실성과 같은 문제나 도전 과제가 발생한 경우, 결과 해석에서 이를 논의해야 합니다. 여기에는 연구 시스템에 대한 논의와 향후 연구를 위한 제안도 포함될 수 있습니다.
15. **글쓰기 및 수정:** 연구 결과를 작성하고 반복해서 수정하세요. 연구가 제기한 연구 질문에 명확하게 답하거나 최소한 그 질문에 대한 통찰력을 제공할 수 있어야 한다는 점을 명심하세요.

연구를 진행하면서 연구 질문과 가설을 계속 조정해야 할 수도 있으며, 이는 지극히 정상적인 현상입니다. 항상 비판적으로 사고하고 데이터와 조사 결과를 신중하게 분석하는 것이 중요합니다.

이 프로그램이 도움이 되길 바랍니다. 여러분의 연구에 행운을 빕니다!

5. 컴퓨터 기반 빅데이터 융합 연구를 위한 연구 설계

빅데이터 연구 방법(빅 데이터 연구 방법)은 빅데이터와 관련하여 컴퓨터 기술을 기반으로 대규모 데이터 수집, 저장, 처리, 마이닝 및 분석을 수행하는 일련의 방법과 기술을 말합니다. 주요 특징은 대용량 데이터, 다양한 데이터 유형, 높은 처리 난이도, 뛰어난 분석 효율성, 빠른 계산 속도 등입니다. 일반적으로 사용되는 구체적인 방법으로는 데이터 마이닝, 머신 러닝, 계산 과학, 시뮬레이션, 자연어 처리, 네트워크 분석 등이 있습니다. 기술의 급속한 발전, 특히 인공지능 기술의 급속한 발전과 함께 빅데이터 연구 방법도 진화하고 개선되고 있습니다. 빅데이터 연구 방법은 현재 가장 유망한 연구 방법 중 하나라고 해도 과언이 아닙니다.

질문

저는 커뮤니케이션학을 전공하는 박사과정 2년차 학생입니다. 현재 학술 논문 작성을 준비 중인데, 연구 방법론 전문가로서 지도를 부탁드리고 싶습니다. 현재 제 주제는 "프레이밍 이론의 관점에 따른 환경 테마 단편 동영상의 감성적 상호작용 연구-데이터 마이닝 방법을 중심으로"이며, 주제에서 연구 대상, 연구 질문 및 연구 방법에 따라 구체적인 연구 설계 계획을 수립해 주셨으면 합니다. 감사합니다.

답변

제 도움을 요청해 주셔서 매우 기쁘게 생각하며 연구 디자인 개발을 기꺼이 도와드리겠습니다. 선택한 주제에 따라 환경을 주제로 한 짧은 동영상에서 감정적 상호작용을 연구하기 위해 데이터 마이닝 방법을 적용하는 방법을 고려해야 합니다. 아래는 예비 연구 설계 제안서입니다.

I. 연구 문제 정의

이 연구의 주요 질문은 "프레임 이론 관점에서 환경을 주제로 한 짧은 동영상의 정서적 상호작용은 어떠한가?" 즉, 사람들이 환경을 주제로 한 짧은 동영상과 어떻게 상호작용하는지, 상호작용의 방식과 이러한 상호작용이 환경 주제의 커뮤니케이션에 어떤 영향을 미치는지 탐구해야 한다는 것입니다. 즉, 사람들이 환경을 주제로 한 짧은 동영상과 감정적으로 상호 작용하는 방식, 상호 작용의 감정적 색채, 이러한 상호 작용이 환경 주제의 커뮤니케이션에 미치는 영향 등을 포함하여 사람들이 환경을 주제로 한 짧은 동영상과 감정적으로 상호 작용하는 방식을 탐구해야 합니다.

II. 연구 대상 및 데이터 수집

연구를 시작할 때 특정 소셜 미디어 플랫폼(예: Shake, Shutter 등)을 선택하여 환경 주제에 대한 짧은 동영상을 수집하는 기초로 사용해야 합니다. 일부 도구(예: 크롤러 등)를 사용하여 대량의 동영상 데이터를 수집할 수 있습니다. 데이터 수집 기준은 동영상의 재생 수, 좋아요, 공유, 댓글 등을 기준으로 할 수 있으며, 재생 수가 100만 회 이상인 동영상만 선별하는 등 명확한 정의를 설정해야 합니다. 동일 감정적 상호작용을 연구하는 데 사용할 주요 데이터 소스이므로 동영상과 관련된 사용자 댓글도 수집할 수 있습니다.

III. 데이터 전처리

이 단계에서는 수집된 데이터를 추가 분석 및 마이닝에 적합하도록 전처리해야 합니다. 첫째, 중복 제거, 누락 값 처리, 데이터 정규화 등의 데이터 정리를 수행해야 합니다. 둘째, 비활성화된 단어 제거, 어간 추출 등과 같은 텍스트 데이터(예: 댓글)를 전처리해야 합니다. 동시에 사용자 댓글을 단어 세분화로 처리하고 그 안에서 키워드나 구문을 식별하는 등 몇 가지 기본적인 텍스트 마이닝 작업을 수행해야 할 수도 있습니다.

IV. 프레이밍 이론을 활용한 데이터 분석

이 단계에서는 리서치 디자인을 구현하기 시작합니다. 먼저 사용자 댓글에 대한 감성 분석을 수행해야 합니다. 이 작업은 미리 학습된 감성 분석 모델을 사용하거나 직접 모델을 구축한 다음 수집한 대량의 데이터를 기반으로 학습시킬 수 있습니다. 감성 분석의 목표는 각 댓글에 감성 성향(긍정, 부정 또는 중립)을 태그하는 것입니다.

이 과정에서 프레이밍 이론을 사용하여 짧은 동영상의 내용을 분석해야 합니다. 특히 환경 문제의 심각성을 강조하는지, 개별 행동의 영향을 강조하는지 등 동영상에서 환경 주제를 어떻게 표현하는지 파악해야 할 수 있습니다. 이 부분의 분석은 수동 코드를 통해 수행하거나 자연어 처리 도구를 사용하여 수행할 수 있습니다.

그런 다음 감정적 상호작용(즉, 댓글의 감정적 성향)과 동영상 콘텐츠 간의 관계를 분석해야 합니다. 예를 들어, 긍정적인 감정적 피드백을 유발할 가능성이 높은 특정 유형의 콘텐츠 프레젠테이션이 있는지 살펴볼 수 있습니다. 이를 위해서는 상관관계 분석, 회귀 분석 등과 같은 일부 통계 분석 방법을 적용해야 할 수 있습니다.

V. 결과 분석 및 논의

이 섹션에서는 결과를 분석하고 토론해야 합니다. 예를 들어, 특정 유형의 환경 메시지가 더 긍정적인 감정적 피드백을 유발하는 방식으로 제시된다는 사실을 발견할 수 있으며, 이는 환경 주제의 커뮤니케이션에 중요한 지침이 될 수 있습니다.

마지막으로, 조사 결과를 요약하고 향후 연구를 위한 권장 사항을 작성해야 합니다.

이 프로그램이 도움이 되길 바랍니다. 연구를 진행하면서 궁금한 점이 있으면 언제든지 저에게 도움을 요청하세요.

6.2 연구 방법론 및 글쓰기의 논리적 구조

이 섹션에서는 학술 논문 텍스트의 연구 방법 섹션의 구조적 구성과 글쓰기에 중점을 둡니다. 경험적 학술 논문에서 연구 방법은 전체 논문의 필수적인 구조적 요소이며 일반적으로 독립적으로 나타납니다. 연구 방법에는 다양한 유형이 있지만, 각 연구 방법은 비교적 고정된 연구 절차를 따르는, 즉 구조적으로 안정적인 연구 방법입니다. 그런 다음 연구자는 안정적인 구조를 바탕으로 연구 대상과 연구 질문에 따라 구체적인 실행 계획을 설계합니다. 다음은 5가지 주요 연구 방법 유형에 대한 분석 및 시연입니다.

1. 정량적 연구를 위한 논리적 구조와 글쓰기

연구 방법과 글쓰기의 논리적 구조를 생각하는 세 가지 방법이 있습니다. 첫 번째는 전체론적 질문을 사용하여 AI 도구가 텍스트를 이해하고 참조 답변을 제공할 수 있도록 하는 것이고, 두 번째는 AI 도구가 참조 답변을 개발하여 제공할 수 있는 기본 논리적 틀을 제공하거나 특정 방법의 논리적 틀을 이해하지 못하는 경우 모델 텍스트를 분석하는 것이며, 세 번째는 참조 답변의 기반이 되는 연구 설계의 핵심 정보를 AI 도구에 제공하는 것입니다. 세가지 아이디어들은 AI 도구에 연구 설계의 핵심 정보를 제공하고 이 정보를 바탕으로 참조 답변을 제공하도록 하는 것입니다.

이 세 가지 아이디어는 각각 아래에 설명되어 있습니다.

아이디어 1: 전체적인 질문

질문

저는 커뮤니케이션학을 전공하는 박사과정 2년차 학생입니다. 현재 학술 논문 작성을 준비 중인데, 학술지 편집장님께서 저를 지도해 주셨으면 좋겠습니다. 현재 논문 주제는 "프레이밍 이론의 관점에 따른 환경 테마 단편 영상의 정서적 상호작용 연구-내용 분석 방법을 중심으로"인데, 선정된 주제에 맞게 논문의 연구 방법론 부분을 작성해 주세요. 영문 문헌에 한하여 "저자-출판 연도" 형식으로 표기하고, 논문 말미에 참고문헌을 기재해 주세요. 감사합니다.

답변

연구 방법론

이 연구는 콘텐츠 분석 방법을 채택하여 환경 보호를 주제로 한 단편 동영상의 정서적 상호작용을 양적, 질적 방법을 통해 심층적으로 분석합니다. 연구는 두 단계로 나뉘는데, 먼저 짧은 동영상의 내용을 분석하고, 프레임 이론의 관점에서 감정적 상호작용을 연구합니다.

콘텐츠 분석 단계에서는 Riffe 등(2014)의 체계적 샘플링 방법을 사용하여 공개적으로 이용 가능한 짧은 동영상을 무작위로 샘플링한 다음, Neuendorf(2016)의 콘텐츠 분석 가이드라인에 따라 동영상 콘텐츠를 코딩하고 분석했습니다. 모든 동영상을 보고 환경적 주제, 감정 표현, 시청자의 감정적 상호작용에 대해 코딩했습니다. 모든 코딩은 데이터의 타당성과 신뢰성을 보장하기 위해 두 명의 연구원이 독립적으로 수행했습니다.

정서적 상호작용 단계에서는 Entman(1993)의 프레이밍 이론을 사용하여 이전 분석 단계의 결과를 심층적으로 분석했습니다. 프레임 이론의 네 가지 주요 요소인 문제 정의, 원인 진단, 도덕적 판단, 해결책 제시를 사용하여 환경을 주제로 한 짧은 동영상에 대한 시청자의 정서적 반응을 이해했습니다.

참조

- Entman, R. M. (1993). 프레이밍 : 분열 된 패러다임의 명확화를 향해. 커뮤니케이션 저널, 43(4), 51-58쪽.
- Neuendorf, K.A. (2016). 콘텐츠 분석 시스가이드 북. 세이지. Riffe, D., Lacy, S., & Fico, F. G. (2014). 미디어 메시지 분석 : 정량적 콘텐츠 분석 시신 검색 사용.

첫째, 연구 방법론에 대한 정보가 너무 개략적이며 둘째, 중요한 구조적 요소가 누락되고 셋째, 실행 계획이 AI 도구에서 제공되어 참조할 수는 있지만 연구자의 비전과 일치하지 않을 수 있다는 단점이 있습니다. 연구자는 이를 바탕으로 단계별로 최적화해야 합니다.

아이디어 2: 논리적 프레임워크를 제공하세요.

정량적 연구 방법인 내용 분석 방법은 고도로 절차적이고 구조화되어 있습니다. 수많은 텍스트 자료 분석을 통해 콘텐츠 분석 방법의 논리적 구조 요소를 요약하고 이를 바탕으로 방법 소개 – 연구 샘플 – 카테고리 구성 – 신뢰도 및 타당도 테스트 – 분석 도구 및 방법이라는 논리적 프레임워크가 형성됩니다. 이 논리적 프레임워크가 충분히 완성되지 않은 경우 연구자는 다음을 통해 AI 도구에 샘플을 제공할 수도 있습니다.

스타일을 사용하여 특정 연구 방법의 논리적 구조를 요약할 수 있습니다.

여기에서는 두 편의 논문의 연구 방법론 내용을 ChatGPT와 같은 인공지능 도구의 학습 자료로 제공합니다.[1] 하나는 '민족 미디어 선거 보도: 콘텐츠 분석 방법론'이라는 제목의 영문 논문이고, 다른 하나는 '모바일 인터넷 환경에서 집단 양극화의 특성과 생성 메커니즘: 특정 사건에 대한 모바일 미디어 텍스트와 네티즌 댓글의 콘텐츠 분석'이라는 제목의 중문 논문입니다. b다른 하나는 "모바일 인터넷 환경에서 집단 양극화의 특성과 생성 메커니즘: 모바일 미디어 텍스트에 대한 네티즌의 댓글에 기반한 내용 분석"이라는 제목의 논문입니다.

질문

입력 자료의 종합을 기반으로 통합된 콘텐츠 분석 접근 방식을 위한 논리적 프레임워크를 제공하세요. 입력 자료 ### (생략) ###

답변

콘텐츠 분석 방법의 논리적 프레임워크는 다음 단계로 정리할 수 있습니다.

- **연구 설계:** 먼저 연구 질문과 목표를 명확히 하고 분석할 데이터 소스를 정해야 합니다.
- **변수 정의 및 식별:** 디자인에서 관심 있는 변수 또는 테마를 지정하고, 이러한 변수가 데이터에서 어떻게 표현되거나 특성화되는지 식별해야 합니다.
- **코딩 체계 만들기:** 이러한 변수를 정량적 또는 정성적으로 측정하려면 하나 이상의 코딩 체계를 만들어야 합니다. 여기에는 변수에 대한 다양한 범주, 수준 또는 범위를 만들고 각 범주 또는 수준에 대해 명확하고 실행 가능한 기준을 정의하는 것이 포함될 수 있습니다.
- **샘플 추출:** 연구 설계에 따라 분석할 데이터 소스에서 특정 수의 샘플을 추출합니다.

1. Schulz W, Zeh R. The changing election coverage of German television [J]. A content analysis : 2005 30(4). 1990–2002.

- **코딩 체계 적용:** 추출한 샘플에 코딩 체계를 적용합니다. 결과의 견고성을 보장하기 위해 여러 코딩 세션 또는 여러 코더의 코딩이 필요할 수 있습니다.
- **데이터 분석:** 코딩 결과를 기반으로 한 통계적 또는 정성적 분석. 여기에는 설명적 통계, 추론적 통계, 주제별 분석 등이 포함될 수 있습니다.
- **결과 해석 및 보고:** 분석 결과를 해석하고 연구 질문 및 목표에 다시 연결한 다음 연구 보고서를 작성하고 게시합니다.

이 논리적 구조는 정량적 관점에서 텍스트를 이해하는 등 다양한 유형의 콘텐츠 분석 연구에 적용할 수 있습니다.

데이터의 패턴을 분석하거나 질적 관점에서 텍스트 데이터의 의미와 그 이면의 사회-문화적 현상을 이해하는 데 도움이 됩니다.

자료 학습에서 요약한 논리적 프레임워크는 기본적으로 이전 섹션에서 제공한 논리적 프레임워크와 동일하지만, ChatGPT와 같은 인공지능 도구에서 제공하는 논리적 프레임워크에는 기존 논리적 프레임워크에 없는 "변수 정의 및 식별" 항목이 있어 이를 추가하여 새로운 프레임워크인 방법론 소개로 반복할 수 있습니다. 변수 정의 및 식별 - 연구 표본 - 카테고리 구성 - 신뢰도 테스트 - 분석 도구 및 방법. 이 논리적 프레임워크에 따라 ChatGPT와 같은 인공지능 도구가 제공하는 답변이 개선되는지 살펴볼 것입니다.

질문

저는 커뮤니케이션학을 전공하는 박사과정 2년차 학생입니다. 현재 학술 논문 작성을 준비 중인데, 학술지 편집장님께서 저를 지도해 주셨으면 좋겠습니다. 현재 논문 주제는 "프레이밍 이론의 관점에 따른 환경 테마 단편영상의 감성적 상호작용 연구-내용분석 방법을 중심으로"인데, 선정된 주제에 맞게 논문의 연구 방법론 부분을 작성해 주세요.

"내용분석의 논리적 틀, 즉 방법론의 도입 - 변수의 정의 및 식별 - 연구 표본 - 범주 구성의 순서로 작성해 주세요. -신뢰성 및 타당성 테스트 -분석 도구 및 방법"

답변

첫째, 본 연구는 다양한 유형의 사회과학 연구에서 널리 사용되는 내용 분석 방법을 채택했습니다.

(Berelson, 1952). 내용 분석은 텍스트에 대한 객관적이고 체계적이며 정량적인 설명을 포함하는 연구 방법으로, 연구자가 텍스트에서 주제와 패턴을 추출할 수 있도록 해줍니다(Krippendorff, 2004).

본 연구의 변수는 다음과 같이 정의됩니다: 연구의 주요 변수는 짧은 동영상의 미디어 프레임으로, "특정 사건이나 이슈의 측면을 선택하여 시청자의 인식을 향상시키는 방식으로 보도를 구성하는 것"이라는 Entman(1993)의 정의에 따라 식별할 것입니다; 또 다른 중요한 변수는 시청자의 정서적 반응입니다. 행복, 슬픔, 두려움, 놀라움, 분노, 혐오 등 6가지 기본 감정을 포함하는 Ekman(1992)의 이론에 따라 이를 정의하고 식별할 것입니다.

연구 샘플은 작년에 공개된 환경을 주제로 한 짧은 동영상 중에서 선정했으며, 주로 지에인, 웨이보 등 주요 소셜 미디어 플랫폼에서 샘플을 수집했습니다. 총 샘플 수는 500개에 달했습니다.

카테고리의 구성은 미디어 프레임을 책임 프레임과 해결책 프레임의 두 가지 주요 범주로 나눈 Scheufele(1999)의 연구를 참조했습니다. 각 범주는 다시 정책 관련, 개인 행동 등과 같은 하위 범주로 나뉩니다. 상황(예: 개인의 행동) 등 하위 범주로 나뉩니다. 그런 다음 Ekman의 이론에 따라 감각 반응의 클래스를 구성했습니다.

콘텐츠 분석에 앞서 Cohen의 카파 계수(Cohen, 1960)를 사용하여 신뢰도 및 타당도 테스트를 실시했습니다. 두 명의 독립적인 코더에게 샘플의 10%를 코딩하도록 요청하고 코딩 일관성을 보장하기 위해 Cohen의 카파 계수를 계산했습니다.

분석 도구 및 방법: 모든 동영상은 두 명의 독립적인 코더가 코딩한 후 SPSS 25.0(IBM Corp, 2017)을 사용하여 데이터를 분석합니다. 설명적 통계 분석은 미디어 프레임의 빈도와 백분율, 시청자의 감정적 반응을 얻기 위해 사용됩니다. 또한 카이제곱 테스트는 미디어 프레임과 정서적 반응 간의 관계를 조사하는 데 사용됩니다.

참조

- Berelson, B. (1952). 커뮤니케이션 연구의 내용 분석. 자유 언론. 코헨, J. (1960). 명목 척도에 대한 동의 계수. 교육 및 심리 측정, 20, 37-46.
- Ekman, P. (1992). 기본 감정에 대한 논쟁. 인지 및 감정, 6(3-4), 169-200.

아이디어 3: 주요 정보를 제공하세요.

아이디어 2에 따른 AI 도구의 답변은 아이디어 1보다 훨씬 더 표준화되어 있고 많은 세부 사항을 추가하지만 여전히 연구자의 기대에 다소 미치지 못합니다. 아이디어 3은 연구 방법론에 대한 핵심 정보를 제공하고 ChatGPT와 같은 AI 도구가 핵심 정보를 답변에 통합하도록 함으로써 아이디어 2를 구축하는 것입니다.

예를 들어, 선택 콘텐츠 분석 방법에 따라 제공할 수 있는 주요 정보에는 분석 대상(예: 진르인 플랫폼의 환경 주제에 대한 짧은 동영상 계정), 데이터 시간(예: 2022년 전체), 데이터 양(예: 13,574개), 표본 추출 방법(예: 등거리 표본 추출), 콘텐츠 출처(포스터, 직접 응답자, 간접 응답자), 콘텐츠 감성 분석(긍정, 중립, 부정), 콘텐츠 카테고리(예: 게시자, 직접 응답자, 간접 응답자, 관중) 등이 있습니다. 빈도(의존, 사용, 가끔, 관전) 등을 포함합니다.

질문

연구 방법론에 대한 다음 주요 정보를 콘텐츠 분석 방법 텍스트에 통합합니다. ### (생략) ###

답변

연구 방법론 섹션

이 연구는 미디어 프레이밍 이론을 기반으로 콘텐츠 분석을 적용하여 환경을 주제로 한 짧은 동영상 계정과 Jieyin 플랫폼의 대화형 콘텐츠를 심층적으로 조사하고 분석했습니다. 데이터 샘플은 2022년 연간 범위에서 선정되었습니다.

사용된 샘플링 방법은 등거리 샘플링이었습니다.

1. 방법론

콘텐츠 분석은 특정 콘텐츠의 의미, 특성 및 효과를 설명하기 위해 텍스트, 이미지 또는 기호에 대한 정성적, 정량적 설명을 제공하는 연구 방법입니다(Krippendorff, 2012). 이 연구에서는 환경을 주제로 한 짧은 동영상에서 감정적 상호작용의 표현을 감지하고 분석하기 위해 콘텐츠 분석을 사용했습니다.

2. 변수 정의 및 식별

본 연구의 변수는 크게 콘텐츠 소스, 콘텐츠 감성, 콘텐츠 빈도입니다. 이 중 콘텐츠 출처는 게시자, 직접 반응자, 간접 반응자로 분류하고, 콘텐츠 정서는 긍정, 중립, 부정으로 분류하며, 이러한 정서 분류는 Ekman의 감정 이론(Ekman, 1992)을 기반으로 하며, 콘텐츠 빈도는 의존, 사용, 가끔, 관전 등 4단계로 평가합니다.

3. 연구 샘플

이 연구의 샘플은 주로 환경을 주제로 한 짧은 동영상 계정과 해당 인터랙티브 콘텐츠에서 추출했습니다. 2022년 한 해 동안의 데이터가 선정되었으며, 총 13,574개의 데이터가 포함되었습니다. 데이터의 대표성과 타당성을 보장하기 위해 이 연구에서는 표본 선정에 아이소메트릭 샘플링 방법을 채택했습니다.

4. 카테고리 구성

본 연구에서는 미디어 프레임 이론에 따라 콘텐츠 출처, 감정 표현, 상호작용 빈도 등 3가지 범주를 중심으로 분석합니다. 이러한 범주 구성 방식은 환경을 주제로 한 짧은 동영상에서 감정적 상호작용의 특성을 더 잘 이해하고 묘사하는 데 도움이 될 수 있습니다.

5. 신뢰성 테스트

연구의 신뢰성과 타당성을 테스트하기 위해 이중맹검법을 사용하여 데이터를 코딩하고 각 범주에 대한 크리펜도르프의 알파 계수를 계산하는 Neuendorf(2016)의 제안을 따를 것입니다. 이는 변수 정의뿐만 아니라 클래스 구성의 신뢰성과 타당성을 검증하는 데 도움이 될 것입니다.

6. 분석 도구 및 방법

분석 과정에서 NVivo 및 SPSS와 같은 정성적 및 정량적 분석 도구를 사용하여 콘텐츠를 심층적으로 분석하는 동시에 대량의 데이터에 대한 효과적인 통계와 분석을 제공합니다(Bazeley, 2013; Field, 2013).

참조:

- Bazeley, P. (2013). 질적 데이터 분석 : 실용적인 전략. 세이지.
- Ekman, P. (1992). 기본 감정에 대한 논쟁. 인지 및 감정, 6(3-4), 169-200.
- Field, A. (2013). IBM SPSS 통계를 사용한 통계 발견. 세이지. 크리펜도르프, K. (2012). 내용 분석 : 방법론 소개.
- Sage. Neuendorf, K.A. (2016). 콘텐츠 분석 가이드 북. 세이지.

아이디어 3을 통해 얻은 답변은 기존 ChatGPT와 같은 AI 도구의 정보와 방법의 논리 구조, 연구자의 설계를 연구 방법의 텍스트에 통합한 것으로, 일반적으로 ChatGPT와 같은 AI 도구가 방법을 더 명확하게 설명해줍니다. 물론 ChatGPT와 같은 AI 도구가 제공하는 답변은 아직은 다소 딱딱하고 간략하기 때문에 연구자가 이를 바탕으로 가공하고 정리한 후 사용해야 합니다.

2. 정성적 연구를 위한 논리적 구조와 글쓰기

정성적 연구 방법의 구성과 작성 과정은 특정 방법의 논리적 구조, 핵심 메시지 및 방법론적 요소에 차이가 있다는 점을 제외하면 정량적 연구 방법과 동일합니다. 여기에서는 한 가지 방법의 예를 제시하고, 최종 프레젠테이션은 참고용으로 직접 제공합니다.

질문

저는 커뮤니케이션학을 전공하는 박사과정 2년차 학생입니다. 현재 학술 논문 작성을 준비 중인데, 학술지 편집장님이 되셔서 저를 지도해 주셨으면 좋겠습니다. 현재 제 논문 주제는 "프레이밍 이론의 관점에서 본 환경 테마 단편영상의 정서적 상호작용 연구-가상 민족지학을 중심으로"인데, 논문의 연구 방법론 부분을 제 주제에 맞게 작성해 주시면 감사하겠습니다. 요구 사항은 다음과 같습니다. (1) 연구 방법론의 논리적 틀: 방법론에 대한 설명 - 연구 현장 설명 - 연구 환경 설명 - 데이터 수집 방법 - 연구 윤리 설명 - 데이터 처리 방법 (2) 현재까지 제공 가능한 정보: 연구 대상은 환경 친화적 인 주제입니다. 2019 년에 설립 된 셀프 미디어 사람들 교류 커뮤니티는 현재 100 명의 회원을 보유하고 있습니다.

이 중 58명은 남성, 42명은 여성으로 18세에서 27세 사이이며, 구체적으로 참여자 관찰, 인터뷰 방법, 자료 분석 방법(커뮤니티의 채팅 주제와 사용자 반응 수집 및 분석)이 사용되었으며, (3) 영문 문헌만 제공하고 '저자-출판년도' 형식으로 표시하고 논문 마지막에 참고문헌을 기재했습니다. 감사합니다.

답변

1. 방법론에 대한 설명

본 연구는 온라인 커뮤니티의 상호작용과 커뮤니케이션 패턴을 종합적이고 심층적으로 연구할 수 있는 참여관찰에 기반한 현장조사 방법인 가상민족지 연구방법을 채택합니다(Hine, 2015). 연구 대상의 특성과 의미를 종합적으로 해석하고 드러내기 위해 인터뷰 방법과 자료 분석 방법을 결합합니다.

2. 현장 위치 설명

연구 대상은 환경 관련 주제를 다루는 셀프 퍼블리셔의 커뮤니케이션 커뮤니티였습니다. 이 커뮤니티는 다음과 같이 시작되었습니다.

2019년부터 운영을 시작한 이 단체는 현재 100명의 회원을 보유하고 있으며, 남성과 여성 회원 비율이 각각 58%입니다.

42%는 18세에서 27세 사이의 연령대였습니다. 학습 환경에 대한 설명

3. 연구 환경 묘사

이 커뮤니티는 주로 짧은 동영상으로 구성되어 시각적, 감정적 표현이 강한 온라인 환경에서 운영됩니다. 회원들은 이 플랫폼을 통해 아이디어를 교환하고, 경험을 공유하고, 이슈에 대해 토론하고, 환경 인식을 제고합니다.

4. 정보 수집 방법

본 연구의 데이터 수집은 가상 민족지학의 연구 방법과 인터뷰 방법, 자료 분석 방법을 결합한 심층 참여와 관찰을 통해 이루어집니다. 첫째, 커뮤니티의 상호작용과 소통에 참여하여 커뮤니티의 운영 방식과 구성원들의 행동 패턴을 전방위적으로 파악할 것입니다(Hine, 2015). 둘째, 구성원들의 감정과 생각을 파악하기 위해 심층 인터뷰를 진행합니다. 마지막으로 커뮤니티의 채팅 주제와 회원들의 응답 내용을 실증적으로 분석하여 담론 구성과 감정 표현을 이해합니다.

5. 연구 윤리 선언문

연구 수행 중에는 연구 윤리 원칙이 엄격하게 준수됩니다. 모든 참가자는 연구 시작 전에 정보 동의서를 받게 되며, 언제든지 연구 참여를 철회할 수 있는 선택권을 갖게 됩니다. 참가자의 개인 정보는 엄격하게 기밀로 유지되며 모든 연구 결과는 참가자의 개인정보를 보호하기 위해 익명으로 처리됩니다(Resnik, 2015).

6. 정보 처리 방법

수집된 데이터는 먼저 범주화되고 코딩됩니다. 참가자 관찰 데이터와 인터뷰 데이터는 단어 단위로 전사되어 주제에 따라 분석됩니다. 그런 다음 커뮤니티의 채팅 주제와 사용자 응답 내용을 텍스트 분석 소프트웨어를 사용하여 처리하여 공통 주제와 패턴을 쉽게 식별할 수 있도록 합니다(Bryman, 2012).

참조

- Bryman, A. (2012). 사회 연구 방법. 옥스포드 대학 출판부.

- Hine, C. (2015). 인터넷을위한 민족지학 : 임베디드, 임베디드 및 일상. 블룸즈버리 출판.
- Resnik, D. B. (2015). 연구 윤리란 무엇이며 왜 중요한가? 국립 환경 보건 과학 연구소.

3. 혼합 연구를 위한 논리적 구조 및 글쓰기

혼합 연구 방법은 문제를 해결하는 과정에서 양적 방법과 질적 방법을 모두 사용하는 실용주의의 철학적 관점을 기반으로 하며, 실제로 양적 방법과 질적 방법 자체에 뿌리를 두고 있습니다. 여기서는 다양한 도구의 스타일 특성을 쉽게 비교하기 위해 BingChat의 답변을 선택했습니다.

질문

저는 커뮤니케이션학을 전공하는 박사과정 2년차 학생입니다. 현재 학술 논문 작성을 준비하고 있는데, 학술지 편집장님이 되셔서 저를 지도해 주셨으면 좋겠습니다. 현재 제 논문 주제는 "프레이밍 이론의 관점에서 본 환경 테마 단편영상의 정서적 상호작용 연구-혼합연구방법을 중심으로"인데, 제 주제에 맞게 논문의 "연구방법" 부분을 작성해 주시면 감사하겠습니다. 요구 사항은 다음과 같습니다. (1) 연구 방법론의 논리적 틀은 혼합 연구 방법론의 소개 - 연구 설계 계획 - 양적 연구 소개(구체적인 연구 방법, 연구 설계, 표본 추출 계획, 표본 설명 등) - 질적 연구 방법의 정교화(구체적인 연구 방법, 연구 설계, 표본 추출 계획, 표본 설명 등)로 구성해야 합니다. . 지금까지 제공 할 수있는 정보 : 연구 설계 방법은 융합 설계를 채택하고, 양적 연구는 내용 분석 방법을 채택하고, Jieyin의 환경 보호 자체 미디어 데이터를 분석하고, 데이터 시간은 2022 년 전체, 데이터 볼륨은 13,574 개 기사, 샘플링 방법은 등각 표본 추출, 질적 방법은 인터뷰 방법을 채택하고, 환경 보호 테마의 짧은 동영상 활성 사용자는 인터넷에서 인터뷰하고, 인터뷰 수는 10 명, 인터뷰는 연구 윤리를 준수하며, 질적 방법은 인터뷰 방법을 채택합니다. 인터뷰 횟수는 10회, 인터뷰는 연구 윤리를 준수했으며, 데이터는 NVivo에서 처리했습니다. 데이터는 NVivo에서 처리했습니다. (3) 영문 문헌만 제공되며, '저자-출판 연도'로 표시하고 논문 말미에 참고문헌을 기재했습니다. 감사합니다.

답변

안녕하세요, Bing입니다. 저널의 편집장으로서 여러분을 안내해 드리게 되어 기쁩니다. 귀하의 주제 선택과 요구 사항에 따라 논문의 연구 방법론 섹션을 작성했습니다. 아래 내용을 참고하시기 바랍니다.

이 연구는 혼합 연구 방법론, 즉 정량적 방법과 정성적 방법을 함께 사용하여 단일 연구에서 정보를 수집하고 분석하여 두 가지 결과를 통합하고 이를 바탕으로 통합된 추론을 도출하는 방법을 채택했습니다. 혼합 연구 방법은 다음과 같은 장점이 있습니다.

다양한 관점과 수준에서 복잡한 현상을 탐구하고 설명하며 연구의 폭과 깊이를 더하기 위해서입니다.

본 연구의 목적은 환경을 주제로 한 단편 동영상의 감성적 상호작용 특성과 그 영향 요인을 프레이밍 이론의 관점에서 분석하여 환경 주제 단편 동영상의 커뮤니케이션 전략에 대한 이론적, 실무적 지침을 제공하는 것이다. 이러한 목적을 달성하기 위해 본 연구는 양적, 질적 데이터를 동시에 수집하고 분석 후 비교, 통합하는 융합적 설계(컨버전스 디자인)를 채택하였습니다. 구체적으로 본 연구는 두 단계로 나누어 진행됩니다.

1단계: 콘텐츠 분석 방법을 채택하여 ShakeEnvironmental 자체 미디어 데이터를 정량적으로 분석하고, 환경을 주제로 한 짧은 동영상의 프레임 유형, 감정 경향, 감정 강도 및 기타 지표를 탐색하고, 다양한 프레임 유형에서 감정적 상호작용의 효과를 비교합니다.

2단계: 인터뷰 방법을 사용하여 환경을 주제로 한 단편 동영상의 액티브 유저를 온라인으로 인터뷰하여 시청 동기, 정서적 경험, 환경 주제 단편 동영상에 대한 행동 반응에 대한 그들의 견해와 느낌을 파악하고 프레임 유형이 정서적 상호작용에 미치는 영향의 메커니즘을 탐색했습니다.

각 두 단계에 대한 구체적인 연구 방법은 아래에 설명되어 있습니다.

1단계: 콘텐츠 분석 방법

내용 분석 방법은 체계적이고 객관적이며 정량적인 기술 및 추론을 통해 텍스트 또는 이미지와 같은 정보 콘텐츠의 의미 적 특성, 구조적 관계, 의미있는 가치 및 기타 측면을 밝히는 연구 방법입니다. 본 연구에서는 내용 분석 방법을 사용하여 지에인의 환경 셀프 미디어 데이터를 정량적으로 분석하여 환경을 주제로 한 단편 동영상의 프레임 유형, 감정 성향, 감정 강도 및 기타 지표를 밝히고 프레임 유형에 따른 감정적 상호 작용의 효과를 비교합니다.

1. 연구 대상

이번 단계의 연구 대상은 ShakeYin 환경 자기 홍보 데이터입니다. 셰이인은 음악 창작을 기반으로 한 짧은 동영상 소셜 플랫폼으로, 사용자는 음악, 특수 효과, 필터 및 기타 기능을 사용하여 15초 또는 60초 동영상을 촬영하여 자신의 삶, 취미, 의견 및 기타 콘텐츠를 공유할 수 있습니다. 지에인 플랫폼에는 환경을 주제로 한 수많은 셀프 미디어 계정이 있으며, 이들은 다양한 형식과 스타일의 짧은 동영상을 게시하여 환경 보호 지식을 전파하고 환경 보호 개념을 옹호하며 환경 보호 행동을 보여줌으로써 많은 팔로워와 팬을 확보하고 어느 정도의 사회적 영향력을 형성하고 있습니다.

2. 데이터 소스

이 단계의 데이터 출처는 환경 테마에 대한 공개적으로 공개된 짧은 동영상과 동영상 콘텐츠, 동영상 제목, 동영상 태그, 동영상 재생, 동영상 좋아요, 동영상 댓글, 동영상 공유 등 관련 정보를 포함한 ShakeYin 플랫폼의 동영상입니다. 이러한 데이터는 셰이크엔 공식 웹사이트 또는 타사 데이터 플랫폼을 통해 검색 및 다운로드할 수 있습니다.

3. 데이터 시간

이 단계의 데이터 기간은 2022년 전체, 즉 2022년 1월 1일부터 2022년 12월 31일까지입니다. 이 기간 동안 Shake Voice 플랫폼의 환경을 주제로 한 짧은 동영상은 어느 정도의 대표성과 시의성을 가지고 다양한 환경 주제와 사건을 다루며 더욱 풍부하고 활발하게 제작되었습니다.

4. 데이터 볼륨

이 단계의 데이터 양은 13,574개의 항목, 즉 Shakeology 플랫폼에서 검색된 환경 테마에 맞는 모든 환경 테마입니다. 짧은 동영상 중 13,574개가 이 분석 단계의 샘플로 무작위로 선택되었습니다. 이 데이터의 양은 샘플 용량을 기준으로 합니다. 볼륨 공식은 95% 신뢰 수준, 3% 오차 범위, 전체 용량 100,000으로 도출되었습니다. (Shake Shack 플랫폼에서 환경을 주제로 한 단편 동영상의 대략적인 수를 기준으로 추산).

5. 샘플링 방법

이 단계의 표본 추출 방법은 등거리 표본 추출, 즉 모집단에서 일정한 간격으로 표본을 추출하는 방식입니다. 구체적으로 2022년 52주 중 26주가 이 단계를 위해 주당 하루를 기준으로 무작위로 선정됩니다. 요일의 첫날은 무작위로 선택되었고, 마지막 날은 환경 주제에 관한 500개의 짧은 동영상 중 하나가 무작위로 선택되었습니다. 샘플에 대해. 이러한 방식으로 총 26 x 500 = 13,000개의 샘플을 얻었습니다. 또한, 샘플의 다양성을 높이고 커버리지, 이 단계에서도 나머지 26주에서 4주를 무작위로 선택한 다음 매주 하루씩, 그리고 최종적으로 환경을 주제로 한 143개의 짧은 동영상 중 무작위로 매일 추가 샘플을 선정했습니다. 이런 식으로 총 4 × 143 = 574개가 선정되었습니다.

13,000개의 샘플과 574개의 보충 샘플을 합쳐 최종 샘플 13,574개를 얻었습니다. 13,000개의 샘플과 574개의 보충 샘플을 합쳐 최종 샘플은 13,574개가 되었습니다.

6. 데이터 인코딩

이 단계에서는 데이터를 정량적으로 분석하기 위해 영상 콘텐츠, 영상 제목, 영상 라벨 등 비수치 정보를 수치 정보로 변환하는 코딩 작업을 진행했습니다. 구체적으로 이 단계에서는 두 가지 코딩 방법이 사용되었습니다. 프레이밍 유형 코딩: 프레이밍 이론에 따라 동영상 콘텐츠를 4개의 프레이밍 유형, 즉 책임 프레임으로 분류했습니다, 솔루션 프레임, 도덕적 프레임, 인성 프레임은 각각 1, 2, 3, 4로 표시됩니다. 동영상에 여러 프레임 유형이 포함되어 있는 경우 쉼표로 구분합니다. 예를 들어 책임 프레임과 해결책 프레임이 모두 포함된 동영상은 1, 2로 코딩됩니다.

감정 성향 코딩: 감정 분석에 따라 동영상 콘텐츠를 긍정, 부정, 중립의 3가지 감정 성향으로 분류하고 각각 1, -1, 0으로 표시합니다. 동영상에 여러 감정 성향이 포함된 경우 평균값을 취합니다. 예를 들어, 동영상에 긍정적인 감정과 부정적인 감정이 모두 포함되어 있으면 0으로 코딩됩니다.

위에서 설명한 두 가지 유형의 코딩 외에도 이 단계에서는 중복, 유효하지 않거나 불완전한 데이터를 제거하고 누락된 값을 채우거나 제외하는 등의 데이터 정리가 이루어집니다.

7. 데이터 분석

여기에는 환경 보호를 주제로 한 짧은 동영상의 프레임 유형, 감정 경향, 감정 강도 등 지표의 분포 특성과 동영상 방송 횟수, 동영상 좋아요 수, 동영상 댓글 수, 동영상 공유 수 등 지표의 기본 상황을 설명하는 데 사용되는 빈도 분석, 백분율 분석, 평균 분석 및 표준편차 분석 등이 포함됩니다. 추론 통계 분석에는 주로 상관관계 분석, 분산분석, 회귀 분석 등이 사용되었으며, 이를 통해 프레임 유형에 따른 감성 상호작용 효과의 차이와 프레임 유형, 감성 성향, 감성 강도 등의 지표가 감성 상호작용 효과에 미치는 영향의 정도와 방향을 탐색했습니다. 이 단계의 데이터 분석에는 SPSS 소프트웨어가 사용되었으며, 유의 수준은 0.05로 가설 검증을 실시했습니다.

2단계: 인터뷰 방법

인터뷰 방법은 연구 대상자와의 언어적 의사소통을 통해 연구 대상자의 견해, 감정, 경험 등에 대한 정보를 얻는 질적 연구 방법이다. 본 연구에서는 환경을 주제로 한 쇼트 비디오의 실제 사용자를 대상으로 온라인 인터뷰를 실시하여 환경을 주제로 한 쇼트 비디오의 시청 동기, 정서적 경험, 행동 반응에 대한 견해와 느낌을 파악하고 프레임 유형이 정서적 상호작용에 미치는 영향의 메커니즘을 탐색하기 위해 인터뷰 방법을 사용하였습니다.

1. 연구 대상

이 단계의 연구 대상은 환경을 주제로 한 쇼트 비디오의 활성 사용자입니다. 액티브 유저는 환경 테마 단편 동영상을 자주 시청, 좋아요, 댓글, 공유하는 사용자를 말하며, 환경 테마 단편 동영상에 대한 관심과 참여도가 높아 환경 테마 단편 동영상의 정서적 상호작용의 특징과 효과를 반영할 수 있습니다.

2. 데이터 출처

이 단계의 데이터 출처는 웹 인터뷰 녹취록이었습니다. 웹 인터뷰는 채팅 전화와 같은 온라인 플랫폼이나 도구를 통해 연구 대상자와 원격으로 구두로 소통하는 인터뷰 유형을 말합니다. 웹 인터뷰는 기존의 대면 인터뷰에 비해 유연성과 편의성이 높으며 시간과 비용을 절약할 수 있을 뿐만 아니라 면접관과 피면접자 사이의 사회적 거리와 심리적 압박감을 줄일 수 있습니다.

3. 데이터 시간

이 단계의 데이터는 2023년 1월부터 2023년 2월까지, 즉 1단계 데이터 분석이 완료된 이후에 수집되었습니다. 이 기간 동안에는 환경을 주제로 한 짧은 동영상이 여전히 Jieyin 플랫폼에서 더 활발하게 활동했으며, 1단계 데이터와 비슷한 기간이어서 두 단계의 결과를 비교하고 통합하는 데 도움이 되었습니다.

4. 데이터 볼륨

이 단계의 데이터 규모는 10명으로, 활성 사용자 정의에 부합하는 사용자 10명을 무작위로 선정하여 Jitterbug 플랫폼에서 인터뷰에 참여시켰습니다. 이 데이터의 양은 포화 원칙에 따라 도출되었으며, 이는 새로 수집된 데이터가 연구 질문에 대한 새로운 정보나 인사이트를 제공할 수 없는 경우 데이터 수집을 중단한다는 것을 의미합니다. 실제로 이 단계에서는 100명의 후보자 중 5명을 무작위로 선정하여 사전 인터뷰를 진행한 후, 사전 인터뷰 결과에 따라 인터뷰 대상을 조정했습니다.

그런 다음 나머지 95명의 지원자 중 무작위로 선정된 5명을 대상으로 면접 개요와 질문을 계속 진행했습니다. 공식 인터뷰 과정에서 새로운 주제나 개념이 나오지 않는다고 판단될 때까지, 즉 포화점에 도달하여 인터뷰를 중단할 때까지 인터뷰가 완료될 때마다 인터뷰 기록을 예비적으로 분석했습니다. 이 과정의 결과, 이 단계에서 총 10건의 인터뷰가 진행되어 10명의 데이터 양을 확보할 수 있었습니다.

5. 샘플링 방법

이 단계에서 사용된 표본 추출 방법은 연구 목적과 질문에 따라 특정 기준이나 특성을 충족하는 연구 대상자를 의도적으로 표본으로 선정하는 의도적 표본 추출 방식입니다. 구체적으로 이 단계에서는 두 가지 유형의 의도적 표본 추출 방법이 사용되었습니다. 극단 사례 샘플링: 즉, 특정 측면을 강조하기 위해 한 가지 측면에서 극단적이거나 예외적인 연구 대상자를 선정하는 것입니다.

현상 또는 문제의 특성. 이 단계에서는 환경을 주제로 한 단편 동영상에서 좋아요, 댓글, 공유 및 기타 지표에서 전체 사용자의 상위 또는 하위 10%에 해당하는 사용자 등 감정적 상호작용이 매우 높거나 매우 낮은 수준의 사용자를 후보로 선별했습니다.

샘플링: 기존 연구 대상자가 다른 적격 연구 대상자를 추천하거나 소개하여 지속적으로 확장되는 표본 그룹을 구성하는 방식입니다. 이 단계에서는 각 인터뷰를 마친 후 응답자에게 액티브 유저의 정의에 부합하는 다른 사용자를 알고 있는지 묻고 후속 인터뷰를 위해 연락처 정보를 제공하도록 요청했습니다.

6. 데이터 수집

이 단계에서는 데이터 수집을 위해 반구조화 인터뷰 방법을 사용했는데, 이는 미리 설계된 인터뷰 개요와 질문을 바탕으로 인터뷰 대상자와 유연하고 자유로우며 심도 있는 의사소통을 하는 것을 의미합니다. 구체적으로 이 단계의 데이터 수집에는 다음 단계를 따랐습니다.

인터뷰 개요 및 질문 개발: 인터뷰 개요 및 질문은 연구 목표와 질문을 기반으로 개발되었으며, 사전 인터뷰 결과를 바탕으로 조정 및 다듬어졌습니다. 인터뷰 개요에는 다음과 같은 내용이 포함됩니다. 시청 동기: 환경 보호를 주제로 한 짧은 동영상을 시청하는 이유는 무엇인가요? 정서적 경험: 환경 보호를 주제로 한 짧은 동영상을 시청할 때 어떤 감정적 반응을 보이나요? 행동 반응: 환경 보호 주제에 대한 짧은 동영상을 시청한 후 어떤 행동 변화가 있었나요? 프레이밍 영향: 환경을 주제로 한 다양한 유형의 단편 동영상이 정서적 상호작용에 어떤 영향을 미치는가? 기타 제안: 환경을 주제로 한 단편 동영상에 대해 어떤 기대나 제안이 있나요?

인터뷰 대상자에게 연락: 위챗, QQ, 전화 등을 통해 인터뷰 대상자에게 연락하여 인터뷰의 목적, 내용, 방법, 시간 및 기타 사항을 설명하고 인터뷰 대상자의 동의와 협조를 얻어야 합니다.

인터뷰 진행: 인터뷰는 인터뷰 대상자와 합의된 시간에 합의된 방식으로 온라인으로 진행되었으며, 오디오 녹음 장비 또는 소프트웨어를 사용하여 녹음되었습니다. 각 인터뷰는 약 30분간 진행되었으며, 질문과 인터뷰 순서는 응답자의 답변에 따라 유연하게 조정되었습니다.

대본 대조: 각 인터뷰가 끝날 때마다 오디오 대본을 적시에 대조하여 후속 분석을 위해 대본으로 변환했습니다.

7. 데이터 분석

이 데이터 분석 단계에서는 일반적인 질적 분석 방법, 즉 연구 질문에 답하기 위해 인터뷰 기록에서 주요 주제, 개념, 패턴, 관계를 추출하기 위해 유도, 분류, 비교, 해석하는 프로세스를 사용하여 데이터를 분석했습니다. 구체적으로 이 단계에서는 다음과 같은 단계를 거쳐 데이터를 분석했습니다.

데이터 사전 처리: 데이터의 완전성과 정확성을 보장하기 위해 인터뷰 기록을 교정, 수정 및 보완하고, 인터뷰 대상자의 개인정보와 권리를 보호하기 위해 데이터를 익명화합니다.

데이터 코딩: 인터뷰 기록은 NVivo 소프트웨어를 사용하여 오픈 코딩, 즉 각 구절 또는 의미 단위에 데이터 콘텐츠의 의미에 따라 대표 라벨 또는 코드를 부여하고 동일하거나 유사한 코드를 함께 그룹화했습니다.

데이터 분류: 코딩된 데이터를 축으로 분류하는 것, 즉 코드 간의 논리적 관계를 기반으로 코드를 상위 범주 또는 차원으로 그룹화하고 예비 분류 시스템 또는 프레임워크를 형성하는 것입니다.

데이터 통합: 분류된 데이터의 선택적 분류, 즉 분류 체계 또는 프레임워크에서 연구 질문과 가장 관련성이 높은 범주 또는 차원을 분석의 주요 대상으로 선택하고 이를 완전한 이론적 모델 또는 스토리 라인에 통합하는 작업입니다.

데이터 프레젠테이션: 데이터 분석 결과를 텍스트, 차트, 인용문 등을 사용하여 이론적 모델 또는 스토리 스레드를 기반으로 관련 문헌 및 이론과 비교하고 토론합니다.

두 단계의 결과 통합

두 단계의 데이터 수집과 분석을 완료한 후, 본 연구에서는 두 단계의 결과를 통합하여 통합적인 추론을 도출할 것입니다. 구체적으로 이 연구에서는 3가지 통합 전략을 사용합니다.

연결 전략: 즉, 1단계의 정량적 결과를 2단계의 정성적 연구 대상자 선정의 근거로 삼아 두 단계 간의 연결성을 실현하는 것입니다. 예를 들어, 본 연구는 1단계의 정량적 분석에서 도출된 프레임 유형에 따른 감성적 상호작용 수준의 차이를 바탕으로, 2단계에서는 해당 프레임 유형에서 극단적이거나 특별한 수준의 감성적 상호작용을 보이는 사용자를 인터뷰 대상으로 선정하여 프레임 유형이 감성적 상호작용에 미치는 영향의 메커니즘을 탐색하고자 했습니다.

보완 전략: 즉, 2단계의 정성적 결과를 1단계의 정량적 결과에 대한 보완 또는 설명으로 사용하여 두 단계 간의 상호보완성을 달성하는 전략입니다. 예를 들어, 이 연구에서는 두 번째 단계의 정성적 분석에 기반한 사용자의 환경 인식이 바울을 주제로 한 단편영상의 시청 동기, 감정 경험, 행동 반응에 대한 견해와 느낌은 1단계 정량적 분석에서 도출된 프레임 유형, 감정 성향, 감정 강도의 지표와 감정 상호작용의 효과와의 관계를 심층적으로 설명하고 예시를 제시합니다.

삼각측량 전략: 두 단계의 결과를 비교하고 검증하여 두 단계 간의 삼각측량을 달성하는 것입니다. 예를 들어, 이 연구에서는 프레임 유형이 정서적 상호작용에 미치는 영향의 정도와 방향에 대해 두 단계에서 도출된 결론을 비교한 결과 대체로 일치하는 것으로 나타나 연구 결과의 신뢰도와 타당성을 높였습니다.

참조:

(생략)

4. 담론적 연구 방법의 논리적 구조와 글쓰기

담론적 연구 방법은 연구 방법 자체보다는 연구자의 논리적인 사고 능력에 더 의존하기 때문에 엄격한 구조화 및 실행 절차가 필요하지 않으며, 대부분의 담론적 논문에는 연구 방법에 대한 세부적인 설명이 없습니다. 여기에서는 담론적 연구 방법의 논리적 구조와 글쓰기에 대해서는 설명하지 않습니다. 탐색에 관심이 있으시다면 '정량적 연구'의 관련 아이디어를 따라 해보실 수 있습니다.

5. 빅데이터 연구 방법을 위한 논리적 구조와 작성법

빅 데이터 연구 방법의 논리적 구조는 컴퓨터 처리 프로세스와 밀접한 관련이 있으며,

정량 및 정성의보다 성숙한 구현 프로세스에 비해 빅 데이터 연구 방법은 여전히 빠르게 발전하고 있으며 많은 방법의 구현 프로세스가 너무 엄격한 요구 사항이 아니므로 논리적 구조가 상대적으로 느슨하고 연구자의 개인 스타일이 더 분명합니다. 여기서는 데이터 마이닝 방법 중 LDA 테마 마이닝 방법을 데모 사례로 선정했습니다.

먼저, LDA 방식에 기반한 여러 논문의 '연구 방법' 부분의 텍스트를 ChatGPT와 같은 인공지능 도구에 제공해 텍스트를 기반으로 해당 방식의 논리적 구조와 핵심 정보를 요약하여 최종 참고 답변을 제공할 수 있도록 했습니다.

질문

LDA 연구 방법론 및 프로세스에 대한 정보입니다. LDA 연구 방법론의 논리적 구조를 요약해 주세요.

답변

LDA(잠재 디리클레 할당) 방법론의 주요 논리 구조는 다음과 같습니다.

1. **전처리:** 먼저, 정책 텍스트 데이터는 어휘 처리, 중복 제거 및 데이터 정리를 포함하는 Python의 Sklearn 라이브러리에 의해 전처리됩니다. 전처리의 목적은 주제 및 특징 단어 마이닝에 LDA 모델을 사용할 때 오류를 줄이기 위한 것입니다.

2. **LDA 모델 구축:** 엘보 방법을 사용하여 최적의 토픽 수를 3개로 결정한 후, 정책 텍스트를 3개의 토픽으로 나누고 각 토픽에서 20개의 특징어를 추출하는 토픽 모델 구축에 LDA 모델을 사용했습니다.

3. **토픽 및 특징어 분석:** 모델에서 생성된 토픽과 특징어를 기반으로 각 토픽의 콘텐츠 초점 및 방향성을 판단합니다. 한편, LDA 모델은 텍스트-토픽 확률 행렬을 생성하여 각 토픽의 전체 텍스트 확률을 계산하고 수요와 공급 매칭 분석을 수행하는 데 사용됩니다.

4. **텍스트 확률 분포 매트릭스:** 수집된 101개의 과학기술 금융 관련 정책 텍스트가 LDA 모델에 의해 분포되어 있습니다. 분석은 확률 분포 행렬을 형성합니다. 3개의 주제에 포함된 각 정책 텍스트의 확률 분포는 하나의 행이며, 이 확률 분포 행렬에서 각 주제에 포함된 텍스트의 수와 각 주제에 포함된 텍스트의 비율을 계산할 수 있습니다.

5. **데이터 시각화:** 각 토픽의 특징 단어 분석과 토픽 간의 상관관계 분석 등 데이터를 시각화하고 분석하는 데 pyLDAvis 라이브러리가 사용됩니다.

6. **테마 명명 및 정의:** 각 테마는 포함된 특징적인 단어에 따라 명명되고 정의됩니다. 동시에 정책 텍스트의 테마는 특징 단어의 내용과 의미에 따라 설명되고 해석됩니다.

이 연구 방법론의 논리적 구조를 요약하면 데이터 전처리, 모델 구축, 주제 및 특징 단어 분석, 텍스트 확률 분포 행렬 분석, 데이터 시각화, 주제 명명 및 정의로 구성됩니다.

질문

저는 커뮤니케이션학을 전공하는 박사과정 2년차 학생입니다. 현재 학술 논문 작성을 준비 중인데, 학술지 편집장님이 되셔서 저를 지도해 주셨으면 좋겠습니다. 현재 제 논문 주제는 "프레이밍 이론의 관점에서 본 환경 테마 단편영상의 감성적 상호작용 연구-LDA 접근법 기반"인데, 논문의 "연구 방법" 부분을 제 주제에 맞게 작성해 주시면 감사하겠습니다.

요구 사항:

1. 연구 방법론의 논리적 틀은 위에 요약되어 있습니다.

2. 현재 제공할 수 있는 정보는 환경 테마 단편 동영상 15,678편입니다.

3. 문헌은 "저자-출판 연도" 형식으로 영문으로만 제공하고, 참고문헌은 논문 마지막에 기재하겠습니다.

답변

1. 연구 방법론

이 연구에서는 심층 분석을 위해 프레임 이론과 주제별 모델링 방법을 사용합니다. 주요 데이터 소스는 지에인의 환경 보호를 주제로 한 15,678개의 셀프 미디어 콘텐츠입니다.

2. 데이터 수집 및 전처리

먼저, 환경 보호 주제에 대한 15,678개의 셀프 미디어 콘텐츠(동영상 제목, 설명, 사용자 댓글 포함)를 Shake Yin 플랫폼에서 수집했습니다. 데이터 전처리 단계에는 비활성화된 단어, 문장 부호, 관련 없는 네트워크 용어 등을 제거한 다음 사전 처리를 수행하는 것이 포함됩니다. 이를 통해 모델링과 분석의 정확성과 효율성을 보장합니다.

3. 프레임워크 이론

프레임 이론은 이러한 데이터를 이해하기 위한 주요 도구입니다. 환경 주제에 관한 짧은 동영상에 등장하는 다양한 프레임을 정의하고 식별함으로써 시청자의 정서적 반응을 어떻게 형성하는지 밝힐 수 있습니다(Borah, 2011). 특히 긍정적이거나 부정적인 감정 반응을 유발하는 프레임에 주목할 것입니다.

4. 잠재적 섬세함 할당(LDA) 테마 모델링

이러한 프레임워크가 셰이크 셀프 미디어 콘텐츠를 통해 어떻게 표현되는지에 대해 더 깊이 이해하기 위해 토픽 모델링에 잠재 디리클레 할당(LDA)을 사용합니다(Blei, Ng, & Jordan, 2003). LDA는 수많은 문서에서 잠재 토픽을 발견하고 각 문서를 이러한 잠재 토픽의 혼합으로 간주하는 비지도 베이지안 통계 모델입니다. 이 경우 각각의 짧은 동영상(제목, 설명, 댓글 포함)은 하나의 문서로 취급됩니다.

5. 감정 분석

감정 분석은 각 주제에 대한 청중의 감정적 반응을 측정하는 데 사용됩니다. 이는 사용자 댓글에서 감정 정보를 추출하여 긍정, 부정 또는 중립으로 분류할 수 있는 사전 학습된 감정 분석 모델을 사용하여 수행됩니다(Pang & Lee, 2008).

6. 통계 분석

마지막으로, 강한 감정적 반응을 이끌어내는 주제와 프레임에 중점을 두고 설명적 통계와 추론적 통계를 사용하여 결과를 분석할 것입니다. 이 과정을 통해 환경을 주제로 한 짧은 동영상이 프레이밍 전략과 정서적 자극을 통해 대중의 인식과 행동에 어떤 영향을 미치는지 밝혀낼 수 있을 것으로 기대합니다.

참조

- Blei, D. M., Ng, A. Y., & Jordan, M. I. (2003). 잠재 디리클레 할당. 머신 러닝 연구 저널, 3(Jan), 993-1022.
- Borah, P. (2011). 프레이밍 이론의 개념적 문제 : 10 년간의 문헌에 대한 체계적인 검토. 커뮤니케이션 저널, 61 (2), 246-263.
- Pang, B., & Lee, L. (2008). 오피니언 마이닝과 감정 분석. 정보 검색의 기초와 동향, 2(1-2), 1-135.

6.3 정량적 데이터 및 정성적 자료의 분석 지원

데이터 수집 및 분석은 연구 방법에서 매우 중요한 부분이며, 위의 5가지 연구 방법은 기본적으로 정량적 데이터 분석과 정성적 자료 분석의 두 가지 데이터 처리 경로를 형성하며, 다음은 ChatGPT와 같은 AI 도구를 적용하여 보조 분석을 수행하는 방법에 대해 설명합니다.

1. 정량적 데이터 지원 분석

혼합 연구의 양적 부분인 정량적 연구와 빅데이터 연구에서는 주로 디지털화된 데이터가 정보의 표현으로 사용됩니다. 이러한 디지털 데이터의 수집과 분석은 매우 중요한 부분입니다. ChatGPT와 같은 AI 도구는 이러한 중요한 측면에서 유용한 지원을 제공할 수 있습니다.

(1) 데이터 수집 세션

학술 연구에서 데이터를 수집하는 방법에는 두 가지가 있습니다. 하나는 1차 데이터를 수집하는 것이고, 다른 하나는 2차 데이터를 수집하는 것입니다.

a. 1차 데이터 수집

1차 데이터는 기존의 2차 데이터에 의존하지 않고 연구자 자신이 데이터 소스에서 직접 얻은 원시 데이터를 말합니다. 1차 데이터 수집의 일반적인 방법과 수단으로는 설문조사, 실험 연구, 센서 및 기기 수집, 지리 정보 시스템(GIS) 등이 있습니다. 예를 들어, 설문조사 세션에서는 ChatGPT와 같은 AI 도구가 설문지 설계, 척도 조회, 샘플링 설계 등을 지원할 수 있습니다.

설문지 디자인

질문

저는 커뮤니케이션 연구 박사이고 저널 논문을 쓰고 싶습니다. 이제 제안 된 주제는 “환경 보호 주제 단편 동영상 감성 상호 작용 연구의 프레임 이론 관점-혼합 연구 방법 기반”이며,이 주제에 따라 설문지 설계, 요구 사항 : 최소 20 개의 질문; 대체 답변 제공; 마지막 질문은 공개 질문이며, 설문 조사 주제에는 환경 보호 주제에 대한 짧은 동영상 운영자의 동기, 콘텐츠 게시의 특성 등이 포함되며 출력 형식은 마크 다운입니다.

답변

아래는 일부 콘텐츠의 스크린샷입니다(그림 6-1 참조).

```markdown
# 환경 보호 주제 단편 동영상 감성 상호 작용 연구 설문지
**설문 목적:** 본 설문은 환경 보호 주제의 단편 동영상(쇼츠)의 감성적 상호 작용에 대한 연구를

## 1. 기본 정보
1. 성별을 선택해 주세요.
   - [ ] 남성
   - [ ] 여성
   - [ ] 기타
   - [ ] 응답하지 않음

2. 연령대를 선택해 주세요.
   - [ ] 10대
   - [ ] 20대
   - [ ] 30대
   - [ ] 40대
   - [ ] 50대 이상

3. 환경 보호에 대한 관심 정도를 선택해 주세요.
   - [ ] 매우 높음
   - [ ] 높음
   - [ ] 보통
   - [ ] 낮음
   - [ ] 매우 낮음
```

그림 6-1 질문 내용을 기반으로 설계된 ChatGPT 설문지

ChatGPT와 같은 AI 도구는 설문지를 매우 빠르게 디자인할 수 있으며, 설문지를 마크다운 형식으로 일부 리더에 복사하거나 직접 복사할 수 있는 텍스트 버전을 생성하여 바로 사용할 수 있습니다. 또한 ChatGPT 4 플러그인 라이브러리에는 설문지 디자인을 위해 특별히 설계된 Yay!Forms 플러그인도 제공됩니다. 설문지를 디자인한 후 Yay!Forms 플랫폼으로 가져오면 자동으로 설문지 양식이 생성되며, 연구자는 예를 들어 URL 주소를 공유하여 특정 설문조사를 수행할 수 있습니다.

설문지 설계

설문지를 설계할 때도 신뢰도와 타당도가 높은 척도를 사용하는 것이 일반적입니다. 과거에는 연구자들이 기존 논문이나 검색 엔진을 통해 척도를 조회하곤 했는데, 이는 매우 비효율적이었습니다. 하지만 이제는 ChatGPT와 같은 인공지능 도구를 사용하면 매우 효율적으로 척도를 조회하고 사용할 수 있습니다.

질문

교사의 번아웃을 측정할 수 있는 공신력 있는 척도를 추천해 주시고, 척도에 대한 소개와 관련 문헌을 추천해 주세요.

답변

교사의 번아웃을 측정하는 데 일반적으로 사용되는 몇 가지 척도에 대해 말씀드릴 수 있습니다. 가장 일반적으로 사용되는 것 중 하나는 Maslach 번아웃 인벤토리(MBI)다. MBI는 번아웃과 관련된 3가지 차원인 정서적 고갈, 비인간화, 개인적 성취를 측정하는 도구로 널리 사용되고 있다. 정서적 고갈은 개인의 정서적 자원이 고갈되었다는 느낌을, 비인간화는 개인의 무관심과 타인과의 단절을, 개인적 성취는 자신의 업무 성과에 대한 개인의 평가와 만족도를 의미합니다.

일반적으로 사용되는 또 다른 척도는 교사 번아웃 척도(TBS)입니다.

는 교사를 위해 특별히 고안된 척도로 정서적 피로, 비인간화, 개인적 성취의 세 가지 차원으로 구성되어 있습니다.

다음은 교사를 위한 마슬라흐 번아웃 인벤토리(MBI)와 관련된 몇 가지 연구 논문입니다.

1. **신규 교사의 소진을 예측하는 업무 환경 요인:** 이 글에서는 학교 환경의 어떤 요인이 신규 교사의 소진 변화를 설명하는지 살펴봅니다. 연구진은 MBI를 사용하여 79명의 신규 교사를 2년 동안 추적 관찰했습니다. 연구 결과, 업무 환경의 혁신성이 세 가지 MBI 하위 척도 모두에서 변이를 설명하는 데 크게 기여하는 것으로 나타났습니다.
2. **경험적 소진 측정:** 이 논문은 크리스티나 마슬라흐와 수잔 E. 잭슨이 일련의 휴먼 서비스 전문가를 대상으로 설문조사를 통해 소진과 관련된 세 가지 하위 척도인 정서적 고갈, 비인간화, 개인적 성취감을 확인한 MBI의 창립 논문입니다. 성취감. 이 척도의 신뢰도와 타당성은 논문에서 검증되었습니다.
3. **농업 교육에서의 교사 번아웃:** 이 글에서는 농업 교육 교사들의 번아웃 수준을 조사합니다. 연구자들은 MBI를 사용하여 교사들을 대상으로 설문조사를 실시한 결과 농업 교사들은 중간 수준의 정서적 소진, 학생, 동료 및 타인과의 관계에서 낮은 수준의 비인간화, 낮은 수준의 개인적 피로감을 가지고 있는 것으로 나타났습니다.

더 높은 수준의 인간 성취도

이 모든 논문에서 MBI에 대한 자세한 정보를 얻을 수 있습니다. 더 자세한 정보가 필요하면 전체 논문 내용을 찾아볼 수 있도록 도와드릴 수 있습니다.

샘플링 설계

샘플링 설계 단계에서 연구자는 주제 선택과 같은 정보를 바탕으로 적합한 샘플링 설계 솔루션을 추천하거나, ChatGPT와 같은 AI 도구가 자신이 설계한 샘플링 솔루션을 최적화하도록 할 수 있습니다. 샘플링 설계에 대한 자세한 내용은 여기서는 데모를 통해 설명하지 않겠습니다.

b. 2차 데이터 수집

학술 연구에서 2차 데이터(보조 데이터)는 새로운 연구를 수행할 목적으로 다른 연구자나 조직에서 수집하거나 생성한 데이터를 말합니다. 2차 데이터는 출판된 학술 논문, 정부 기관의 통계 데이터, 설문조사 기관의 설문조사 데이터, 언론 보도, 과거 기록 보관소 등 다양한 출처의 기존 데이터 세트일 수 있습니다. 2차 데이터의 일반적인 출처로는 학술 데이터베이스, 정부 통계, 설문조사 공개 데이터, 소셜 미디어 데이터, 역사 기록물 및 문헌 등이 있습니다. 연구자는 상황에 따라 ChatGPT와 같은 AI 도구를 사용하여 2차 데이터 관련 정보에 접근할 수 있습니다. 먼저 중국과 미국에서 어떤 공공 설문조사 데이터베이스를 이용할 수 있는지 살펴봅니다.

질문

중국과 미국에서 공개적으로 이용 가능한 설문조사 데이터베이스는 무엇인가요? 간략하게 설명해 주세요.

답변

중국과 미국에는 공개적으로 이용 가능한 여러 설문조사 데이터베이스가 있으며, 아래에 간략하게 설명되어 있습니다. 중국의 공개 설문조사 데이터베이스

1. **중국 가족 추적 조사(CFPS):** 중국 가족 추적 조사(CFTS)는 중국 사회과학원 사회학연구소의 후원으로 진행되는 장기 가족 조사 프로젝트입니다. 가족 구조, 고용, 교육, 건강 및 기타 영역에 대한 데이터를 다루며 중국에서 가장 대표적인 가족 조사 데이터 중 하나입니다.
2. **중국 가계 금융 조사(CHFS):** 중국 가계 금융 조사는 중국 인민은행과 중국 사회과학원 금융경제전략연구소가 공동으로 주관하는 중요한 설문조사입니다. 이 조사에는 가계

소득, 자산, 소비 행태 및 기타 측면에 대한 데이터가 포함되며 중국 가계의 재정 상황을 연구하는 데 중요한 정보를 제공합니다.

3. **중국 일반 사회조사(CGSS):** 중국 일반 사회조사(CGSS)는 중국 사회과학원 사회학연구소가 후원하는 전국적인 사회조사 프로젝트입니다. 이 조사에는 교육, 고용, 건강, 정치적 태도 등 다양한 분야의 데이터가 포함되며, 중국의 사회 변화와 사회 구조를 연구하는 데 중요한 데이터베이스를 제공합니다.

미국 공공 조회 데이터베이스

1. **미국 인구조사 데이터(센서스):** 미국 인구조사는 인구, 주택, 가구, 경제 등에 대한 자세한 데이터를 수집하는 10년마다 실시되는 국가 인구조사입니다. 미국 인구조사 데이터는 미국에서 가장 포괄적이고 권위 있는 사회 통계 자료 중 하나입니다.
2. **미국 가계 소득 및 지출 조사(CES):** 미국 노동부 통계국에서 실시하는 가계 소득 및 지출 조사(HIES)는 가구의 경제 상태, 소비 행태, 고용 등에 대한 데이터를 수집합니다. 이 조사는 미국 내 가구의 경제 상황과 소비 패턴을 연구하는 데 중요한 데이터를 제공합니다.
3. **국민건강영양조사(NHANES):** 국민건강영양조사(NHANES)는 미국 국립건강영양검사센터(NCHN)에서 실시하는 조사로 건강 상태, 영양 섭취량, 신체 검사 결과 등에 대한 데이터를 포함합니다. 이 조사는 미국 인구의 건강 상태와 영양에 관한 연구에 귀중한 정보를 제공합니다.

웹 및 소셜 미디어 데이터의 경우 데이터를 수집하기 위한 '크롤러'도 설계해야 합니다. '크롤러'를 설계하는 기술적 한계는 매우 높으며, 현재 일부 자동화된 '크롤러'가 있기는 하지만 여전히 일정한 기술적 한계가 있습니다. 이제 ChatGPT와 같은 AI 도구의 강력한 코드 기능을 사용하면 몇 분 안에 크롤러 프로그램을 작성할 수 있지만, 진정한 네트워크 데이터 수집이라는 목표를 달성하려면 사용자가 몇 가지 기본적인 소프트웨어 작동 및 프로그램 구성을 숙달해야 합니다.

(2) 데이터 분석 세션

데이터 수집을 완료한 후에는 데이터 분석으로 넘어갈 차례이며, 데이터 분석은 수집된 데이터의 데이터 정리 및 전처리로 시작됩니다.

데이터 정리 및 전처리는 일반적으로 프로그래밍 언어(예: Python 또는 R)의 데이터 분석 라이브러리 또는 시각화 도구(예: Tableau 또는 Excel)와 같은 데이터 분석 도구의 도움을 받아 수행되며, 이 중 Excel을 사용하여 데이터를 처리하는 방법이 가장 일반적으로 사용됩니다. 예를 들어, ChatGPT와 Excel의 조합은 효율성을 향상시킬 뿐만 아니라 사용의 문턱도 낮춰줍니다. ChatGPT를 사용하면 복잡한 수식이 필요 없이 자연어와 상호작용하는 것만으로 명령을 완료할 수 있습니다.

ChatGPT는 Excel과 함께 다양한 방식으로 사용할 수 있습니다.

- 첫 번째 방법: 원하는 작업(예: 누락된 값이 포함된 행 삭제)을 ChatGPT에 설명하면 ChatGPT가 설명에 따라 VBS(Visual Basic Scripting)를 생성한 다음 Excel로 돌아가서 해당 매크로 또는 VBA(Visual Basic for Applications) 코드에 VBS를 삽입합니다.
- 두 번째 방법: ChatGPT의 기능을 Excel에 직접 내장하여 Excel에서 직접 조작할 수 있도록 하는 것입니다. 이 방법을 사용하려면 몇 가지 기술적인 작업이 필요하며, 구체적인 작업은 튜토리얼을 참조할 수 있습니다.
- 세 번째 방법: ChatGPT와 같이 이미 AI 기능을 제공하는 제품을 사용하는 것입니다. 예를 들어 Microsoft의 Office 365 도구는 GPT 기능에 완전히 액세스할 수 있고, WPS도 WPS AI 기능을 출시했으며, ChatExcel, AIExcel 및 기타 Excel 인텔리전스 전용 제품도 출시했습니다. 사용해보실 수 있습니다.

데이터 정리 및 전처리를 완료한 후 데이터 분석 세션으로 들어갑니다.

학술 연구에서 데이터 분석을 수행하는 연구자들은 일반적으로 SPSS, Stata, SAS, R, MATLAB, Python과 같은 전문 통계 분석 소프트웨어를 사용합니다. 하지만 이러한 소프트웨어는 연구자에게 높은 수준의 소프트웨어 조작 능력과 프로그래밍 능력을 요구하기 때문에 많은 연구자들이 데이터 분석 과정에서 어려움을 겪고 있습니다. 일반적으로 연구에서 처리해야 하는 데이터의 양이 방대하기 때문에 현재로서는 ChatGPT와 같은 AI 도구가 이러한 데이터 분석 소프트웨어를 완전히 대체할 수는 없습니다. 하지만 이러한 소프트웨어에 AI 기술을 결합하면 효율성을 높이고 사용의 문턱을 낮출 수 있습니다.

연구자들은 ChatGPT와 같은 AI 도구와 상호작용함으로써 데이터 분석에 대한 조언, 안내, 도움을 보다 쉽게 얻을 수 있으며, AI 도구는 소프트웨어 작동 및 프로그래밍과 관련된 질문에 답하고 구문 힌트, 코드 예제, 설명 등을 제공함으로써 연구자들이 이러한 소프트웨어 사용법을 배우는 데 어려움을 덜 수 있습니다.

다음은 간단한 데모입니다. 표 6-1에 표시된 것처럼 AI 도구에 시뮬레이션된 데이터 세트를 제공합니다. 그런 다음 Stata를 통해 분산 테스트를 수행할 수 있는 코드를 제공하도록 요청합니다.

표 6-1 시뮬레이션 데이터 세트

그룹	변수
1	5
1	4
1	6
1	7
1	5
2	8
2	6
2	9
2	7
2	10

질문

이 데이터 세트에 대해 분산분석(ANOVA) 테스트를 수행하려면 Stata 코드를 입력하세요.

답변

Stata에서 분산 테스트를 수행하려면 분산 분석(ANOVA) 방법을 사용할 수 있습니다. 다음은 사용할 수 있는 Stata 코드입니다.

```
clear
input group variable
1 5
1 4
1 6
1 7
1 5
2 8
2 6
2 9
2 7
2 10
end

anova variable, over(group)
```

위 코드에서 "your_directory"를 데이터 파일이 들어 있는 실제 디렉터리로 바꿔야 합니다. 그런 다음 코드를 Stata 명령 창에 복사하여 실행할 수 있습니다.

oneway 명령은 단방향 ANOVA를 수행하는 데 사용됩니다. 이 예에서는 변수를 종속 변수로, 그룹을 독립 변수로 사용하여 그룹화합니다.

위의 코드를 실행하면 Stata에서 그룹 간 분산, 그룹 내 분산, F-통계, p값 등 분산 분석에 관한 결과를 생성합니다. 이러한 결과는 그룹 간에 유의미한 차이가 있는지 판단하는 데 도움이 됩니다.

이것은 Stata에서 분산 테스트를 수행하는 한 가지 방법일 뿐입니다. 특정 요구 사항과 데이터 유형에 따라 다른 방법과 명령을 사용할 수 있습니다.

ChatGPT와 같은 AI 도구는 코드를 작성할 수 있지만 실제로는 데이터의 진정한 의미를 이해하지 못하고 때때로 실수를 범하기도 합니다. 따라서 사용자는 ChatGPT와 같은 AI 도구를 사용할 때 반드시 확인해야 합니다. 또한 ChatGPT와 같은 AI 도구를 다른 소프트웨어와 함께 사용할 때는 사용자도 이러한 소프트웨어에 대한 이해가 필요합니다.

간혹 사용자가 도구를 사용하여 데이터를 분석하고 결과를 얻었지만 그 결과에 대한 해석이 포괄적이지 않은 상황에 직면할 수 있습니다. 이 경우 ChatGPT와 같은 AI 도구를 사용하여 결과 해석에 도움을 받을 수 있습니다.

다음은 간단한 사례를 통해 설명합니다. 먼저 두 데이터 세트에 대해 SPSS에서 분산 분석(ANOVA)을 수행하여 그 결과를 그림 6-2에 표시합니다. 이 결과는 이제 ChatGPT와 같은 AI 툴의 도움을 받아 해석할 수 있습니다.

	[시스템] 직업_범주(평균±표준편차)					F	피
	정부 관련 인사(n=25)	대학 및 기관(n=46)	외국 기업(n=19)	민간 기업 또는 개인(n=5)	기타(n=5)		
[시스템] 온라인 쇼핑 만족도_정량적	3.24±1.45	3.59±1.27	3.68±1.45	3.00±1.22	3.40±0.890.5480.701		

* p<0.05 ** p<0.01

그림 6-2 경력 및 네트워크 만족도 데이터에 대한 분산분석 결과

질문

위의 통계를 해석해 보세요. (그림 6-2의 데이터를 복사하여 대화 상자에 붙여넣습니다.)

답변

분산 분석(ANOVA)은 주로 다섯 가지 유형의 그룹(정부 관련 담당자, 대학 기관, 외국 기업, 민간 기업 또는 개인, 기타)의 온라인 쇼핑 만족도 차이를 비교하는 데 사용됩니다. 여기서는 주로 F값과 p값에 초점을 맞춥니다.

1. **F값:** 그룹 간 차이와 그룹 내 차이의 비율을 통계적으로 측정한 값입니다. 여기서 F값은 다음과 같습니다. 0.548. F 값이 낮을수록 그룹 간 차이가 작거나 그룹 내 차이가 크다는 것을 의미합니다. 즉, 이는 다양한 유형의 그룹 간에 온라인 쇼핑 만족도 평균값에 유의미한 차이가 없음을 의미합니다.
2. **p-값:** 가설이 유효한지 여부를 테스트하는 데 사용되는 확률 값입니다. 여기서는 모든 그룹이 온라인 쇼핑 만족도 측면에서 동일하다고 가정합니다. p값은 0.701로 0.05보다 유의하게 크므로 온라인 쇼핑 만족도 측면에서 모든 유형의 그룹 간 차이가 크지 않다는 원래 가설을 기각할 증거가 충분하지 않다는 것을 의미합니다.
3. **평균:** 정부 관련 담당자, 대학 기관, 외국 기업, 민간 기업 또는 개인, 기타의 평균 온라인 쇼핑 만족도는 각각 3.24, 3.59, 3.68, 3, 3.40이며 전체 평균 만족도는 3.48입니다. 이 데이터를 통해 약간의 차이는 있지만 이러한 차이는 적어도 통계적으로 유의미하지 않을 정도로 크지 않다는 것을 알 수 있습니다.

4. **표준편차**: 각 그룹의 표준편차는 개별 만족도 점수가 각 평균을 중심으로 얼마나 분산되어 있는지를 측정합니다. 이 관점에서 보면 각 그룹 내 만족도 점수에는 약간의 변동이 있습니다.

따라서 전반적으로 이 분산분석 결과는 다양한 유형의 그룹 간에 온라인 쇼핑 만족도에 약간의 차이가 있지만 이러한 차이가 통계적으로 유의미하지는 않다는 것을 시사합니다.

ChatGPT와 같은 AI 도구는 통계 결과에 대한 명확하고 상세한 해석을 제공하며, 그 중 일부는 논문 작성에 직접 참조할 수 있습니다. 이러한 해석은 연구자가 데이터 분석 결과를 더 깊이 이해하는 데 도움이 됩니다.

ChatGPT와 같은 AI 도구가 데이터 분석 과정의 일부 문제를 해결하는 데 도움을 주긴 하지만, 전체 프로세스가 지능적이라고 보기는 어려우며 완전히 다른 데이터 분석 시나리오를 제공할 수도 있습니다.

현재 ChatGPT에는 매우 강력한 데이터 처리 기능을 갖춘 "데이터 분석가" 플러그인이 있으며, 오랜 기간의 테스트를 거쳐 모든 ChatGPT 4 사용자에게 공개되었습니다. 이 플러그인의 기능을 ChatGPT(네트워크 모드)에서 소개해드리겠습니다.

질문

데이터 분석가 플러그인에 대해 알려주세요.

답변

원래 코드 인터프리터라는 이름의 데이터 분석가 플러그인은 ChatGPT용 OpenAI의 구성 요소입니다. 다음은 주요 기능 및 특징에 대한 개요입니다.

- **샌드박스에서 코드 실행**: 이 플러그인을 사용하면 제어된 샌드박스 환경에서 코드를 실행할 수 있으므로 다음과 같이 작업하려는 사람들에게 유용합니다. ChatGPT 모델이 상호 작용하는 동안 코드를 실행하는 사용자에게 특히 유용합니다.
- **파일 처리**: 데이터 분석가는 파일 업로드와 다운로드를 지원합니다. 사용자는 텍스트, 이미지, 문서, 코드, 데이터, 오디오, 동영상 등 다양한 형식의 파일을 업로드할 수 있습니다. 이 기능을 통해 사용자는 다양한 유형의 데이터로 작업할 수 있으며 다양한 데이터 분석 작업에 도움이 됩니다.

- **데이터 시각화 및 분석:** 이 플러그인은 시각화를 만들고 데이터 분석을 수행할 수 있는 기능을 제공합니다.
- **Python 통합:** Data Analyst는 파일 처리 및 다양한 데이터 분석 작업에 Python을 활용합니다. 향상된 텍스트 분석: Data Analyst의 엔터프라이즈 버전은 텍스트 보강을 강화하도록 설계된 새로운 기능으로 업그레이드되었습니다.

문서 분석을 위한 새로운 기능을 제공합니다. 문서에서 정보를 종합하여 새로운 콘텐츠나 인사이트를 생성하고, 기본 내용을 변경하지 않고도 정보의 표현을 변경할 수 있습니다.

요약하자면, 데이터 분석가 플러그인은 ChatGPT의 기능을 크게 확장하여 더 복잡한 분석을 수행할 수 있게 해줍니다.

데이터 분석은 데이터 분석가 플러그인의 강점이며, 그 기능은 다음과 같은 측면에 반영됩니다. Python의 모든 기능을 수행하는 기능, 자체 코딩, 테스트 및 결과 표시, 데이터 분석 문제에 대한 원 스톱 솔루션, 사용자가 로컬 파일 업로드 (100MB 미만) 지원, 플러그인은 자동으로 제안의 분석을 제시하고 사용자는 자신의 필요에 따라 특정 분석 요구 사항을 제시 할 수도 있으며 분석 결과를 시각화하고 이미지 형식으로 출력하고 다운로드 기능을 제공 할 수 있습니다. 분석 요구 사항; 분석 결과를 시각화할 수 있고, 이미지 형식으로 출력할 수 있으며, 다운로드 기능을 제공할 수 있습니다.

데이터 분석가 플러그인은 현재의 데이터 분석 프로세스와 시장에 지각 변동을 일으킬 것으로 예상됩니다. ChatGPT의 강력한 기능은 새로운 지능형 데이터 분석 시나리오를 재구성합니다.

2. 정성적 자료의 분석 지원

질적 및 혼합 연구의 자료 부분에서는 주로 텍스트, 사진, 동영상 및 기타 자료 데이터의 형태로 정보가 제공되며, ChatGPT와 같은 AI 도구를 통한 질적 자료의 수집 및 분석도 연구에 큰 도움이 될 수 있습니다.

(1) 정성적 자료 수집

정성적 자료는 인터뷰, 관찰, 문서 분석, 포커스 그룹 토론, 구술 기록, 성찰 일지 또는 일지 등 다양한 방법과 접근 방식을 통해 수집됩니다(이에 국한되지 않음).

다음은 간단한 예시입니다. ChatGPT와 같은 AI 도구를 사용하여 인터뷰 개요를 디자인하는 것입니다.

질문

저는 커뮤니케이션학을 전공하는 박사과정 2년차 학생입니다. 현재 학술 논문 작성을 준비하고 있는데, 연구 방법론에 대한 전문가로서 지도를 부탁드리고 싶습니다. 현재 제 주제는 "프레이밍 이론의 관점에서 본 환경 테마 단편 동영상의 정서적 상호작용 연구 - 인터뷰 방법을 중심으로"인데, 제 주제에 맞게 인터뷰 개요를 설계할 수 있도록 도와주세요. 인터뷰 대상은 셰이크엔 플랫폼 내 환경 주제 단편영상의 운영자 및 활성 사용자이며, 인터뷰는 주로 게시 동기, 콘텐츠 제작 방식, 사용자와의 상호작용, 사용자의 시청 행태, 시청 동기, 환경 보호 행동의 특성 등에 초점을 맞추고 있습니다. 감사합니다.

답변

귀하의 연구 주제는 매우 흥미로우며 이 주제는 다양한 관점에서 심도 있게 연구할 수 있습니다. 인터뷰 개요는 다음과 같은 방식으로 설계할 수 있습니다.

I. 지터버그 플랫폼 환경 쇼트 비디오 운영자

1. 본인 소개와 배경에 대해 조금만 말씀해 주시겠어요? 환경을 주제로 한 단편 동영상을 제작하게 된 계기는 무엇인가요?
2. 환경을 주제로 한 영상을 공개하게 된 원래 이유는 무엇인가요?
3. 환경 주제에 대한 짧은 동영상을 제작할 때 보통 어떻게 콘텐츠를 기획하나요? 중요한 원칙과 단계는 무엇인가요?
4. 프레이밍 이론은 동영상에서 환경 메시지를 형성하거나 전달하는 데 어떻게 사용되나요?
5. 사용자와의 상호작용을 어떻게 안내하고 관리하나요? 상호작용 전략은 무엇인가요?
6. 동영상이 사용자에게 미치는 영향을 어떻게 평가하나요? 받은 피드백이나 공유할 성공 사례가 있나요?

Jitterbug 플랫폼의 환경 단편 동영상 활성 사용자 수

1. 본인 소개와 성장 배경에 대해 조금만 말씀해 주시겠어요? Shakeology 플랫폼에서 보고 즐기는 짧은 환경 동영상에는 어떤 종류가 있나요?

2. 환경을 주제로 한 이 짧은 동영상을 어떻게 찾아서 시청하게 되었나요?
3. 이 동영상을 시청하게 된 주된 동기는 무엇인가요?
4. 동영상을 시청하는 동안 일반적으로 어떤 종류의 감정적 반응을 보이나요? 이러한 반응이 시청 행동이나 향후 상호작용에 어떤 영향을 미치나요?
5. 이 짧은 환경 동영상을 시청한 것이 여러분의 환경 보호 행동에 어떤 영향을 미쳤나요? 구체적인 예를 들어주시겠어요?
6. Shakeology 플랫폼에서 어떤 종류의 환경을 주제로 한 짧은 동영상을 볼 수 있을까요? 인터뷰를 진행하면서 인터뷰 대상자의 답변에 따라 적절하게 질문을 확장하고 더 깊이 파고들어 더 가치 있는 정보를 얻을 수 있습니다. 이 개요가 성공적으로 조사를 완료하는 데 도움이 되길 바랍니다!

ChatGPT와 같은 AI 도구는 연구자의 특정 배경, 가이드라인, 필요에 따라 인터뷰 개요를 빠르게 디자인할 수 있습니다. 그러나 ChatGPT와 같은 AI 도구가 설계한 아웃라인은 정보 제공만을 목적으로 하며, 연구자는 자신의 연구 목표와 비전에 따라 이를 수정해야 합니다. 연구자가 ChatGPT와 같은 AI 도구에 상세하고 풍부한 정보를 제공하면 보다 정확한 응답을 이끌어내는 데 도움이 됩니다.

(2) 정성적 자료 분석

질적 연구의 핵심이자 가장 어려운 측면은 자료 분석입니다. 자료 분석에 가장 많이 사용되는 기법은 자간 이론의 3단계 코딩 기법입니다. 다음은 ChatGPT와 같은 AI 도구를 사용하여 자간 이론과 3단계 코딩에 대해 소개한 후 시뮬레이션에서 코딩 과정을 시연하는 내용입니다.

질문

근거 이론에 대해 설명해 주세요.

답변

근거 이론은 주로 수집하고 분석한 데이터에서 직접적으로 발생하는 새로운 이론을 구성하는 데 사용되는 질적 연구 방법론입니다. 근거 이론은 1967년 바니 글레이저와 안셀름 스트라우스가 개발한 것으로, 이론을 형성하기 위해서는 연구에 데이터에 '근거'를 두어야 한다고 주장했습니다.

근거 이론의 연구 과정에는 일반적으로 다음 단계가 포함됩니다.

1. **데이터 수집:** 연구자는 일반적으로 인터뷰, 관찰, 문서 등을 통해 1차 데이터를 수집합니다.
2. **오픈 코딩:** 연구자가 수집된 데이터를 읽고 중요한 개념이나 범주를 식별하여 레이블을 지정합니다. 이는 역동적인 과정이며 연구가 진행됨에 따라 이러한 개념이나 범주가 변경될 수 있습니다.
3. **축 코딩:** 연구자는 데이터를 추가로 분석하여 서로 다른 개념이나 범주 간의 관계를 탐색합니다.
4. **선택적 코딩:** 연구자가 핵심 카테고리를 식별한 다음 해당 핵심 카테고리를 중심으로 이론을 구축합니다.
5. **이론적 통합:** 연구자들은 명확성과 완성도를 위해 이론을 통합하고 구체화합니다. 근거 이론은 데이터의 귀납적 분석에 특히 중점을 두어 연구자들이 데이터에 대해 개방적이고 민감한 태도를 유지하도록 장려하며, 데이터에 적용할 이론적 틀을 전제하지 않고 데이터에서 자연스럽게 이론이 나올 수 있도록 합니다. 따라서 자간 이론은 아직 명확한 이론적 틀이 없는 연구 분야를 탐구하는 데 적합합니다.

질문

여러 학파의 근거 이론의 핵심 아이디어를 설명하고 예를 들어 설명해 주세요.

답변

근거 이론의 발전은 크게 세 가지 주요 학파, 즉 원시적 근거 이론(글레이저주의), 절차적 근거 이론(스트라우스인), 구성적 절차 이론(구성주의)으로 분류될 수 있습니다.

1. **원시적 근거 이론:** 바니 글레이저가 제안한 이 학파는 기존의 이론을 데이터에 적용하는 것이 아니라 귀납적 방법을 통해 데이터에서 이론을 발견하는 것을 강조합니다. 원초적 근거 이론은 데이터의 본질을 파악하고 선입견과 과도한 해석을 피할 것을 주장합니다. 예를 들어, 지역사회 갈등 상황을 연구할 때 연구자는 대량의 인터뷰 및 관찰 데이터를 수집한 다음, 데이터를 면밀히 분석하여 갈등이 발생한 이유와 해결 방법에 대해 일반화할 수 있습니다.
2. **절차적 근거 이론:** 이 학파는 이론 구성이 전적으로 귀납적인 것이 아니라 연역적인 요소도 포함한다고 주장한 안셀름 스트라우스에 의해 발전했습니다. 스트라우스는 이론의

반복적인 과정을 강조하여 연구자가 데이터를 수집함에 따라 이론을 조정하고 개선할 수 있도록 했습니다. 예를 들어, 병원 경영 문제를 연구할 때 연구자는 초기 이론적 프레임워크로 시작한 다음 데이터를 수집하고 분석하면서 그 이론적 프레임워크를 계속 수정할 수 있습니다.

3. **건설적 과정 이론:** 캐시 샤마즈와 같은 후기 학자들이 발전시킨 이 학파는 근거 이론이 해석 과정이며 이론의 구성은 연구자와 참여자 간의 상호작용에 달려 있다는 점을 강조합니다. 건설적 과정 이론에 따르면 현상에 대한 이해는 사회적 상호작용을 통해 구성되며, 따라서 연구자의 역할은 이러한 구성 과정을 밝히는 데 도움을 주는 것입니다. 예를 들어, 이민자 경험을 연구할 때 연구자는 이민자의 삶에 깊이 관여하여 상호 작용과 대화를 통해 이민자 경험을 이해하고 해석할 수 있습니다.

이 세 학파는 각각 고유한 초점을 가지고 있지만, 모두 데이터로부터 이론을 구성하여 연구 중인 현상의 실제 상황에 더 가깝게 이론을 구축하는 데 전념하고 있습니다.

질문

계속해서 근거 이론의 코딩 과정과 고려 사항을 설명하고 예를 들어 설명해 주세요.

답변

근거 이론의 코딩 프로세스는 오픈 코딩, 축 코딩, 선택적 코딩의 세 가지 주요 단계로 구성됩니다.

1. **오픈 코딩:** 연구자가 데이터를 주의 깊게 읽고 분석하여 핵심 개념이나 범주를 식별하고 라벨을 붙이는 뿌리 이론의 첫 번째 단계입니다. 이 과정은 탐색적인 과정이므로 연구자는 중요한 정보를 놓치지 않도록 데이터에 민감하고 개방적인 태도를 유지해야 합니다. 예를 들어 재택근무의 영향을 조사하는 경우 "생산성", "의사소통의 어려움", "일과 삶의 균형"과 같은 개념을 찾을 수 있습니다.

2. **축 코딩:** 이 단계에서는 연구자가 서로 다른 개념이나 범주 간의 관계를 파악하고 상호 작용 방식을 이해하려고 노력합니다. 여기에는 데이터를 다시 살펴보고 개념 간의 논리적 연결에 대해 생각하는 작업이 포함될 수 있습니다. 원격 근무의 예로 돌아가서 '의사소통의 어려움'이 '생산성'을 떨어뜨리는 반면, '일과 삶의 균형'은 '생산성'을 높이는 데 도움이 될 수 있다는 것을 알 수 있습니다. "생산성.

3. **선택적 코딩:** 이 단계에서는 연구자가 하나 이상의 핵심 범주를 선택한 다음 이러한

핵심 범주를 중심으로 이론을 구성합니다. 이 단계의 목표는 전체적이고 일관된 이론적 틀을 개발하는 것입니다. 재택근무의 예에서는 '업무 효율성'을 핵심 범주로 선택한 다음 재택근무가 업무 효율성에 미치는 영향을 설명하고 설명하는 이론을 구성할 수 있습니다.

이 과정에서 주의가 필요합니다:

- 코딩은 데이터의 내용을 최대한 정확하게 반영해야 하며, 지나친 해석이나 개인적인 편견이 개입되지 않도록 해야 합니다;
- 코딩은 한 번으로 끝나는 것이 아니라 반복적인 과정입니다. 연구가 진행됨에 따라 코딩을 수정하거나 추가해야 할 수도 있습니다;
- 이론을 구성할 때는 이론이 데이터를 명확하게 설명할 수 있도록 논리적이고 일관성 있게 구성하는 것이 중요합니다;
- 데이터의 다양성과 복잡성을 존중하고 섣부른 판단을 피하면서 데이터에 대한 민감성과 개방성을 유지합니다.

환경을 주제로 한 단편 동영상 운영자를 위해 다음과 같은 가상 인터뷰 텍스트를 만들고 AI 도구를 사용하여 3단계로 코딩했습니다.

질문

근거 이론의 3단계 코딩을 사용하여 먼저 인터뷰를 문장 단위로 분석한 다음 각 문장을 분석하고 코딩하고 축 코딩, 선택적 코딩 및 표 출력에서 유사한 개념을 병합하여 다음을 분석해 주세요. 감사합니다.

답변

근거 이론의 세 가지 코딩 수준에는 개방형 코딩, 축 코딩, 선택적 코딩이 있습니다. 인터뷰를 표 형식으로 하나씩 코딩해 보겠습니다. 이 과정에서 아래 표와 같이 인터뷰를 문장 단위로 나누고 각 문장에 대해 분석하고 코딩해 보겠습니다.

문장	개방형 코드	축형 코드	선택형 코드
짧은 영상에서는 감정 요소를 강조하고, 이야기 구조로 완성합니다.	감정 요소 삽입, 이야기화 방식	콘텐츠 창작 전략	콘텐츠 창작 vs 관중 상호작용
환경 문제의 구체 사례를 통해 일상생활에 미치는 영향을 보여주며, 감정적 공감을 유도합니다.	환경 문제 제시, 영향 묘사, 구체 사례	콘텐츠 창작 전략	콘텐츠 창작 vs 관중 상호작용
생명체나 환경의 상징을 통해 감정을 자극합니다. 예: 바다 거북, 산호초, 아픈 동물 등	감정 자극 상징 사용, 생명체, 바다, 공기오염 등	콘텐츠 창작 전략	콘텐츠 창작 vs 관중 상호작용
관중의 공감과 참여가 있을 때만 환경 보호 행동으로 이어집니다.	관중 공감 유도, 공감 후 행동 유도	관중 상호작용	콘텐츠 창작 vs 관중 상호작용
시각적 충격이나 감정 자극은 주의를 끌고, 환경 보호 행동을 유도합니다.	시각 자극, 감정 자극, 환경 행동 유도	관중 상호작용	콘텐츠 창작 vs 관중 상호작용
커뮤니티를 통해 영상 공유를 장려하고, 정보 전파를 유도합니다.	공유 독려, 커뮤니티, 정보 전파	관중 상호작용	콘텐츠 창작 vs 관중 상호작용
팀원 모두는 영상 제작에서 감정적 몰입이 중요하다고 느낍니다.	감정 몰입, 감정 표현의 중요성	콘텐츠 창작 전략	콘텐츠 창작 전략
영상에서 먼저 관심을 끌고, 환경 문제를 제기하고 해결책을 제안합니다.	관심 유도, 문제 제기, 해결 제안	콘텐츠 창작 전략	콘텐츠 창작 전략
기술 발전을 바탕으로 새로운 형식과 시각효과로 창의성을 보여줍니다.	기술 사용, 시각효과, 창의성 표현	발전 및 트렌드	발전 및 트렌드
더 높은 품질의 제작과 감정 표현을 위해 노력합니다.	품질 향상, 감정 표현, 제작 이해	발전 및 트렌드	발전 및 트렌드
데이터를 분석하고, 이해를 돕기 위해 시각화를 사용합니다.	데이터 분석, 시각화, 이해 증진	발전 및 트렌드	발전 및 트렌드

선택적 코딩 단계에서는 콘텐츠 제작 및 시청자 상호작용과 관련된 개념은 '콘텐츠 제작 및 시청자 상호작용 전략'으로, 미래 트렌드와 관련된 개념은 '환경 테마의 단편 동영상 트렌드'로 결합했습니다.

ChatGPT와 같은 AI 도구는 코딩 작업을 매우 빠르게 완료하지만, 코딩 결과를 보면 ChatGPT와 같은 AI 도구가 제공하는 코딩은 다소 기계적이며 연구 주체로서 인간의 '동적인' 감각이 부족합니다. 이 경우 연구자는 ChatGPT와 같은 AI 도구가 제공하는 코딩 결과를 바탕으로 세부 사항을 조정하고 최적화할 수 있습니다. 연구자는 더 많은 판단력, 아이디어, 개인적인 경험을 활용하고 연구자의 전문 지식과 통찰력을 통합하여 보다 심층적이고 통찰력 있는 분석을 생성할 수 있습니다.

코딩이 완료되면 이제 이론 구성으로 넘어갈 차례입니다.

근거 이론 구축의 목표는 특정 분야나 문제 영역에 대한 심층적인 이해와 합리적인 설명을 제공하기 위해 데이터의 체계적인 분석과 일반화를 통해 내적 논리와 설명력을 갖춘 경험적으로 근거한 이론적 틀을 구축하는 것입니다. 이론적 구성은 주로 복잡성과 추상성, 개방성과 유연성, 주관성과 연구자의 영향력이라는 세 가지 측면에서 뿌리 이론의 가장 어려운 측면이기도 합니다.

- **복잡성과 추상화**: 뿌리 깊은 이론을 구축하려면 연구자는 내부 논리와 설명력을 갖춘 이론적 틀을 구축하기 위해 많은 양의 데이터를 체계적으로 분석하고 일반화해야 합니다. 이를 위해서는 연구자가 더 높은 수준의 개념과 모델을 개발하기 위해 수많은 세부 사항과 현상을 통합하고 추상화해야 합니다. 이러한 복잡성과 추상화는 연구자에게 뛰어난 분석 및 종합 능력을 요구합니다.
- **개방성과 유연성**: 근거 이론 구축 접근법은 가설이나 이론적 틀을 미리 설정하기보다는 데이터의 개방적 코딩과 점진적 이론 개발을 강조합니다. 연구자가 복잡하고 다양한 데이터를 수용하고 작업할 수 있으며, 연구가 진행됨에 따라 점진적으로 조정하고 수정할 수 있는 유연성과 개방적인 마인드가 필요합니다.
- **주관성 및 연구자의 영향**: 근거 이론 구성 접근법은 연구 과정에서 연구자의 주관적인 참여와 해석을 강조합니다. 연구자의 배경, 경험, 관점은 데이터 수집, 코딩, 분석에 영향을 미칠 수 있으며 심지어 연구자의 편견을 불러일으킬 수도 있습니다. 따라서 연구자는 객관성을 유지하고 최대한 객관적으로 데이터를 분석하고 해석하여 주관적인 편견을 줄이기 위해 노력해야 합니다.

"이론적 틀"에서 분석한 바와 같이 질적 연구의 이론 구성은 귀납적 이론에 속하며, 이론의 핵심 요소와 요소 간의 관계는 이론 구성 이전에 자료의 수집과 분석에 따라 달라지며 독립적으로 전개될 수 없기 때문에 귀납적 이론에 대한 설명도 여기 "연구방법" 항목에 배치하였습니다. 따라서 귀납적 이론에 대한 설명도 '연구 방법' 섹션에서 설명합니다.

다음은 위의 자료를 바탕으로 이론적 틀을 구성하려는 시도입니다.

질문

위의 정보를 바탕으로 핵심 카테고리를 추출하여 스토리 라인을 구성한 후 이론적 틀을 맞추고, 순서도를 사용하여 이론적 틀의 요소들의 관계를 보여주고, 머메이드 코드 블록을 출력한 후 이론적 틀의 핵심 요소를 설명해 주세요.

답변

위의 분석을 바탕으로 '콘텐츠 제작 및 시청자 상호작용 전략'과 '환경을 주제로 한 짧은 동영상의 개발 트렌드'라는 두 가지 핵심 영역을 추출할 수 있습니다.

스토리 라인: 환경을 주제로 한 짧은 동영상 운영자는 스토리텔링과 감정적 요소를 주입하여 환경 문제에 대한 시청자의 관심과 행동을 유도합니다. 이 전략은 감정적 요소가 강한 스토리를 만들어 시청자가 공감하고 행동을 취하도록 하는 것입니다. 기술의 발달로 사업자는 가상현실과 같은 새로운 미디어 형식을 활용합니다.

증강 현실 및 데이터 분석을 통해 동영상의 영향력과 시청자의 정서적 참여를 높일 수 있습니다. 아래는 이론적 프레임워크에 대한 머메이드 코드 블록입니다.

일반 텍스트 인어공주복사 코드 그래프 TB

A[콘텐츠 제작 전략] --> B{ 감정 및 속도 조절 도입 }

C[청중 상호작용 전략] --> D{ 청중 행동 안내 및 피드백 획득 }

E[환경 보호를 주제로 한 짧은 영상 트렌드] --> F[신기술 적용 및 데이터 분석] B --> G[시청자의 감성적 몰입도 향상]입니다.

D --> G

F --> H [동영상 제작의 정확성 및 영향력 향상]입니다.

G --> H

이론적 프레임워크의 핵심 요소는 아래에 설명되어 있습니다.

1. **콘텐츠 제작:** 환경을 주제로 한 짧은 동영상의 기본으로, 주로 스토리텔링 접근 방식과 감정적 요소의 주입을 포함합니다.
2. **감정적 요소 주입:** 운영자는 감정적 요소를 주입함으로써 시청자의 감성을 자극하여 연민과 책임감을 불러일으킬 수 있습니다.

3. **스토리텔링:** 환경 문제를 구체화함으로써 시청자는 환경 문제의 심각성과 영향을 보다 직관적으로 이해할 수 있습니다.

4. **청중의 공감:** 감성적 요소의 주입과 스토리텔링 접근 방식을 통해 청중이 환경 문제의 영향을 깊이 있게 느낄 수 있으며, 이를 통해 행동에 나서겠다는 결의를 다질 수 있습니다.

5. **청중 행동:** 위의 전략을 통해 청중을 환경 행동의 실천자로 변화시키는 것이 궁극적인 목표입니다.

6. **뉴미디어 기술:** 기술의 발달로 가상현실과 증강현실과 같은 새로운 형태의 미디어를 통해 시청자는 환경 문제의 영향을 더 깊고 직관적으로 경험하고 정서적 참여를 높일 수 있습니다.

7. **데이터 분석:** 운영자는 데이터를 분석하여 잠재고객을 더 정확하게 이해함으로써 더욱 영향력 있는 동영상을 만들 수 있습니다.

아래는 그림 6-3과 같이 ChatGPT와 같은 AI 도구에서 제공하는 머메이드 코드의 이론적 프레임워크에 대한 다이어그램입니다.

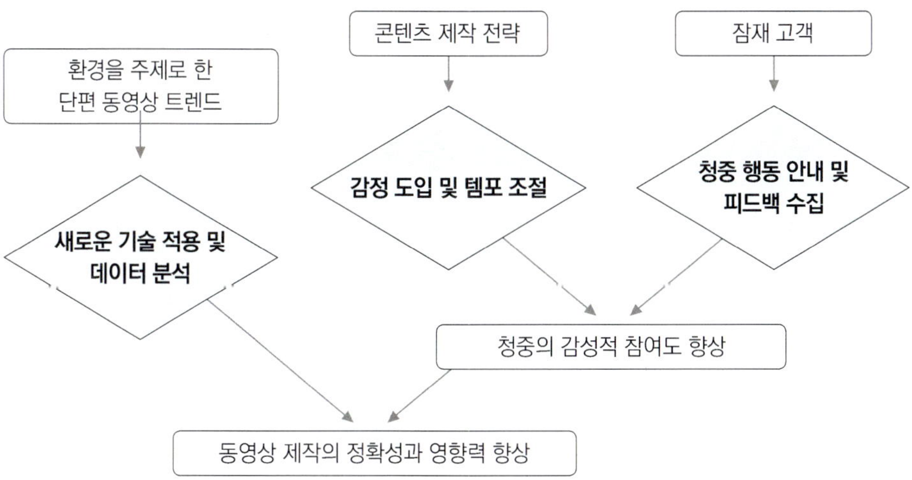

그림 6-3 **'환경 보호에 관한 짧은 동영상'을 주제로 한 이론적 프레임워크**

위 섹션에서는 ChatGPT와 같은 인공지능 도구를 사용하여 자간 이론의 기본 개념, 장르 및 3차 코딩을 이해하고 제공된 텍스트를 이론적 구성을 코딩하고 개발하는 과정을 보여줍니다. ChatGPT와 같은 AI 도구로 생성된 이론적 구조는 소수의 모의 면접 텍스트만 제공되었기 때문에 완벽하지는 않지만, 자간 이론을 기반으로 자료를 분석하는 과정을 보여주는 것이 주된 목표입니다.

이론에 기반한 3차 코딩 외에도 주제 분석, 담화 분석, 내러티브 구조 분석, 감성 분석과 같은 분석 방법을 사용하여 질적 자료를 분석할 수 있습니다. 연구자는 기본적인 데이터 분석 작업은 ChatGPT와 같은 AI 도구에 맡기고, 연구 대상의 사회적 의미에 대해 깊이 생각하고 연구 대상에 대한 보다 건설적이고 혁신적인 통찰력을 제시하는 데 더 집중할 수 있습니다.

연습 12

선택한 주제를 기반으로 연구 방법론을 작성합니다.

첫 번째 단계는 연구 방법론에 대한 주요 정보를 ChatGPT와 같은 AI 도구에 제공하는 것입니다.

두 번째 단계는 ChatGPT와 같은 AI 도구가 제공된 논리적 프레임워크에 따라 연구 방법론 콘텐츠를 출력하도록 하는 것입니다.

세 번째 단계는 제공된 데이터 또는 자료를 기반으로 ChatGPT와 같은 AI 도구가 데이터 또는 자료를 분석할 수 있도록 하는 것입니다.

07

제7장

생성형 AI 활용 연구: 프레임워크 및 본문 섹션 구성 및 작성

주제 선정, 연구 배경, 연구 이론 및 연구 방법론 섹션을 완료하면 본문 구성 및 작성 단계에 도달하게 됩니다.

7.1 학술 논문 프레임의 유형 및 출처

학술 논문는 매우 구조화된 글쓰기 장르입니다. 논문의 틀을 생각하고 결정한다는 것은 논문의 '본문'의 일반적인 구조를 생각하고 결정하는 것을 의미합니다. 학술 논문의 프레임워크에는 크게 몇 가지 유형이 있으며, 각 프레임워크는 특정 연구 논리를 기반으로 합니다.

유형 1: 경험적 연구 프레임워크

사회과학 규범 이라는 글에서 사회과학의 실증 연구는 연구 문제[1], 문헌(이론) 검토, 가설, 데이터 설명, 개념의 평가, 방법론 설계, 실증 분석, 결론의 8가지 부분으로 구성되며 이러한 구조를 다음과 같이 언급합니다.

사회 과학에서 서양 실증 연구의 주류 방법론 패러다임으로, 사회 과학의 실증 연구 구조를 기본적으로 고정시켜 학술 연구에서 "서사"의 구조를 형성합니다. 학술 연구의 구조로서 어느 정도 정형화 된 구조로 간주 될 수 있지만 여전히 사회 과학 실증 연구와 학술 커뮤니케이션에 중요한 영향을 미칩니다. 더 중요한 것은 대표되는 연구 접근 방식과 이론적 틀이 보편적이고 일반적이어서 연구자들에게 사회과학의 실증 연구를 사고하고 조직하는 데 표준화된 틀을 제공한다는 점입니다.

연구 논리 측면에서 가정, 변수, 통계 및 기타 요소를 기반으로 한 정량적 연구에 주로

1. 팽위성. "외국의 고정관념적 수필"과 사회과학적 규범[J]. 사회학 연구, 2010, 25(2): 180-210+246.

적용되는 전형적인 연역적 논리에 속합니다.

유형 2: 이론적 프레임워크 연역적 연구 프레임워크

이론적 프레임워크 유형 연역적 연구 프레임워크는 연역적 추론을 사용하여 연구 문제를 도출하는 이론적 프레임워크에 기반합니다.

이 연구 프레임워크는 문제, 연구 방법론 및 이론적 요약을 포함하며, 특히 이론적 틀을 기반으로 연구 질문을 설정하는 데 초점을 맞추고 있습니다. 이는 일반적으로 실증 연구 프레임워크보다 이론적 틀의 중요성을 강조하며, 연역적 추론을 통해 일반적인 이론에서 구체적인 실제 문제로 연구 범위를 점차 좁혀 나가는 방식을 따릅니다. 따라서, 이러한 이론적 틀 기반 연역적 연구 프레임워크는 연구 주제가 명확하게 정의된 분야에 적합합니다.

실증 연구 프레임 워크는 연구 문제, 이론적 프레임 워크, 연구 방법론 및 실증 연구의 주류 패러다임의 기타 부분을 통합하는 특수한 유형의 이론적 프레임 워크 유형의 연역적 연구 프레임 워크라고 할 수 있습니다. 여기서 이론적 틀 유형 연역적 연구 프레임워크의 범위는 '외국 주식' 유형의 실증적 연구 프레임워크 외에 이론적 틀을 전제로 한 실증적 연구와 이론적 틀을 전제로 한 비실증적 연구를 모두 포함하여 이론적 틀을 전체 연구 프레임워크로 사용하는 다른 구조적 유형을 제외하는 것입니다.

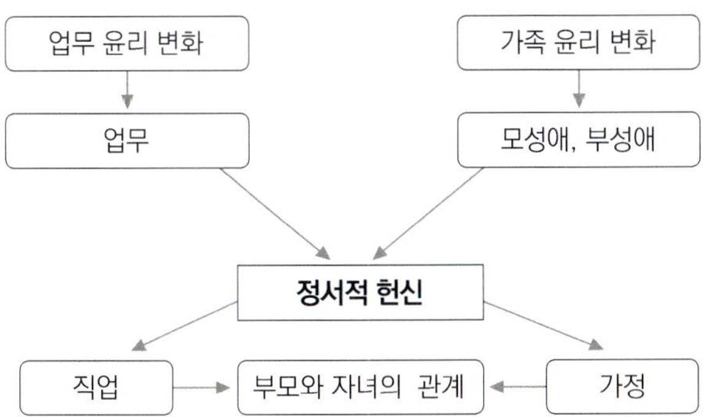

그림 7-1 일-가정 양립 분석 프레임워크

예를 들어, "젊은 도시 부모의 가족 생활, 업무 압박 및 육아 불안"이라는 논문은 최신 연구 방법으로서 구조와 절차화 측면에서 명확하지 않은 방법을 채택하고 있으며, 저자는 그림 7-1과 같이 '일-가족'이라는 분석틀을 구체적으로 구성했으며, 논문의 논증 부분도 이 분석틀에 따라 '일 분석'과 '가족 분석'으로 설계했습니다.

유형 3: 현상학적 설명적 귀납적 연구 프레임워크

이론적 틀을 갖춘 연역적 연구 프레임워크와 달리, 현상학적 설명적 귀납적 연구 프레임워크는 이론적 전제에 의존하지 않습니다. 이 유형의 연구 프레임워크는 개별 현상에 대한 설명에서 시작하여 상세한 분석을 거쳐 그 현상에 내재된 법칙을 일반화하거나 현상 발생의 심층적인 이유를 탐구합니다. 질적 연구 방법은 주로이 유형에 속하며, 그 중 뿌리 이론 방법의 목표는 이론을 구성하는 것이 명시 적으로 요구되므로 구조 논리가 "자료 분석-이론 구성"이며 구현 절차가 비교적 고정되어 있으며 다른 질적 연구 방법은 구조가 더 느슨하고 이론을 구성 할 필요가 없으며 논리 구조는 "자료 분석-이론 구성"에 기반합니다. 다른 질적 연구 방법은 구조가 더 느슨하고 이론을 구성해야 할 필요가 없으며 논리 구조는 "현상 설명-원인 탐색-대책 제안"을 기반으로합니다.

예를 들어, "농업 가정 대학원생의 농업으로부터의 문화적 이탈"에 대한 질적 연구 - 17 명의 농업 학생의 서사를 기반으로 논문의 구조는 현상 설명 (대학 분야에서 "농업으로부터의 문화적 이탈"과정)과 원인 탐구 (위치 차이 : 농업 가정 대학원생의 "농업으로부터의 문화적 이탈"의 뿌리 깊은 이유)의 두 가지 주요 부분으로 구성됩니다. 이 글의 구조는 크게 두 부분으로 구성됩니다: 현상 설명(대학 현장에서의 '문화적 탈농업' 과정)과 원인 탐구(위치 차이: 농가 출신 대학원생들의 '문화적 탈농업'의 뿌리 깊은 이유).

유형 4: '현황-문제-권고' 유형의 실용적인 연구 프레임워크

'현황-질문-권고' 유형의 실용적 연구 프레임워크는 아마도 연구자들에게 더 친숙한 프레임워크일 것입니다. 실용주의에 기반을 두고 있으며 연구의 목표는 실용적인 문제를 해결하는 것입니다. "현황-문제-권고" 실용적 연구 프레임워크는 연구 대상의 현재 상태 설명, 연구 문제 정의, 문제 해결을 위한 구체적인 권고의 세 가지 주요 구성 요소로 이루어져 있습니다.

이 프레임워크에는 세 가지 특징이 있습니다. 첫째, 매우 실용적입니다. 이 프레임워크의 연구 목표는 대부분 실질적인 문제 해결에 도움이 되는 실현 가능한 제안을 제공하는 것이므로 실용성이 강합니다. 둘째, 현실 지향적입니다. 이 프레임 워크는 연구 대상의 문제와 제약에 세심한주의를 기울이고 실제 문제에 대한 제안과 해결책을 제시하여 실제 요구를 더 잘 충족시킬 수 있습니다. 셋째, 상대적으로 고정되어 있습니다. 프레임 워크는 일반적으로 실용적인 연구에 사용되므로 연구 조직이 비교적 고정되어 있습니다.

'현황–문제–권고' 유형의 실용적인 연구 프레임워크의 단점도 분명합니다.

- **단일 연구 주제**: 이 프레임워크는 일반적으로 연구 대상이 실용적인 문제를 지향하는 응용 분야인 실용 연구에 적용할 수 있습니다. 따라서 이 프레임워크는 다학제 및 학제 간 연구 주제에는 적용하기 어렵습니다.
- **연구의 깊이 부족**: 프레임워크가 연구 대상의 문제와 대응에 초점을 맞추고 있으며 연구 대상의 복잡성과 더 깊은 원인을 탐구할 공간이 충분하지 않습니다.
- **연구 사고의 제한**: 프레임워크의 초기 초점이 문제 자체에 맞춰져 있어 연구 대상의 복잡성과 모순을 무시하는 경향이 있어 편견과 한계가 발생할 수 있습니다.
- **이론적 지원 부족**: 프레임워크가 실용적인 권장 사항에 지나치게 초점을 맞추고 적용의 이론적 근거에 대한 탐구와 분석이 부족하여 학문적 가치를 간과하기 쉽습니다.

구체적인 글쓰기에서는 이 틀에 따라 다양한 변형이 있을 수 있지만, 예를 들어 "초중등 교원 성별 구조의 '여성화' 현황과 원인 및 대책"이라는 글의 경우 현황, 원인, 대책으로 구성되어 있다는 점에는 변화가 없습니다.

이는 '현황–문제–권고' 유형의 전형적인 실용적 연구 프레임워크입니다.

유형 5: 연구 차원 기반 프레임워크

연구 차원 기반 전체 하위 프레임워크는 연구 차원의 의미를 기반으로 전체 연구 프레임워크를 구성하는 것을 말합니다. 이러한 종류의 프레임워크에서 제목의 연구 차원은 보조 제목의 조합 또는 요약으로 일반적인 프레임워크 구조의 전형적인 특징을 보여줍니다. 실제 작성 시에도 다양한 형태의 연구 차원이 있으며, 일반적으로 사용되는 형태는 결합 차원, 개념 차원 및 안내 차원입니다.

예를 들어 '인적 자본 이론의 형성과 발전 및 그 관련성'이라는 글은 인적 자본 이론의 형성, 인적 자본 이론의 발전, 인적 자본의 관련성으로 구성되어 있으며 소제목이 결합되어 큰 제목을 형성하고 있습니다. 이것이 결합된 차원입니다.

'과도한 수용의 정당성 통제'는 '과도한 수용의 정의, 과도한 수용의 형태와 실체, 과도한 수용의 정당성 공간, 과도한 수용의 정당성 한계'의 네 부분으로 구성되며, 처음 두 소제목은 연구의 단위, 마지막 두 소제목은 연구 차원에 대한 설명으로 구성됩니다. 처음 두 개의 소제목은 연구 단위, 마지막 두 개의 소제목은 연구 차원에 대한 설명입니다. 연구 차원은 텍스트의 틀을 뒷받침하는 역할을 합니다. 이것이 개념적 차원입니다.

"전환, 해체 및 재구성 : 데이터 저널리즘의 시각적 내러티브 연구"기사에서 부제목은 본질적으로 연구 차원 인 시각적 내러티브의 해체이지만 제목 지침이 명확하지 않아 제목에 "구조적 지침"의 내용이 추가되었습니다. –전체 구조에서 전환, 해체 및 재구성은 주요 프레임 워크, 차원 의미 및 연구 관점 표현 모두입니다. 이러한 유형의 구조를 안내 차원이라고 합니다.

유형 6: 독립 단위 3W 프레임워크

차원, 이론, 방법 등이 없이 제목에 연구 단위만 있는 일반적인 유형의 연구도 있는데, 이를 '독립 단위의 3W 프레임워크'라고 합니다. 이러한 유형의 연구의 목표는 일반적으로 새롭거나, 변경되었거나, 주목받지 못한 연구 단위를 명확하게 설명하는 것이며, 그 구조적 틀은 기본적으로 개념 설명–왜 나타나는지–어떻게 처리하는지에 대한 전형적인 구조인 "무엇(What)–왜(Why)–어떻게(How)" 구조입니다.

디지털 시대의 감독에 대한 활동가 관점에서 이 글은 감독에 대한 활동가 관점의 소개, 감독에 대한 활동가 관점의 이론적 토대, 감독에 대한 활동가 관점의 실천적 논리, 감독 관점의 한계와 이에 대한 대응은 '무엇을–왜–어떻게'라는 구조적 틀에 따라 이루어집니다.

위의 6가지 유형의 연구 프레임워크 외에도 역사적 프레임워크, 비교 프레임워크 등 다양한 유형의 프레임워크가 있으며, 이를 적용할 때 더 많은 주의를 기울여야 합니다.

7.2 AI 도구를 사용한 연구 프레임워크 개발

1. 문제의 전체적인 틀

앞서 여러 차례 입증된 바와 같이 전체 프레임 질문은 효과적이지 않지만, 대조군으로 전체 프레임 질문의 결과를 아래에 제시합니다.

질문

저는 커뮤니케이션학 박사 과정 중이며 저널 논문을 써야 합니다. 제 박사 학위 지도 교수님이 되어 주셨으면 합니다. 제안된 주제는 "프레이밍 이론의 관점에서 본 환경 테마 단편 동영상의 정서적 상호작용 연구–혼합 연구 방법을 중심으로"인데, 이 주제를 바탕으로 논문의 개요를 작성할 수 있도록 도와주세요.

답변

이것은 매우 흥미롭고 도전적인 주제입니다. 제가 여러분이 작성할 수 있는 개요를 작성해 드리겠습니다. 이 개요는 출발점이 될 수 있으며 자신의 연구 결과와 이론적 틀에 맞게 조정할 수 있습니다. 이 연구는 혼합 연구 방법론을 사용한 것으로 보이며, 개요에서 가능한 한 많이 다루려고 노력했습니다.

1. 소개

1-1. 이슈 프레젠테이션

1-2. 연구의 중요성

1-3. 연구 목적 및 방법론

1-4. 논문 구조

2. 문헌 검토 및 이론적 틀

2-1. 프레이밍 이론 소개

2-2. 환경을 주제로 한 단편 동영상 개발 및 현황

2-3. 소셜 미디어에서 감성적 참여의 중요성

2-4. 이전 연구 검토 및 평가

3.혼합 연구 접근 방식의 근거

3-1. 정량적 연구 방법의 설계 및 구현

3-2. 질적 연구 방법의 설계 및 구현

3-3. 정량적 결과 분석

3-4. 정성적 결과 분석

3-5. 결과 종합

4.논의

5. 프레이밍 이론에 대한 결과의 시사점

5-1.환경 주제에 대한 짧은 동영상에서 감정적 상호작용에 대한 이해도 향상

5-2. 실제 적용을 위한 권장 사항

6.결론

6-1. 연구 결과의 주요 내용

6-2. 향후 연구를 위한 권장 사항

이 개요가 도움이 되었기를 바라며, 궁금한 점이 있거나 추가 조언이 필요한 경우 언제든지 문의해 주세요.

ChatGPT와 같은 AI 도구에서 제공하는 위의 연구 프레임워크는 두 번째 유형, 즉 연역적 연구 프레임워크의 이론적 프레임워크 유형에 속합니다. 이 프레임워크는 연구자가 추가적인 개선과 최적화를 할 수 있는 '기본 연구 프레임워크'로 볼 수 있습니다.

ChatGPT와 같은 AI 도구가 제공하는 연구 프레임워크에 대해 탐색할 수 있는 최적화 방향은 두 가지입니다. 첫째, '결과' 섹션을 이론 프레임워크와 연관시켜 이론의 가이드 역할을 하는 것, 둘째, 다른 유형의 연구 프레임워크에 적용하는 것, 이 두 가지가 있습니다.

2. 기본 연구 프레임워크의 적용

첫 번째 아이디어인 '결과' 섹션과 '이론적 프레임워크'를 서로 연결하는 방법을 시도해 보겠습니다.

변환하기 전에 '이론적 프레임워크' 섹션으로 돌아가 논리적 구조를 찾아보세요.

위의 작업을 기반으로 연구자는 ChatGPT와 같은 AI 도구가 선택한 주제와 관련하여 보다 구체적인 분석 프레임워크를 제공하도록 한 다음, 이 프레임워크를 전체 연구 프레임워크와 통합할 수 있습니다.

질문

프레이밍 이론의 '응용 프레이밍' 부분을 풍부하게 하기 위해 관련 문헌을 참조하고 선택한 주제에 따라 구체적인 분석 프레임워크를 제시하세요.

답변

프레임 이론을 기반으로 짧은 동영상과 환경 테마의 정서적 상호작용을 연구하기 위한 구체적인 분석 프레임워크를 설계할 수 있습니다. 구체적인 분석 프레임워크는 다음과 같습니다.

- **미디어 프레임 분석:** 먼저 짧은 동영상의 내용을 분석하여 환경 주제를 어떻게 표현하고 있는지 파악해야 합니다. 이 단계에서는 미디어 프레임을 '진단 프레임'(문제의 본질 파악), '원인 프레임'(문제의 원인 파악), '해결 프레임'(문제의 해결책 제시)으로 분류한 Matthes와 Kohring(2008)의 연구 방법론을 활용할 수 있습니다. '솔루션 프레임'(문제에 대한 해결책 제공)으로 분류합니다. 또한 정서적 프레임, 즉 동영상이 시청자의 감정적 반응을 이끌어내는 방법도 고려할 수 있습니다.
- **청중 프레임 분석:** 다음으로 청중이 이러한 프레임을 어떻게 해석하고 이러한 프레임이 정서적 반응에 어떤 영향을 미치는지 이해하기 위한 연구를 수행해야 합니다. 이 단계에서는 Nabi(나비)의 (2003)의 연구 방법론에 따라 설문지 또는 심층 인터뷰를 통해 데이터를 수집했습니다.
- **정서적 상호작용 분석:** 마지막으로, 이러한 프레임이 오디언스의 정서적 상호작용에 어떤 영향을 미치는지 분석해야 합니다. 이 단계에서는 소셜 미디어 데이터를 분석하여 청중의 정서적 반응과 상호작용 행동을 이해하는 Peters 등(2013)의 연구 방법론을 활용할 수

있습니다.

위는 분석 프레임워크입니다. 이 프레임워크를 기반으로 환경을 주제로 한 짧은 동영상의 프레이밍 효과와 감정적 상호작용을 체계적으로 연구할 수 있습니다.

참조:

- Matthes, J., & Kohring, M. (2008). 미디어 프레임의 내용 분석 : 방향 신뢰도와 타당도 향상. 커뮤니케이션 저널, 58(2), 258-279.
- Nabi, R. L. (2003). 감정의 프레이밍 효과 탐구. 커뮤니케이션 연구, 30(2), 224-247.
- Peters, K., Chen, Y., Kaplan, A. M., Ognibeni, B., & Pauwels, K. (2013). 소셜 미디어 메트릭- 소셜 미디어 관리를위한 프레임 워크 및 가이드 라인. 인터랙티브 마케팅 저널, 27(4), 281-298.

이 구체적인 분석 프레임워크는 연구 프레임워크의 일부로 필요에 따라 개선 및 수정됩니다.

질문

저는 커뮤니케이션학 박사 과정 중이며 저널 논문을 써야 합니다. 제 박사 학위 지도 교수님이 되어 주셨으면 합니다. 제안된 주제는 "프레이밍 이론의 관점에서 본 환경 테마 단편 동영상의 감성적 상호작용 연구-혼합 연구 방법을 중심으로"이며, 이 주제에 따라 논문의 개요를 작성할 수 있도록 도와주세요. 요건: 위의 분석틀을 이론적 틀 부분의 주요 내용으로 삼고, 그에 따라 연구 결과의 틀을 구성해 주세요; 참고로 좋은 보조 제목을 몇 가지 제공해 드렸습니다. #####(제공된 제목은 생략)#####.

답변

프레이밍 이론과 분석 프레임워크를 기반으로 연구의 주요 부분을 구성하는 제가 작성한 논문의 개요는 다음과 같습니다.

1. 소개

1-1. 연구의 배경 및 의의

1-2. 연구 목표 및 문제

2. 문헌 검토

2-1. 환경을 주제로 한 짧은 동영상을 통한 감성적 소통

2-2. 행동 동기 부여로서의 감성적 커뮤니케이션

3. 이론적 프레임워크

3-1.프레이밍 이론의 기원과 흐름

3-2.분석 프레임워크

3-2-1. 미디어 프레임워크 분석

3-2-2. 잠재 고객 프레임워크 분석

3-2-3. 감정적 상호작용 분석

4. 연구 설계

4-1. 데이터 수집 및 분석

5. 결과

5-1. 미디어 프레임워크 결과

5-2. 대상 프레임워크 결과

5-3. 정서적 상호작용 결과

6. 연구 및 토론

6-1. 결과 해석 및 토론

6-2. 이론적 및 실무적 시사점

6-3. 현재 연구 국가 및 향후 연구 방향

7. 결론

다른 변경 사항이 필요하거나 개요에 대해 궁금한 점이 있으면 언제든지 알려주세요.

이전에 정의한 콘텐츠를 통합하고 관련 프롬프트와 학습 샘플을 통합한 후 ChatGPT와 같은 AI 도구는 대체로 기대에 부합하는 연구 프레임워크를 제공합니다. 그러나 이것이 최종 버전이 아니며 연구자가 콘텐츠를 심층적으로 탐색하면서 지속적으로 최적화하고 조정해야 한다는 점을 명확히 하는 것이 중요합니다.

이제 두 번째 변형 아이디어인 프레임워크를 다른 유형으로 전환하는 방법을 시도해 보겠습니다. 여기서는 연구 차원 유형의 총점 프레임워크의 안내 차원을 사용하려고 합니다. 이 유형의 프레임워크는 연구자가 특정 차원에 따라 논문을 구성하고 제시하도록 안내하는 것이 특징입니다. 글쓰기 개요의 구조와 내용은 이 프레임워크에 따라 다시 구성됩니다.

개요 작성을 시작하기 전에 주제를 조정해야 합니다. 가이드 차원의 특성에 따라 첫 번째 단계는 연구 차원인 '정서적 상호작용'과 관련된 주제의 하위 프레임워크를 찾는 것입니다. ChatGPT와 같은 AI 도구를 사용하여 여러 상호작용과 문헌 검토를 통해 '정서적 상호작용'은 '공유된 감정', '정서적 공명', '정서적 전염'의 세 가지 형태로 더 세분화할 수 있다는 사실이 밝혀졌습니다. '정서적 상호작용'의 세 가지 형태는 '공유된 감정', '정서적 공감', '정서적 감염'으로 더 세분화할 수 있습니다. 따라서 여기서는 이 세 가지 형태를 프레임워크의 주요 구성 요소로 사용합니다.

이러한 재구성은 연구의 범위를 더 잘 정의하고 개요에서 세 가지 형태의 중요성과 관련성을 명확히 할 수 있습니다. 각각의 특성, 동기, 함의는 사회적, 정치적, 문화적 영역에서의 역할을 고려하여 개별 섹션에서 자세히 살펴볼 수 있습니다. 이러한 프레임워크는 정서적 상호작용에 대한 연구 결과를 제시하는 데 명확하고 체계적인 구조를 제공할 것입니다.

질문

저는 저널 논문을 쓰는 커뮤니케이션학 박사입니다. 제 박사 학위 논문의 지도교수가 되어 주셨으면 합니다. 제안된 주제는 "공유, 공명, 감염: 환경 테마 단편 동영상의 정서적 상호작용에 관한 연구"이며, 이 주제를 바탕으로 논문 개요를 작성하는 데 도움을 주셨으면 합니다. 요구 사항:

1. 환경 보호를 주제로 한 단편 동영상 운영자가 '감정 공유', '감정 공명', '감정 전염'을 통해 시청자와 정서적으로 상호작용하는 방법을 포함하여 제가 제공한 내용을 바탕으로 개요를 작성해 주세요.
2. '감정 공유', '감정 공명', '감정 전염'을 이론적 틀로 삼고 그에 따라 연구 결과의 틀을 구성하세요.
3. 여러분이 선택할 수 있는 좋은 보조 제목을 몇 가지 제공했습니다. 여러분이 참고할 수 있도록 몇 가지 좋은 보조 제목을 제공했습니다(생략).

답변

제공한 정보와 주제를 바탕으로 다음과 같은 논문 개요를 구성할 수 있습니다.

1. **문제 제시:** 환경을 주제로 한 짧은 동영상의 정서적 상호작용에 관한 연구

- 감정적 상호작용의 이론적 틀

- 환경 보호를 주제로 한 단편 동영상의 현황과 과제

- '감정 공유', '감정 공명', '감정 감염'에 대한 이론적 설명

2. **감정 공유:** 환경 보호를 주제로 한 짧은 동영상 운영자가 시청자와 감정을 공유하는 방법

- 공유 감정의 이론적 배경 및 중요성

- 환경을 주제로 한 짧은 동영상에서 공유된 감정의 실현

- 환경을 주제로 한 단편 동영상에서 공유된 감정의 영향과 중요성

3. **정서적 공명:** 환경을 주제로 한 단편 동영상이 시청자의 공감을 불러일으키는 방법

- 정서적 공감의 이론적 배경과 중요성

- 환경 테마 단편 동영상에서 정서적 공감을 불러일으키기 위한 전략

- 환경을 주제로 한 단편 동영상에서 정서적 공감이 미치는 영향과 중요성

4. **정서적 감염:** 환경을 주제로 한 단편 동영상이 시청자의 감정에 미치는 영향

- 정서적 전염의 이론적 배경 및 중요성

- 환경 보호 주제에 대한 짧은 동영상에서 감정적 감염을 얻는 방법

- 환경 보호 주제에 대한 짧은 동영상에서 정서적 감염의 영향과 중요성

5. **결론:** 환경 주제와 미래 전망에 대한 짧은 동영상에서 감정적 상호 작용의 역할

- 환경 주제에 대한 짧은 동영상에서 '공유된 감정', '정서적 공명' 및 '정서적 전염'의 결합된 영향과 중요성

- 정서적 상호작용 이론에 기반한 환경 테마의 짧은 동영상 개발 및 최적화를 위한 제안

- 향후 연구를 위한 관점 및 권장 사항

ChatGPT와 같은 AI 도구가 제공하는 연구 프레임워크는 완벽하지는 않지만 연구자에게 많은 도움을 줍니다. 이 연구 프레임워크는 ChatGPT와 같은 AI 도구와의 많은 상호작용과 반복적인 수정을 통해 도출된 것으로 연구자 자신의 이해와 아이디어가 반영된

것이며, ChatGPT와 같은 AI 도구는 이 과정에서 연구자가 연구 프레임워크의 세부 사항을 더 고민하고 조정하도록 돕는 보조적인 역할만 수행한다는 점을 강조해야 합니다.

한 가지 주목할 점은 ChatGPT와 같은 AI 도구는 강력한 언어 모델이지만, 그 결과물은 여전히 연구자가 비판적으로 평가하고 수동으로 개입해야 한다는 점입니다. 최종 연구 프레임워크는 연구자의 전문성과 판단에 따라 결정되어야 하며, ChatGPT와 같은 AI 도구는 영감과 제안을 제공하기 위한 보조 도구로만 사용됩니다.

연습 13

선별된 정보, 프레임워크 유형 및 구조에 따라 연구 프레임워크를 조정합니다. 첫 번째 단계에서는 연구 프레임워크의 유형을 파악했습니다.

두 번째 단계에서는 여러 번의 디버깅 세션을 거쳐 원하는 프레임워크가 형성됩니다.

7.3 글쓰기를 지원하는 AI 도구

1. 본문 작성의 핵심 가이드라인: 피라미드 모델

피라미드 원칙은 바바라 민토가 쓴 복잡한 문제를 해결하는 방법에 관한 베스트셀러 책입니다. 이 책은 그림 7-2와 같이 복잡한 아이디어와 정보를 피라미드 모양과 유사한 단순하고 체계적인 구조로 정리하는 형식 논리의 원리를 활용하기 때문에 이름에서 유래했습니다. 핵심 아이디어는 주요 아이디어를 간단하고 구체적인 문장으로 요약한 다음, 이러한 아이디어를 점진적으로 발전시키고 뒷받침하여 논리적으로 일관된 피라미드 모델을 만드는 것입니다. 피라미드 모델을 사용하면 독자는 여러 단계의 파생과 분류를 통해 논리적인 순서로 정보를 이해하고 기억할 수 있으므로 더 깊이 생각하고 이해하여 아이디어를 전달하고 다른 사람에게 더 효과적으로 영향을 미칠 수 있습니다.

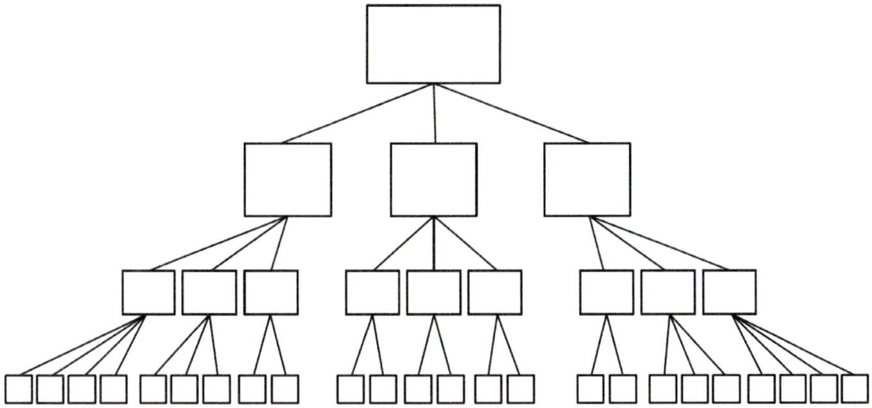

그림 7-2 피라미드 원리의 피라미드 모델

다음은 피라미드 모델을 기반으로 학술 글쓰기의 논리와 표현을 개선하기 위한 3가지 핵심 원칙을 요약한 것입니다.

첫째, 핵심 문장의 사용. 핵심 문장, 즉 '키 라인'은 피라미드 모델에서 매우 중요한 역할을 합니다. 키 라인은 여는 키 라인과 닫는 키 라인으로 나뉩니다. 여는 키 라인은 전체 주장이나 주제를 소개하고 독자의 관심을 끌기 위해 일반적인 방식으로 기본 정보를 제공하는 데 사용됩니다. 반면에 닫는 핵심 문장은 앞의 주장이나 주제를 요약하고 중요한 요점을 강조하거나 결론을 도출하는 데 사용됩니다. 이러한 시작과 끝의 핵심 문장은 독자가 핵심 메시지와 주장을 빠르게 이해하는 동시에 전체 담론을 논리적이고 일관성 있게 만들 수 있도록 고안되었습니다.

둘째, 내러티브의 논리입니다. 피라미드 모델에서 논리는 매우 중요합니다. 내러티브의 논리성을 확보하기 위해 기존 문헌이나 문장 패턴을 인용하는 것이 일반적인 방법입니다. 권위 있는 연구, 데이터 또는 사실을 인용하면 더욱 강력한 근거와 논거를 제시할 수 있습니다. 또한 특정 문장 패턴과 연결어(예: "그러므로", "그러나", "반면에" 등)를 사용하면 논리적 관계를 설정하고 내러티브를 보다 일관되고 명확하게 만드는 데 도움이 될 수 있습니다.

셋째, 큰 것에서 작은 것으로의 해체. 피라미드 모델에서 큰 구조는 일반적인 것부터 세부적인 것까지 층층이 해체하는 것을 의미합니다. 복잡한 주제나 이슈를 점차 작은 하위 주제나 하위 이슈로 세분화하면 보다 명확하고 체계적인 사고를 할 수 있습니다. 이러한 계층별 분류 구조를 통해 독자는 논리적인 순서로 정보를 이해하고 다양한 수준의 세부 사항을 점진적으로 탐구할 수 있습니다. 이 구조의 장점은 독자가 정보를 더 잘 정리하고 이해하는 데 도움이 될 뿐만 아니라 정보를 명확하게 작성하고 제시하는 방법을 제공한다는 것입니다.

다음은 글쓰기에서 피라미드 모델의 논리적 사용을 탐구하기 위한 애국 교육의 논리적 계층 구조와 실천 전략의 예시입니다. 이 샘플 에세이를 분석함으로써 피라미드 모델이 글쓰기의 논리와 표현을 어떻게 향상시키는지 심도 있게 이해할 수 있습니다.

먼저 애국 교육의 일반적 구조를 이해합니다. 본문은 애국심의 인지적 논리 수준, 애국심의 정의적 논리 수준, 애국심 교육의 계층적 실천 전략의 세 부분으로 구성되어 있습니다. 일반적인 논리 구조 측면에서 보면, [그림 7-3]과 같이 전형적인 피라미드 구조를 제시하고 있습니다.

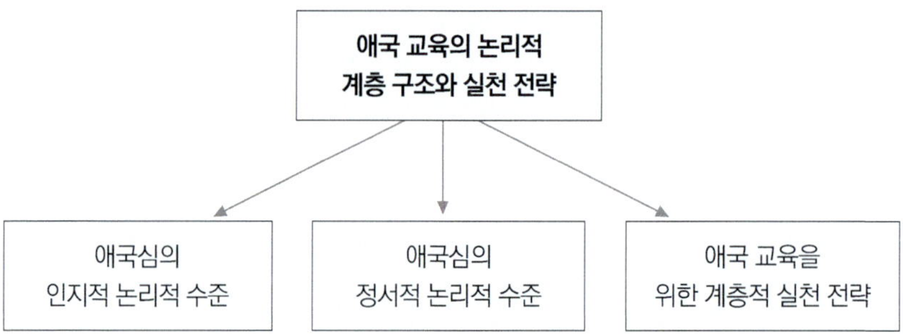

그림 7-3 애국 교육 기사 논리의 피라미드 모델

둘째, 논증 본문의 논리적 구조를 이해하는 것이 중요합니다. 이 글의 "국가의 상징적 형태 이해"라는 제목의 섹션이 분석 모델로 선택되었습니다.

(ii) 중간 수준: 국가의 상징적 형태 인식하기

...... (핵심 문장) 학생들이 육체적, 정신적으로 발달함에 따라 그들의 비전은 국가의 물질적 표현에 머물지 않고 더 깊어지고 상징적 형태의 수준에 도달 할 것입니다. 사실, 국가의 상징은 오랫동안 다양한 형태로 존재해 왔습니다.

이러한 상징은 학교 생활에 제도적인 형태로 존재하는 경우가 많지만, 어린 학생들은 미리 접하더라도 그 의미를 이해하지 못합니다. 학생들이 심리적으로 좀 더 성숙해져서 국기 게양식에 참여하거나 국경일을 기념하는 등 일상적인 경험이 국가 상징과 실제로 교차할 때 비로소 국가 상징이 담고 있는 풍부한 의미를 느끼게 되고, 이때 국가에 대한 개념이 보다 명확해집니다. 구체적으로 (소주제 1) 한편으로는 기념식에서 국가 이미지가 강조됩니다. 학교 생활에서 학생들은 일상적인 국기 게양식을 경험할 수밖에 없습니다. ...... 국기 게양식은 개인을 위한 단순한 훈련이 아니라 집단 내에서 국가적 의미가 응집된 것이라고 할 수 있습니다. 국가의 상징과 결합된 국기 게양식의 내용은 하나의 이미지를 형성하고, 이는 신념으로 굳어지게 됩니다. (하위 주제 2) 한편, 축제에 담긴 국가적 기억의 유산. 일상 생활은 우리에게 다양한 기억과 공통점을 남기기 어렵지만, 축제는 공통의 기억을 얻을 수 있는 기회를 제공합니다. 특별한 시기의 도래를 통해 주요 사건의 발생을 촉발하고, 매년 반복되는 축제는 과거의 사건과 그 이면의 의미를 회고함으로써 현재에 동질적인 유산을 형성합니다. 국경일을 예로 들면, 국가 기념일을 개인의 삶과 연계하는 동시에 국가가 소중히 여기는 사건과 의미를 참여자들의 기억 속에 심어줌으로써 기념일을 기념하는 동안에도 국가의 과거 아픔과 영광을 떠올릴 수 있게 합니다. 다양한 의례와 축제는 국가에 애착을 가지고 있으며 본질적으로 학생들의 정치화가 고도로 가치 있고 신중하게 조율되는 과정이며 학생들의 국민화를위한 필수 과정이라고 할 수 있습니다. ...... (결론 문장) 따라서 학생들은 매년 축제를 기념하는 과정에서 국기와 문장을 마주하고 애국가를 부르며 국가의 상징적 형태에 대한 지식과 상상력을 얻게 됩니다.

이 특정 문단 역시 피라미드 모델을 적용한 것으로, 기본 아이디어는 다음과 같이 요약됩니다.

- 첫째, 문단의 핵심 문장인 핵심 아이디어를 근거를 제시하고 논증을 통해 추론하고,
- 둘째, 핵심 문장을 두 개의 하위 주제로 나누어 개별적으로 논의하고,
- 셋째, 하위 주제를 결론 문장으로 요약합니다.

2. AI 보조 본문 작성을 위한 아이디어와 경로

학술 논문의 고유한 논리적 구조를 정리하는 것은 글쓰기의 마법 공식을 찾는 것과도 같습니다. 다음은 연구자들이 글쓰기의 효율성과 품질을 개선하기 위해 본문 작성을 지

원하는 AI 도구를 사용하는 몇 가지 아이디어를 요약한 것입니다.

(1) 핵심 문장의 법칙: 소재-세분화-확장

핵심 문장 규칙의 기본 아이디어는 지시된 자료에서 핵심 문장을 추출한 다음 핵심 문장의 아이디어에 따라 하위 주제를 확장하고 하위 주제를 중심으로 해당 내용을 확장하여 마지막으로 논증 전체 텍스트의 피라미드 패턴을 형성하는 것입니다.

예를 들어, 문헌을 읽을 때 '온라인 감정노동과 정서노동의 만남: 단편 동영상/라이브 방송, 웹캐스터, 디지털 노동'은 감정노동에 대한 문헌을 소개하는 입문서로 매우 좋은 연구 관점을 가지고 있다는 것을 알 수 있었습니다. 이러한 문헌을 읽을 때는 부분적으로는 원문을 발췌하고 부분적으로는 문헌을 읽으면서 자신의 생각을 적어보는 문학 노트를 작성할 수 있습니다. 이 부분을 참고하여 핵심 문장의 법칙을 구현하는 과정을 살펴보겠습니다.

1단계: ChatGPT와 같은 AI 도구에 핵심 문장을 추출할 수 있는 말뭉치를 제공합니다(이 기사는 BingChat을 예로 사용했습니다).

질문

다음 자료의 내용을 공부한 후 한 문장으로 요약하세요 ####(생략)#####

답변

디지털 경제와 단순한 노동의 경제가 부상하면서 감정노동은 느슨한 고용 관계, 불확실한 노동 보상, 다양한 표현 형태, 서비스 대상자 확대, 감정 관계의 지속성 강화 등을 특징으로 오프라인에서 온라인으로 이동했지만, 감정의 상업화 및 개인화라는 본질은 변하지 않았고 보수 지급의 확실성은 감소했습니다.

2단계: ChatGPT와 같은 AI 도구가 키워드를 확장하도록 합니다.

질문

저는 커뮤니케이션학 박사 과정 중이며 저널 논문을 써야 합니다. 제 박사 학위 논문의 지도 교수님을 부탁드리고 싶습니다. 제목은 "프레이밍 이론의 관점에 따른 환경 테마 단편 동영상의 정서적 상호작용 연구-혼합 연구 방법을 중심으로"입니다. 저는 정서적 상호작용을

'감정 공유', '정서적 공명', '정서적 전염'의 세 가지 유형으로 분류합니다. 저는 '공유된 감정' 부분을 쓰고 있는데, '온라인 감정 노동'은 '공유된 감정'에서 매우 중요한 부분입니다. "온라인 감정노동과 감정노동의 만남: 쇼트 비디오/직접 방송, 웹캐스터, 그리고 디지털 노동"이라는 글을 읽고 핵심 문장을 발췌해 봤는데, ###(생략)###

디지털 경제와 캐주얼 노동의 경제가 부상하면서 감정노동이 오프라인에서 온라인으로 이동하고 있는데, 그 특징은 느슨한 고용 관계, 불확실한 보수, 다양한 표현 형태, 서비스 대상자 확대, 감정 관계의 연속성 강화 등이지만, 느슨한 고용 관계, 불확실한 보수, 다양한 표현 형태, 서비스 대상자 확대, 강화된 감정적 관계 등이 특징이라고 할 수 있죠. 정서적 관계의 연속성, 그러나 그 본질, 즉 정서적 의미의 상업화 및 개별화는 변하지 않았지만 지불의 확실성은 감소했습니다. ### 핵심 문장의 의미와 선택한 주제에 따라 피라미드 구조를 확장하세요. 요건: 영문 문헌은 '저자-출판 연도' 형식으로만 제시하고 본문 끝에 참고문헌을 기재하며, '온라인 감정 노동과 감정 노동의 만남: 짧은 동영상/라이브 방송, 웹캐스터와 디지털 노동'(Lv Peng. 온라인 감정 노동과 정서 노동의 만남 : 짧은 비디오 / 직접 방송, 웹 호스팅 및 디지털 노동 [J]. 국제 저널리즘, 2021, 43(12): 53-76.) 참조에 포함됨.

답변

온라인 감정 노동은 짧은 동영상 제작자가 자신과 타인의 감정을 표현하고 관리하여 시청자의 시선을 사로잡고 유지하는 방식과 관련이 있기 때문에 감정 공유의 중요한 부분입니다.

온라인 감정 노동은 자신의 감정을 표현하고 숨기는 것은 물론 타인의 감정을 이끌어내고 조절하는 등 고객이나 시청자의 감정적 요구를 충족시키기 위해 디지털 플랫폼에서 수행하는 심리적 노동을 말합니다(Hochschild, 1983; Fuoliand Bednarek, 2022). 이러한 작업은 시간과 노력이 필요할 뿐만 아니라 정서적 피로와 스트레스를 유발할 수 있습니다(Resnicketal., 2021).

반면, 공유 감정은 공통의 가치, 신념 또는 경험을 바탕으로 짧은 동영상 제작자와 시청자 간의 정서적 연결을 의미하며, 이는 소속감, 정체성 및 사회적 지지를 향상시킬 수 있습니다(Jinand Phua, 2014). 이러한 종류의 연결은 안정적인 시청자 그룹을 형성하는 데 도움이 되며 짧은 동영상의 커뮤니케이션 효과와 영향력을 향상시킵니다.

이러한 맥락에서 짧은 동영상 제작자는 시청자의 신뢰, 애정, 존경을 얻기 위해 온라인 감정 노동을 통해 자신의 진정성, 친밀감, 전문성을 입증해야 합니다(Hoodand Forey, 2008).

예를 들어, 미소 짓고, 말하고, 인사함으로써 친근함과 공손함을 표현하고, 개인적인 경험, 의견, 감정을 공유함으로써 친밀감과 신뢰를 구축하며, 유용한 정보, 조언, 솔루션을 제공함으로써 전문성과 역량을 보여줄 수 있습니다. 이러한 모든 방법은 시청자와 감정을 공유하여 짧은 동영상 콘텐츠에 대한 관심과 동일시를 높이는 데 도움이 됩니다.

환경을 주제로 한 단편 동영상 크리에이터에게 온라인 감정 노동은 더 어렵고 가치 있는 일입니다. 환경 메시지를 전달할 뿐만 아니라 시청자의 환경 인식과 행동을 유발해야 하기 때문입니다(Wangetal., 2019). 따라서 온라인 감정 노동을 통해 자신과 시청자의 긍정적, 부정적 감정을 조절하고 시청자의 공감, 책임감, 시민 의식을 자극해야 합니다(Liuetal., 2018). 예를 들어, 환경 문제의 심각성과 시급성을 보여줌으로써 시청자에게 두려움과 걱정을, 환경 행동의 긍정적 효과와 가치를 보여줌으로써 낙관주의와 희망을, 자신과 타인의 환경 실천과 성과를 보여줌으로써 감탄을 이끌어낼 수 있습니다. 감사를 표현할 수 있습니다. 이러한 모든 접근 방식은 시청자와 감정을 공유하여 환경을 주제로 한 짧은 동영상에 대한 관심과 참여를 유도하는 데 도움이 됩니다.

참조:

- 푸올리, M. 및 베드나렉, M. (2022). 웹 케어 및 그 너머의 감정 노동 : a 언어적 프레임워크와 사례 연구. 실용화학 저널, 191, 256-270.
- Hochschild, A. (1983). 관리되는 마음 : 인간 감정의 상업화. 캘리포니아 대학 출판부.
- Hood, S. and Forey, G. (2008). 콜센터 상호 작용의 대인 관계 역학 : 감정의 상승과 하락을 공동으로 구성합니다. 담론 및 커뮤니케이션, 2(4), 389-409.
- Jin, S. A. and Phua, J. (2014). 브랜드에 대한 유명인의 트윗 팔로우: 트위터 기반 전자 입소문이 소비자들의 출처 신뢰성 유명인에 대한 인식, 구매 의도 및 사회적 동일시. 광고학 저널, 43(2), 181-195.
- Liu, X., Liu, Y., Chen, H., Heese, R. (2018). 소셜 미디어에서 고객 가치 공동 창출 행동에 온라인 상호 작용 불공정성이 어떻게 중요합니까? 고객 성격의 우발적 인 엔시롤 . 경영 연구 저널, 85, 481-491.
- 레스닉, A., 세이데, M., 존슨, A., 매튜스, A. (2021). 감정 노동이란 무엇입니까? 아주 잘 마음.
- 왕, Z., 왕, J., 장, Y., Paillé, P. (2019). 환경 지식과 태도는 어떻게 친환경 소비를 촉발하는가? 환경에 대한 관심과 지각된 소비자 효과성의 역할. 청정 생산 저널, 208,

1600-1607.

- Lv Peng . 온라인 감정 노동과 정서 노동의 만남: 짧은 동영상/라이브 방송, 웹캐스터 및 디지털 노동[J]. 국제 저널리즘, 2021, 43(12):53-76.

빙챗의 답변에서 답변의 내용은 구조 측면에서 피라미드 모델을 준수하고 내용 측면에서 핵심 문장의 의미를 충분히 확장하고 합리적인 주장과 추론을 제공하며 참고 문헌도 확실하다는 것을 알 수 있습니다. 답변의 내용에는 여전히 표현과 논리적 표현에 약간의 문제가 있지만, 연구자의 글쓰기를 위한 참고 텍스트로서 역할을 잘 수행합니다.

3단계: ChatGPT와 같은 AI 도구에서 제공하는 말뭉치를 합성, 추적, 검증, 재작성 및 정리합니다.

연구자는 자신의 이해와 문헌의 내용을 바탕으로 증폭된 텍스트를 적용 가능 여부에 따라 가공하고, ChatGPT와 같은 AI 도구가 제공하는 텍스트의 세부 사항을 엄격하게 검증해야 합니다.

(2) 핵심 개념의 법칙: 핵심 개념-확장

핵심 개념 법칙의 기본 개념은 핵심 개념을 제공하고 인공지능 도구가 핵심 개념에 따라 완전한 표현을 구성하도록 하는 것입니다. 개념의 정확성 여부와 개념의 수는 인공지능 도구의 결과물에 영향을 미치기 때문에 연구자는 가장 만족스러운 답을 찾을 때까지 계속 디버깅을 해야 합니다. 아래는 핵심 개념의 법칙의 실행 과정을 보여주는 "온라인 감정 노동과 감정 노동의 만남: 짧은 동영상/직접 방송, 웹캐스터, 디지털 노동" 기사의 예시입니다.

1단계에서 연구자는 자신의 이해를 바탕으로 또는 핵심 개념 목록을 작성하여 관심 있는 핵심 개념을 나열합니다.

ChatGPT와 같은 AI 도구는 말뭉치를 제공하고 핵심 개념을 추출할 수 있게 해줍니다.

질문

다음 자료를 공부하고 10가지 주요 학문석 개념을 파악하세요. 학습 내용은 다음과 같습니다:

(생략)

답변

- 디지털 경제
- 사용자 생성 콘텐츠
- 온라인 감정 노동
- 노동 보수의 불확실성
- 감정 노동의 복잡성과 다양성
- 정서적 관계의 강화 및 확장
- 감정의 상업화
- 감정의 개별화

2단계에서는 AI 도구를 중심으로 도출된 핵심 개념을 단락 단위로 확장할 수 있습니다.

질문

저는 커뮤니케이션학 박사이고 저널 논문을 써야 합니다. 제 박사 학위 논문의 지도 교수님을 부탁드리고 싶습니다. 제목은 "프레이밍 이론의 관점에서 본 환경 테마 쇼트 비디오의 정서적 상호작용 연구–혼합 연구 방법을 중심으로"입니다. 저는 감정적 상호작용을 '감정 공유', '감정 공명', '감정 전염'의 세 가지 유형으로 분류합니다. 저는 '공유된 감정' 부분을 쓰고 있는데, '온라인 감정 노동'은 '공유된 감정'에서 매우 중요한 부분입니다. "온라인 감정노동과 정서노동의 만남: 짧은 동영상/라이브 방송, 웹캐스터, 디지털 노동"이라는 글을 읽고 디지털 경제, 긱 경제, 사용자 제작 콘텐츠, 온라인 감정노동, 노동, 온라인 감정노동, 감정 공유 등 10가지 핵심 개념을 추출해 보았습니다. 온라인 감정노동, 노동 보수의 불확실성, 감정노동의 복잡성과 다양성, 서비스 대상의 수 차이. 서비스 대상 수의 차이), 감정적 관계의 강화 및 확장), 감정의 상업화, "감정적"이라는 단어의 사용. 감정의 상업화, 감정의 개인화. 핵심 개념을 확장하여 피라미드 구조를 따르세요. 요건: 영어로만 된 문헌을 제공하고, "저자–출판 연도"와 함께 본문 끝에 참고 문헌을 나열하며, "온라인 감정 노동과 감정 노동의 만남: 짧은 동영상/라이브 스트리밍, 웹캐스터, 디지털 노동"(Peng Lv . 온라인 감정 노동과 정서 노동의 만남 : 짧은 비디오 / 직접 방송, 웹 호스팅 및 디지털 노동 [J]. 국제 저널리즘, 2021, 43(12): 53–76.) 참고 문헌에 포함됨.

답변

디지털 경제의 부상으로 사회경제 활동이 디지털화되면서 새롭게 부상하고 있는 현상 중 하나가 바로 제로 워크 경제입니다(Prassl, 2018). 제로 워크 경제에서는 환경 주제에 대한 사용자 제작 단편 동영상이 중요한 콘텐츠의 형태로 자리 잡았으며, 제작자는 온라인 감정 노동을 통해 시청자의 정서적 공감을 이끌어내야 합니다.

(카플란 & 하인라인, 2010; 호흐실드, 1983). 그러나 노동에 대한 보상의 불확실성으로 인해 이러한 근로자는 심오한 환경 메시지를 담은 동영상을 제작하고 공유하는 데 있어 상당한 경제적 위험에 직면할 수 있습니다.

(Wood et al., 2019).

온라인 감정 노동의 복잡성과 다양성은 환경 주제에 관한 짧은 동영상 제작자가 더 많은 시청자에게 호소하고 정서적 공감을 이끌어내기 위해 자신의 감정을 효과적으로 표현하고 조절하는 방법을 통해 알 수 있습니다(Hochschild, 1983; Grandey et al., 2019). 이러한 감정 노동의 복잡성은 온라인 시청자 수가 많다는 점에서 더욱 복잡해집니다(Wharton, 2009).

그러나 많은 어려움에도 불구하고 환경을 주제로 한 짧은 동영상은 크리에이터와 시청자 간의 정서적 관계를 강화하고 확장할 수 있는 잠재력을 가지고 있습니다(Illouz, 2007). 이러한 감정 공유 과정에서 감정의 상업화, 즉 크리에이터가 자신의 감정을 영상 콘텐츠로 전환하여 시청자의 정서적 공감을 이끌어내는 것이 가능해집니다.

(호흐차일드, 1983; 일루즈, 2007).

환경을 주제로 한 짧은 동영상의 영향력을 더욱 강화하기 위해 제작자는 자신의 감정을 개별화하고, 독특한 감정을 표현하고, 시청자들 사이에서 공유된 감정을 유발하여 시청자들 사이에서 더 큰 공감을 불러일으키고 환경 행동을 취하도록 동기를 부여해야 합니다(Scheibe & Zacher, 2013). 이러한 감정 공유는 환경 문제에 대한 사람들의 이해를 깊게 할 뿐만 아니라 환경 행동에 참여하도록 독려하는 데 도움이 됩니다.

참조

- 푸올리, M. 및 베드나렉, M. (2022). 웹 케어 및 그 너머의 감정 노동 : a 언어적 프레임워크와 사례 연구. 실용화학 저널, 191, 256-270.

- Hochschild, A. (1983). 관리되는 마음 : 인간 감정의 상업화. 캘리포니아 대학 출판부.

- Hood, S. and Forey, G. (2008). 콜센터 상호 작용의 대인 관계 역학 : 감정의 상승과 하락을 공동으로 구성합니다. 담론 및 커뮤니케이션, 2(4), 389-409.
- Jin, S. A. and Phua, J. (2014). 브랜드에 대한 유명인의 트윗 팔로우: 트위터 기반 전자 입소문이 소비자들의 출처 신뢰성 유명인에 대한 인식, 구매 의도 및 사회적 동일시. 광고학 저널, 43(2), 181-195.
- Liu, X., Liu, Y., Chen, H., Heese, R. (2018). 소셜 미디어에서 고객 가치 공동 창출 행동에 온라인 상호 작용 불공정성이 어떻게 중요합니까? 고객 성격의 우발적 인 엔시롤 . 경영 연구 저널, 85, 481-491.
- 레스닉, A., 세이데, M., 존슨, A., 매튜스, A. (2021). 감정 노동이란 무엇입니까? 아주 잘 마음.
- 왕, Z., 왕, J., 장, Y., Paillé, P. (2019). 환경 지식과 태도는 어떻게 친환경 소비를 촉발하는가? 환경에 대한 관심과 지각된 소비자 효과성의 역할. 청정 생산 저널, 208, 1600-1607.
- Lv Peng . 온라인 감정 노동과 정서 노동의 만남: 짧은 동영상/라이브 방송, 웹캐스터 및 디지털 노동[J]. 국제 저널리즘, 2021, 43(12):53-76.

여러 AI 도구에 자료를 '피드'하고 각 도구가 제공하는 답변을 비교 및 분석할 수 있습니다. 실제로 여러 비교를 통해 ChatGPT는 단편적인 정보를 통합하여 완전한 콘텐츠로 구성하는 데 더 나은 반면, BingChat은 상대적으로 완전한 정보를 기반으로 더 많은 정보를 확장하는 데 더 우수하다는 것을 알 수 있었습니다. 실제로 비교하여 자신에게 적합한 방식을 선택할 수 있습니다.

3단계에서는 ChatGPT와 같은 AI 도구가 제공하는 말뭉치를 합성, 추적, 검증, 재작성 및 정리합니다.

(3) 대/소문자 열거 규칙: 열거-응축-확장

사례 열거 규칙의 기본 아이디어는 ChatGPT와 같은 AI 도구에 일반적인 사례와 몇 가지 보조 개념을 제공하여 ChatGPT와 같은 AI 도구가 사례와 개념으로 완전한 프레젠테이션을 구성할 수 있도록 하는 것입니다. 사례를 사용하면 내러티브를 보다 집중적이고 구체적으로 만들 수 있지만 사례의 선택과 표현은 AI 도구의 최종 출력에 영향을 미칩니다.

1단계에서는 선택한 주제에 따라 관련 사례를 검색하고 ChatGPT와 같은 AI 도구가 학습할 수 있는 적절한 사례를 선택합니다.

ChatGPT와 같은 AI 도구의 네트워킹 기능이나 검색 엔진을 통해 사례를 검색할 수 있습니다. 여기서는 산둥성 생태부에서 발표한 뉴스 중 '자작, 자기 주도, 자기 수행, 텅저우의 환경 보호 문제 단편 동영상 시리즈가 100만 독자에게 도달했다'는 제목의 뉴스가 분석 사례로 선정되었습니다.

2단계: 사례 자료를 바탕으로 ChatGPT와 같은 AI 도구에 글쓰기 맥락이나 키워드를 제공하여 작성할 수 있도록 합니다.

질문

저는 저널 논문을 쓰고 있는 커뮤니케이션학 박사과정 학생입니다. 제 박사학위 논문의 지도교수님이 되어 주셨으면 합니다. 제목은 "프레이밍 이론의 관점에서 본 환경 테마 쇼트 비디오의 정서적 상호작용 연구-혼합 연구 방법을 중심으로"입니다. 저는 정서적 상호작용을 '공유된 감정', '정서적 공명', '정서적 전염'의 세 가지 유형으로 분류합니다. 저는 "공유된 감정" 섹션을 연구하고 있습니다. 사례 연구 자료를 참고하여 '공유된 감정' 섹션을 확장할 수 있도록 도와주세요. 요구 사항: 영어로만 작성되고 "저자 - 출판 연도"가 표시되어 있으며 본문 끝에 참고 문헌이 나열되어 있어야 합니다.

답변

'공유 감정'에 대한 연구에서 환경 단편 동영상은 새로운 미디어 형식으로서 공유 감정의 표현과 상호 작용에 특별한 특성을 가지고 있습니다. 공유 감정은 시청자가 짧은 동영상을 시청할 때 환경 주제에 대한 공통된 감정 반응으로 이해하거나, 시청자가 동영상 콘텐츠의 감정 표현에 공감하여 공유 감정 상태를 형성하는 것으로 이해할 수 있습니다. 환경을 주제로 한 짧은 동영상의 경우, 공유 감정은 환경 보호의 중요성, 환경에 대한 우려와 걱정, 환경 보호를 위한 행동에 대한 긍정적인 감정이 지배적인 경우가 많습니다.

기존 연구에 따르면 뉴미디어의 한 형태인 짧은 동영상은 감정의 전달과 공유에 특별한 장점이 있습니다(Rimé, 2009). 동영상은 생생하고 직관적인 방식으로 정보를 전달할 수 있으며, 이를 통해 시청자의 감정적 반응을 유발할 수 있습니다. 이러한 형태의 커뮤니케이션은 또한 메시지의 효과를 어느 정도 향상시켜 청중의 메시지 흡수와 이해도를 높입니다(Jenkins, 2006). 특히 환경 보호 주제의 커뮤니케이션에서 짧은 동영상은 환경 보호 정보를 생생하고 직관적인 방식으로 제시하여 시청자의 공유 감정을 불러일으킬 가능성이 더 높습니다.

예를 들어, 단편 동영상 시리즈 '환경 보호에 관한 것들'의 경우, 시청자는 마이크로필름 '푸른 하늘을 지켜라'에 대해 강한 공유 감정을 느낄 수 있습니다. 시청자는 푸른 하늘을 지키기 위한 환경 운동가들의 노력과 환경 오염에 직면한 어려움을 보면서 환경 보호 활동에 대한 관심과 지지라는 감정을 유발하여 공유 감정을 일으킬 수 있습니다. 프레이밍 이론의 관점에서 볼 때 공유 감정의 형성은 정보의 프레이밍과도 관련이 있습니다(Entman. 1993). 짧은 동영상은 특정 내러티브와 시각적 요소를 통해 시청자가 특정 관점에서 환경 정보를 이해하고 인식하도록 안내하는 특정 정보 프레임워크를 구성한 다음 공유된 감정을 생성합니다.

따라서 환경을 주제로 한 짧은 동영상의 보급에는 공유된 감정이 중요한 역할을 한다고 볼 수 있습니다. 이는 정보 확산을 강화할 뿐만 아니라 환경 보호에 대한 대중의 인식을 높이는 데도 도움이 됩니다.

참조

- Entman, R. M. (1993). 프레이밍 : 분열 된 패러다임의 명확화를 향해. 커뮤니케이션 저널, 43(4), 51-58쪽.
- Jenkins, H. (2006). 컨버전스 문화 : 올드 미디어와 뉴 미디어가 충돌하는 곳. 새로운 요크 대학교 출판부.
- Rimé, B. (2009). 감정은 감정의 사회적 공유를 이끌어냅니다 : 이론과 경험적 검토. 감정 검토, 1(1), 60-85.

3단계에서는 ChatGPT와 같은 AI 도구에서 제공하는 말뭉치를 합성, 추적, 검증, 재작성 및 정리합니다.

사례 열거 규칙의 경우 ChatGPT와 같은 AI 도구는 연구자가 시야를 넓히는 데 도움이 되는 다른 관점을 제공합니다. 위에 제공된 핵심 문장의 법칙, 핵심 개념의 법칙, 사례 열거의 법칙 외에도 시도해 볼 수 있는 다른 아이디어와 방법이 많이 있습니다.

연습 14

아래 단계를 참조하여 프레임워크에 따라 단락 중 하나를 선택하고 핵심 문장 규칙을 통해 전체 단락의 초안을 작성하세요.

1단계: 문단 아이디어를 바탕으로 관련 문헌을 찾습니다.

2단계: 문헌의 관련 정보를 ChatGPT와 같은 AI 도구에 '피드'합니다.

3단계: ChatGPT와 같은 AI 도구가 핵심 문장을 추출하도록 합니다.

4단계에서는 ChatGPT와 같은 AI 도구가 핵심 문장을 중심으로 전체 단락을 확장하도록 하여 자신의 아이디어와 결합할 수 있도록 합니다.

5단계, 검사 및 조정

7.4 chatGPT와 같은 AI 도구의텍스트: 처리 기능으로 본문 작성의 품질 향상

ChatGPT와 같은 AI 도구를 사용하여 텍스트의 논리적 구조를 최적화하고 단락의 내용을 확장하는 것 외에도 마이크로 텍스트 처리 기능을 사용하여 텍스트 본문의 단어와 문장을 최적화하여 전반적인 개선 효과를 얻을 수 있습니다. ChatGPT의 마이크로 텍스트 처리 기능은 매우 우수하며 기능적으로도 많은 장점이 있습니다. 여기에서는 학술적 사례와 함께 다음과 같은 일반적인 기능을 나열합니다.

1. 확장/의역

- **실행 팁**: 다음 문장을 확장하세요.
- **원어**: 소셜 네트워크는 사람들의 사회적 상호 작용에 지대한 영향을 미쳤습니다.
- **확장된 문장 생성**: 소셜 미디어는 사람들이 사회적으로 상호 작용하는 방식을 변화시키는 데 중요하고 오래 지속되는 영향을 미쳤습니다.

2. 최적화

- **실행 팁**: 다음 문장을 최적화하세요.
- **원문**: 이 연구 결과는 학교 리더가 학생의 창의성 개발을 촉진하는 데 중요한 역할을 한다는 것을 시사합니다.
- **최적화된 문장 생성**: 연구 결과에 따르면 학교 리더가 학생의 창의력 개발을 촉진하는 데 중요한 역할을 하는 것으로 나타났습니다.

3. 약어

- **실행 팁**: 다음 문구를 줄여서 사용하세요. 원래 문구: 인적 자원 관리.
- **생성된 약어**: HRM.

4. 키워드 추출

- **실행 팁**: 다음 문장에서 키워드를 추출하세요.
- **원어**: 소셜 네트워크는 사람들의 사회적 상호 작용에 큰 영향을 미쳤습니다.
- **생성된 키워드**: 소셜 네트워크, 사회적 상호 작용, 영향.

5. 구문 변환

- **실행 팁**: 다음 문구를 질문으로 변환하세요.
- **원래 문구**: 소셜 네트워크는 사람들의 사회적 상호 작용에 지대한 영향을 미쳤습니다.
- **생성된 질문**: 소셜 네트워크가 사람들의 사회적 상호작용에 어떤 영향을 미쳤나요?

6. 맞춤법 검사

- **실행 팁**: 다음 텍스트의 맞춤법을 확인하세요.
- **원문**: 심리학 연구 결과는 매우 의미 있는 것이었습니다.
- **수정 후 텍스트 생성**: 심리학 연구 결과는 매우 관련성이 높습니다.

7. 감정 생성

- **활동 팁**: 다음 텍스트를 바탕으로 적절한 감정 표현을 생성하세요.

- **원본 텍스트**: 이 영화는 환상적입니다!
- **생성된 감정 표현**: 이 영화가 매우 기대됩니다!

8. 용어 설명

- **운영 참고**: 다음 학술 용어의 의미를 설명해 주세요.
- **힌트**: 다음 학술 용어의 의미를 설명하세요: 사회 심리학.
- 생성된 설명 : 사회심리학은 개인이 사회적 환경에서 어떻게 생각하고 느끼고 행동하는지를 연구하는 학문입니다. 개인과 타인 간의 상호작용, 사회적 영향, 집단 행동, 사회 인지 등의 현상을 탐구하고 사회적 행동의 원인과 결과를 이해하는 것을 목표로 합니다. 사회 심리학의 연구 범위에는 사회 인지, 대인 관계, 사회적 영향력, 태도와 행동, 집단 역학 등이 포함되지만 이에 국한되지 않습니다. 사회심리학 연구를 통해 우리는 사회적 상호작용에서 인간의 심리적 과정과 행동 패턴을 더 잘 이해할 수 있습니다.

9. 문법 교정

- **실행 팁**: 다음 문장의 문법 오류를 수정하세요.
- **원문**: 더 많은 사용자를 확보하기 위해 상용화를 향해 나아가고 있습니다.
- **수정된 게시물 문장 생성**: 더 많은 사용자를 확보하기 위해 상용화를 위해 노력하고 있습니다.

10. 텍스트 융합

- **실행 팁**: 다음 두 개의 텍스트를 융합하세요.
- **원문 1**: 한 연구에 따르면 사회적 지지가 정신 건강에 도움이 되는 것으로 나타났습니다.
- **출처 텍스트 2**: 또 다른 연구에 따르면 정신 건강은 웰빙과 밀접한 관련이 있습니다.
- **생성된 텍스트 융합 결과**: 한 연구에서는 사회적 지원이 정신 건강에 도움이 된다는 사실이 밝혀졌고, 또 다른 연구에서는 정신 건강이 웰빙과 밀접한 관련이 있다는 사실

이 밝혀졌습니다.

위의 목록은 ChatGPT의 마이크로 텍스트 처리 기능 중 일부에 불과합니다. 아래는 ChatGPT와 상호 작용하여 배울 수 있는 50가지 기능의 목록입니다(표 7-1 참조).

표 7-1 ChatGPT의 50가지 마이크로텍스트 처리 기능

일련번호	기능	일련번호	기능	일련번호	기능	일련번호	기능	일련번호	기능
1	펼치기(텍스트)	11	텍스트 융합	21	언어 모델 기차	31	음성 합성	41	바이워드 주석 달기 (예: 병음으로 된 문자)
2	최적화	12	개념 매핑	22	텍스트 정렬	32	텍스트 변환	42	음성 감정 분석
3	abridge	13	텍스트 클러스터링	23	의견 분석	33	정보 추출	43	문장 경계 감지
4	페일 세이프 키워드	14	채팅 머신 로봇	24	텍스트 검색	34	문장 생성	44	언어 모델 기차
5	학술 글쓰기 보조	15	의견 분석	25	추천 시스템	35	정보 추출	45	텍스트 정렬
6	용어 설명	16	텍스트 검색	26	음성-음성 변환 복사본	36	문장 경계 감지	46	문법 교정
7	질문을 문장으로 바꾸기 선언적 문장	17	추천 시스템	27	텍스트 번역	37	문법 교정	47	구문 분석
8	정규화	18	정보 추출	28	감정 생성	38	텍스트 분류	48	문맥 이해
9	형식 변환	19	문장 생성	29	질문에 대한 답변	39	맞춤법 검사	49	모델링 평가
10	텍스트 분류	20	의도 인식	30	문서 생성	40	줄기 추출	50	관계형 추출

08

제8장

생성형 AI 활용:
결론 섹션 구성 및 작성

8.1 결론 작성의 개념 및 유형

본문을 의미하는 결론은 연구 과정을 요약하고 연구 문제에 답하며 연구 주제에 대한 토론과 전망에 중점을 둡니다. 결론은 학술지나 논문 유형에 따라 결론, 결론 및 논의, 요약 등 다양한 명칭으로 불립니다. 이 책에서는 표현의 편의를 위해 이 부분을 통칭하여 결론이라고 부릅니다.

이 책에서는 결론을 연구 결론형, 의의 탐구형, 대책 제시형, 요약 결론형의 4가지 유형으로 분류합니다.

1. 결론 유형

연구 결론 유형은 이전 섹션에서 도출한 논리적 결론과 요점을 요약하여 연구의 결론을 내리고 이를 바탕으로 보다 심도 있는 논의를 전개하는 결론 섹션을 말합니다. 이러한 유형의 결론은 연구 질문에 답하고 연구 주제에 대한 더 넓은 관점을 제공하기 위한 것으로, 연역적 연구 시나리오에 적합합니다. 결론은 일반적으로 "결론 및 토론", "결론 및 단점", "결론 및 전망" 등의 제목을 붙입니다.

다른 유형의 결론에 비해 연구 설계의 반복, 연구의 결론, 연구의 혁신 또는 기여, 연구의 논의, 연구의 단점 및 연구의 전망, 피라미드의 전반적인 제시 등 연구의 결론이 더 구조화되어 있습니다.

그 모양은 그림 8-1에 나와 있습니다.

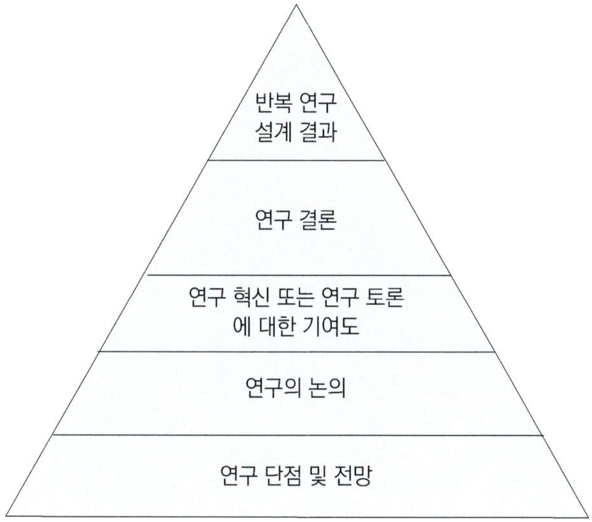

그림 8-1 **결론 연구 보고서의 피라미드 구조**

2. 의미 있는 의의 유형

의미 탐구 결론은 연구 대상에 내재 된 사회적 중요성, 문화적 중요성 또는 이론적 중요성을 발굴하고 논의하는 데 초점을 맞춘 논문의 결론을 말합니다. 이 유형의 결론은 일반적으로 연구의 결론, 연구의 의의, 연구의 전망 등과 같은 일정한 구조를 갖지만 연구 유형의 결론에 비해 구조가 느슨합니다.

의미 탐구 결론문은 주로 귀납적 질적 연구에 적용되며, 그 목적은 연구 대상이 가진 의미를 파헤치기 위해 이론과의 대화에 참여하는 것입니다. 이 유형의 연결문에서 연구자는 연구 과정과 결과를 검토하는 데 초점을 맞춘 다음 연구 대상의 의미를 탐구합니다. 이러한 형태의 결론의 목적은 연구 결과의 해석과 이론적 연결을 통해 독자에게 더 깊고 포괄적인 이해를 제공하고 향후 연구에 대한 지침과 통찰력을 제공하는 것입니다.

3. 제안된 대응책

학술 논문에서 응답-제안 유형의 결론은 결론 섹션에서 해당 문제에 대한 해결책과 제안을 제공하는 결론입니다. 이 유형의 결론은 주로 응용 연구나 문제 해결에 관한 논문에서 사용되며, 독자에게 실질적인 행동과 의사 결정을 위한 지침을 제공하기 위한 것입니다. 응답-제안형은 가장 일반적인 결론 유형으로, 특정 유형의 연구나 연구 논리에 국한되지 않고 거의 모든 논문에서 사용할 수 있습니다. 또한 국가, 사회, 개인 차원에서 개선을 위한 제안을 하는 등 글쓰기에서 점차 고정된 루틴으로 발전해 왔습니다.

대책 권고형 결론은 독자가 연구의 결과와 권고를 바탕으로 조치를 취하고 실제 문제 해결 과정에서 긍정적인 결과를 얻을 수 있도록 실질적인 시사점과 적용 가치를 제공하는 데 목적이 있습니다. 따라서 대책 권고형 결론은 독자가 권고 사항을 이해하고 적용할 수 있도록 명확하고 구체적이며 실행 가능한 방식으로 작성해야 합니다.

4. 요약 결론

요약-결론 유형의 결론은 전체 연구 과정에 대한 포괄적인 요약 개요입니다. 주로 연구의 아이디어, 결론 및 시사점을 다시 강조하고 구조적으로 완전한 결말을 제공하는 역할을 합니다. 다른 유형의 마무리 문장에 비해 요약-결론 유형의 마무리 문장은 전체 프레젠테이션에서 상대적으로 중요도가 낮으며 일반적으로 다음과 같이 작성할 수 있습니다.

요점의 전달에 영향을 주지 않고 생략할 수 있습니다. 이러한 형태의 결론은 일반적으로 담론적 연구에 적용되며, 그 목적은 연구를 요약, 일반화 및 반성하는 것입니다.

8.2 다양한 유형의 마무리 발언의 구성 및 작성

1. AI를 활용한 연구 결론 기반 내용 구성 및 작성

결론은 서론에서 연구 설계의 반복을 포함하여 5가지 핵심 요소로 구성된 보다 명확한 구조의 결론 유형으로, 서론과 반대되는 피라미드형입니다. 이러한 차이는 서론이 연구 맥락에서 연구 설계로 넘어가는 큰 구조인 반면, 결론의 전체 구조는 그 반대, 즉 서론의 연구 실계에 대응하는 작은 구조에서 큰 구조로 이루어져 연구 지평을 더 넓은 지평으로 안내한다는 점에서 반영된 것으로 볼 수 있습니다.

결론 쓰기와 서문 쓰기의 구조적 차이 외에도 두 글은 정보에 의존하는 방식이 다릅니다. 서문 작성은 주로 저자가 수집한 객관적인 정보와 연구 설계에 의존하며, 이를 바탕으로 서문의 구조적 틀과 핵심 내용이 형성됩니다. 결론은 객관적인 정보 및 연구 설계 외에도 결론 이전에 작성된 내용과 연구 주제에 대한 심층적인 지식에 의존하므로 서문에 비해 결론은 다른 요소에 더 많이 의존하고 관련성이 더 높습니다.

이러한 차이를 인식하면 연구자는 AI 도구의 기능을 더 잘 활용하여 결론 내용을 구성하고 작성하는 데 도움을 받을 수 있습니다. 서론 작성과 마찬가지로 질문의 전체적인 틀이 너무 광범위하여 AI 도구의 결과물의 전반적인 품질이 좋지 않았으므로 여기서는 이를 설명하는 대신 구조화된 질문을 직접 시연해 보겠습니다.

(1) 반복 연구 설계

결론의 첫 부분은 서론의 연구 설계를 반복 및 반영하며 서론과 전후 관계로 구성됩니다. 결론의 연구 설계는 서론의 연구 설계와 일부 표현의 차이를 제외하고 일관되며, 결론의 연구 설계는 일반적으로 더 간결합니다. 연구 설계의 반복은 결론 부분의 필수 구조 요소는 아니며, 연구자가 자신의 결론문 구조 설계에 따라 선택할 수 있다는 점에 유의해야 합니다.

다음은 "평가자 분류의 관점에서 본 비즈니스 모델 혁신의 정당화 메커니즘 – 넷잡의 카테고리 출현을 예로 들어"(Tang Fangcheng, Jin Xiaoman, Gu Shiling . 평가자 분류의 관점에서 본 비즈니스 모델 혁신의 정당화 메커니즘-넷잡의 카테고리 출현. 경영 세계. 2023. 39(08): 114–132.) 서문의 연구 설계의 공식화와 결론의 연구 설계를 비교 분석합니다.

서문의 연구 설계는 다음과 같이 표현됩니다.

이러한 관점에서 본 논문은 중국 네티켓 비즈니스 모델 혁신의 정당화 과정에 대한 탐색적 사례 연구를 시작하여 평가자의 관점을 기반으로 네티켓 이해 관계자의 상호 작용 메커니즘을 탐색하고 네티켓 비즈니스 모델 혁신의 정당화 프로세스 메커니즘을 명확히합니다.

결론의 연구 설계는 다음과 같이 표현됩니다.

본 연구는 미시적 평가자의 관점을 바탕으로 합법성 판단과 분류 이론을 통합하여 중국 온라인 렌터카의 합법화 과정에 대한 종단적 사례 연구를 통해 다음과 같은 결론을 도출했습니다.

비교를 통해 동일한 의미의 두 가지가 주로이 논문의 연구 대상, 연구 관점, 연구 방법론 및 기타 요소, 에코 전후, 차이의 표현, 연구 설계 표현의 결론 진술이 더 간결하다는 것을 알 수 있습니다.

위의 분석을 바탕으로 결론 연구 설계를 작성하는 데 도움을 주는 AI 도구는 일관성을 유지하기 위한 의미와 서문 연구 설계, 차이점을 보여주기 위한 프레젠테이션 측면에서 좀 더 간결하게 작성할 수 있습니다.

질문

저는 커뮤니케이션학 박사 과정 중이며 저널 논문을 작성하고 있습니다. 제 박사 학위 논문을 완성할 수 있도록 지도 교수님이 되어 주시고 도와주시길 부탁드리고 싶습니다. 제목은 "프레이밍 이론의 관점에서 본 환경 문제에 대한 단편 동영상의 정서적 상호작용 연구-혼합 연구 방법을 중심으로"입니다. 저는 논문의 결론 부분에서 '반복 연구 설계' 부분을 연구하고 있습니다. 이 부분의 내용은 서문의 연구 설계와 일치하지만 차별화되고, 더 간결하며, 1~2문장으로 유지되고, 둘이 메아리 구조를 이루고 있습니다. 서문 연구 설계의 내용은 다음과 같습니다: #### 서문 연구 설계 부분 참조, ######(생략)#####.

답변

결론 섹션의 '반복 연구 설계'는 다음과 같이 제안됩니다.

본 연구는 프레이밍 이론의 관점에서 환경 보호를 주제로 한 단편 동영상의 정서적 상호작용에 주목하고, 혼합 연구 방법을 통해 정서적 상호작용이 영상 커뮤니케이션 효과와 시청자의 행동 의도에 미치는 영향을 심층적으로 탐구하여 환경 보호에 대한 단편 동영상의 프레임워크를 제공하는 것을 목표로 합니다. 제작 및 보급은 이론적 지원과 실질적인 조언을 제공합니다.

이러한 내러티브는 서문의 연구 설계 내용과 일관성을 유지하면서도 더 간결하고 앞뒤로 이어지는 효과를 얻을 수 있습니다.

AI가 제공하는 결론 연구 설계 작성은 단순히 서문 연구 설계 섹션의 차별화된 표현에 불과하며, 서문 연구 설계 자체의 품질에 따라 달라집니다.

(2) 연구 결과 발표

연구의 결론은 학술 연구의 핵심 요소이며, 그 역할은 연구 관점을 체계적으로 정교화하는 것입니다. 학술 논문을 움직이는 기차로 비유하면 연구 단위는 출발점이고 연구의 결론은 목적지이며, 학술 논문에서 '핀'과 같은 역할을 합니다. 연구 결과에는 다음과 같은 특징이 있습니다.

연구결론은 결론 부분의 필수적인 부분이기도 하지만, 학술논문인 연구의 필수적인 요소로서 연구결론 유형의 결론에서 단 하나의 요소만 유지될 수 있다면, 그것이 연구의 결론이어야 함은 의심할 여지가 없습니다.

연구 결론은 결론 부분에만 나타나는 것이 아니라 논문의 제목, 초록, 서문, 문헌 고찰 등에도 연구 결론이 나타날 수 있으며, 연구 결론이 연구 전체에 영향을 미치고 심지어 형성한다고 할 수 있습니다.

텍스트적 관점에서 연구 결론은 연구 설계에 따른 논리적 논증에서 비롯되지만, 본질적으로 연구 결론은 연구 질문에 대한 구체화, 미리 결정된 연구 관점, 기타 작업은 연구 통찰을 심화시키는 구체적인 수단 등 연구 대상에 대한 연구자의 심층적 통찰에서 비롯됩니다.

공식적으로 연구 결과에는 텍스트화, 시각화, 개념화의 세 가지 주요 형태가 있으며, 세 가지 형태 모두에서 추상화 수준이 점점 높아지고 있습니다.

AI 지원 결론 작성에는 3가지 단계가 있습니다.

1 단계: AI 도구의 도움을 받아 기존 콘텐츠를 기반으로 결과를 요약합니다.

결론 이전의 연구 내용은 연구 결론의 직접적인 출처이며, 이미 존재하는 내용을 요약하고 다듬어 결론을 도출할 수 있습니다. 그러나 전체 연구에서 결론이 차지하는 중요성 때문에 결론의 구성에 특별한 주의를 기울여야 합니다. 좋은 논문 작성법에서는 연구 결과의 정리를 '당근'에 비유하며, 다음 네 가지 사항을 특징으로 합니다.

- 눈에 보이는 부분보다 보이지 않는 부분이 더 중요하며, 데이터, 사례, 사실에 내재된 사실을 파헤치기 위해서는 그 이면의 법칙.

- 가장 중요한 것은 상단에, 두 번째로 중요한 것은 하단에 배치하여 상단은 더 두꺼운 구조로, 하단은 더 작은 구조로, 결론 간의 재귀적 관계를 표시합니다.
- 당근과 채찍, 결론은 부수적인 문제 없이 명확하고 모호하지 않아야 하며, 주장은 간결하고 강력해야 합니다.
- 가치의 요소를 가시화하고, 결론은 가치 있고 통찰력이 있어야 하며, 결론의 가치는 단어를 통해 전달되어야 합니다.

실행 아이디어는 결론을 내리기 전에 식별된 콘텐츠를 ChatGPT와 같은 AI 도구에 제공한 다음, 제공된 콘텐츠에서 결과를 추출하는 지침에 따라 실행하도록 하는 것입니다.

질문

저는 저널 논문을 쓰는 커뮤니케이션 학자입니다. 학술 논문 작성 튜터가 되어 논문 완성을 도와주셨으면 합니다. 논문 제목은 "혼합 연구 방법에 기반한 프레이밍 이론의 관점에서 본 환경 테마 단편 동영상의 정서적 상호작용 연구"입니다. 현재 논문의 결론을 작성하는 중입니다. 위에 제공된 자료를 바탕으로 논문의 결론을 작성해 주세요. 요구 사항 : 내용 측면에서 제공된 자료의 내용을 밀접하게 따르되 자료의 내용을 직접 반복하지 말고 필요한 가공 및 확장을하고, 언어 측면에서 학술적이고 전문성을 유지하고보다 구체적이고 세련된 언어를 사용하여 학술 개념을 설명하고 구체화하며, 구조 측면에서 논문 제목과 제공된 자료를 참조하여 각 결론은 먼저 관점 형 핵심 문장을 공식화하고 핵심 문장을 심층적으로 설명해야하며 결론은 다음과 같이 제안됩니다. 구조는 논문 제목과 제공된 자료를 참고하여 각 결론은 먼저 관점형 핵심 문장으로 구성한 후 핵심 문장을 심층적으로 설명하고, 결론은 2~4개로 제시하되 결론 간의 점진적 관계를 유지하며, 결론은 동일한 수준을 유지하고, 영문학 문헌만 제공하고 "저자-출판년도" 형식으로 표기하며, 참고문헌은 논문 마지막에 APA 형식으로 나열하고 설명은 가능한 상세하게 작성하며 자료와 연계하여 단어 수는 2,000자 이상이어야 함을 제시합니다.

답변

결과

1. 숏폼 동영상 제작자의 온라인 감정 노동은 시청자 간의 정서적 유대감을 형성하는 데 매우 중요합니다.

디지털 플랫폼에서 수행되는 심리 작업은 시청자의 정서적 욕구를 충족시킬 뿐만 아니라 크리에이터가 자신과 타인의 감정을 표현하고 관리함으로써 시청자와의 정서적 유대감을 강화합니다(Hochschild, 1983). 이러한 감정 노동은 공유된 가치, 신념 또는 경험을 통해 크리에이터와 시청자 사이에 정서적 유대감을 형성하는 것을 목표로 합니다. 이러한 연결은 소속감, 정체성, 사회적 지지를 강화하며, 안정적인 시청자층을 형성하고 짧은 동영상의 확산과 영향력은 매우 유익할 수 있습니다(Jin & Phua, 2014).

2. 환경을 주제로 한 짧은 동영상을 제작하는 크리에이터는 온라인에서 더 큰 감정 노동에 직면하지만, 그 가치 또한 더 큽니다.

이러한 크리에이터의 목표는 환경 정보를 전달하는 것뿐만 아니라 더 중요한 것은 시청자에게 환경 인식을 불러일으키고 행동을 취하도록 동기를 부여하는 것입니다(Liu et al., 2018). 이 목표를 달성하기 위해서는 긍정적이고 부정적인 감정을 조절해야 할 뿐만 아니라 시청자의 공감, 책임감, 시민 의식을 자극해야 합니다. 환경 문제의 심각성과 시급성을 강조하여 청중의 두려움과 우려를 유발하고, 환경 행동의 긍정적인 효과와 가치를 보여줌으로써 낙관주의와 희망을 불러일으키며, 자신과 타인의 환경 실천과 성과를 보여줌으로써 청중의 존경과 감사를 불러일으킬 수 있습니다. 이러한 방법은 시청자와 정서적 유대감을 형성하고 환경을 주제로 한 짧은 동영상에 대한 관심과 참여를 촉진하는 데 도움이 됩니다(Wang et al., 2019).

3. 다양한 프레임 유형은 감정적 상호작용에 영향을 미치는 데 중요한 역할을 합니다.

혼합 연구 접근법을 통해 다양한 프레임 유형이 정서적 상호작용의 수준에 상당한 차이를 만들 수 있다는 사실이 밝혀졌습니다. 심층 인터뷰를 위해 극단적이거나 예외적인 수준의 정서적 상호작용을 하는 사용자를 선정하여 다양한 프레임 유형이 정서적 상호작용에 미치는 영향을 탐색하는 데 도움이 되었습니다(Resnick et al., 2021). 결과적으로 두 번째 단계의 정성적 결과는 첫 번째 단계의 정량적 결과를 보완하거나 설명하여 두 단계 간의 상호보완성을 달성했습니다. 프레임 이론의 관점에서 정서적 성향과 정서적 강도와 같은 지표 간의 관계를 심도 있게 기술하고 설명했습니다(Hood & Forey, 2008).

프레이밍 이론은 환경을 주제로 한 짧은 동영상의 감정적 상호 작용을 이해하고 분석하는 효과적인 방법을 제공합니다.

프레이밍 이론의 관점을 채택하여 환경을 주제로 한 짧은 동영상의 감정적 상호작용을 혼합 연구 접근 방식을 통해 심도 있게 탐구했습니다. 그 결과, 적절한 프레이밍 전략을 통해 크리에이터는 시청자의 관심을 보다 효과적으로 끌어당기고 유지할 수 있으며, 이는 결국 동영상의 확산과 영향력을 증가시킬 수 있음을 시사합니다(Fuoli & Bednarek, 2022). 이는 짧은 동영상 제작자가 시청자의 정서적 욕구를 더 잘 충족시킬 수 있는 유용한 전략적 제안을 제공하며, 커뮤니케이션 학자들에게도 새로운 연구 관점을 제공합니다.

참조

(생략)

2단계: AI 도구의 도움을 받아 결과를 추상화합니다.

앞서 언급했듯이 연구 결과에는 텍스트화, 시각화, 개념화의 세 가지 주요 형태가 있으며, 모두 추상화 수준이 점점 높아지고 있습니다. 텍스트 표현은 가장 기본적인 표현 방식이며 대부분의 연구자들이 가장 먼저 선택하는 방법이지만, 텍스트 표현은 계층 구조가 충분히 풍부하지 않고 관점 집중도가 떨어지므로 시각화 및 개념화는 텍스트 표현의 결함을 효과적으로 보완하고 연구 결과의 식별성과 전파력을 효과적으로 향상시킬 수 있습니다.

그중 시각화는 연구 결론의 재처리 및 추상화의 일종으로 원래 결론을 향상시키고 심화시키는 것이며 다이어그램이나 표의 형태로 시각화할 수 있습니다. 예를 들어 "제도적 환경과 거버넌스 요구가 공무원의 음주 문화를 형성하는 방법: 카운티 공무원의 음주 행태에 기반한 실증 연구" 논문은 연구 결론을 시각화하기 위해 표의 형태로 제시할 수 있습니다. 또 다른 예로 "캠페인 거버넌스의 계층적 시너지: 실현 메커니즘과 내부 논리 – 내용 분석에 기반한 연구" 논문은 저자가 구현하고자 하는 캠페인 거버넌스의 계층적 시너지 논리를 그림 8-2과 같이 구조도 형태로 제시하고 있습니다.

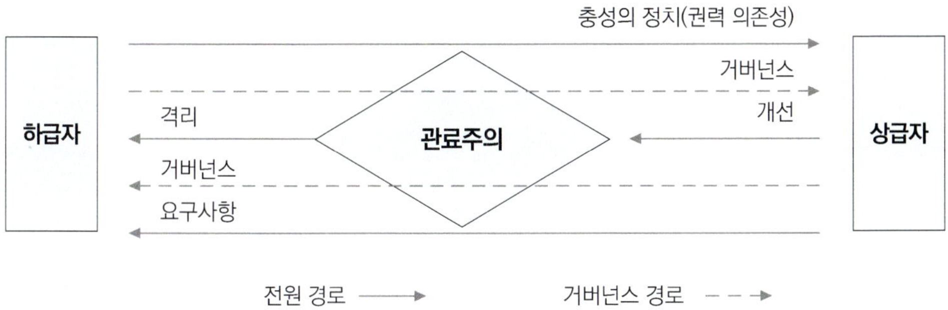

그림 8-2 구조 다이어그램 형태의 시각화 예시

연구자들은 ChatGPT의 쇼미 플러그인이나 머메이드 코드 또는 플러그인 작성 기능의 도움을 받아 스케치를 그릴 수 있지만, 현재 ChatGPT와 같은 AI 도구의 핵심 기능은 여전히 텍스트 생성이며 스케치가 충분히 완벽하지 않기 때문에 연구자들은 스케치를 기반으로 자신의 아이디어를 결합하고 필요한 처리와 수정을 거쳐야 합니다.

질문

저는 저널 논문을 쓰는 커뮤니케이션 학자입니다. 학술 논문 작성 튜터가 되어 논문을 완성하는 데 도움을 주셨으면 합니다. 제 논문 제목은 "혼합 연구 방법에 기반한 프레이밍 이론의 관점에서 본 환경 테마 단편 동영상의 정서적 상호작용 연구"입니다. 이미 논문의 결론 부분에 결론을 작성했으며, 결론을 도표나 표의 형태로 시각적으로 더 표현하고 싶습니다. 연구 결론: ### 생략 ###

"프레이밍 이론 관점에서 본 환경 테마 단편 동영상의 감정적 상호작용 연구–혼합 연구 접근 방식에 기반한 연구"의 연구 결과는 그림 8–3에 ChatGPT와 같은 AI 도구가 제공하는 시각화 예시가 나와 있습니다.

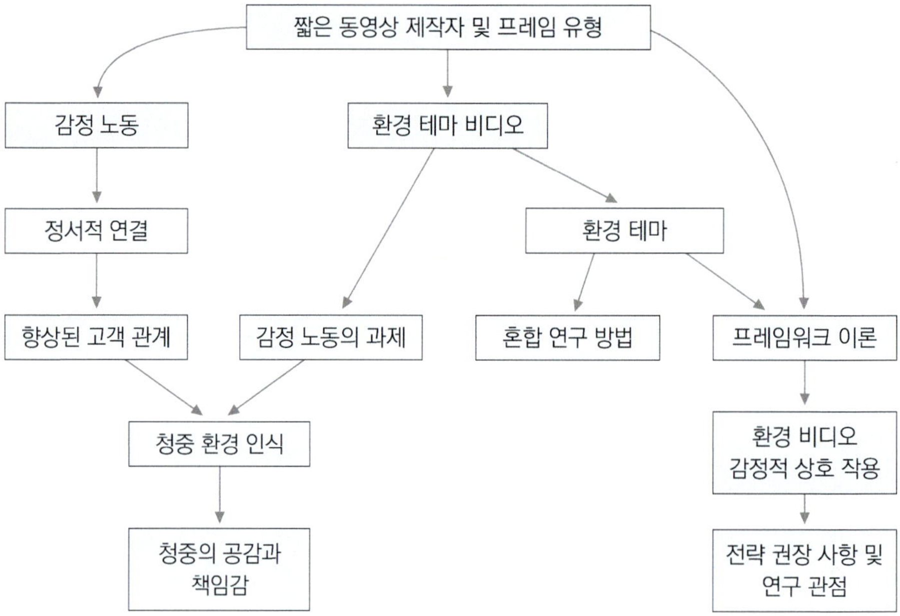

그림 8-3 **연구 결과의 시각화 예시**

개념화는 연구 결과를 더욱 추상적으로 처리하는 것으로, 연구 결과를 단어나 문구 형태의 개념으로 추상화하는 것을 말합니다. 문자화된 연구 결과에서 개념을 추출하는 과정은 4가지 단계를 거칩니다.

1단계, 특징 추출, 즉 서로 다른 결론에서 공통 정보를 추출

2단계, 특징 개념화, 즉 간결한 단어나 문구를 사용하여 사물의 본질적인 특성을 표현하고,

3단계, 명명 수사법, 즉 핵심 개념의 구체성을 표현합니다.

4단계, 개념 통합은 연구 결과를 하나 또는 여러 개의 핵심 개념으로 추상화하는 단계입니다. 구체적인 의미는 다음 데모를 참조하세요.

질문

저는 저널 논문을 쓰는 커뮤니케이션 학자입니다. 학술 논문 작성 튜터가 되어 논문을 완성하는 데 도움을 주셨으면 합니다. 제 논문 제목은 "혼합 연구 방법에 기반한 프레이밍

이론의 관점에서 본 환경 테마 단편 동영상의 정서적 상호작용 연구"입니다. 논문의 결론은 이미 작성했습니다.

좀 더 추상적인 표현을 만들고 싶어요. 아래 단계를 따라주세요. 첫 번째 단계는 많은 양의 정보에서 비교를 통해 차이점을 제거하고 공통점을 추출한 다음, 가능한 한 구체적인 요소를 삭제하고 사물의 본질을 표현하는 가장 중요한 요소만 남겨서 간단한 언어로 요약하는 것입니다. 2단계: 특징의 개념화: 일반적으로 사물의 본질적인 특징을 표현하기 위해 간단한 단어나 문구를 사용하는데, 예를 들어 '과일'은 사과, 복숭아, 배 등의 특징을 개념화하는 것입니다. 3단계, 즉 핵심 개념을 구체적으로 표현하는 네이밍 수사학은 개념의 표현 계층입니다. 네이밍 수사학의 예로는 ① 원본, 즉 연구 결과를 독창적으로 추상화하고 개념의 이름을 붙이는 것으로, 예를 들어 "'오물'로 저항하기: 수행적 저항 실천에서 '오물' 담론과 그 시각적 생산"과 같이 연구 결과를 개념화하여 추상화한 것, ② 개념의 개념화를 통해 '오물' 담론과 그 개념의 시각적 생산을 표현한 것 등이 있습니다. ', ② 차용, 즉 고전 작품을 차용하여 자신의 연구 맥락에서 새로운 의미를 부여하는 것, 예를 들어 '제조동의(制造同意)'와 같이 연구의 결론을 수사적으로 처리하여 '오물'로 저항하기'로 표현하고 있습니다. 광저우시 정부의 이웃 갈등 관리 전략」에서 '제조 동의'는 브로워가 쓴 「제조 동의–독점 자본주의 노동 과정의 변화」에서 '제조 동의'의 개념과 수사적 의미를 차용한 것입니다. "제조 동의"의 개념과 수사적 표현은 브로워가 쓴 "제조 동의 – 독점 자본주의의 노동 과정의 변화"에서 차용한 것; (iii) 각색, 즉 고전적 저작이나 다른 연구 결과에서 차용하고 고전적 개념을 자신의 연구 목적과 맥락에 맞게 변형하는 것, 예: "서비스의 관여: 가족 구성원 상실 가족을 위한 정부의 사회복지 서비스 구매에 대한 고찰"은 "관여"의 개념을 차용한 것임. 예를 들어, "서비스 참여 : 가족 상실 가족을위한 정부의 사회 복지 서비스 구매에 대한 고찰"논문은 길츠가 제안한 "참여"개념을 차용하고 자신의 연구 결과를 바탕으로 "서비스 참여"라는 새로운 개념을 개발하여 논문의 핵심 포인트 역할을합니다. 이 세 가지 방법 외에도 조합, 대조, 은유, 말장난, 약어, 아이러니 등의 다른 처리 방법이 있습니다.

또는 아이러니 등 4단계: 위의 세 단계의 분석 결과를 바탕으로 결과를 하나 이상의 핵심 개념으로 추상화합니다.

연구 결론은 다음과 같습니다:### ### (생략) ####

답변

요청에 따라 먼저 제공하신 논문의 결론 섹션에서 주요 기능을 추출하고 설명하신 단계를 따랐습니다.

1단계: 특징 추출하기

이전 콘텐츠에서 다음과 같은 핵심 요소를 추출했습니다:

- 프레임 유형이 정서적 상호작용에 미치는 영향;
- 짧은 동영상 제작자는 온라인 감정 노동을 통해 시청자의 관심을 유도하고 지속합니다;
- 공유된 감정;
- 환경 주제와 청중에게 환경 인식을 심어주기 위한 목적을 표현합니다.

2단계: 기능의 개념화

위의 특성을 개념화할 수 있습니다:

- 감정적 상호작용의 틀을 짜기;
- 온라인 감정 노동;
- 공유된 감정;
- 환경에 대한 인식이 깨어나고 있습니다.

3단계: 이름 짓기 수사법

3가지 참조 방법 중 하나 이상을 사용하여 이러한 개념의 이름을 수사학적으로 명명하세요.

- 원본: '감성 극장'이라는 용어는 짧은 동영상에서 감정적인 표현과 상호작용을 설명하는 데 사용됩니다.

• 차용: 고전 작품이나 기타 연구 결과에서 개념을 차용하여 짧은 환경 동영상이 시청자의 정서적 공감과 환경 인식을 불러일으키는 방법을 설명하기 위해 '공감 만들기'를 예로 들 수 있습니다.

• 각색: '공감'이라는 개념에서 출발한 '공감적 감정 노동'은 감정을 공유하여 청중과 관계를 형성하는 방법을 설명하기 위해 개발되었습니다.

4단계: 핵심 개념을 요약합니다.

위의 분석과 결합하여 연구 결과를 다음과 같은 핵심 개념으로 요약할 수 있습니다.

- 감정의 단계: 감정이 표시되고 상호 작용하는 장소를 짧은 동영상으로 설명합니다.
- 공감대 형성: 온라인 감정 노동과 감정 공유를 통해 시청자 사이에서 환경에 대한 인식과

공감을 불러일으킵니다.

- 공감적 감정 노동: 공유된 감정과 온라인 감정 노동을 통해 청중과 관계를 형성하여 환경 인식과 행동을 유도합니다.

여러분의 요구 사항을 충족하는지, 아니면 추가적인 조정과 개선이 필요한지 살펴보시기 바랍니다.

3 단계: AI 도구로 연구 인사이트를 심화하세요.

1. 비합의적 연구 관점의 모델

비합의적 연구 관점 모델은 주제 선정 단계에서 소개했으며 '연구 결과 등의 자료를 통해 연구 관점 구체화'와 같은 맥락에서도 사용할 수 있으므로 여기서는 반복하지 않겠습니다.

2. '여섯 가지 모자' 사고

비합의 연구 관점 모델은 연구자들이 연구 관점을 선택할 때 중요한 지침이 됩니다. 그러나 비합의 연구 아이디어는 선택의 결과일 뿐이며, 특히 비합의 연구 아이디어를 발굴하는 방법과 아이디어 측면에서 이러한 아이디어를 얻는 것은 여전히 어려운 과제입니다. 이와 관련하여, 여기에서는 사고를 확장하고 독특한 '비합의 연구 아이디어'를 찾는 데 도움이 되는 '여섯 가지 모자'라는 창의적인 접근 방식을 소개합니다. AI 도구가 '여섯 가지 모자' 크리에이티브 접근법의 개념과 프로세스를 소개합니다.

질문

창의성에 대한 식스햇 접근법의 개념과 프로세스에 대해 소개해 주세요.

답변

창의성에 대한 '여섯 가지 모자' 접근법은 에드워드 드 보노가 개발한 사고 및 의사결정 기법입니다. 이 방법의 핵심 아이디어는 사고 과정을 6가지 관점 또는 '모자'로 세분화하여 각각 특정한 사고 방식이나 관점을 나타내는 것입니다. 사용자는 모자를 바꿔가며 사고의 모드를 전환할 수 있으며, 이를 통해 보다 총체적으로 사고하고 다양한 관점을 고려하며 더 많은 아이디어와 해결책을 도출할 수 있습니다. 6가지 '모자'와 각 모자가 나타내는 사고 방식은 다음과 같습니다.

화이트 햇: 정보와 데이터에 집중합니다. 이 모드에서는 데이터, 사실, 필요한 지식 등 문제와 관련된 모든 정보를 수집하는 데 집중해야 합니다.

빨간 모자: 느낌과 감정에 집중하세요. 빨간 모자는 직관, 감정, 직감적 반응을 나타냅니다. 이 모델에서는 문제에 대해 어떻게 느끼는지, 감정적 반응은 어떤지, 직감이 무엇을 알려주는지 고려해야 합니다.

블랙 햇: 위험과 경고에 집중하세요. 이 모드에서는 발생 가능한 위험, 문제, 어려움, 도전 과제, 아이디어가 작동하지 않을 수 있는 이유를 고려해야 합니다.

노란 모자: 가치와 혜택에 집중하세요. 노란색 모자는 낙관적이고 긍정적인 사고를 나타냅니다. 이 모드에서는 가능한 혜택, 아이디어가 효과가 있는 이유, 아이디어가 미칠 수 있는 긍정적인 영향을 고려해야 합니다.

녹색 모자: 혁신과 창의적 사고에 집중하세요. 녹색 모자는 창의적이고 혁신적인 사고를 상징합니다. 이 모드에서는 상상력을 마음껏 발휘하고 미친 소리처럼 들리더라도 새로운 아이디어를 시도해야 합니다.

파란 모자: 사고 과정 자체에 집중하세요. 파란 모자는 전체 사고 과정을 통제하고 정리하는 역할을 합니다. 이 모드에서는 전체 사고 과정, 다음 단계로 나아가는 방법, 모자를 바꿔야 하는지 여부 등에 대해 생각해야 합니다.

'여섯 가지 모자' 사고 방식은 개인이나 그룹이 사고의 질을 높이고, 관점의 다양성을 높이며, 혁신을 장려하고, 의사 결정의 효율성과 품질을 개선하는 데 사용할 수 있습니다. 사고 과정에서 다양한 모자를 유연하게 전환할 수 있으므로 필요에 따라 적절한 모자를 선택할 수 있습니다.

다음으로 '역할 코치' 질문 모델을 다시 사용해 AI 도구가 질문자 역할을 하며 연구자가 깊이 생각할 수 있도록 유도하고, 대화형 프로세스는 아이디어를 정리하는 과정으로 진행했습니다.

질문

저는 커뮤니케이션학을 전공하는 박사과정 2년차 학생으로 학술 논문을 작성하고 있습니다. '단편 환경 동영상'을 집중적으로 연구하고 있는데, '여섯 가지 모자'의 코치가 되어 주셨으면 합니다. 좀 더 특별한 연구 관점을 얻고 싶은데, 여섯 가지 모자 각각의 관점에서 질문을 통해 제 생각을 더 깊게 할 수 있도록 도와주셨으면 합니다. 요건: 각 색깔의 모자에 대해

3개 이상의 질문을 하지 마시고, 총 6회에 걸쳐 질문하며, 매번 하나의 모자에 대해서만 질문하세요.

질문, 마지막으로 이전 6개의 상호작용을 기반으로 한 요약입니다.

답변

알겠습니다. '여섯 개의 모자' 사고법은 에드워드 드 보노가 제안한 것으로, 흰색, 빨간색, 검은색, 노란색, 녹색, 파란색의 여섯 가지 '모자'로 각각 사고 방식을 나타내는 방식으로 사고를 유도하는 방식입니다.

흰 모자부터 시작하겠습니다. 흰 모자는 객관적이고 사실과 정보에 기반한 사고 방식을 나타냅니다.

1. 환경 단편 동영상의 구체적인 정의는 무엇인가요? 포함된 주요 요소와 기능은 무엇인가요?
2. 현재 단편 환경 동영상과 관련된 연구에는 어떤 것들이 있나요? 주요 연구 결과는 무엇인가요?
3. 중국을 비롯한 전 세계 환경 단편 동영상의 현황과 트렌드는 어떤가요?

질문

(생략)

답변

자, 이제 빨간 모자를 사용해 보겠습니다. 빨간 모자는 감정적이고 직관적이며 예감적인 사고 방식을 나타냅니다.

1. 단편 환경 동영상에 대한 직감적인 반응은 어떤가요? 어떤 종류의 감정적 경험을 제공하나요?

2. 짧은 환경 동영상에 대한 시청자의 일반적인 느낌은 무엇이라고 생각하시나요? 어떤 감정적 반응을 불러일으킬 수 있을까요?

3. 짧은 환경 동영상이 사람들의 마음을 움직일 수 있는 힘이 있다고 생각하시나요? 그 이유는 무엇일까요?

질문

(생략)

답변

이제 검은 모자의 관점에서 생각해 봅시다. 검은 모자는 가능한 문제와 위험을 찾기 위한 비판적이고 경계적인 사고를 상징합니다.

1. 단편 환경 동영상과 관련하여 발생할 수 있는 잠재적인 문제와 위험에는 어떤 것이 있나요?
2. 단편 환경 동영상을 배포하고 수신할 때 어떤 오해나 오류가 발생할 수 있나요?
3. 환경 주제를 단순화하거나 얕게 다루면 어떤 문제가 발생할 수 있나요(예: 단편 동영상으로만 제시하는 경우)?

연구자는 6가지 모자 순서대로 AI 도구와 지속적으로 상호작용을 하고 마지막에 상호작용을 요약해 달라고 요청할 수 있습니다. 연구자가 주제 선택 및 후속 연구에 중요한 질문 중 미처 생각하지 못한 질문이 많을 수 있으므로 상호 작용이 어려울 수 있습니다. 연구자가 AI 도구가 제기하는 모든 질문에 답할 수는 없지만, 상호작용을 통해 연구자는 이러한 질문에 대한 자신의 생각을 향상시킬 수 있습니다. 이는 연구자가 나중에 자료나 문헌을 읽을 때 질문을 메모하고 질문에 대한 이해를 계속 심화시키는 데 도움이 될 것입니다.

U형 사고 모델

과학 연구의 본질은 연구 문제를 해결하는 것이며, 과학 연구의 사고 과정은 단어와 구조에 비해 가장 핵심적인 요소입니다. 문제는 계층적이며 얕은 문제부터 깊은 문제까지 세 가지 유형으로 나눌 수 있습니다: 표면적 문제, 심층적 문제, 본질적 문제. 연구자가 겉으로 드러난 문제만 판단하여 해결책을 제시하면 매우 빠른 문제 해결인 것처럼 보이지만 실제로는 피상적이고 비효율적인 경우가 많습니다. 사고 모델은 그림 8-5에 나와 있습니다. 이러한 사고 방식의 결함과 허점은 매우 분명하지만, 실제 연구 현장에서는 많은 초보자가 자신도 모르게 직관적인 판단만으로 문제에 대한 해결책을 제시합니다. 사람들은 이러한 사고 방식을 선형적 사고라고 부릅니다.

그림 8-4 U자형 사고 모델

그렇다면 어떻게 하면 문제 해결에 더 깊이 들어갈 수 있을까요? U자형 사고 모델을 사용하면 더 깊이 생각할 수 있습니다. 이 모델은 그림 8-4에 나와 있습니다. U자형 사고 모델에 따르면 사고에는 핵심 문제 정의하기, 문제의 본질에 대해 생각하기, 핵심 요소 파악하기, 해결 방안 제안하기의 네 가지 핵심 단계가 있습니다.

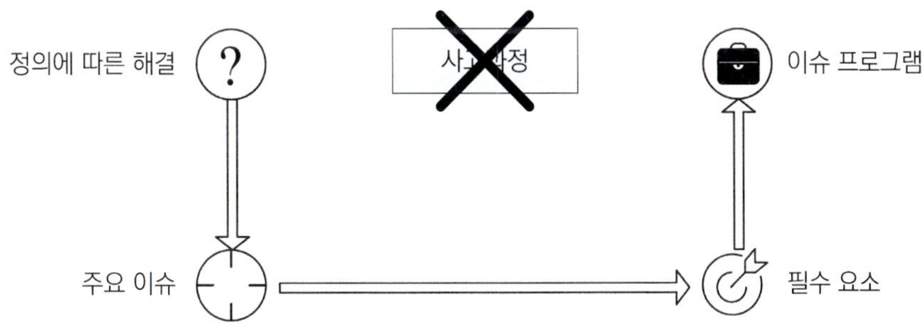

그림 8-5 U자형 사고 모델

1단계: 핵심 질문을 정의합니다. 연구 질문은 연구 목적에 따라 무엇형 질문, 왜형 질문, 어떻게형 질문으로 나눌 수 있는데, 왜형은 현상의 이유, 목적, 본질에 초점을 맞추고, 무엇형은 현상의 의미, 전달자, 중요성에 초점을 맞추고, 어떻게형은 문제를 해결하기 위한 수단, 행동, 경로에 대해 탐구하는 질문입니다. 이 부분은 OBTQP 연구 질문 모델과 함께 고려할 수 있습니다.

2 단계: 문제의 본질에 대해 생각하는 것입니다. 본질이란 사물 자체에 내재된 근본적인 속성을 말합니다. 문제의 본질에 대해 생각한다는 것은 문제에 대한 지속적인 질문을 통해 문제에 내재된 주요 핵심, 주요 모순 또는 주요 법칙을 찾아내는 것입니다. 5Why 방법은 일련의 질문을 통해 문제의 더 깊은 특징을 탐구하는 데 사용할 수 있습니다.

3단계: 핵심 요소 파악하기 핵심 요소 파악은 이전 단계의 문제 본질에 대한 이해를 바탕으로 문제의 본질에 영향을 미치는 핵심 요소를 논리적으로 추론하여 핵심 요소에 대한 구체적이고 효과적인 해결책을 제시하는 것입니다. '특이점 사고'의 도움으로 상식, 논리, 이론의 세 가지 관점에서 문제의 본질에 영향을 미치는 요소들을 살펴볼 수 있습니다.

4단계: 솔루션 제안하기. 솔루션 제안은 이전 단계의 핵심 요소에 대한 목표 솔루션을 제안하는 것입니다. 여기서 솔루션은 단순히 '어떻게 할 것인가' 수준의 운영 프로그램을 말하는 것이 아니라 핵심 문제에 대한 심층적인 이해, 이론적 구성 및 기타 수준의 이해를 포함합니다.

질문

저는 커뮤니케이션학을 전공하는 박사과정 2년차 학생입니다. 현재 학위 논문을 준비 중인데 박사 지도교수님께서 저를 지도해 주실 것을 부탁드리고 싶습니다. 제가 관찰한 현상은 "짧은 영상은 시간 제약으로 인해 사실을 명확하게 전달하거나 진실을 주장할 수 없을 뿐만 아니라 가치 차원의 전달력도 떨어지며, 환경 보호에 대한 짧은 영상도 마찬가지입니다. 정보보다는 감정적 상호 작용에 더 중점을 두는 환경 관련 동영상도 마찬가지입니다." U자형 사고 모델을 바탕으로 이 주제에 대한 이해를 심화할 수 있도록 도와주세요.

U자형 사고 모델은 기존 연구를 바탕으로 보다 통찰력 있는 관점을 얻는 것을 말합니다. 1단계: 핵심 질문 정의하기. 연구 질문은 무엇, 왜, 어떻게 질문으로 나뉩니다. 왜 질문은 더 깊은 문제를 발견하기 위해 현상 이면의 이유, 목적, 본질을 탐구하는 가장 높은 수준의 질문이며, 무엇 질문은 중간 수준의 질문, 어떻게 질문은 가장 낮은 수준의 질문입니다. 각 질문 유형에 대한 전형적인 이야기를 제공하세요. 2단계: 문제의 본질에 대해 생각해 봅니다. "5Why" 방법, 즉 학문의 이론적 관점에서 문제의 근본 원인을 찾을 때까지 연속적으로 질문하여 명확한 원인과 결과의 연쇄를 구축하세요. 3단계: 핵심 요소 파악하기. '특이점 사고법'에서 특이점이란 상식으로는 측정할 수 없고 평균적인 현상과 심각하게 어긋나는 소위 '비정상적인 현상', '이상한 행동' 또는 그 대상을 말하며, 상식적으로 이해할 수 있는 것을 말합니다. 상식적 특이점 (문제의 성격 특성을 일상 생활에 내재 된 지식과 비교하여 두 가지가 불일치 또는 모순을 생성하면 문제에 영향을 미치는 핵심 요소가 숨겨져있을 수 있음), 논리적 특이점 (문제의 성격 특성을 일종의 기존 논리와 비교하여 두 가지가 불일치 또는 모순을 생성하면 문제에 영향을 미치는 핵심 요소도 숨겨져있을 수 있음), 이론적 특이점 (문제의 성격 특성을 일종의 기존 이론과 비교하여 둘이 모순되거나

모순되면 문제의 핵심 요소도 숨겨져있을 수 있음), 이론적 특이점 (문제의 본질에 영향을 미치는 주요 요소도 숨겨진 것일 수 있음)이 있습니다. (문제의 본질적 특성과 기존 이론의 특성을 비교하여 불일치나 모순을 낳는다면 문제의 핵심 요소일 수도 있음) 3가지 유형, 특이점 사고법을 사용하여 핵심 요소를 요약합니다. 4단계: 해결책을 제안합니다. 이전 섹션의 핵심 요소에 대해 적절한 이론을 선택하고 이론적 수준에서 해당 해결책을 제안합니다.

답변

1. 핵심 이슈 정의하기

- **질문 유형:** 짧은 동영상은 자세한 설명보다는 정보 전달의 감성적인 측면에 더 중점을 두나요?
- **일반적인 스토리:** 시청자 A가 해양 오염에 관한 짧은 동영상을 시청하고, 콘텐츠는 30초밖에 되지 않지만 동영상 속 음악과 이미지, 내레이션에 깊은 감동을 받아 행동을 취하게 됩니다.
- **질문 유형:** 짧은 동영상에서 사실적인 진술보다 감정적인 상호작용을 선호하는 이유는 무엇인가요?
- **일반적인 사례:** 크리에이터 B는 사실과 수치를 많이 담은 동영상을 게시하려고 했지만, 감성적인 스토리가 담긴 동영상보다 클릭률이 훨씬 낮았습니다.
- **질문 유형:** 크리에이터가 짧은 동영상의 이 기능을 어떻게 사용하여 메시지를 더 잘 전달하거나 특정 행동을 장려할 수 있나요?
- **대표적인 사례:** 자선 단체 C는 환경 보호를 위한 행동을 장려하기 위해 감성적인 요소와 간결한 사실을 결합한 짧은 동영상 시리즈를 제작하여 시청자의 참여를 유도하고 환경 보호 활동에 참여하도록 동기를 부여하는 데 성공했습니다.

2. 문제의 본질에 대해 생각하기

커뮤니케이션 이론을 접목한 5Why 질문 방법을 사용하세요.

- 짧은 동영상이 감성적인 전달을 선호하는 이유는 무엇인가요?
- 짧은 동영상의 시간 시스템으로 인해 복잡한 사실을 자세히 설명하기 어렵습니다.
- 시간 시스템으로 인해 짧은 동영상을 자세히 설명할 수 없는 이유는 무엇인가요?
- 커뮤니케이션의 청중 이론에 따르면 디지털 시대에 청중의 관심은 매우 유용합니다.

- 청중의 집중력이 왜 그렇게 높은가요?
- 정보 과부하 이론에 따르면 청중은 정보를 선별하고 선택해야 하는 폭발적인 정보에 직면하게 됩니다.
- 정보 과부하로 인해 주의가 산만해지는 이유는 무엇인가요?

선택 노출 이론에 따르면 사람들은 자신의 감정과 관심사에 맞는 정보를 선택할 가능성이 더 높습니다.

- 감성적인 콘텐츠를 선택하는 이유는 무엇인가요?
- 감정 중심 이론에 따르면 감정적 공감이 행동과 의사 결정을 이끌어낼 가능성이 더 높다고 합니다.

근본 원인 요약: 정보 과부하의 디지털 시대에는 시청자의 주의 집중 시간이 짧습니다. 따라서 시청자는 감정적 공명에 끌릴 가능성이 높으며, 이는 짧은 동영상이 자세한 정보보다 감정에 더 집중하는 이유를 설명합니다. 커뮤니케이션의 청중 이론, 정보 과부하 이론, 선택 노출 이론, 감정 중심 이론은 이러한 현상을 이론적으로 뒷받침합니다.

3. 핵심 요소 식별

- **상식적인 특이점:** 사실과 수치를 충분히 제공하는 것이 더 설득력이 있다고 생각하는 경우가 많지만, 짧은 동영상의 성공은 감정적인 공감이 더 효과적일 수 있음을 시사합니다.
- **논리적 특이점:** 논리적으로 유익한 정보는 보다 포괄적인 인식을 제공해야 하지만, 짧은 동영상의 인기로 인해 간결함과 감성적 도달이 더 중요해질 수 있습니다.
- **이론적 특이점:** 전통적인 커뮤니케이션 이론에서는 정보적인 메시지가 더 설득력이 있다고 여겨졌습니다. 그러나 최근의 짧은 동영상의 성공은 감정적 측면과 인지적 측면이 모두 설득의 중요한 요소라는 2요인 이론과 모순되는 것처럼 보입니다. 짧은 동영상은 시청자의 관심을 끌기 위해 인지보다는 감정에 더 의존할 수 있습니다.

4. 솔루션 제안

짧은 동영상이 자세한 설명보다 감동을 더 잘 전달한다는 사실에 따라 메시지를 더 잘 전달하기 위해 다음과 같은 방법을 고려할 수 있습니다.

- **감정과 사실의 통합:** 최적의 설득을 위해 감정과 간결한 사실을 결합하는 두 가지 요인 이론을 기초로 사용합니다.

- **스토리텔링 방법 사용:** 내러티브 커뮤니케이션 이론을 접목하여 짧은 이야기나 사례 연구를 통해 메시지를 간결하고 강력하게 전달하세요.
- **시각 디자인:** 시각 커뮤니케이션 이론을 사용하여 이미지, 기호 및 색상을 통해 정보 전달을 향상시킵니다.

결론적으로, 새로운 커뮤니케이션 수단으로 떠오르고 있는 짧은 동영상은 정보 전달에 있어 감정적인 상호작용에 더 중점을 둡니다. 그리고 커뮤니케이션 과학의 여러 이론은 이러한 현상을 이해할 수 있는 프레임워크를 제공합니다. 짧은 동영상 제작자는 이 기능을 합리적으로 사용하고 커뮤니케이션 이론을 결합하면 짧은 동영상의 커뮤니케이션 효과를 효과적으로 향상시킬 수 있습니다.

U자형 사고모형은 직접적인 결론을 내릴 수는 없지만, U자형 사고모형의 사고와 분석 과정은 연구자에게 영감을 제공하고 연구자가 더 깊은 수준에서 생각할 수 있도록 안내합니다. 물론 U자형 사고모형을 적용할 때는 U자형 사고모형에서 제시된 답변에 대해 여러 가지 질문을 하고, U자형 사고모형에 대한 참고 자료를 더 제공하는 등 질문의 유연성을 가져야 합니다.

(3) 연구 혁신 또는 연구 기여도

연구 결과 바로 다음에는 연구 혁신 또는 연구 기여도 섹션이 있습니다. 연구 혁신과 연구 기여는 비슷하지만 서로 다른 개념입니다. 유사점: 두 개념 모두 연구가 학계 및 관련 분야의 발전과 진보에 미친 긍정적인 영향을 강조합니다. 차이점: 연구 혁신은 참신성과 독창성에 더 중점을 두는 반면, 연구 기여도는 혁신성 여부와 관계없이 연구의 가치와 영향력에 더 중점을 둡니다. 결론의 구조는 학술지마다 다르지만, 논문의 연구 혁신성 또는 연구 기여도는 기본적으로 연구 결론형 결론에서 고려되며 일부 학술지에서는 필수 요소이기도 합니다.

연구 혁신 또는 연구 공헌은 연구 프로세스에 통합되어야 하며 이론적 혁신과 대상 혁신의 측면에서 고려할 수 있습니다,

실천적 혁신, 방법론적 혁신, 사례 혁신 및 기타 차원이 정교화됩니다. 기본적으로 이론적 기여의 관점에서 정교화하는 〈경영 세계〉, 보다 다양한 관점에서 연구 혁신 또는 연구 기여를 정교화하는 〈사회학 연구〉와 같이 일부 저널은 정교화에 대한 보다 고정

된 개념을 형성하고 있습니다.

질문

저는 저널 논문을 쓰는 커뮤니케이션 학자입니다. 제 논문 작성을 도와주실 학술 글쓰기 튜터가 되어 주시면 감사하겠습니다. 논문 제목은 "혼합 연구 방법에 기반한 프레이밍 이론의 관점에서 본 환경 테마 단편 동영상의 감성적 상호작용 연구"입니다. 논문의 결론 부분에 연구 기고문을 작성하고 있는데, 제가 제공한 자료의 내용에 따라 다른 관련 이론 자료와 결합할 수 있는 이론적 기여의 관점에서 연구 기고문을 작성할 수 있도록 도와주시고, 이론적 기여의 개수는 2~4개 정도면 됩니다. 문헌은 영문으로만 제공하되, '저자-출판 연도'를 표기하고 논문 말미에 APA 형식의 참고 문헌을 포함하세요.

답변

연구 기여도

프레이밍 이론과 정서적 상호작용의 통합 심화: 이 연구는 처음으로 프레이밍 이론과 온라인 정서적 상호작용을 결합하여 환경을 주제로 한 짧은 동영상이 특정 프레임을 통해 시청자의 정서적 반응을 어떻게 유도, 조절 또는 변화시킬 수 있는지 이해하는 새로운 관점을 제시합니다. (고프만, 1974)

환경 커뮤니케이션의 정서적 차원 확장: 과거의 연구는 메시지의 내용과 형식이 청중에게 미치는 영향에 초점을 맞추었습니다. 반면 이 연구는 환경 메시지에서 정서적 상호작용의 중심성을 밝혀내고, 정서적 프레임을 통해 시청자를 긍정적인 환경 행동으로 보다 효과적으로 유도할 수 있는 방법을 강조합니다. (트베르스키 & 카네만, 1981)

커뮤니케이션 연구에서 혼합 연구 방법의 데모 제공: 이 연구는 양적 연구 방법과 질적 연구 방법을 결합하여 짧은 동영상과 시청자 간의 정서적 상호작용을 분석하는 포괄적이고 미묘한 접근 방식을 제공함으로써 커뮤니케이션 커뮤니티에 새로운 연구 방법론의 템플릿을 제공합니다. (크레스웰 & 플라노 클락, 2007)

짧은 동영상에 대한 새로운 이론적 프레임워크: 디지털 플랫폼에서 짧은 동영상 형식이 부상함에 따라 이 연구는 이 새로운 매체가 시청자와 정서적 차원에서 어떻게 상호작용하여 더 큰 사회적 영향을 미치는지 이해하는 데 도움이 되는 이론적 프레임워크를 제공합니다. (Shirky, 2011)

참조

- Creswell, J. W., & Plano Clark, V. L. (2007). 혼합 방법 연구 설계 및 수행. 세이지.
- Goffman, E. (1974). 프레임 분석: 경험의 조직화에 관한 에세이.하버드 대학 출판부.
- Shirky, C. (2011). 소셜 미디어의 정치적 힘 : 기술, 공공 영역 및 정치적 변화. 외교, 90(1), 28-41.
- Tversky, A., & Kahneman, D. (1981). 의사 결정의 틀과 선택의 심리학. 과학, 211(4481), 453-458.

(4) 연구 및 토론

'연구 및 토론' 섹션은 범위가 더 넓으며 관련 이론, 관행 또는 기타 요소의 맥락에서 연구 결과를 바탕으로 필요한 토론을 의미합니다. 이 논의는 본질적으로 연구의 결론을 심화시키는 것이며 저자의 사고의 폭과 깊이를 상당 부분 반영합니다.

일반적으로 사용되는 토론 아이디어: 이론적 차원의 학술 토론, 실무적 차원의 확장 토론, 대책 제안 차원의 경험적 토론. 다음은 대책 제안 수준의 실증적 토론의 예시이며, 다른 아이디어도 운영에 참고할 수 있습니다.

질문

저는 저널 논문을 쓰는 커뮤니케이션 학자입니다. 학술 논문 작성 튜터가 되어 논문을 완성하는 데 도움을 주셨으면 합니다. 제 논문 제목은 "혼합 연구 방법에 기반한 프레이밍 이론의 관점에서 본 환경 테마 단편 동영상의 정서적 상호작용 연구"입니다. 논문의 결론을 위한 연구 토론을 작성하고 있는데, 제가 제공한 자료를 바탕으로 보다 다양한 자료와 결합할 수 있는 대책 제안의 관점에서 연구 토론을 작성할 수 있도록 도와주시고, 주어진 자료를 바탕으로 대책 제안은 목표가 분명하고 구체적이어야 하며 제안 횟수는 2~4회 정도면 됩니다. 문헌은 영문으로만 작성하고 '저자-출판 연도'를 표기하며, 논문 말미에 APA 형식의 참고 문헌을 포함해야 합니다.

답변

연구 및 토론

1. **시청자 참여를 높이기 위한 감성 프레임 디자인 최적화:** 콘텐츠에 대한 시청자의 정서적 공감은 시청자의 참여를 결정하는 핵심 요소입니다. 환경을 주제로 한 짧은 동영상에서 크리에이터는 단순히 아름다운 풍경이 파괴되는 이미지를 제시하는 것이 아니라 피상적인

내러티브를 넘어 더 깊은 감정적 연결을 활용해야 합니다. 예를 들어, 지역 이웃에 대해 더 깊이 파고들 수 있습니다.

환경 파괴로 인해 사람들이 직면하는 일상 생활의 변화 또는 자연과 인간의 조화로운 공존의 가능성과 중요성을 보여줄 수 있습니다. 이러한 깊이 있는 감성적 내러티브는 청중의 공감을 불러일으켜 참여도와 상호작용 의지를 높일 수 있습니다. (고프만, 1974)

2. **스토리텔링과 데이터 시각화의 결합:** 정보 폭증의 시대에는 단순한 데이터 프레젠테이션만으로는 청중의 관심을 끌기 어려운 경우가 많습니다. 하지만 이러한 데이터가 설득력 있는 스토리에 포함되면 그 영향력은 크게 향상됩니다. 환경 문제의 심각성과 시급성은 종종 구체적인 데이터를 통해 입증될 수 있습니다. 예를 들어 해수면 상승률, 온실가스 증가율 등을 보여주는 데이터에 영향을 받는 섬나라의 변화하는 삶과 같은 실제 스토리를 결합하면 문제의 규모를 보다 시각적으로 보여줄 수 있습니다. (브릭스 & 버크, 2009)

3. **크로스 플랫폼 감성적 참여 전략 강화:** 오늘날의 오디언스는 더 이상 단일 플랫폼에 얽매이지 않고 여러 소셜 미디어 플랫폼에 걸쳐 적극적으로 참여합니다. 콘텐츠 제작자와 환경 단체는 메시지의 영향력을 극대화하기 위해 모든 플랫폼에서 메시지가 전달될 수 있도록 플랫폼 간 콘텐츠 배포를 동기화하는 방법을 고려해야 합니다. 또한 시청자가 여러 플랫폼에서 질문하고, 개인적인 경험을 공유하고, 투표하는 등 콘텐츠와 상호작용하도록 장려하면 정서적 참여를 높일 뿐만 아니라 메시지의 도달 범위를 넓히고 더 광범위한 사회적 영향력을 달성할 수 있습니다. (Shirky, 2011)

참조

- Briggs, P., & Burke, P. (2009). 미디어의 사회사 : 구텐베르크에서 인터넷까지. 정치.
- Goffman, E. (1974). 프레임 분석: 경험의 조직화에 관한 에세이. 하버드 대학 출판부.
- Shirky, C. (2011). 소셜 미디어의 정치적 힘 : 기술, 공공 영역 및 정치적 변화. 외교, 90(1), 28-41.

(5) 연구 단점(결함) 및 전망

100% 완벽한 연구란 존재하지 않으며, 연구 결함이란 연구자가 연구 과정에서 발생한 결함이나 연구 조건을 충족할 수 없었기 때문에 발생한 결함을 솔직하게 설명하는 것을 말합니다. 자신의 단점을 드러내는 것은 오히려 연구의 신뢰성을 높여줍니다. 그러

나 논문을 작성할 때 비율에 주의해야 하며, 연구 내용이나 특정 부분의 문제점을 지적할 수는 있지만 자신의 연구를 완전히 부정해서는 안 됩니다. 논문 말미에는 향후 연구 방향을 제시하여 후속 연구자에게 가이드라인을 제공할 수 있습니다. 연구 전망은 보통 연구의 단점과 함께 제시하며, 표현은 간결하고 명료하게 1~2페이지 정도로 작성하며, 때론 한 문장으로 충분합니다.

질문

저는 저널 논문을 쓰는 커뮤니케이션 학자입니다. 학술 논문 작성 튜터가 되어 논문 완성을 도와주실 것을 부탁드리고 싶습니다. 제 논문 제목은 "프레이밍 이론의 관점에서 본 환경 테마 단편 동영상의 정서적 상호작용 연구-혼합 연구 방법론에 기초하여"입니다. 이제 연구결론과 전망으로 구성된 논문의 결론을 작성하고 있는데, 위의 자료를 바탕으로 연구 방법론, 연구 대상 또는 연구 단계의 관점에서 연구결론을 작성하고 동시에 한 문장으로 압축할 수 있는 본 논문의 전망을 확장하여 작성할 수 있도록 도와주세요. 영문 문헌만 '저자-출판 연도' 형식으로 표기하고, 논문 말미에 APA 형식으로 참고문헌을 기재해 주세요.

답변

연구 단점 및 전망

1. **연구 방법론 체계:** 이 논문은 주로 혼합 방법 연구 접근법을 채택하고 있는데, 이는 정량적 데이터와 정성적 데이터를 결합하여 보다 포괄적인 통찰력을 제공할 수 있지만 일부 미시적 수준의 세부 사항이나 상황별 정서적 상호작용 패턴을 간과할 수 있습니다. (헤세 비버, 2010)

2. **연구 목적 연구 국의 성격:** 이 연구는 환경 주제에 대한 짧은 동영상에 초점을 맞추고 있지만, 주로 주류 소셜 미디어 플랫폼에 집중하고 있으며 한계 또는 신흥 플랫폼의 짧은 동영상에 대해서는 소홀히 다룰 수 있습니다. (Boyd & Ellison, 2007).

3. **연구 단계:** 이 연구는 동영상 공개 후 초기 감정적 상호작용에 초점을 맞추었기 때문에 시청자의 감정적 상호작용이 시간이 지남에 따라 어떻게 발전하거나 변화하는지에 대해 더 깊이 파고들지 못했을 수 있습니다. (DiFonzo & Bordia, 2007) 전망: 향후 연구에서는 플랫폼, 시간 단계 및 텍스트에 따라 감정적 상호작용이 어떻게 발전하거나 변화하는지를 보다 심층적으로 탐구할 수 있기를 기대합니다.

참조

- 환경 테마 쇼트의 정서적 상호작용 패턴 – 화학화의 맥락에서 본 동영상. 참고자료:

- Boyd, D. M., & Ellison, N. B. (2007). 소셜 네트워크 사이트: 정의, 역사 및 장학금. 컴퓨터 매개 커뮤니케이션 저널, 13(1), 210-230.
- DiFonzo, N., & Bordia, P. (2007). 소문 심리학 : 사회적 및 조직적 접근 방식. 미국 심리학 협회.
- Hesse-Biber, S. (2010). 혼합 방법 연구: 이론과 실습의 병합. 길포드 프레스.

연습을 돕기 위해 연구 결론 유형의 마무리 문장을 작성하는 방법에 대한 종합적인 데모를 아래에 제공하여 참고할 수 있도록 했습니다. 실제로는 구조별로 단계별로 질문하는 것이 더 효과적일 수 있으므로 연습할 때 비교하고 대조해 보세요.

결론 앞에 있는 논문의 내용을 ChatGPT와 같은 AI 도구에 제공한 다음 다음 질문을 참조하세요.

질문

저는(박사 과정 학생 등) 저널 논문을 작성하고 있습니다. 박사 학위 논문 작성을 위해 제(역할, 예: 지도교수)를 맡아 논문을 완성하는 데 도움을 주실 것을 부탁드리고 싶습니다. 작성 중인 주제는 (논문 주제, 예: 프레이밍 이론 관점에서 본 환경 테마 단편 동영상의 정서적 상호작용 연구-혼합 연구 방법 기반)입니다. 이제 논문의 결론 부분을 작성하고 있는데, 위의 자료를 참고하여 [ ] 안에 있는 규칙에 따라 결론의 초안을 작성할 수 있도록 도와주세요. 연구 결론형은 앞선 논문의 논리적 도출과 의견을 요약하여 연구 결론을 도출하고, 이 결론을 바탕으로 보다 심도 있는 논의를 전개하는 결론 부분을 말하며 연구 설계의 반복, 연구 결론, 연구 혁신 또는 기여, 관련 논의, 연구 미흡점 및 관점 등 5가지로 구성됩니다. '반복되는 연구 설계' 섹션은 의미 측면에서 이전 섹션과 유사합니다.

연구 설계는 일관성을 유지하되 차별화되어야 하며, 발표는 보다 간결하고 1-2문장으로 유지하되 두 문장 사이에 반향 구조가 있어야 합니다. "연구 결론" 섹션에서는 다음 요구 사항을 엄격히 준수해야 합니다. 내용 측면에서 제공된 자료의 내용을 면밀히 따르되 자료의 내용을 직접 반복하지 말고 필요한 가공 및 확장을 수행합니다. 언어 측면에서 학술적이고 전문성을 유지하고 보다 구체적이고 간결한 언어를 사용하여 학술 개념을 기술하고 구체화합니다. 구조 측면에서, 논문 제목과 제공된 자료를 참조하여 각 결론은 먼저 의견적인 핵심 문장을 공식화 한 다음 (레이블없이) 핵심 문장을 깊이 설명하고 결론은 2-4 항목으로 제안되어야하며 결론 간의 점진적인 관계가 있어야하며 결론은 동일한 수준을 유지해야합니다. 설명은 가능한 한 상세해야하며 자료와 함께 정교해야하며 단어 수는 2,000 단어 이상이어야합니다. 연구의 결론은 하나 또는 여러 개로 추상화됩니다. 연구의 결론을 하나 또는 여러 개의 핵심 개념으로 요약하여 결론의 제목에 넣습니다. "연구 기여" 섹션은 다른 관련 이론 자료와 결합할 수 있는 이론적 기여의 관점에서 작성해야 하며, 이론적 기여의 수는 2~4개여야 합니다. "연구 논의" 섹션은 대책 제안의 관점에서 작성하며, 보다 광범위한 자료와 결합할 수 있습니다.

주어진 자료를 바탕으로 대책 제안은 목표가 명확하고 구체적이어야 하며, 제안 횟수는 2~4회, 아니

1,000단어 이내. "연구의 단점과 전망" 부분은 연구 방법, 연구 대상 또는 연구 단계의 관점에서 작성하되, 동시에 본 논문의 연구 전망을 한 문장으로 압축할 수 있는 내용으로 작성합니다. 영문 문헌 또는 제공된 자료에서 다루는 문헌만 참고하고, 마지막에 문헌을 나열합니다.

2. AI 활용 의미 있는 질문 결론 구성 및 작성

다른 유형에 비해 의미 탐색은 연구자의 통찰력과 성찰에 더 많이 의존하며, 이론과 연구의 깊이도 더 높습니다. 인공지능 도구가 어느 정도 도움을 줄 수는 있지만, 그 도움은 제한적이며 궁극적인 의미 추구를 위해서는 연구자 자신의 사고와 심도 깊은 연구가 필요합니다. 연구 통찰력을 심화시키는 방법에는 여러 가지가 있으며, 가장 일반적으로 사용되는 아이디어는 관련 이론과 대화를 나누고 이론적 수준에서 연구 결론을 승화시키는 것입니다. 의미 추구적 결론은 일반적으로 질적 연구 유형의 연구에서 사용됩니다.

질문

저는 저널 논문을 쓰는 커뮤니케이션 학자입니다. 학술 논문 작성 튜터가 되어 논문을 완성할 수 있도록 도와주실 것을 부탁드리고 싶습니다. 논문 제목은 "환경 보호에 관한 짧은 동영상에서의 정서적 상호작용 - 가상 민족지학 기반 연구"입니다. 이것은 질적 연구 논문이며 위의 자료는 논문의 본문이며 논문의 결론을 계속 작성하고 결론에 대한 고정된 틀은 없지만 일반적으로 이전 연구 및 관련 이론의 내용을 기반으로 이론적 수준에서

연구 결론을 승화시키고 해석의 의미에 초점을 맞춘 연구 대상에 대한 이해를 심화시키고 "첫 번째", "두 번째", "세 번째", "네 번째" 등을 사용하지 마세요. "첫째", "둘째"와 같은 카테고리를 사용하지 마세요. 영문 문헌만 제공되며, "저자-출판 연도" 형식으로 표시하고 참고문헌은 논문 마지막에 APA 형식으로 나열합니다.

답변

결론

현대 사회에서 짧은 동영상은 시청자와 정서적 유대감을 형성할 수 있는 강력한 커뮤니케이션 도구로 주목받고 있습니다. 이 연구는 환경을 주제로 한 단편 동영상이 온라인 감정 노동을 통해 시청자와 정서적 교감을 이루는 방식에 초점을 맞춥니다. 이러한 상호작용은 단편 동영상 제작자와 시청자 간의 일방적인 흐름이 아니라 양측의 공유된 가치, 신념 및 경험에 뿌리를 둔 상호 반응적인 과정입니다.

호흐차일드(1983)의 온라인 감정 노동 이론은 짧은 동영상 제작자가 감정을 표현하고 관리하는 방법을 이해하기 위한 프레임워크를 제공합니다. 짧은 동영상 제작자는 자신의 감정을 조절해야 할 뿐만 아니라 시청자의 감정을 자극하고 조절해야 합니다. 시청자의 공감을 얻으려면 콘텐츠에서 진정성, 친밀감, 전문성을 보여줘야 합니다. 환경을 주제로 한 콘텐츠는 정보 전달뿐만 아니라 시청자의 환경 인식과 행동을 이끌어내는 것이 목표이기 때문에 이 과정의 까다로움이 특히 두드러집니다.

한편, 진과 푸아(2014)의 공유 감정 이론은 공유 가치의 기초를 더욱 강조합니다. 환경을 주제로 한 짧은 동영상은 시청자의 감성을 자극하여 콘텐츠와 연결되어 있다고 느끼게 함으로써 환경적 행동과 태도를 강화할 수 있어야 합니다. 이러한 감정 형성은 단순히 시선을 끌기 위한 것이 아니라 환경 문제에 대한 시청자의 이해와 관심을 심화시키는 것입니다.

이 연구는 짧은 동영상을 통해 감정적 상호작용이 어떻게 이루어질 수 있는지에 대한 통찰력을 제공할 뿐만 아니라, 환경 문제에 대한 시청자의 관심을 강화하는 데 있어 감정적 상호작용의 핵심적인 역할을 강조합니다. 또한 이 연구는 감정 노동에 비용이 없는 것은 아니며, Resnick 외(2021)가 지적한 것처럼 감정 노동은 정서적 피로와 스트레스로 이어질 수 있음을 상기시켜 줍니다.

전반적으로 환경을 주제로 한 단편 동영상은 시청자가 감정적인 상호작용을 통해 환경 문제에 깊이 공감할 수 있는 기회를 제공합니다. 단편 동영상 제작자는 감정 노동과 감정 공유를 보다 효과적으로 활용하여 시청자가 실질적인 행동을 취하고 보다 지속 가능한 미래에 기여할 수 있는 방법을 지속적으로 모색해야 합니다.

참조

- Hochschild, A. R. (1983). 관리되는 마음: 인간 감정의 상업화. 캘리포니아 대학교 출판부.
- Jin, S. A., & Phua, J. (2014). 브랜드에 대한 유명인의 트윗 팔로우: 트위터 기반 전자 입소문이 소비자의 출처에 미치는 영향 신뢰성 인식, 구매 의도 및 유명인과의 사회적 동일시. 광고 저널, 43(2), 181-195.
- 레스닉, P., 젝하우저, R., 스완슨, J., & 록우드, K. (2021). 이베이에서 평판의 가치: 통제된 실험. 실험 경제학, 9(2), 187-213.

3. AI 활용 대책 제안 결론 구성 및 작성

대책 및 권고 결론문은 연구에서 가장 일반적인 결론문 유형으로, 다양한 연구 분야에 적용 가능합니다. 이러한 유형의 결론은 실용주의에 기반을 두고 있으며 현실 문제에 대한 적절한 대책과 제안을 제공하는 것을 목표로 합니다. 그러나 많은 연구자들이 이를 작성할 때 깊이 있는 사고가 부족하여 지나치게 일반적인 제언을 하는 경향이 있으며, 이는 대책 제시형 논문을 검토하는 많은 심사위원들의 주된 우려와 비판입니다. 이를 극복하기 위해서는 연구자가 더 깊이 생각하고 연구하여 논문의 유용성과 실현 가능성을 높일 수 있는 구체적이고 실질적인 제안을 제시해야 합니다. 연구자들은 인공지능 도구를 활용해 추천의 관련성과 깊이를 높일 수 있습니다.

앞서 언급했듯이 연구 결론의 '연구 논의' 부분도 제안된 대응 경로를 사용하여 논의되지만, 연구 논의에서 제안된 대응은 연구 결과를 기반으로 하지만 결론에서 제안된 대응과 동일하지 않습니다.

논문의 확장 및 승화, 더 넓은 관점; 결론 진술의 본문에 대한 대책 및 권장 사항은 연구의 결론과 기능에 대한 논의에 대한 연구 모두 요약 및 권장 사항이며, 절개는 더 작고 구체적인 권장 사항입니다.

질문

저는 저널 논문을 쓰는 커뮤니케이션 학자입니다. 학술 논문 작성 튜터가 되어 논문 완성을 도와주셨으면 합니다. 논문 제목은 "프레이밍 이론의 관점에서 본 환경 테마 쇼트 비디오의 정서적 상호작용 연구-혼합 연구 방법을 중심으로"입니다. 위의 자료가 논문의 본문이며, 이어서 논문의 결론을 작성해 주세요. 대책 제안형 연구 논문으로, 결론 부분은 주로 대책 제안의 본문, 2~4개의 대책 제안을 바탕으로 일반적이지 않고 구체적(데이터 또는 근거로 뒷받침), 목표 지향적(실행 가능), 심층적으로 작성해 주세요. 영문 문헌만 제공해야 하며, '저자-출판 연도' 형식으로 표기하고 논문 말미에 APA 형식으로 참고문헌을 기재해야 합니다.

답변

결론

프레이밍 이론의 관점에서 짧은 동영상은 환경 인식과 교육을 위한 효과적인 도구가 되었습니다. 혼합 연구 접근 방식을 통해 다양한 프레임이 감정적 상호작용에 미치는 영향을 밝힐 뿐만 아니라 온라인 감정 노동이 시청자와 공유된 감정을 어떻게 형성하는지 명확히 밝혔습니다. 이러한 연구 결과를 바탕으로 환경을 주제로 한 짧은 동영상을 제작하고 배포하는 사람들이 참고할 수 있도록 다음과 같은 대응 방안을 제안합니다.

1. **전문성과 진정성:** Hood와 Forey(2008)에 따르면, 짧은 동영상에 대한 시청자의 신뢰는 전문성과 진정성에 따라 크게 좌우된다고 합니다. 따라서 환경 관련 사실과 과학적 데이터를 제시하는 동시에 동영상 콘텐츠에는 실제 사람들의 이야기나 개인적인 경험도 포함해야 합니다. 예를 들어, 환경 문제로 인해 영향을 받은 가족이나 지역사회를 묘사하고, 그들의 진솔한 감정과 그들이 겪은 변화를 공유하는 것입니다. 이러한 감성과 데이터의 조합은 시청자의 참여를 유도하고 행동을 취하도록 동기를 부여할 수 있습니다.
2. **시청자의 감정 동원과 행동 참여 유도:** Liu 등(2018)은 희망, 자부심, 책임감과 같은 긍정적인 감정이 시청자가 환경 친화적인 행동을 채택하도록 유도할 수 있다고 지적합니다. 따라서 짧은 동영상은 환경 보호 조치를 채택하고 긍정적인 결과를 얻은 개인이나 그룹에 초점을 맞춰야 합니다. 동시에 환경 보호에서 각 개인의 역할과 중요성을 강조하여 시청자가 자신의 행동이 실질적인 영향을 미칠 수 있다는 것을 깨닫도록 해야 합니다.
3. **감정 노동을 활용하여 장기적인 관계 구축:** 온라인 감정 노동은 시청자의 참여를 유도할

뿐만 아니라 안정적인 시청자 관계를 구축하고 유지하는 데도 도움이 됩니다(Resnick et al., 2021). 동영상 제작자는 다음과 같은 방법으로 시청자와 정기적으로 소통할 것을 권장합니다.

라인 Q&A, 실시간 상호작용 및 기타 형태의 활동을 통해 청중의 요구와 피드백을 진정으로 이해합니다. 이러한 지속적인 상호작용은 청중과 깊은 유대감을 형성하는 데 도움이 되며, 청중은 전달되는 환경 정보에 더욱 주의를 기울이고 신뢰하게 됩니다.

4.. **기술과 혁신의 결합:** 가상현실 및 증강현실과 같은 첨단 기술 도구는 청중에게 몰입감 있는 경험을 제공하여 환경 메시지를 보다 직관적이고 강력하게 전달할 수 있습니다(Hochschild, 1983). 예를 들어, 가상 현실을 통해 청중은 극심한 날씨나 해수면 상승과 같은 기후 변화의 결과를 '체험'하거나 환경 행동의 가능한 미래를 볼 수 있습니다.

참조

- Hood, S., & Forey, G. (2008). 홍콩 응급실의 사례 노트 기록에서 일반적인 관습과 전문 관행의 상호 작용. 특정 목적을위한 영어, 27(1), 23-38.
- Liu, Y., Huang, C., Wang, Y., & Wang, L. (2018). 환경 의식과 젊은 소비자의 구매 의도 : 내재적 및 외재적 동기의 매개 분석. 청소기 저널 생산, 205, 419-427.
- 레스닉, P., 젝하우저, R., 스완슨, J., & 록우드, K. (2021). 이베이에서 평판의 가치: 통제된 실험. 실험 경제학, 9(2), 79-101.
- Hochschild, A. R. (1983). 관리되는 마음 : 인간 감정의 상업화. 캘리포니아 대학교 출판부.

4. AI 활용 요약-결론 유형의 구성 및 작성

요약 결말 유형의 결론은 비교적 단일 기능으로, 일반적으로 글의 마지막에 전체 내용을 요약하며 주로 연구 과정과 연구 관점에 대한 일반적인 소개를 제공합니다. 더 상징적이고 덜 실용적입니다. 일부 학자는 요약 결론에 일부 토론 내용을 포함시킬 수도 있지만 전반적으로 이러한 종류의 결론은 비교적 간결하고 짧습니다.

질문

저는 저널 논문을 쓰는 커뮤니케이션 학자입니다. 학술 논문 작성 튜터가 되어 논문을 완성하는 데 도움을 주셨으면 합니다. 제 논문 제목은 "혼합 연구 방법에 기반한 프레이밍 이론의 관점에서 본 환경 테마 단편 동영상의 정서적 상호작용 연구"입니다. 현재 논문의 결론을 작성하고 있습니다.

이전에 제공된 자료의 내용을 작성하고, 여기서 결론은 전체 내용을 요약하고 연구 과정 및 연구 아이디어의 개요에 초점을 맞추고이 연구의 가치와 의의를 간결하게 설명하고 참조가 필요하지 않습니다.

답변

결론

오늘날과 같이 정보가 폭발적으로 증가하는 시대에 짧은 동영상은 사람들이 정보에 접근하고 공유하는 중요한 수단이 되었습니다. 특히 환경 보호와 같은 시급한 글로벌 이슈의 경우, 효과적인 정서적 상호작용을 통해 대중의 참여와 반응을 높일 수 있습니다. 이 연구는 혼합 연구 접근법을 통해 프레이밍 이론의 관점에서 환경을 주제로 한 짧은 동영상의 정서적 상호작용에 대해 심층적으로 탐구합니다.

이 연구를 통해 감정적 상호작용의 패턴과 특성, 그리고 시청자 행동에 미치는 잠재적 영향을 면밀히 분석했습니다. 그 결과, 적절한 프레이밍 전략을 사용하면 짧은 동영상이 더 적극적이고 깊이 있는 시청자 참여를 유도하여 더 나은 커뮤니케이션 효과를 이끌어낼 수 있다는 사실을 발견했습니다.

이 연구의 가치는 학계에 새로운 연구 관점을 제공할 뿐만 아니라 환경 주제를 효과적으로 전달하기 위해 짧은 동영상을 어떻게 활용할 수 있는지에 대한 실질적인 통찰력을 제공한다는 사실에 있습니다. 지구 환경 문제에 직면한 상황에서 이 커뮤니케이션 방법의 중요성은 자명하며, 환경 보호에 대한 대중의 인식을 높이고 보다 적극적인 대중 참여를 촉진하여 이 주요 과제를 공동으로 해결하는 데 도움이 될 수 있습니다.

이번 연구를 통해 짧은 영상 커뮤니케이션과 감정적 상호작용에 대한 향후 연구를 위한 탄탄한 토대를 마련하고, 더 많은 연구자와 실무자들이 이 분야의 가능성을 탐구할 수 있기를 바랍니다.

요약

"결론" 섹션은 에세이에서 요약의 역할을 하며, 그 품질은 주제 선택과 이전 섹션의 품질에 따라 직접적으로 좌우됩니다. 주제의 중요성은 에세이의 방향과 목표를 결정하고, 이전 섹션의 품질은 에세이가 주제를 체계적으로 제시하고 강력한 뒷받침을 제공할 수 있는지를 결정하기 때문입니다. 주제가 잘못 선택되었거나 앞 섹션의 논리와 일관성이 부족하면 결론은 완성도 높은 요약이 될 수 없습니다.

결론을 작성할 때도 다음 사항에 유의해야 합니다: 첫째, 이전 논문의 내용을 단순히 반복하는 것이 아니라 주요 아이디어를 요약하고 다듬어 독자에게 새로운 시각과 사고방식을 제공해야 하고, 둘째, 연구자의 깊은 통찰력과 논문 주제에 대한 더 깊은 사고와 해석을 반영해야 하며, 마지막으로 깨달음이 있어야 하고 독자에게 생각할 공간을 남겨두고 추가 토론과 연구를 할 수 있는 여지를 남겨야 합니다.

연습6

결론 작성

ChatGPT와 같은 AI 도구를 사용하여 기존 자료를 기반으로 연구 결론의 결과물을 결합할 수 있도록 했습니다.

09

제9장

생성형 AI 활용:
초안 수정, 제목 및 초록 작성, 원고 제출 지원

9.1 학술 논문 초고의 AI 지원 다듬기

교정은 일반적으로 영어가 모국어가 아닌 연구자가 논문을 국제 학술지에 제출하기 전에 문법, 단어의 정확성, 글쓰기 형식 등 논문의 언어를 점검하고 수정하는 작업을 말합니다. 교정의 주된 목적은 언어와 문장의 모호함을 피하고 저자의 원래 의도를 유지하면서 논문의 유창성과 과학성을 향상시키는 것입니다. 논문 교정은 연구 관점, 연구 이론, 연구 방법 등 논문의 핵심 요소의 수정을 수반하지 않습니다. 논문 교정의 규범을 엄격히 준수한다는 전제 하에 논문 교정은 학문적 부정행위를 수반하지 않습니다.

국내 논문에는 실제로 수정 과정이 있지만, 연구자가 모국어로 작성하고 더 익숙하기 때문에 일반적으로 전문 교정 기관의 도움이 필요하지 않습니다. 그러나 연구자들은 종종 상사, 동기, 친구 및 기타 가까운 사람들에게 초고를 제공하여 피드백을 구합니다. 이 커뮤니케이션은 사실 초고를 수정하는 과정이라고 할 수 있습니다. '좋은 논문은 쓰여지는 것이 아니라 바뀌는 것'이라는 말이 있듯이 논문 초고를 수정하고 수정하는 것이 얼마나 중요한지 알 수 있습니다.

AI 시대에도 여전히 튜터, 동급생, 친구들과 상의하는 것은 필수적이지만, 그 전에 연구자는 AI 도구를 사용하여 논문 초안을 미리 수정하고, 작성 단계에서 문제를 피하고, 논문 초안의 표준화를 개선할 수 있다는 점에서 차이가 있습니다.

AI 도구의 도움을 받아 초고를 수정하는 방법에는 몇 가지 아이디어가 있습니다. 첫째, 명령어 기반 ChatGPT와 같은 AI 도구로 수정하는 방법, 둘째, ChatGPT 관련 플러그인으로 수정하는 방법, 셋째, 전문 수정 도구로 수정하는 방법 등이 있습니다.

다음은 "전통 광고는 죽고 소셜 광고가 뜨고 있다–소셜 미디어 시대의 광고 트렌드와 커뮤니케이션 전략에 관한 연구" 글에서 발췌한 내용입니다.

제품의 생산, 판매, 보급 및 판매 후 관리에는 사회적 힘이 관여하며, 사용자는 제품의 '공동 생산자'가 됩니다. 소셜 네트워크에서 가장 기본적이고 중요한 행동 유형은 상호 작용입니다. 상호 작용 과정은 제품의 입소문 형성 및 확산 경로이며, 입소문 효과가 매우 좋을 때 정보는 매우 약한 관계 사슬과 커뮤니티의 중첩 가장자리에 침투하여 확산 효과를 형성 할 수 있습니다. 현재 크라우드 펀딩 모델은 사용자가 제품 생산에 참여하는 모델 유형입니다.

1. ChatGPT와 같은 AI 도구를 통한 터치업

논문 수정은 수정 정도에 따라 확인 및 교정, 표현 변경, 직접 수정, 의도에 따른 재작성 등으로 가볍게부터 어둡게까지 분류할 수 있습니다.

(1) 확인 및 교정

교정 확인은 ChatGPT와 같은 AI 도구를 통해 텍스트에 오류가 있는지 확인하고 수정할 수 있는 제안을 제공하는 것을 의미합니다.

질문

숙련된 텍스트 교정자로서 다음 텍스트를 주의 깊게 읽고 문법, 철자, 구두점 및 서식 오류를 식별하여 텍스트의 정보가 정확하고 명확하며 일관성이 있는지 확인하시기 바랍니다. 완료한 후에는 발견한 각 오류를 원본 텍스트에 표시하고 올바른 수정을 위한 제안을 제공하세요.

꾸밀 텍스트 ### (생략) ###.

답변

제공해주신 텍스트를 확인한 결과 몇 가지 오류가 발견되었습니다. 제가 교정한 결과는 다음과 같습니다.

1. **오류:** 행동 참여는 감정적 경험의 승화입니다.

수정 제안: 이 문장에서 "행동의 참여"라는 단어는 의미가 없으므로 "사용자 참여"로 대체해야 합니다.

2. **실수:** 제품의 생산, 판매, 보급, A/S 과정에서 사회적 힘이 개입하고 사용자가 제품의 '공동 생산자'가 됩니다.

수정 제안: 쉼표 를 중국어 쉼표 "，"로 수정하세요.

정답: 제품의 생산, 판매, 보급 및 판매 후 관리에는 사회적 힘이 관여하며 사용자는 제품의 '공동 생산자'가 됩니다.

3. **오류:** 소셜 네트워크에서 가장 기본적인 행동 유형이자 가장 중요한 것은 상호 작용입니다. 제안: 쉼표를 중국어 쉼표로 수정하고 문장의 흐름을 개선하기 위해 문장을 약간 재구성하세요. 정답: 소셜 네트워크에서 상호 작용은 가장 기본적인 행동 유형이자 가장 중요한 행동 유형입니다.

4. **실수:** 대화형 프로세스는 제품에 대한 입소문이 형성되고 확산되는 경로이며, 입소문이 매우 효과적일 때 메시지는 매우 약한 관계망과 한계가 겹치는 커뮤니티를 뚫고 들어가 확산 효과를 일으킬 수 있습니다.

   수정 제안: 쉼표 를 중국어 쉼표 "，"로 수정하세요.

   정답: 대화형 프로세스는 제품에 대한 입소문이 형성되고 확산되는 경로이며, 입소문이 매우 효과적인 경우 메시지가 매우 약한 관계망과 한계가 겹치는 커뮤니티에 침투하여 확산 효과를 창출할 수 있습니다.

AI 도구는 텍스트를 확인하고 교정하는 데 매우 세심하고 ChatGPT는 텍스트를 복사하는 과정에서 구두점 오류도 확인했지만 연구원은 여전히 일부 전문 단어의 제안을 변증법적으로 동화시켜야합니다.

(2) 표현 변경

연구자들은 논문을 작성할 때 구어체 표현에 어려움을 겪는 경우가 많은데, 이 경우

ChatGPT와 같은 AI 도구는 일부 구어체 표현을 보다 전문적이고 학술적인 표현으로 바꿔줍니다.

질문

숙련된 에세이 교정자로서 텍스트의 학문적 수준을 높이기 위해 다음 규칙을 준수해 주세요: 공식적이고 전문적인 어휘를 사용하고 비공식적이고 일상적이거나 지나치게 언어적인 표현은 피하세요; 논증적 관점을 뒷받침하는 관련 연구 또는 문헌을 인용하세요; 객관적이고 중립적인 표현을 사용하세요.

지나치게 주관적이거나 감정적인 묘사를 피하고, 텍스트가 명확한 단락과 각 단락의 명확한

중심 아이디어로 명확하게 구성되어 있는지 확인하고, "그러나", "또한", "에 따라"와 같은 전환 단어 및 구의 사용을 고려합니다. "반복되거나 중복되는 정보를 피하고 각 문장이 전체 내용에 가치를 더하는지 확인; 가능한 경우 수동태를 사용하여 문장을 보다 격식 있게 만들되 과도하게 사용하지 않도록 주의; 텍스트의 데이터와 사실을 확인하여 정확한지 확인; 문법, 철자 및 서식이 완벽한지 확인하기 위해 여러 번 교정; 원문의 의미를 바꾸지 마세요. 완벽, 원문의 의미를 바꾸지 말고 원문의 기본 구조를 유지하며 원문의 단어 수와 일치, 꾸밈은 표시하고 그 이유를 제시하세요.

수정할 텍스트 ### (생략) ###

답변

수정된 텍스트는 다음과 같습니다.

I. 수정 내용

행동 참여는 감정적 경험의 진행으로 볼 수 있습니다. 사회적 요소는 제품의 생산, 판매, 유통 및 판매 후 관리에서 중요한 역할을 하며 사용자를 제품의 공동 생산자로 변화시킵니다. 소셜 네트워크 분야에서 상호작용은 가장 기본적이고 핵심적인 행동으로 간주됩니다. 이러한 상호작용은 제품에 대한 입소문을 형성하고 확산시킬 수 있는 기반을 마련합니다. 입소문이 긍정적으로 평가되면 관련 정보는 약한 사회적 연결과 겹치는 커뮤니티 변두리를 뚫고 침투할 수 있어 상당한 확산 효과를 가져옵니다. 인기 있는 크라우드 펀딩 모델은 사용자가 제품 생산에 참여하는 전략입니다.

위의 꾸밈은 원문의 기본 구조와 의미를 유지하면서 텍스트를 더욱 학술적이고 형식적으로 만들었습니다.

위의 지침은 텍스트 꾸미기에 대한 여러 가지 제약 조건을 제공하여 전반적인 꾸미기 효과가 텍스트의 학술적 성격을 강화하고 연구자가 텍스트 표현을 향상시킬 수 있도록 참조 제안을 제공하는 데 중점을 둡니다.

(3) 직접 수정

직접 수정, 즉 공간 수정의 텍스트가 매우 크기 때문에 수정할 논문의 초안에서 직접 수정할 수 있으며, 둘 다 교정 수준의 수정을 할 수있을뿐만 아니라 깊은 내용 수정을 할 수도 있고 완전히 다른 내용으로 수정할 수도 있습니다. 논문 텍스트의 장식은 필요한 장식 및 수정을 기반으로 원본 텍스트의 무결성과 창의성을 보장하기 위해 장식 규모를 파악하기 위해 장식 규모를 파악합니다.

질문

학술 논문 작성 개선 도우미로서 제공된 텍스트의 맞춤법, 문법, 명확성, 간결성 및 전반적인 가독성을 개선하고 긴 문장을 나누고 반복을 줄이며 개선 제안을 제공해 주세요. 텍스트의 수정된 버전만 설명과 함께 제공하세요. 각 문장이 한 행을 차지하는 마크다운 테이블로 결과를 제시합니다. 첫 번째 열은 원래 문장, 두 번째 열은 수정된 문장, 세 번째 열은 중국어로 된 설명입니다.

수정할 텍스트 ### (생략) ###

답변

(수정 내용 생략)

이렇게 하면 텍스트가 더 간결하고 명확하며 이해하기 쉬워집니다.

AI 도구로 텍스트를 직접 수정하는 효과는 명령에 설정된 제약 조건에 따라 달라지며, 조건이 많을수록 더 상세할수록 AI 도구의 수정 효과가 연구자의 기대에 가까워지며, "직접 수정" 명령에 추가 된 조건에서 "표현식 변경"을 시도해 볼 수 있습니다. '직접 수정' 명령에 '표현식 변경'의 조건을 추가하여 수정 효과를 확인할 수 있습니다.

(4) 의도에 따라 문구 바꾸기

의도적인 재작성은 원래의 의미를 유지하면서 텍스트를 더 깊이 꾸미고 더 많이 변경하는 것입니다.

질문

학술지의 엄격한 편집장으로서 다음과 같은 요구 사항에 따라 원문의 일반적인 아이디어를 유지하면서 다음 텍스트를 수정해야합니다. 더 많은 문헌 참조, 더 많은 논증 자료 제공, 영문학 만 참조, APA 형식으로 주석 달기, 텍스트에 따라 의견 제목을 수정하고 새로운 관점 제시, 전체 프레젠테이션이 더 합리적이되도록 구조를 재구성하고 언어 표현을 더 형식적이고 더 많이 만들 수 있도록합니다. 언어 표현이 더 형식적이고 학술적입니다. ### 다듬어야 할 텍스트 ###.

답변

캡션

– 소셜 네트워크에서의 사용자 행동: 행동 참여와 정보 유포의 이중적 동적 텍스트

행동에 대한 참여는 감정적 경험의 승화일 뿐만 아니라 소셜 네트워크에서 사용자와 제품 간의 복잡한 상호 작용의 표현이기도 합니다(Smith & Browne, 2019). 생산과 유통, 보급, 애프터서비스에 이르는 현대의 제품 라이프사이클에서 사회적 힘의 개입은 사용자를 점차 제품의 '공동 생산자'로 변화시킵니다(Johnson, 2020). 이러한 변화는 실제로 소셜 네트워크의 핵심적인 행동 현상인 상호작용을 드러냅니다.

연구에 따르면 상호작용은 소셜 네트워크에서 가장 기본적인 행동 패턴일 뿐만 아니라 가장 중요한 행동 패턴 중 하나이기도 합니다.

(Harris & Nelson, 2017). 이러한 상호작용 과정은 제품 입소문이 형성되고 확산되는 주요 경로가 됩니다. 특히 입소문 효과가 긍정적일 경우, 정보는 소셜 네트워크의 약한 관계망과 경계가 겹치는 커뮤니티까지 깊숙이 침투하여 상당한 확산 효과를 일으킬 수 있습니다(Turner, 2018).

최근 몇 년 동안 크라우드 펀딩 모델의 부상은 위의 관점에 대한 명확한 실증적 사례를 제공했습니다. 사용자 참여형 크라우드 펀딩은 실제로 제품 생산 과정과 밀접하게 연결된 새로운 참여 유형이 되었습니다.

참조

– Smith, J., & Browne, M. (2019). 감정과 행동 : 현대 소비자 행동의 이중 역학. 소비자 행동 저널, 27 (4), 338-347.

– Johnson, L. (2020). 공동 제작자의 부상 : 소비자에서 파트너로. 마케팅 인사이트, 31(1), 56-64쪽.

– Harris, A., & Nelson, M. (2017). 소셜 네트워크에서의 대화형 행동: 종합 연구. 소셜 네트워크 분석 및 마이닝, 7(3), 123-137.

– Turner, R. (2018). 입소문의 힘: 소셜 네트워크 역학에 대한 심층 분석. 소셜 미디어 연구 저널, 12(2), 213-229.

– Zhang, W., & Liu, X. (2014). 중국의 크라우드 펀딩: 지후 플랫폼 사례 연구. 아시아 비즈니스 리뷰, 15(3), 89-101.

재 작성 의도에 따라 제공된 텍스트의 내용에 따라 재 작성하는 데 필요한 지침에 따라 더 실질적인 수정의 기초의 원래 의도를 유지하기 위해 연구자에게 더 창의적인 참조 콘텐츠를 제공 할 수 있습니다.

2. ChatGPT 관련 플러그인을 통한 수정 작업

ChatGPT에는 다양한 기능 향상 도구가 있으며, 그 중 텍스트 터치업은 매우 중요한 도구로 일반적으로 브라우저 플러그인으로 실행됩니다. 이러한 도구에는 StudyGPT, Monica, MaxAI 등 여러 가지가 있습니다. 이러한 도구의 작동 원리는 도구에 여러 가지 터치업 명령이 내장되어 있으며 사용자가 필요에 따라 클릭하여 사용할 수 있다는 것입니다. 다음은 그림 9-1에 표시된 대로 StudyGPT에서 사용할 수 있는 터치업 기능입니다.

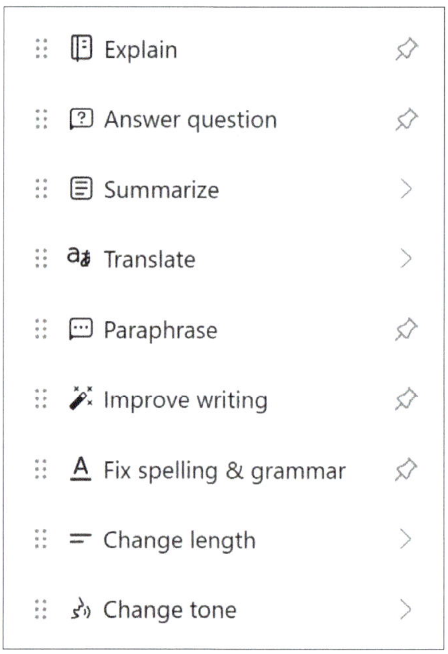

그림 9-1 StudyGPT는 터치업 기능을 제공합니다.

다음과 같이 페이지의 CSS 구조를 변경하여 ChatGPT 페이지에 임베드된 기능을 사용하는 도구 카테고리도 있습니다.

기본적으로 브라우저 플러그인인 EditGPT는 StudyGPT와는 다른 방식으로 임베드됩니다.

3. 전문 수정 도구를 사용한 수정

명령어 중심의 ChatGPT 및 ChatGPT 플러그인을 사용하는 것 외에도, 텍스트 교정을 위한 텍스트 교정, 영어 텍스트 교정을 위한 문법, 워드비스, 퀼봇 등의 플랫폼과 같은 독립 텍스트 수정 도구도 있습니다. 필요에 따라 적절한 도구를 선택할 수 있습니다.

9.2 논문 제목, 초록 및 키워드의 AI 지원 작성

1. AI를 이용한 논문 제목 작성

제목은 논문의 중심 아이디어를 가장 간결하게 표현하는 것으로, 정확성, 간결성, 가독성이 학술 논문 제목의 가장 중요한 기준입니다.

내부 요구 사항, 그 중 정확성은 학술 논문 제목의 핵심 요구 사항입니다. 제목은 가장 먼저 내용을 접하는 독자에게 "무엇을 연구할 것인가", "어떻게 연구할 것인가", "결론은 무엇인가", "혁신은 무엇인가" 등 논문의 핵심 내용을 직접적으로 전달할 수 있는 훌륭한 제목입니다. "혁신이란 무엇인가" 등. 구체적으로 제목에는 주로 연구 대상, 연구 관점, 연구 결론, 연구 방법, 수사적 내용 등 5가지 핵심 요소가 포함되어 논문의 가독성을 높입니다.

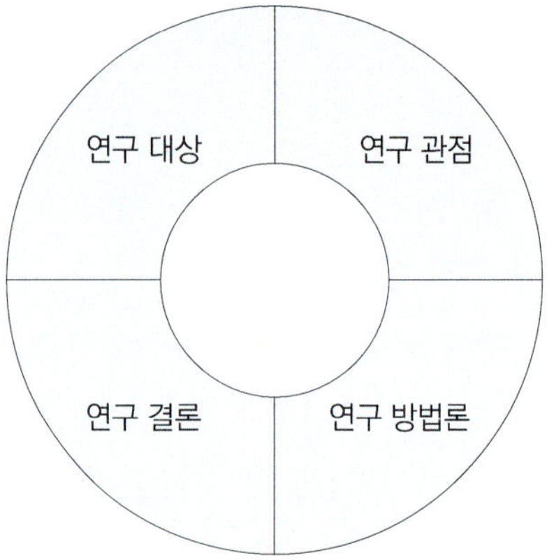

그림 9-3 **논문 제목의 핵심 요소**

핵심 요소는 그림 9–3에 나와 있습니다.

논문 작성 과정에서 논문 제목은 보통 최종 초안 이후에 결정되기 시작하며, 제목이 확정되지 않은 경우 제목의 표현에 조정이 있을 경우 제목의 핵심 요소에 영향을 미치게 됩니다. 제목은 매우 의존적이고 개별적입니다. 의존성이란 제목이 기존의 선택 항목, 논문의 내용 및 동일한 주제에 대한 다른 논문의 제목을 기준으로 결정되는 경우가 많다는 것을 의미합니다. 개별성은 연구자가 정보를 흡수하고 판단한 후 개별적으로 결정하는 것을 말하며, 동일한 자료를 바탕으로 하더라도 연구자마다 최종적으로 결정하는 제목은 매우 다를 수 있습니다. 제목에 따른 특성을 고려하여 논문 제목을 작성하는 3가지 아이디어는 주제 선정 기준, 논문 내용 기준, 동일 주제에 대한 논문 제목 기준입니다.

(1) 선택한 주제에 따라 논문 제목을 작성하기 위한 아이디어

제목과 주제는 학술 논문의 두 가지 핵심 요소로, 유사점도 많지만 근본적인 차이점도 있어 일부 연구자들은 종종 제목과 주제를 혼동하여 같은 것으로 취급하는 경우가 있습니다. 제목과 토픽의 특성을 명확히 이해하면 연구자가 제목을 개념화하고 작성하는 데 도움이 될 수 있으며, ChatGPT와 같은 AI 도구를 통해 두 가지의 특성에 대한 정보를 얻을 수 있습니다.

질문

제목과 선택한 주제 사이의 개념과 유사점 및 차이점을 분석하고 교육적 내용을 예로 들어 설명해 주세요.

답변

제목과 주제 선택은 학술 논문의 두 가지 핵심 요소입니다. 기능, 범위, 표현 방식은 다르지만 유사점도 있습니다. 이 두 요소의 유사점과 차이점을 이해하면 연구자가 자신의 연구를 보다 효과적으로 정리하고 전달할 수 있습니다.

1. 개념적

- 제목: 제목은 학술 논문의 내용을 짧고 정확하게 설명하는 문구입니다. 간결해야 하며 독자가 논문의 핵심 내용이나 연구 주제를 빠르게 이해할 수 있어야 합니다.
- 주제 선정: 주제 선정은 연구의 시작점이며 특정 문제나 영역에 대해 심층적인 연구를 수행하기로 결정하는 것을 포함합니다. 주제 선정에는 일반적으로 연구의 중요성, 독창성 및 실현 가능성을 고려합니다.

2. 공통 기반

- 연구 내용 표현하기: 제목과 선택한 주제는 모두 연구의 주요 내용을 표현하거나 설명하는 데 사용됩니다.
- 연구의 핵심: 제목과 주제 선택은 모두 논문의 핵심 아이디어를 반영합니다.
- 독자 소개: 두 가지 모두 독자에게 문서 내용에 대한 기대치를 제공합니다.
- 독창성과 고유성: 두 가지 모두 어느 정도의 독창성을 보장해야 합니다.

3. 차이점과 유사점

- 기능적 차이점
- 제목의 주요 기능은 독자의 주의를 끌고 논문의 요점을 간결하게 전달하는 것입니다.
- 주제 선택의 기능은 연구의 방향과 범위를 결정하는 것입니다.
- 범위의 차이
  - 제목은 일반적으로 더 구체적이며 논문의 핵심 주장을 가리킵니다.
  - 주제 선택은 한 분야 또는 하위 분야를 포괄하는 더 광범위한 주제일 수 있습니다.

• 표현의 차이

– 제목은 명확하고 간결해야 하며 일반적으로 15단어를 넘지 않아야 합니다.

– 선택한 주제에 대한 설명은 연구의 배경, 중요성 및 목적을 설정하여 비교적 상세하게 기술할 수 있습니다.

4. 교육용 콘텐츠의 예

연구자는 유치원 교육에서 협동 학습 모델에 관심이 있다고 가정합니다.

선정 주제: "유치원 환경에서의 협동 학습 모델과 아동의 사회적 기술 발달에 미치는 영향" 제목: "아동의 사회적 기술을 위한 유치원 환경에서의 협동 학습 모델" 둘 다 취학 전 교육과 협동 학습 모델의 영향에 초점을 맞추고 있지만, 제목은 더 간결하고 직접적이면서 연구에 대한 더 넓은 맥락을 제공합니다.

위의 AI 도구 분석과 우리 자신의 이해를 참조하면 주제 선택과 제목은 핵심 요소 측면에서 동일하지만 완전히 다른 단계에 있다는 것을 알 수 있습니다. 주제 선택은 논문 작성의 초기 단계에 있으며, 주요 기능은 작성 방향을 나타내는 것이며, 내용의 지속적인 개선과 연구자의 깊이에 대한 이해는 언제든지 수정 될 것이므로 주제 선택의 속성이 변경되고 있으며 제목은 논문의 최종 "최종 단어"이지만 중간에도 수정되지만 기본적으로 수사학 수준의 조정이며 핵심 구조적 틀은 다시 변경되지 않습니다. 제목은 논문의 마지막 단어이지만 중간에 수정되지만 기본적으로 수사적 조정 수준이며 핵심 구조적 틀은 변경되지 않습니다. 위의 분석에서 다음과 같은 결론을 도출 할 수 있습니다. 주제는 제목의 초기 버전이고 제목은 독자에게 제시 될 가장 중요한 내용이기 때문에 제목은 주제의 최종 버전이므로 매력을 높이기 위해 주제에 대한 심층적 인 수사적 처리를 수행해야합니다.

그렇다면 주제에 따라 제목을 어떻게 작성할까요? 그 비결은 주제의 '수사적 처리'에 있습니다.

질문

저는 저널 논문을 작성 중인 커뮤니케이션 학자입니다. 학술 논문 작성 튜터로서 논문을 완성하는 데 도움을 주실 것을 요청합니다. 현재 논문 제목을 작업 중이므로 아래 단계에 따라 최종 제목을 작성해 주세요. 1단계: 현재 제 논문 주제는 '프레이밍 이론의 관점에서 본 환경 테마 단편 동영상의 정서적 상호작용'입니다.

연구 – 혼합 연구 방법 기반"; 2단계, 선택한 주제에서 가장 혁신적인 요소로 강조하고 싶은 것은 감정적 상호작용입니다;

3단계에서는 2단계의 혁신적인 요소를 구조적으로 강조하고, 4단계에서는 중복되는 수식어를 제거하고 가장 중요한 정보만 유지합니다.

답변

단계와 요구 사항에 따라 제목을 재구성할 수 있습니다.

- 1단계: 원제목은 "프레이밍 이론의 관점에서 본 환경 테마 단편 동영상의 감성적 상호작용 연구–혼합 연구 방법을 중심으로"였습니다.
- 2단계: 강조하고 싶은 혁신적인 요소는 '감정적 상호 작용'입니다.
- 3단계: 제목에 '정서적 상호작용'을 맨 앞에 배치하고 콜론이나 대시를 사용하여 구조적 명확성을 더하고 직유나 은유를 사용하여 의미를 더 잘 전달할 수 있도록 고려하세요.
- 4단계: 중복되는 수식어와 정보를 제거하고 핵심 사항만 남겨야 합니다.

위의 네 단계를 결합하여 최종 제목은 "정서적 상호작용의 춤: 환경 단편 동영상에 대한 프레이밍 이론적 관점"으로 제안합니다.

이 제목은 '감정적 상호작용'을 중앙과 전면에 배치하고 '춤'이라는 은유를 통해 감정적 상호작용의 역동성과 중요성을 강조하며 원래 제목의 수식어를 단순화하여 메시지를 더욱 간결하고 명확하게 전달합니다.

연구자는 자신의 연구 상황에 따라 위 질문의 1단계와 2단계의 내용을 조정할 수 있습니다. 위의 단계에는 두 가지 핵심 기능이 있습니다. 하나는 선택한 질문의 핵심 요소를 강조하여 제목의 매력도를 높이는 것이고, 다른 하나는 선택한 질문을 간소화하여 전체를 더 간결하게 만드는 것입니다. 조정해야 할 사항이 더 있는 경우 그에 따라 문제를 수정할 수 있습니다.

(2) 논문 내용을 바탕으로 논문 제목을 작성하기 위한 아이디어

기본적으로 논문 제목은 논문의 특정 내용에 뿌리를두고 있으며 논문 내용을 기반으로 논문 제목을 작성하는 것이 가장 과학적인 경로입니다. 전통적인 작문 방식에서는 일반적으로 연구자가 먼저 주제를 결정한 다음 연구가 진행됨에 따라 주제를 계속 수정하며, 이 작업 방식의 기본 논리는 연구자가 논문의 핵심 요소에 대한 내면화된 이해와 논문의 정교함을 기반으로 합니다. AI 도구의 도움을 받아 연구자의 이해와 구체화는 제쳐두고 논문의 텍스트만을 기반으로 핵심 요소만 다듬는다면, AI 도구가 많은 내용을 분석해야 하기 때문에 AI 도구가 다듬은 요소는 정확도가 떨어질 수밖에 없습니다. 따라서 논문 내용을 기반으로 논문 제목 작성을 지원하는 AI 도구는 연구자의 이해와 보정이 병행되어야 합니다.

질문

저는 학생이며 저널 논문을 작성하고 있습니다. 매우 까다로운 저널의 편집장으로서 제가 논문을 완성할 수 있도록 도와달라는 요청을 받았습니다. 현재 논문 제목을 정하고 있으니 아래 단계에 따라 위에 제공된 자료를 바탕으로 논문 제목을 구체화해 주세요. 첫 번째 단계는 제공된 자료를 바탕으로 핵심 요소를 추출하는 것입니다.

(생략)

답변

첫 번째 단계에서는 제공된 자료에서 다음 요소를 추출했습니다. 연구 대상: 정부 웨이보

연구 이론: 없음

연구 방법론: 콘텐츠 분석 방법

연구 관점: 소셜 거버넌스의 혁신 촉진

두 번째 단계에서는 추출된 요소와 제목 작성 템플릿을 바탕으로 내용 분석 방법을 통해 예비 제목인 '사회 거버넌스 혁신 촉진: 정부 위챗에 관한 연구'를 구성했습니다.

세 번째 단계에서는 제목을 단순화하고 가장 핵심적인 요소는 유지하며 제목의 구조를 재구성하고 불필요한 내용을 제거한 후 최종 제목인 '사회 거버넌스 혁신을 촉진하기 위한 정부 위챗 연구'를 다듬었습니다.

질문

사례 또는 방법을 추가하세요.

답변

구체적인 연구 사례나 방법을 추가하여 최종 완성 제목을 '사회 거버넌스의 혁신을 촉진하기

위한 정부 위챗 연구'로 정하고, '상하이 릴리스'를 예로 들어 설명합니다.

이 사례에서 볼 수 있듯이, 단계별로 추적한 결과 본문 텍스트를 기반으로 Claude2가 생성한 제목은 원본 제목과 거의 동일합니다. 물론 이는 이 논문의 전체 구조가 더 단순하여 모델링이 줄어들었기 때문일 수도 있습니다. 일반화할 수 있는 능력은 다시 시도하고 이 지침의 효과를 계속 테스트할 수 있는 것입니다.

(3) 같은 주제를 바탕으로 논문 제목을 작성하기 위한 아이디어

ChatGPT와 같은 AI 도구는 매우 강력한 구조 분석, 학습 및 마이그레이션 기능을 갖추고 있으며, 동일한 주제에 대한 논문 제목을 학습함으로써 해당 논문 제목 작성에 필요한 정보를 제공할 수 있습니다.

먼저 국제 저널, 커뮤니케이션 연구, 대학, 현대 커뮤니케이션 등 4개 저널의 모든 단편 동영상 주제 제목을 AI 도구에 제공한 후 다음 지침을 실행합니다.

질문

저는 저널 논문을 작성 중인 커뮤니케이션 학자입니다. 학술 논문 작성 튜터로 활동하며 논문을 완성하는 데 도움을 주실 것을 요청합니다. 현재 논문 제목을 정하고 있습니다. 현재 제 논문 주제는 "공명 만들기: 혼합 연구 방법에 기반한 프레이밍 이론의 관점에서 본 환경 보호 주제에 대한 짧은 동영상의 정서적 상호작용에 관한 연구"입니다. 위의 우수 제목을 참고하여 간결하고 집중력 있는 논문 제목을 만들 수 있도록 제목을 최적화해 주세요.

답변

논문 제목은 이미 매우 구체적이며 연구의 내용과 방법론을 적절히 반영하고 있습니다. 그러나 더 간결하고 요소를 돋보이게 하기 위해 약간의 수정을 고려할 수 있습니다. 제목을 최적화하기 위한 몇 가지 제안을 드립니다.

1. **공명 만들기:** 이 섹션은 연구의 핵심 목표이며 짧은 동영상을 통해 정서적 공명을 만드는 방법을 탐구하고자 함을 나타냅니다. 이 섹션은 그대로 유지하는 것이 좋습니다.
2. **프레임 이론의 관점에서:** 프레임 이론에서 시작하지만 간결성을 위해 '프레임' 또는 '프레임 분석'이라는 용어를 대신 사용힐 수 있습니다.
3. **환경 주제에 대한 짧은 동영상의 정서적 상호작용:** 이 섹션에서는 연구 내용을 자세히

설명합니다. 간결성을 위해 '짧은 환경 동영상의 정서적 상호작용'이라는 용어를 사용하는 것을 고려할 수 있습니다.

4. **혼합 연구 방법 기반:** 이 섹션에서는 어떤 방법을 사용했는지 독자에게 매우 명확하게 알려줍니다. 간결성을 위해 '혼합 방법 조사'로 대체할 수 있습니다.

요약하자면, 제가 제안하는 최적의 제목은 "공명 만들기: 환경적 단편 동영상에서 감정적 상호작용에 대한 프레임워크 분석 및 혼합 방법 탐색"입니다.

이 제목은 훨씬 더 간결하지만 여전히 연구와 방법론의 핵심을 명확하게 전달합니다. 도움이 되셨기를 바랍니다!

AI 도구는 제공된 제목을 이해하고 분석하여 위의 선택 항목에 대한 최적화를 제안하며, 사용자는 이에 따라 조정할 수 있습니다.

2. AI를 이용한 초록 작성

초록은 짧지만 포괄적으로 논문의 내용을 요약한 것으로, 독자들이 논문의 내용을 빠르게 파악할 수 있으며 일반적으로 제목 바로 뒤에 배치됩니다. 초록은 일반적으로 배경, 연구 과정, 결론의 세 부분으로 구성되며, 이 중 결론이 초록에서 가장 중요한 부분입니다. 초록의 출처는 논문의 내용, 즉 논문 내용 하나뿐입니다. 다음으로 "정부 업무를 위한 WeChat, 사회 거버넌스 혁신에 도움이라는 기사를 예로 들어 AI 도구를 사용하여 콘텐츠에서 초록을 추출하는 과정을 보여드리겠습니다.

질문

저는 저널 논문을 쓰는 커뮤니케이션 학자입니다. 학술 논문 작성 튜터로 활동해 주시고 논문 완성을 도와주실 것을 부탁드리고 싶습니다. 저는 현재 초록 섹션을 작성하고 있습니다. 논문 초록에 대한 몇 가지 이해와 요구 사항은 [ ]에 나와 있습니다. 초록의 내용은 크게 세 부분으로 나눌 수 있습니다. 첫 번째 부분은 연구의 배경, 즉 연구의 목적, 연구의 의의 등을 설명하는 부분으로 길이의 1/6을 차지하고, 두 번째 부분은 연구의 연구 설계(연구 관점, 연구 방법론 등) 또는 논리적 과정, 개념 설명 등을 설명하는 부분으로 2/6을 차지하며, 세 번째 부분은 연구의 결론을 설명하는 부분으로 길이의 3/6을 차지합니다.

1. **초록의 요건은 다음과 같습니다.** 정확성 정확성. 초록은 우선 표현의 정확성을 보장하기

위해 텍스트의 핵심 요소를 정확하게 반영하고 텍스트에 나타나지 않아야하며 내용에 나타나지 않아야합니다.

2. **간결하고 구체적입니다.** 초록의 길이는 일반적으로 약 300 단어이며, 실질적인 정보가 부족하거나 "특정 이론적 중요성과 실용적 중요성이 있음"또는 "잘 알려진"과 같은 "만병통치약"문장의 사용을 피하십시오. ......" 등

3. **비평가적 표현.** 초록의 주된 목적은 연구 결과를 보고하는 것이지 연구 결과를 평가하는 것이 아닙니다. 초록에서 논문의 내용, 특히 자기 평가를 해석하거나 언급하지 말고 "빈칸 채우기" 등 의미 없는 표현을 쓰지 마세요.

4. **일관성 및 가독성.** 초록에는 '저자', '이 논문', '이 연구' 등과 같은 1인칭을 사용할 수 없으며, '논문'과 같은 3인칭으로 대체합니다.

5. **초록의 형식에 주의하세요.** 일반적으로 초록에는 수학 공식, 그림, 표 등을 사용하거나 주를 사용하지 않습니다.]

답변

안녕하세요, 저에게 배우고 연습할 수 있는 기회를 주시고 논문 초록 작성의 튜터가 될 수 있는 영광을 주셔서 대단히 감사합니다. 제공해주신 논문의 내용과 초록 작성 요건에 따라 우선 초록에는 다음 세 가지 부분이 포함될 수 있다고 생각합니다.

1. 연구 배경

– 이 기사는 정부 위챗을 연구 대상으로 삼아 사회 거버넌스 혁신을 촉진하는 정부 위챗의 내부 메커니즘을 분석합니다. 네트워크 기술의 발전과 함께 정부 위챗은 사회 거버넌스 혁신을 촉진하는 중요한 동력이 되었습니다.

2. 연구 설계

– 이 글은 콘텐츠 분석 방법을 채택하여 '상하이 출판'의 184개 위챗 메시지를 예로 들어 정부 위챗의 콘텐츠 특성과 거버넌스 구조를 살펴봅니다.

3. 결과

– 이 연구는 정부 위챗이 공공 서비스 정보 테마를 구성하고 멀티미디어 수단을 사용하여 전파하며 정보 공개 및 대화형 메커니즘의 고정된 리듬을 형성한다는 사실을 발견했습니다. 정부 위챗은 사회적 대화, 신뢰 및 동원 메커니즘의 혁신을 촉진하여 사회 거버넌스 모델의 혁신을 더욱 촉진할 것입니다.

이 초록은 논문의 요점을 정확하고 간결하며 일관성 있게 반영하고 주관적인 표현을 피하며 300단어 내외로 분량을 유지하려고 노력했습니다. 배울 수 있는 기회를 주셔서 감사드리며, 여러분의 피드백을 바탕으로 초록을 계속 개선해 나가겠습니다. 연구에 행운을 빕니다!

AI 도구가 제공하는 답변과 원본 문서의 요약문을 아래 요약된 내용과 비교할 수 있습니다.

원본 문서: "마이크로 블로그에 이어 위챗은 사회 거버넌스 혁신을 촉진하는 중요한 동력이 되었습니다. 우리는 '상하이 릴리스' 위챗을 사례 연구로 선정하여 공공 서비스 콘텐츠 테마 구성, 멀티미디어 요소 사용, 정보 공개 속도 및 대응 메커니즘의 관점에서 '상하이 릴리스'의 콘텐츠 특성과 거버넌스 구조를 분석하고 사회적 대화 메커니즘, 사회적 신뢰 메커니즘 및 사회 동원 메커니즘 수준에서 사회 거버넌스 혁신을 촉진하는 데있어 위챗의 긍정적 인 역할에 대해 논의했습니다. 사회적 대화 메커니즘, 사회적 신뢰 메커니즘 및 사회 동원 메커니즘 수준에서 사회 거버넌스 혁신을 촉진하는 데 있어 위챗의 긍정적인 역할에 대해 논의합니다."

인공지능 도구로 추출한 초록과 원문으로 추출한 초록은 구조와 핵심 내용에서 거의 동일하지만 표현에 약간의 차이가 있으며, 인공지능 도구로 추출한 초록의 첫 문장, 즉 "이 논문은 정부 업무용 위챗을 연구 대상으로 삼고 사회 거버넌스 혁신을 촉진하기 위해 위챗의 내부 메커니즘을 분석한다"는 구조에서 다소 중복되는 부분이 있는 것 같았습니다. 인공지능 도구가 추출한 초록의 첫 문장, 즉 "본 논문은 사회 거버넌스 혁신을 촉진하기 위해 위챗의 내부 메커니즘을 분석한다"는 구조상 다소 중복되는 부분이 있어 추후 대조 단계에서 삭제하는 것을 고려할 수 있습니다.

3. AI 활용 논문 키워드 작성

키워드는 논문 주제의 개념을 반영하는 단어 또는 구문으로, 일반적으로 초록 아래에 위치합니다. 논문의 키워드 수는 보통 3~7개로, ";"로 나눕니다. 키워드는 문헌 검색의 신호이자 중요한 단서로, 논문이 출판된 후 확산 효과에 영향을 미칩니다. '연구', '분석'과 같은 일반화된 키워드를 선택하지 않고 핵심 구조의 키워드를 선호하는 등 선택한 주제에 대한 키워드를 구체화할 때 주의해야 할 사항이 많이 있습니다. 자세한 규칙은 아래 키워드 참조 지침에 작성되어 있습니다. 다음으로 "정부용 위챗, 사회 거버넌스 혁신에 도움 – '상하이 출판'을 예로 들어"라는 기사를 예로 들어 주제와 내용에 따라 AI 도구로 키워드를 추출하는 과정을 설명해 드리겠습니다.

질문

저는 저널 논문을 쓰는 커뮤니케이션 학자입니다. 제 논문 작성을 도와주실 학술 글쓰기 튜터가 되어 주실 것을 부탁드리고 싶습니다. 현재 논문의 키워드를 작성 중이며, 제가 선택한 주제는 "사회 거버넌스 혁신을 돕는 정치 마이크로 블로깅 – '상하이 석방'을 예로 들어"인데, 주제와 제공된 자료에 따라 키워드를 구체화해 주세요. 주제와 제공된 자료에 따라 키워드를 구체화해 주세요. 키워드에 대한 이해와 요건은 [ ]의 내용을 참고해 주세요.

1. '연구 단위', '연구 차원', '연구 관점', '연구 방법론' 등 논문의 구조적 요소에서 키워드를 선택합니다. "연구 방법론", "연구 결론". 이 중 연구 단위는 반드시 키워드로 선택해야 하며, 개념적 연구 차원은 키워드로 선택할 수 있고, 보다 일반화된 개념은 선택하지 않아도 되며, 연구 결론은 키워드로 선택한 경우 추상화하여 단어로 요약해야 하고, 연구 관점과 연구 방법론은 직접 키워드로 선택할 수 있습니다. 예를 들어 '신세대 이주 노동자의 도시 통합'에서 '신세대'는 정의, '이주 노동자'는 연구 단위, '도시 통합'은 연구 차원입니다. '신세대 이주 노동자의 도시 통합'에서 '신세대'는 정의어, '이주 노동자'는 연구 단위, '도시 통합'은 연구 차원입니다. 키워드의 순서는 핵심 개념 우선, 표준어 우선, 본문에 등장하는 순서대로 작성합니다. 키워드의 개수는 3~7개로 하며, 각 키워드의 단어 수는 1,000,000,000,000단어를 넘지 않아야 합니다.

6개 단어 4. '연구', '분석', '역할' 등과 같이 광범위한 의미를 가진 키워드 및 문장, 구문 등은 허용되지 않습니다.

키워드를 선택할 수 없으며, 영어 약어는 키워드로 선택할 수 없습니다.]

답변

논문 주제인 "사회 거버넌스 혁신을 돕는 정부 위챗–'상하이 릴리스'를 예로 들어"와 제공된 자료 및 요구 사항을 바탕으로 다음과 같은 키워드를 추출해 드리겠습니다.

1. 정부 위챗(연구 부서)

2. 사회 거버넌스 혁신(핵심 개념, 연구 차원)

3. 상하이 출판(연구 관점)

4. 사회적 동원(논문 본문의 핵심 개념)

5. 지역 동원(논문 본문의 핵심 개념)

6. 정밀 동원(논문 본문의 핵심 개념)

AI 도구가 제공하는 답변과 원본 문서의 키워드를 비교하면 다음과 같습니다. "전자 거버넌스, 정부 웨이보, 전자 거버넌스, 소셜 거버넌스, 공공 관리.", 인공지능 도구로 정제된 키워드와 원문의 키워드는 모두 정부 위챗(연구 단위)과 사회 거버넌스(연구 차원)를 키워드에 포함시킨 핵심 구조 요소를 추출하는 데 있어 일관성이 있으며, 키워드에 약간의 차이가 있지만 이는 키워드에 대한 판단이 관점에 따라 달라지는 경향이 있기 때문에 정상적인 현상입니다. 논문의 핵심 요소를 키워드로 추출할 수 있다면 키워드에 옳고 그름은 없습니다.

9.3 AI 활용 논문 제출

논문이 완성되었다면 이제 제출 단계로 넘어갈 차례입니다. 제출 단계는 학술지 매칭, 제출 편지 작성, 제출에 대한 의견에 응답하는 단계로 나눌 수 있습니다.

1. 저널 매칭

다음으로, 먼저 ChatGPT와 같은 AI 도구를 사용하여 주제와 기타 정보를 선택하여 논문과 저널을 매칭하려고 했습니다.

질문

저는 커뮤니케이션학 박사과정 2년차이고, 연구 관심 분야는 뉴미디어 커뮤니케이션입니다. 시니어 핵심 저널의 편집장을 맡아주셨으면 합니다. "혼합 방법론에 기반한 프레이밍 이론의 관점에서 본 환경 보호 주제에 대한 단편 영상의 감성적 상호작용 연구"라는 제목의 논문을 완성했고, 이 원고를 적합한 중국 핵심 저널에 제출하고 싶은데 저널을 매칭하고 표를 출력할 수 있도록 도와주세요. 이 원고를 적합한 중국 핵심 저널에 투고할 수 있도록 도와주세요.

답변

외부 웹사이트에 직접 접속하여 실시간 학술지 정보를 검색할 수 있는 권한이 없어 죄송하지만, 지난 교육 데이터(2021년 9월 기준)와 고객님께서 제공해주신 논문에 대한 정보를 바탕으로 뉴미디어 커뮤니케이션, 프레이밍 이론, 환경 주제에 관한 짧은 동영상 분야에서 영향력 있는 중국 핵심 학술지를 추천해 드릴 수 있습니다. 이러한 추천을 받으려면 해당 저널의 현재 게재 요건과 중점 분야를 추가로 확인해야 할 수도 있습니다.

이 제안은 저의 이전 교육 데이터를 기반으로 한 것입니다. 해당 학술지의 공식 웹사이트에서 주제, 제출 요건 및 기타 관련 정보를 추가로 확인해야 할 수도 있습니다. 또한 저널을 선택할 때는 저널의 영향력 지수, 동료 심사의 질, 출판 속도 등 다른 요소도 고려해야 합니다.

다시 한 번 BingChat에서 제공한 답변을 확인하세요.

답변

안녕하세요, 학술지 매칭을 위한 몇 가지 제안을 드리게 되어 기쁩니다. 논문 제목과 연구 방향에 따라 중국 핵심 저널을 검색하여 관련성과 영향력에 따라 다음과 같은 저널을 추천해 드립니다.

(생략)

제가 여러분과 매칭해 드린 저널이 도움이 되셨기를 바랍니다. 제출에 행운을 빕니다!

위의 결과에서 저널 매칭 세션에서 BingChat은 ChatGPT보다 더 나은 답변을 제공하지만 연구자에게 거의 도움이 되지 않으며, 제공하는 정보도 많은 부분에서 부정확하고 심지어 가상의 정보도 있습니다.

학술지를 매칭하는 과정에서 몇 가지 더 정확한 도구를 추천합니다. IEEE Publication Recommender를 추천합니다. 제목, 키워드를 입력하면 관련 저널 및 학술대회 등을 추천합니다.

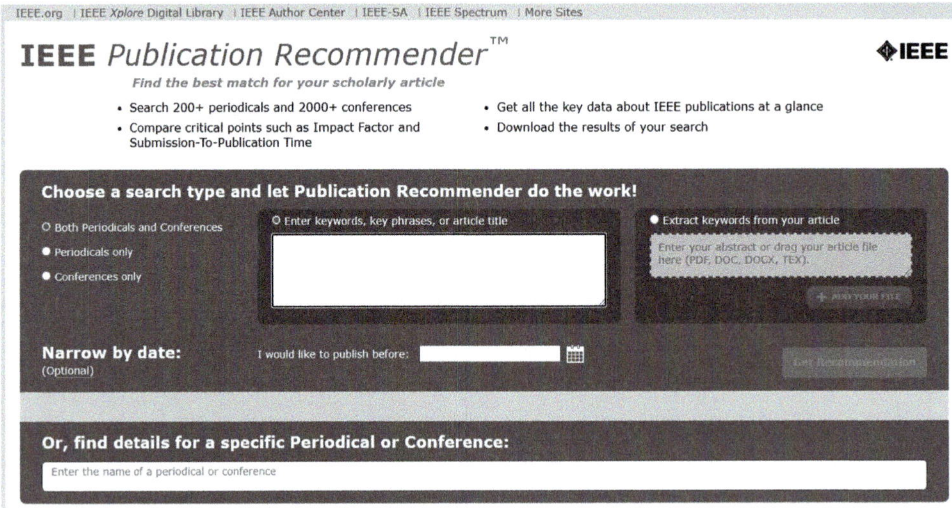

그림 9-4 IEEE Publication Recommender 예시

2. 제출 Letter 작성

오늘날 저널에서 논문을 접수하는 방식은 기본적으로 이메일과 제출 시스템 두 가지가 일반적입니다. 과거에는 학술지에서는 기본적으로 이메일을 통해 투고를 받았으며, 연구자가 논문을 제출할 때 논문의 내용을 첨부 파일로 보낼 뿐만 아니라 이메일에 투고 서신을 한 문단 정도 작성하여 한편으로는 정중함을 표시하고 다른 한편으로는 논문의 특성을 요약하여 저널 편집자가 투고 서신을 통해 논문의 특성을 이해할 수 있기를 바랐습니다. 그러나 기술의 발전으로 점점 더 많은 저널에서 투고 시스템을 채택하고 있으며, 연구자는 시스템 요구 사항에 따라 단계별로 필요한 정보를 작성하여 논문을 제출하기만 하면 됩니다. 다음은 이메일을 통해 논문을 제출하는 연구자를 위해 AI 도구를 사용하여 투고 서신을 작성하는 방법을 보여주는 데모입니다.

질문

저는 뉴미디어 커뮤니케이션 연구 방법론을 연구하는 커뮤니케이션 박사 2년차이며 저널 논문을 작성하고 있습니다. 제 논무 제출을 도와주실 시니어 저널 에디터로 활동해 주실 것을 부탁드리고 싶습니다. 현재 제 논문 주제는 "프레이밍 이론의 관점에서 본 환경 주제 단편영상의 정서적 상호작용 연구-혼합 연구 방법을 중심으로"이며, 현대 커뮤니케이션에 논문을 제출하고자 하니 간결하고 명확한 문체로 투고 원고를 작성할 수 있도록 도와주세요.

답변

물론입니다. 아래는 귀하가 제공한 정보를 바탕으로 작성된 템플릿 제출 편지 초안입니다.

모던 커뮤니케이션 편집위원회 여러분:

안녕하세요!

저는 (소속 대학명)의 커뮤니케이션학 박사과정 2년차 (성명)이며, 최근 연구 논문인 '프레이밍 이론 관점에서 본 환경 테마 단편 동영상의 정서적 상호작용 연구 - 혼합 연구 접근법을 기반으로'를 제출하게 되어 매우 영광스럽게 생각합니다.

새로운 미디어의 발달로 짧은 동영상 플랫폼은 점점 더 사람들이 정보를 얻고 공유하는 주요 수단으로 자리 잡고 있습니다. 특히 환경을 주제로 한 콘텐츠의 경우, 어떻게 하면 시청자와 감성적으로 소통하고 더 효과적으로 공감을 이끌어낼 수 있을지는 더 깊이 탐구할 가치가 있는 중요한 주제입니다. 이 논문에서는 양적, 질적 혼합 연구 방법을 결합한 프레이밍 이론의 관점에서 이 문제를 탐구하고 몇 가지 유용한 결론과 제안을 제공하고자 합니다.

이 글이 커뮤니케이션 분야에 기여할 뿐만 아니라 실질적인 뉴미디어 콘텐츠 제작과 홍보에도 도움이 될 것이라고 생각합니다. 더 많은 독자들이 이해하고 토론에 참여할 수 있도록 〈현대 커뮤니케이션〉에서 인정해 주셨으면 좋겠습니다.

제 논문 전문과 관련 자료를 첨부합니다. 검토 과정에서 궁금한 점이 있거나 추가 정보가 필요한 경우 언제든지 필요한 정보를 제공할 수 있도록 대기하고 있습니다. 여러분의 소중한 피드백을 기다리겠습니다!

시간을 내어 배려해 주셔서 다시 한 번 감사드립니다!

(사용자 이름)

(연락처 이메일)

(연락처 번호)

(날짜)

위 템플릿의 (학교명), (성명) 및 기타 정보를 수정하고 적절하다고 생각되는 부분을 수정하거나 추가하세요. 제출이 잘 되길 바랍니다!

AI 도구에서 제공하는 제출 서신은 포괄적이고 표현이 매우 성실하므로 이를 참고하여 자신의 상황에 맞게 수정할 수 있습니다.

3. 제출 리뷰에 응답하기

일반적으로 학술지에서는 선정된 원고를 대상으로 세 차례의 심사를 진행하며, 일부 심사 전문가가 구체적인 수정 제안을 제시하면 편집자를 통해 저자에게 피드백이 전달되고 저자는 심사 전문가의 의견에 따라 수정을 진행해야 합니다. 이때 논문 전문을 ChatGPT와 같은 인공지능 도구에 제공한 다음, 심사 전문가의 의견을 인공지능 도구에 제공하면 인공지능 도구가 심사 전문가의 의미와 수정 아이디어를 분석하는 데 도움을 받을 수 있습니다. 리뷰어의 의견은 논문마다 다르기 때문에 여기서는 그 과정을 보여드리지 않습니다.

9.4 AI 콘텐츠 탐지 및 학술 윤리

ChatGPT와 같은 대규모 언어 모델의 등장으로 다양한 영역에서 AI 기반 콘텐츠 생성이 확산되면서 저작권, 법률, 윤리 측면에서 새로운 이슈가 많이 발생하고 있습니다. 이러한 상황에 대응하기 위해 GPTZero, ContentDetector.AI, Crossplag 등 AI 생성 콘텐츠를 탐지하는 여러 도구가 시장에 출시되었습니다. 또한 다양한 미디어 플랫폼은 이미 시스템에 AI 콘텐츠 감지 기능을 추가했으며, 콘텐츠가 AI 생성 콘텐츠로 분류되면 게시 권한이 취소됩니다.

학계에서도 AI 콘텐츠 생성은 많은 관심을 받고 있습니다. 많은 사람들이 AI가 이렇게 효율적으로 콘텐츠를 생성할 수 있다면 사람이 여전히 독립적으로 생각할 필요가 있을까 걱정합니다. AI가 작성한 학술 논문이 많을까요? AI가 작성한 것으로 확인된 논문이 출판될 수 있나요?

광범위한 영향을 미치는 모든 새로운 도구는 도전과 변화를 가져오지만, 도구의 발전은 피할 수 없으며 그 속도는 계속 빨라지고 있습니다. 새로운 도구는 혁신을 가져올 뿐만 아니라 필연적으로 전통에 대한 도전을 수반합니다.

책의 마지막에는 연구자와 AI 도구의 윤리적 경계가 다시 한 번 강조되어 있습니다.

1. ChatGPT가 아무리 효율적이더라도 보조 도구일 뿐입니다. 사람들의 생산성을 높일 수는 있지만 연구자의 마음을 대체해서는 안 되며, 연구자의 주관적인 입장을 빼앗아서는 안 됩니다.

2. ChatGPT와 같은 AI 도구로 생성 된 콘텐츠를 논문에 직접 적용하는 것은 엄격히 금지되어 있으며, AI 도구는 창의성, 구조, 데이터 또는 자료 분석, 3 차원적이고 다차원적인 텍스트 수준 측면에서 연구자에게 많은 도움을 줄 수 있습니다. AI가 생성한 텍스트의 경우, 사람들이 다른 저자의 문헌을 읽고 이해하고 흡수한 후 그 본질을 자신의 연구에 적용하는 것처럼 AI 텍스트도 같은 방식으로 '슈퍼 레퍼런스'로 취급하는 것이 좋습니다. 인용하기 전에 연구자는 내용을 깊이 이해하고 재가공해야 합니다. AI 도구에서 제공하는 참고 문헌의 경우 연구자는 항상 원문을 추적하고 원문의 내용을 읽어 텍스트의 전체적인 맥락을 이해한 다음 이해한 후 사용 여부를 결정해야 합니다.

3. ChatGPT와 같은 AI 도구가 학계에서 새로운 생태계를 형성하고 있다는 것은 부인할 수 없는 사실입니다. AI가 빠르게 진화함에 따라 사람들은 이전의 계획 학습에서 진화 학습에 이르는 새로운 학습 방식을 점차적으로 적응하고 채택해야 합니다. 이는 연구자들이 새로운 도구와 기술을 습득해야 한다는 것을 의미할 뿐만 아니라, 더 중요한 것은 사람들이 학문적 사고를 바꾸고 AI 시대의 새로운 학문 생태계에 적응해야 한다는 것을 의미합니다.

후기

AI와 함께하는 나의 놀라운 여정

존경하는 독자 여러분, 안녕하세요. 여러분은 지금 저와 AI의 놀라운 여정을 보고 계십니다.

저는 항상 어떤 산업이나 직업에 상관없이 기회를 포착하고 '강인한 힘'의 정신으로 앞길을 마주해야 한다고 믿었습니다. 2014년을 돌이켜보면 학술지 공개 번호를 처음 접했을 때만 해도 위챗의 발전 전망이 불투명했고, 많은 사람이 깊은 의구심을 품고 포기하기도 했습니다. 하지만 저는 '바보 같은' 선택을 굳건히 고수하며 위챗의 발전 발자취를 따라 10년 가까운 여정을 걸어왔습니다.

이 기간 동안 저는 위챗이 기본적인 커뮤니케이션 도구에서 사람들이 생활, 업무, 학업의 다양한 측면에 대한 정보를 공유할 수 있는 종합적이고 통합적인 소셜 네트워킹 플랫폼으로 점진적으로 발전하는 것을 목격했습니다. 이 과정에서 학술 저널 출판도 발전하고 성장하여 점차 많은 구독자와 독자를 축적하고 학술 분야에서 어느 정도 영향력을 가진 플랫폼이 되었습니다. 이 모든 것은 위챗의 기회를 포착하고 끈질기게 노력했기 때문입니다.

오늘날 ChatGPT는 인공 지능의 하늘을 밝히는 새로운 별과 같습니다. 마화텅은 10년, 아니 100년 동안 경험하지 못한 기회이자 100년 동안 경험하지 못한 큰 변화라고 말한 적이 있습니다. 이는 기회와 도전이 동시에 존재하는 시대의 급류이며, ChatGPT의 등장은 빅 언어 모델링의 번성하는 발전의 서막을 열었고, 학술 작문 분야에도 새롭고 전례 없는 기회를 가져다주었습니다. 이를 통해 우리는 새로운 가능성을 보고 새로운 힘을 느낄 수 있습니다.

모델 개발부터 비즈니스 통합에 이르기까지 ChatGPT와 같은 AI 도구의 활용 시나리오는 무궁무진합니다. 점점 더 많은 애플리케이션이 특정 문제를 해결하기 위해 틈새 시나리오에 접근하기 시작했습니다. 콘텐츠에 대한 엄격한 감사와 출판이 요구되는 세분화된 분야인 학술 분야는 바로 우리가 심혈을 기울이고 있는 분야입니다. 우리는 AI 지원 학술 글쓰기를 사용하여 논문 작성의 효율성을 개선하고 동시에 논문의 품질을 보장합니다.

하지만 AI가 아무리 강력해도 연구 분야에서 아직은 미미한 역할만 할 수 있기 때문에 너무 신화에 빠져들 필요는 없습니다.

보조의 역할은 연구자의 주관성을 대체할 수 없습니다. 연구에 AI 도구를 사용할 때는 엄격한 학문적 태도를 유지하고 학술 윤리를 준수해야 하며, 편의나 게으름으로 인해 AI 도구가 생성한 콘텐츠를 직접 사용해서는 안 됩니다. AI 도구로 생성된 콘텐츠의 품질과 신뢰성을 확보하기 위해 검토하고 선별해야 합니다.

동시에 미래의 연구자들은 ChatGPT와 같은 AI 도구를 깊이 있게 익혀야 하지만, 그렇다고 학문적 기초와 글쓰기 능력을 무시해도 된다는 의미는 아닙니다. 사실 ChatGPT와 같은 AI 도구의 등장은 연구자의 학문적 능력을 낮추는 것이 아니라 오히려 높여줍니다. 우리는 학문에 대한 깊은 이해, 독립적인 통찰력, 혁신적인 사고가 필요합니다. 그래야만 정말 좋은 학술 연구를 할 수 있습니다.

또한 도구로서뿐만 아니라 사고방식, 나아가 삶의 한 형태로서도 AI의 발전에 큰 자신감을 가져야 합니다. AI를 적극적으로 연구하고 활용하며 그 잠재력을 탐구하고 탐구하여 우리의 일과 삶을 변화시키는 데 활용해야 합니다.

하지만 그럼에도 불구하고 ChatGPT와 같은 AI 도구는 과소평가할 수 없는 변화이며 모든 사람에게 영향을 미칠 것입니다. ChatGPT를 접했든 접하지 않았든, AI를 접했든 접하지 않았든, 그것은 당신의 삶을 바꾸고, 당신의 업무를 바꾸고, 당신의 학습을 바꿀 것입니다. 따라서 우리는 이 변화를 낙관적으로 받아들이고, 이 새로운 것을 받아들이고, 이 새로운 것과 함께 진화해야 합니다.

마지막으로, 앞길이 아무리 어렵고 미래가 불투명하더라도 학술지 등재번호를 고집했던 것처럼 끈기 있게 버틸 수 있기를 바랍니다. 고집해야만 기회를 잡을 수 있고, 절반의 노력으로 두 배의 결과를 얻을 수 있다고 믿기 때문입니다.

이것은 저와 AI에게 흥미로운 여정입니다. 만남과 도전으로 가득 찬 여정이자 희망과 꿈으로 가득 찬 여정이기도 합니다. 여정은 이제 막 시작되었고, 이 책은 그간의 여정을 되돌아보고 정리한 것이니 많은 도움이 되길 바랍니다.

파도를 타고 새로운 기회와 도전을 향해 항해하는 저희와 함께해 주세요. 여러분 모두의 건승을 기원하며 다음 만남을 기대합니다.

–스쿨러와 ChatGPT 공동 제작